Ecker (Hrsg.) · Trauer tragen – Trauer zeigen

Trauer tragen – Trauer zeigen

Inszenierungen der Geschlechter

Herausgegeben von
Gisela Ecker
unter Mitarbeit von
Maria Kublitz-Kramer

Wilhelm Fink Verlag

Gedruckt mit freundlicher Unterstützung
des Ministeriums für Wissenschaft und Forschung
des Landes NRW und der Universität GH Paderborn

Titelbild:
Silke Radenhausen: *Topologische Tücher* II/94
1994. Leinwand, gewaschen und gefärbt, 150 × 80 cm

Die Deutsche Bibliothek – CIP-Einheitsaufnahme

Trauer tragen – Trauer zeigen: Inszenierungen der Geschlechter /
hrsg. von Gisela Ecker. Unter Mitarb. von Maria Kublitz-Kramer –
München: Fink, 1999
ISBN 3-7705-3233-3

Alle Rechte, auch die des auszugsweisen Nachdrucks, der fotomechanischen Wiedergabe und der Übersetzung, vorbehalten. Dies betrifft auch die Vervielfältigung und Übertragung einzelner Textabschnitte, Zeichnungen oder Bilder durch alle Verfahren wie Speicherung und Übertragung auf Papier, Transparente, Filme, Bänder, Platten und andere Medien, soweit es nicht §§ 53 und 54 URG ausdrücklich gestatten.

ISBN 3-7705-3233-3
Satz: Albert Schwarz, Paderborn
© 1999 Wilhelm Fink Verlag, München
Herstellung: Ferdinand Schöningh GmbH, Paderborn

Inhalt

Danksagung 7

Gisela Ecker
Trauer zeigen: Inszenierung und die Sorge um den Anderen 9

Sigrid Schade
Die *Topologischen Tücher* von Silke Radenhausen.
Anmerkungen zur Titelillustration 27

I.

Elisabeth Bronfen
Mourning becomes Hysteria.
Zum Verhältnis von Trauerarbeit zur Sprache der Hysterie 31

Esther Fischer-Homberger
Integration und Desintegration. Zur Anatomie des Schmerzes 57

II.

Marcia Pointon
Wearing Memory. Mourning, Jewellery and the Body 65

Helga Meise
Die Witwe und das Weltwunder. Zum Fortleben der Artemisia
im 17. und 18. Jahrhundert 83

III.

Susanne Scholz
„Alas! I am the mother of these griefs". Mütterliche Trauer
und weiblicher Exzeß bei Shakespeares Königinnen 97

Maria Kublitz-Kramer
„Ja, wenn man Tränen schreiben könnte".
Versagte Trauer in Kleists Penthesilea 109

Eva Horn
Stumme Freunde. Die Autorschaft der Trauer bei Goethe
und Bettine von Arnim 123

Irmgard Roebling
Der Teufel und die geschwänzte Trauer in Gottfried Kellers Marienlegenden 135

Andrea Allerkamp
Trauern um Medea? Müller via Euripides ... 149

Eva Meyer
Den Schleier nehmen ... 169

Gisela Ecker
Von *Kaddisch* zu *Testimony*. Trauer im jüdischen Kontext ... 181

IV.

subREAL
Good Mourning ... 197

V.

Annette Brauerhoch
Trauer in Trümmern. Zum Motiv des traurigen kleinen Jungen
in zwei Nachkriegsfilmen ... 209

Sigrid Schade
Trauer als erotische Ekstase.
Zu Giacomo Grossos *Il supremo convegno* von 1895 ... 223

Bojana Pejić
On Iconicity and Mourning: After Tito – Tito! ... 237

Kathrin Hoffmann-Curtius
Sieg ohne Trauer – Trauer ohne Sieg.
Totenklage auf Kriegerdenkmälern des Ersten Weltkrieges ... 259

Biographische Notizen ... 287

Personenregister ... 291

Danksagung

Das Thema Trauer ergab sich im Rahmen eines umfassenderen Projekts, innerhalb dessen kulturelle Leitvorstellungen und -praktiken, wie sie sich in ikonographischen Traditionen und Diskursformationen zeigen, nach den in ihnen latent wirksamen Geschlechterordnungen befragt werden sollen. Die Arbeit an diesem immer weiter ausufernden und im vorliegenden Band keineswegs erschöpften Thema erstreckte sich über drei Jahre – entsprechend umfangreich ist die Liste derjenigen, denen ich für ihre Mitarbeit danken möchte:

Das Ministerium für Wissenschaft und Forschung des Landes NRW und die Universität GH Paderborn finanzierten die beiden Symposien, auf die ein Teil der Beiträge zurückgeht; Maria Kublitz-Kramer wirkte am Entwurf und der Gestaltung des ersten Symposiums im Jahr 1995 entscheidend mit; Monika Nienaber, Karin Windt, Gudrun Kanacher, Mechthilde Vahsen und Brigitte Bartha betreuten die Symposien, Seminare und Kolloquien zum Thema Trauer; Imke Jahns, Angelika Schlimmer und Martin-Andreas Schulz besorgten mit großer Umsicht und Geduld die editorischen Arbeiten.

Die wichtigen Diskussionsbeiträge von Margret Brügmann, Anne Duden, Helga Kämpf-Jansen, Gertrud Koch, Irene Nierhaus, Annegret Pelz, Ulrike Prokop, Gabriele Schnitzenbaumer, Regina Schulte, Ellen Spickernagel, Ulla Töller und Silke Wenk haben den Band neben den Beiträgen der hier versammelten Autorinnen auf vielfältige Weise geprägt.

Ihnen allen und nicht zuletzt dem Fink Verlag, vor allem Raimar Zons, sei herzlich gedankt.

Trauer zeigen: Inszenierung und die Sorge um den Anderen

Gisela Ecker

„Aschenkleid" und „Totenmesse"

In Ingeborg Bachmanns Erzählung „Drei Wege zum See" wird eine Szene der Trauer in der Rückerinnerung der Hauptfigur vorgeführt.[1] An einem Abend in Paris wird ihr, Elisabeth Matrei, der Tod ihres Geliebten eher zufällig mitgeteilt. Es bleibt ihr keine Zeit, den Schock zu verarbeiten. Sie ruft den toten Geliebten „mit allen seinen Namen" (W 159), sie zieht „ein abgetragenes, verdrücktes Wollkleid" an: „und nun war es ihr Aschenkleid, Trauerkleid, Trottakleid, mit dem sie hinunterging zu dem Auto, in dem schon vier Leute saßen" (ebd.). Der Abend mit diesen, die alle nichts vom Schmerz der Trauernden wissen und auch nichts davon erfahren sollen, wird zum Rohmaterial für die Gestaltung ihrer Trauer. Die Musik aus der Musikbox wird zu ihrer privaten Trauermusik, und „Elisabeth hörte auch zu essen auf, sie konnte nicht essen während einer Totenmesse" (W 160). In der darauffolgenden Nacht beginnt sie eine Liebesbeziehung mit einem zunächst namenlosen Fremden als „Abschied" und „Auferstehung" (W 165) zugleich, in die der Verlust unauflöslich eingeschrieben ist.[2]

Die Erzählung erfaßt aufs genaueste und in bildhaft verknappter Weise die meisten Aspekte, die in einer wissenschaftlichen Auseinandersetzung zum Thema Trauer zu sondieren sind und auf die sich die Beiträge in diesem Band beziehen. Sie weist auf die für die Trauer spezifischen Spannungsverhältnisse zwischen Affekt und Inszenierung sowie zwischen privatem und öffentlichem Ausdruck hin, sie durchläuft, gleichsam im Zeitrafferschritt, Phasen des Trauerns von der Vergegenwärtigung und dem Festhalten des geliebten Objekts bis hin zur Schaffung einer weiteren Struktur, in der der Verlust aufgehoben erscheint. Alles dies ist bereits in Freuds Modell der „gelungenen" Trauer, wie er es in seiner Abhandlung über „Trauer und Melancholie" entwickelt hat, enthalten. Die Art und Weise, wie Bachmann dieses Modell handhabt, zeigt sowohl die kreativen Möglichkeiten dieses Modells als auch seine Grenzen auf. „Aschenkleid", „Trauermusik" und „Totenmesse" rufen das In-

---

[1] Bachmann (1990): Drei Wege zum See, S. 157.
[2] „und sie wußte nicht, ob er sie so rasch in die Arme genommen hatte oder ob sie es war, die sich so rasch an ihn drängte, und bis zum Morgen, verzweifelt, in einer Ekstase, die sie nie gekannt hatte, erschöpft und nie erschöpft, klammerte sie sich an ihn und stieß ihn nur weg, um ihn wiederhaben zu können, sie wußte nicht, ob ihr die Tränen kamen, weil sie Trotta damit tötete oder wiedererweckte, ob sie nach Trotta rief oder schon nach diesem Mann, was dem Toten galt" (W 161).

szenatorische und Rituelle des Trauerns auf und bedienen sich verfügbarer Modelle als Gefäß für den Schmerz, womit das Katastrophische des Schocks nicht nur ausgedrückt, sondern auch gebunden werden soll; jedoch sind diese rituellen Ausdrucksweisen weder durch die anwesenden Freunde noch durch die Fremden lesbar. Die neu eingegangene Bindung schließlich setzt nicht einfach – nach dem Vorschlag Freuds – das trauernde Subjekt wieder frei, sondern sie trägt als eine ihrer Voraussetzungen die Beziehung zu dem verlorenen Geliebten in sich, sie bleibt Gestalt eines über die konkrete Liebesbeziehung hinausweisenden Begehrens. „Abschied" und „Auferstehung" sind nicht durch einen klaren Schnitt zu trennen. In konzentrierter Form gelangt Bachmanns Erzählung damit auch genau an denjenigen Punkt, der in Freuds Theorie am meisten umstritten ist, nämlich das Problem der Endlichkeit der Trauer.

Die Beiträge in diesem Band, die weitgehend aus den Bereichen der Literatur- und Kunstwissenschaft stammen, gehen auf alle genannten Fragestellungen ein. Ihr Inhalt ist nicht Trauer als ein Affekt, eine psychische Reaktion, sondern der *Ausdruck* des Affekts, dasjenige, was davon zu sehen, zu hören und zu lesen gegeben wird, und wie – in einer weiteren Verarbeitung – dieser das Thema von Dichtung und bildender Kunst darstellt. Die Rede von der Unausdrückbarkeit des Schmerzes in der Trauer verweist bereits darauf, daß es im Trauern Probleme mit der Repräsentation gibt; die Trauer stockt oder nimmt den Mund zu voll oder nur halb voll (siehe den Beitrag von Andrea Allerkamp), sie schweigt, drückt sich in der Unbestimmtheit und Nicht-Beherrschbarkeit von Tränen (siehe die Beiträge von Maria Kublitz-Kramer und Eva Meyer) oder durch ein mehr oder weniger codifiziertes Inventar an Gesten aus, doch dies ist das einzige, was wir von ihr lesen und erkennen können. Und schließlich gerät Trauern im herkömmlichen Sinn angesichts der Shoah an ihre Grenzen, wie ich in meinem Beitrag darlege. Entsprechende Krisen der Repräsentation, in denen „Autorschaft [...] weniger denn je Textherrschaft" ist, wie Eva Horn in diesem Band ausführt, werden in vielen der hier abgedruckten Beiträge analysiert. Mit dem Schwerpunkt auf dem Inszenatorischen der Trauer gerät dann auch der Aspekt der geschlechtsspezifischen Differenzierung ins Blickfeld, denn der öffentliche Ausdruck von Trauer ist Konventionen und Regeln unterworfen, die für die Geschlechter unterschiedlich formuliert werden. Ich werde nun versuchen, einige der damit angesprochenen Aspekte in ihrer Komplexität und ihrer jeweiligen historischen Bedingtheit zu skizzieren, dabei einen knappen, problemorientierten Forschungsabriß vorzustellen und die Beiträge dieses Bandes in diesem Rahmen zu situieren. Ihnen liegt weder eine gemeinsame Theorie zugrunde, noch wollen sie zusammenfassende und historisch übergreifende Befunde formulieren; es geht vielmehr um Versuche, Geschlecht als eine relevante Kategorie für die Analyse eines kulturhistorischen Untersuchungszusammenhangs zum Tragen zu bringen, innerhalb dessen Geschlechterdifferenzierungen zwar sowohl explizit formuliert werden als auch implizit zu beobachten sind, in der Forschung jedoch nicht ausreichend berücksichtigt werden. Ihr Augenmerk richtet sich auf literarische Texte, auf Filme, Gemälde, Schmuck, Riten und Kriegerdenkmäler, Monumente und Funeralwerke, auf Artikulationsweisen von Schmerz und auf theoretische Entwürfe von Freud bis Derrida.

‚Weibliche Kulturtätigkeit'

Ausgangspunkt der in diesem Band versammelten Beiträge ist ein zunächst ‚empirisch' zu fassendes Phänomen, das wir im Bereich der westlichen Kulturen gründlich kennen, nämlich die Tatsache, daß gemäß eingespielter Arbeitsteilungen der Geschlechter das Trauern und genauer noch das öffentliche Zurschaustellen von Trauer von Frauen übernommen wird. Es handelt sich um eine derart selbstverständlich eingespielte Arbeitsteilung, daß sie, obwohl täglich beobachtbar, nicht mehr bewußt wird. So führen zum Beispiel die gegenwärtigen Kriegsberichterstattungen im Fernsehen und in den Bilddokumenten der Tagespresse fast ausnahmslos die Trauer an weiblichen Figuren vor, während die Wunden an den männlichen Körpern demonstriert werden, und dies sogar noch an Schauplätzen, wo die Zivilbevölkerung und damit auch viele Frauen von der Zerstörung betroffen sind und die bekannte Konstellation von gefallenen Männern und zuhause trauernden Frauen also nicht mehr aufrechterhalten werden kann. Die arbeitsteilige Übernahme von Trauer findet sich über die Jahrhunderte hinweg in unterschiedlichsten Manifestationen, in einer Vielzahl von sozialen und ästhetischen Praktiken. In einigen Disziplinen, wie vor allem der Volkskunde und der Geschichtswissenschaft[3], sind entsprechende Praktiken historisch differenziert beschrieben worden, jedoch erst im transdisziplinären Überblick und über historische Querschnitte vermittelt könnte auch die Frage nach der kulturellen und politischen Funktionalisierung solcher Aufgabenteilungen angegangen werden. Da für eine solche Arbeit die Grundlage in Form von vielen Einzelstudien, in denen geschlechtsspezifische Zuweisungen beachtet werden, fehlt, können in diesem Band lediglich einige exemplarische Zugänge eröffnet werden.

Zwischen sozialen Praktiken, die man in Traditionen wie derjenigen der Klageweiber oder in den Kleiderordnungen der verschiedenen Epochen, die ausnahmslos für Frauen striktere Anweisungen und längere Trauerzeiten vorsehen, finden kann, und ästhetischen Präsentationen weiblichen Trauerns bestehen vielfältige Interdependenzen. Bilder und Erzählungen, Literatur und Kunst haben ihren eigenen Anteil an der Stabilisierung der Rollenverteilungen und der Herausbildung der Trauergesten. Und immer geht es sowohl um Rollen und Positionen, die tatsächlich eingenommen worden sind, als auch um Symbolisierungen in den Künsten. Beispiele für große weibliche trauernde Gestalten finden wir unter den Heldinnen der griechischen Tragödie, den Protagonistinnen in der gesamten Opernliteratur oder einzelnen herausragenden Figuren wie der Artemisia (siehe den Beitrag von Helga Meise), die alle traditionsbildend waren; weiter sind so heterogene Phänomene zu nennen wie die Friedhofsskulptur, die seit Erfindung der Galvanoplastik in Schönheit

---

[3] Vgl. z. B. Metken (1984): *Die letzte Reise*; zum Thema der Begräbnisriten vgl. auch Strocchia (1991): Funerals and the Politics of Gender, das britische Standardwerk von Gorer (1965): *Death, Grief, and Mourning* oder den Band von Mirrer (1992): *Upon my Husband's Death* über Witwen.

erstarrte weibliche Trauernde einsetzt[4], die Gattung des Kondolenzbriefs, die von Frauen kultiviert worden ist[5], die Figur der *mater dolorosa*, der Pietà, mit ihrer ikonographisch variationsreichen Präsenz in der bildenden Kunst und Musik, die sich als allegorische Figur mit modellbildender Funktion in vielen säkularen Zusammenhängen durchgesetzt hat. Zum Thema Trauer in der Literatur gibt es vereinzelte Studien, so etwa zu Virginia Woolf, Nelly Sachs, zu Hölderlin, Novalis und O'Neill.[6]

Bei näherer Betrachtung der Ausdrucksformen, mit denen diese kulturelle ‚Leistung' erbracht wird, läßt sich deutlich erkennen, daß diesen kein simplifizierbares Schema zugrunde zu legen ist, daß man nicht auf der männlichen Seite von der Zuweisung einer Rolle an die Frauen und auf der weiblichen Seite von passiver Übernahme einer Aufgabe sprechen kann. Zum einen gibt es nur wenige Belege für explizite Anweisungen für eine solche geschlechtsspezifische Arbeitsteilung, zum anderen aber, und das scheint noch wichtiger zu sein, hat sich mit den Ausdrucksformen von Trauer für die Frauen ein Feld von expressiven Möglichkeiten aufgetan, das von weiblicher Seite bereitwillig und erfindungsreich mit vielerlei Gestalt gefüllt und zu vielen unterschiedlichen Zwecken eingesetzt wird. Die Vermischung der Spuren gewaltsamer Zuweisung mit denen leidenschaftlicher Ausübung lassen eine schematische Differenzierung als ungerechtfertigt erscheinen. So läßt sich etwa die Leidensbereitschaft der Frauen, so eine These von Ellen Spickernagel[7], als wesentlicher Beitrag zur Herausbildung und Stabilisierung der bürgerlichen Gesellschaft auffassen, die der trauernden Witwe einen öffentlichen Ort zuweist, der dem in den Krieg ziehenden Mann komplementär an die Seite gestellt wird und dessen Weiterleben in der Erinnerung garantiert. Es gibt viele Gründe für die Annahme, daß ein Interesse – im Sinne der Aufrechterhaltung tiefgreifender kultureller Ordnungen – daran besteht, diesen ganzen Bereich im Unbewußten verharren zu lassen, im Sinne von Erdheims Definition eines kollektiven Unbewußten als „Bereich von Tatsachen, die den Individuen bewußt sein *müssen*, es aber nicht sein dürfen".[8] Zudem läßt sich gerade aus der Tatsache der Weitertradierung und immer neuen Erfindung von Variationen solcher Muster ablesen, daß offenbar beide Geschlechter Interesse an ihrer Fortführung haben.

Affekt und Domestizierung

In ihrem Buch *Die Trauer der Mütter* untersucht Nicole Loraux Gesten weiblichen Trauerns in der Antike mit Blick auf die Geschlechterordnung. Aus ihrer Studie las-

---

[4] Vgl. dazu u. a. Fischer (1996): Die Trauernde und Robinson (1995): *Saving Graces*, sowie die beliebten Bildbände und Kalender von Isolde Ohlbaum.
[5] Als Meisterin in der Gattung des Kondolenzbriefs ist vor allem Emily Dickinson zu nennen; vgl. dazu Aaron (1979): The Etiquette of Grief.
[6] Vgl. zum Beispiel Bossinade (1984) über Nelly Sachs, Smith (1995) und Mepham (1983) über Virginia Woolf, Haverkamp (1985) und (1991) über Hölderlin, Eigler (1992) über Schwaiger. Zur englischen Literaturgeschichte vgl. Schor (1995): *Bearing the Dead*.
[7] Spickernagel (1989): Groß in der Trauer.
[8] Erdheim (1985): Psychoanalyse jenseits von Ornament und Askese, S. 233.

sen sich Bestandteile eines kulturanthropologisch-psychoanalytischen Modells gewinnen, das dazu beitragen kann, die Komplexität des eben Skizzierten in einen Zusammenhang zu fassen und Kriterien für die Analyse aufzuzeigen. Es läßt sich in der Tat, wie einige der in diesem Band versammelten Beiträge zeigen, mit entsprechenden Abwandlungen an unterschiedliche historische Ausprägungen weiblicher Trauer heranführen. Auf der Grundlage ihrer Forschungen zur Polis Athen untersucht die Anthropologin und Historikerin Loraux, wie weibliche und vor allem mütterliche Trauer kanalisiert und in ein bestimmtes politisches Ordnungsschema eingepaßt wird. Ihre Hauptthese dabei ist, daß einerseits Trauern dem männlichen Subjekt verwehrt und mit Tabus belegt wurde, daß aber andererseits (und im Grunde ganz komplementär) das Zurschaustellen von weiblicher Trauer als Exzeß, als unkontrollierbarer Affekt gewertet wurde, damit eine Bedrohung für die Ordnung darstellte und deshalb durch viele Regeln und eine allgemeine Gesetzgebung aus der Öffentlichkeit in das Haus verbannt werden mußte.[9] Nur an einem anderen Ort, nämlich im Theater, so Loraux, war es möglich, Trauer öffentlich darzustellen und zu „phantasieren"[10]. Die Maßnahmen, die jeweils ergriffen wurden, sind historisch variabel, doch geht es immer wieder neu um etwas, das in einem Akt der Zuschreibung als ‚weibliche Leidenschaft' bezeichnet wird, in der sich, wie Loraux zeigt, Wut und Trauer mischen, die aber darüber hinaus für weitere Zwecke eingesetzt wird. So erhält in der römischen *civitas* die Trauer der Matronen, die dem Staat die Söhne zugeführt haben, eine Aufwertung im Sinne einer staatspolitisch tragenden Funktion mütterlichen Schmerzes[11], und in Shakespeares *Richard III.* streiten, wie Susanne Scholz in diesem Band ausführt, die trauernden Mütter über das Maß des Trauerns, das ihnen über ihre genealogische Funktion zukommt und über das ihnen wenigstens symbolisch ein Zugang zur Macht verschafft wird. Die reglementierte und kodifizierte Traueräußerung erhält eine kulturhistorisch wandelbare Wertschätzung, was sich an so diversen Beispielen wie der hoch entwickelten Briefkultur der Kondolenz, den versteinerten Zeugnissen der Friedhofsskulpturen, der Tradition der Artemisia bis hin zur ästhetischen Überhöhung weiblicher Trauernder in den Beerdigungsszenen des Heimatfilms zeigen läßt. Es mag gerade an der Intensität des Affekts liegen, daß dieser häufigen Umwidmungen, Überformungen und Verschiebungen unterworfen ist, sich mit Zorn, Lust, Rachegefühlen mischt oder politisch umfunktioniert wird.

---

[9] Loraux nennt ein ganzes Konvolut von Gesetzen, die als Ort weiblicher Traueräußerungen das Haus festlegen, die sich gegen lautes Wehklagen und gegen die Gesten der Klageweiber wenden, die die Anzahl der Frauen, die sich im Haus des Verstorbenen aufhalten, beschränken, die Farbe der Gewänder und die Dauer der Trauerphase festlegen.
[10] Loraux (1992): *Die Trauer der Mütter*, S. 29.
[11] Die zugelassene und gleichzeitig reglementierte Trauer der Matronen, die in der römischen Kultur „imperativ" (ebd., S. 48) ist, unterscheidet sich von derjenigen Athens: „hier Tote, die von jeder Familienzugehörigkeit abgeschnitten sind und von der Gemeinschaft übernommen werden; dort Verstorbene, die zu großen Familien gehörten, die sich der Zeremonie als einer Gelegenheit bedienen, sich der ganzen Stadt offen als Vorbild zu präsentieren" (ebd., S. 50).

Ein weiteres Spannungsverhältnis, in das weibliche Trauerbekundung eingebunden bleibt, bezieht sich auf die Frage der Notwendigkeit von Trauern überhaupt, wenn es um staatspolitische Belange geht: ob nicht, wie zum Beispiel in der Perikleischen Rede, die Preisrede auf den verstorbenen Helden zu Zwecken der politischen Stabilisierung Trauer insgesamt in den Hintergrund drängt. So zeigt sich noch heute in der ikonographisch umfassenden Botschaft auf Friedhöfen und an öffentlichen Plätzen europäischer Metropolen, daß zum Angedenken von zivilen Toten weibliche Trauerskulpturen aufgestellt werden, auf Kriegerdenkmälern dagegen die Trauer insgesamt zugunsten von heroisierender Selbstrepräsentanz der Nation ausgeblendet wird, wie Kathrin Hoffmann-Curtius in ihrem Beitrag ausführt.[12] Auf vielen anderen Gebieten läßt sich erkennen, daß Trauern als mobilisierender Affekt für politische Sinnstiftung eingesetzt wird und – wie Sigrid Schade anhand des Streits um die moralische Funktionalisierung von Trauergebärden in einem umstrittenen Bild demonstriert – in einen hegemonialen Kampf der um diesen Sinn wetteifernden Institutionen verwickelt wird.

Loraux' Arbeit führt zum einen in genauer historischer Analyse zu Schauplätzen, die für solche abendländische Geschlechterkonstruktionen als relevant erachtet werden können, um so mehr, als die Antike in der Renaissance neu belebt und in Programme für die Zukunft umgesetzt wurde. Darüber hinaus versucht sie der Frage nachzugehen, von welcher Art die Bedrohung durch die weibliche Trauer ist, daß sie derart reglementiert werden muß. Die politische Sphäre soll „vor Verhaltensweisen und Affekten [...], die ihre Ordnung verletzen könnten"[13], geschützt werden; zudem finden sich nicht nur in der Antike ausreichend Zeugnisse dafür, daß Weinen und Wehklagen als dem männlichen Ich abträglich angesehen wurden. Ist man bereit, diese Argumentationslinie in ihrer psychoanalytischen Orientierung zu verfolgen, dann erklärt sich die konstante Gefühlsenergie, die das beschriebene Spannungsverhältnis aufrechterhält: abgewehrte Anteile des eigenen Ich können nur ausgelagert und auf Distanz gehalten werden, müssen möglichst im Bereich des Unbewußten verharren, können aber nicht aus der Welt geschafft werden. Sie sind gleichzeitig notwendig und störend.

Das im Rahmen dieser Argumentation zu beachtende Tränenverbot für das männliche Subjekt führt einerseits dazu, daß Autoren und Maler weibliche Figuren schaffen, die stellvertretend den tabuisierten Affekt darstellen und andererseits zu verschobenen Konstruktionen wie derjenigen des Sturzes[14] greifen. Der Sturz einer männlichen Figur kann, wie Irmgard Roebling in ihrem Beitrag ausführt, im Aufzeigen von diskrepanten Zuständen (wie sie auch im Konstrukt der ‚Fallhöhe' impliziert sind) eine Verlustgeschichte und damit auch implizit eine Art Trauer suggerieren.

---

[12] Vgl. Koselleck/Jeismann (1994): *Der politische Totenkult* und darin im besonderen Jeismann/Westheider: Wofür stirbt der Bürger?
[13] Loraux (1992): *Die Trauer der Mütter*, S. 37.
[14] Vgl. Wenk (1989): Pygmalions Wahlverwandtschaften.

Dies sind nur einige Aspekte eines mit immer wieder neu ausbalancierten Schwerpunkten versehenen Zusammenspiels von leidenschaftlicher Ausübung und Reglementierung. Es ist ein Zusammenspiel, innerhalb dessen aufgrund der Geschlechterzuschreibungen den politisch handelnden (auch kriegführenden) Männern die Hand frei bleibt zu ‚männlicher' Tätigkeit, während die Frauen die ebenfalls politisch nötige Demonstration der Reaktionen auf Verluste auszuführen haben. Die Kameraschwenks in der zeitgenössischen Kriegsberichterstattung im Fernsehen belegen das Fortleben solcher eingefahrenen Muster. Der Körper der Frauen hat intakt und nicht durch Wunden entstellt zu bleiben, löst sich nur temporär und durch Regeln eingebunden in Tränen und exzessiven Gesten auf, da er als weiblicher Körper noch so viele Bildfunktionen zu erfüllen hat.[15]

Trauer und Melancholie

Freuds Arbeit über „Trauer und Melancholie" eignet sich als Grundlage für eine Untersuchung der hier angesprochenen Fragestellung, auch wenn er sich in dieser Abhandlung nicht auf geschlechtsspezifische Aufgaben bezieht und auch wenn seine rigide Trennung beider emotionaler Verfassungen häufig der Kritik unterzogen wird. Die Abhandlung nimmt auch insofern eine besondere Position ein, als Freud sich der Trauer paradigmatisch als einem Bereich des ‚Normalen' zuwendet, in einer Ausführlichkeit, die er keiner anderen sogenannten ‚normalen' Emotion zukommen läßt. Dem Normalen der Trauer, dies sei hier kurz rekapituliert, die dem Verlust eines realen Objekts gilt, die nach bestimmten Phasen verläuft und die zu einem spontanen Ende kommt, setzt er das Pathologische der Melancholie entgegen, für die an die Stelle des Objektverlusts ein „Verlust am Ich" getreten ist und die aufgrund des Verharrens in Ambivalenz zu keinem Abschluß kommt. Die Kritik an Freud zielt selten auf seine Beobachtung, daß in der Melancholie nicht mehr der Verlust einer geliebten Person betrauert wird, sondern ein Verlust oder Mangel am Ich. Die Kritik richtet sich vielmehr gegen die rigide Auffassung Freuds von der spontanen und abgeschlossenen, vollendbaren Trauerarbeit. Obwohl Freud die Trauer auf eingehende Weise gewürdigt hat, übersieht er sie in den Fallstudien zur Hysterie, deren Theorie nun, wie Elisabeth Bronfen in ihrem Beitrag zeigt, Weiblichkeit und Trauer in verschlüsselter Form zusammenbindet.

Wortreiche „Mitteilsamkeit", von ihm als „aufdringlich" abgewertet, ist nach Freud ein Kennzeichen von Melancholie. Die Abwertung, die sich für ihn gerade in der Gegenüberstellung mit Trauer ergibt, hat kulturhistorisch kein Fundament, denn die beredte Melancholie ist eine der Ausstattungen, die einen bestimmten Typus von Dichter auf positive Weise kennzeichnet, ihn nobilitiert.[16] Dem steht das

---

[15] Vgl. dazu Stieglitz (1993): Wie man sich an den Krieg erinnert (über den Isenheimer Altar).
[16] Vgl. Klibansky et al. (1990): *Saturn und Melancholie*.

Anstößige[17], Schockartige und Bedrohliche der Trauer und, kulturhistorisch erst ab einem sehr viel späteren Zeitpunkt eingeführt, das Pathologische der Depression gegenüber. Jede dieser drei Erscheinungsformen von ‚Traurigkeit' hat geschlechtsspezifische Konnotationen: Trauer und Depression als ‚weibliche' Varianten, Melancholie als männlich konnotierte Eigenschaft des Künstlers und Dichters. Juliana Schiesari hat in ihrem Buch *The Gendering of Melancholia* die Herausbildung dieser nobilitierenden Haltung an einer Reihe von Dichtern der Renaissance, unter ihnen Petrarca, Ficino, Tasso und Shakespeare untersucht. In Petracas *Canzoniere*, dem Sonettzyklus, der die Liebeslyrik der folgenden Jahrhunderte entscheidend beeinflußte, trauert zwar der Dichter um den Tod Lauras, jedoch verschwindet das verlorene Objekt in der immer weiter zu erneuernden selbstbespiegelnden Rede über den Verlust und ihrer rhetorischen und bildhaften Ausgestaltung. Petrarca eignet sich den Trauergestus von Dante um Beatrice an und benützt – doppelte Aneignung – das Bildrepertoire um die Figur der trauernden Witwe als Gestus der „verwitweten Verse", die in Trauerkleidung daherkommen.[18] Laura ist dabei der Vorwand für *lauro*, den Dichterlorbeer. Schon Giordano Bruno, in seiner Vorrede zu *Eroici Furori*, wertet die Trauer des Dichters nur als Vorwand für seine Artistik und wirft ihm vor, „daß er, dessen Verstand zu besseren Dingen nicht fähig war, diese Melancholie fleißig nähren wollte, um den eigenen Geist blitzen zu lassen".[19] Schiesari zitiert einen Brief Petrarcas von 1373 an Francesco da Carrara, den Fürsten von Padua, in dem er dem Fürsten rät, trauernde Frauen und Klageweiber nicht mehr auf den Straßen zuzulassen. Um so wortreicher und in gebahnten Formen verlaufend kann die in der Dichtung geäußerte Trauer sich ausbreiten. Novalis' Trauer um Sophia, ebenso wie diejenige Goethes um Ulrike in seiner *Trilogie der Leidenschaft*[20], verfährt, wenn man auf die Funktion der Geliebten für den Dichter in einer Verlustgeschichte achtet, nach dem Muster Petrarcas. Der prototypische leidende Philosoph und desgleichen der leidende Dichter sind Melancholiker, die diese Melancholie nur ausleben können, wenn die soziale Arbeit des Trauerns entfernt von ihnen erledigt und dazu auch noch säuberlich getrennt ausgeführt wird durch Vertreterinnen des anderen Geschlechts.

---

[17] Aus vielen Reaktionen auf die beiden Symposien zum Thema Trauer an der Universität GH Paderborn, konnte man entnehmen, wie anstößig das Thema Trauer gewertet wird; doch gilt die Abwehr nicht dem Skandalösen und Unumgänglichen des Todes? Dies würde noch einmal mehr erklären, wieso im Gegensatz dazu Melancholie als Thema – da sie den Tod rhetorisch zu umgehen sucht – sich solcher Beliebtheit zu erfreuen weiß.

[18] Vgl. Vickers (1989): Widowed Words, ebenso wie Forster (1995): Melancholie und Männlichkeit.

[19] Bruno (1989): *Eroici Furori*, S. 8 f. Zu dieser Stelle und ihrer Fortsetzung gäbe es viel mehr zu sagen, in diesem Kontext kommt es mir jedoch nur auf die Analyse der Melancholie des Dichters an.

[20] Vgl. Goethe (1966): Trilogie der Leidenschaft: „An Werther": „Wie klingt es rührend, wenn der Dichter singt, / Den Tod zu meiden, den das Scheiden bringt! / Verstrickt in solche Qualen, halbverschuldet, / Geb ihm ein Gott zu sagen, was er duldet" und das aus Tasso entnommene Motto der darauffolgenden „Elegie": „Und wenn der Mensch in seiner Qual verstummt / Gab mir ein Gott zu sagen, was ich leide" (S. 381).

Auch heute noch steht dem unablässigen – und auf die Jahrhundertwende hin wieder ‚anschwellenden' – Rauschen beschriebener Blätter zum Thema Melancholie[21], in dem die Schreiber ihre Beredsamkeit unter Beweis stellen, eine auffällige Schweigsamkeit zum Thema Trauer gegenüber. Dieser beobachtbare Tatbestand kreuzt sich mit den geschlechterdichotomen Aufgabenteilungen und der auffälligen Erscheinung, daß die Melancholie für ihre Äußerungen bevorzugt die Sprache benützt, während die Trauer ihren kreativen Ausdruck in der nichtsprachlichen Geste sucht. Dies schließt natürlich nicht die Existenz von Melancholikerinnen wie Djuna Barnes oder von männlichen Trauernden aus, wie wir sie in Philip Roths *Patrimony* oder in Dieter Wellershoffs *Blick auf einen fernen Berg* finden. In jüngster Zeit hat sich Karl Heinz Bohrer der „radikalen Melancholie" der Moderne zugewandt und diese im allgemeinen als Melancholie bezeichnete Befindlichkeit als Trauer umdefiniert, indem er – im Grunde ganz im Sinne Freuds – das verlorene Objekt, das in den von ihm untersuchten Texten nicht explizit genannt wird, nachträglich bestimmt.[22] In seiner Präzisierung dessen, was bestimmten Ausdrucksformen der Melancholie zugrunde liegt, gilt jene Trauer, die sich etwa bei Baudelaire findet, dem „Abschied als Reflexionsfigur des je schon Gewesenen"[23], findet sich somit in dem Bewußtsein, „daß etwas schon verschwunden ist, indem man es wahrnimmt".[24] Sie besteht als ästhetische Struktur und drückt sich mit Hilfe der Sprache aus[25]; ihre Grenzziehung zur Melancholie bleibt subtil, ihr Ausdruck wortgewaltig.

Trauer zeigen: Das Reich der Gesten

Mit dem Topos der ‚Unsagbarkeit' und ‚Unaussprechlichkeit' des Schmerzes begründet sich bereits der Vorrang der Gesten beim Trauern; der Schriftsprache wird die Körpersprache vorangestellt, die „Beredsamkeit des Leibes"[26] muß für den Mangel in der Sprache einstehen. „Das Trauerspiel ist pantomimisch denkbar, die Tragödie nicht"[27], schreibt Benjamin und verweist damit auf den Gestenreichtum vorgeführter Trauer. *Mitteilen* und *mit anderen teilen* erscheint als wichtiger Teil der „Trauerarbeit", als deren kommunikative Seite, aber auch als erster Schritt einer Verarbeitung. Damit deren körperhafte Zeichen lesbar sind, muß das ganze Spek-

---

[21] Vgl. u. a.: du 1988, H. 11, Horstmann (1985): *Der lange Schatten*, Lepenies (1972): *Melancholie und Gesellschaft* und jüngst Heidbrink (1997): *Entzauberte Zeit*; zum Zusammenhang von Rhetorik und Melancholie vgl. auch Wagner-Egelhaaf (1997): *Die Melancholie der Literatur*.
[22] Vgl. Bohrer (1996): *Der Abschied*.
[23] Ebd., S. 603.
[24] Ebd., S. 513.
[25] Ähnlich argumentiert auch Santner (1990) in *Stranded Objects*, wenn er im postmodernen Diskurs eine Rhetorik des Trauerns feststellt: „These discourses propose a kind of perpetual leave-taking from fantasies of plenitude, purity, centrality, totality, unity, and mastery" (S. 7). Ich möchte mich hier dagegen auf etwas sehr viel Konkreteres beziehen, auf die Trauer um eine geliebte Person.
[26] Vgl. Barta Fliedl/Geissmar (1992): *Die Beredsamkeit des Leibes*.
[27] Benjamin (1978): *Ursprung des deutschen Trauerspiels*, S. 99.

trum von Klagegebärden, müssen Gewänder, Schmuck (siehe den Beitrag von Marcia Pointon), Begräbnisriten (siehe die Photocollage von Călin Dan und Josif Király) oder Trauerzüge sich auf das jeweils gültige kulturelle Archiv von körpersprachlichen Zeichen, auf gesellschaftliche Übereinkünfte[28] und auf ikonographische Traditionen beziehen. Zunächst besteht ganz grundsätzlich die Auffassung, daß Gebärden analog zu anderen symbolischen Systemen, allen voran der Sprache, funktionieren. Über das Paradigma Sprache wird ihre ‚Übersetzungsleistung' von innen nach außen, von Ausdruck zu Gebärde, und wird umgekehrt, von außen nach innen, ihre Lesbarkeit und Reproduzierbarkeit durch die jeweiligen Träger einer Kultur als symbolische Verfahrensweise innerhalb einer semiotischen Sicht auf die Kultur erklärbar. Vom ‚Spiegel der Seele' bis zur ‚sozialen Maske' reichen die Topoi, die zur Erklärung von Gebärden herangezogen werden. Die soziale Ordnung wird durch Gesten sichtbar gemacht[29] – dies läßt sich mit Bezug auf die Trauergesten auch auf die Orte des Trauerns und die Gegenstände, die zur Verwendung kommen, ausweiten –, und sie wird zugleich immer wieder hergestellt und stabilisiert.[30] Führt die Literatur über Gebärdensprache regelmäßig sowohl Beispiele aus den Künsten als auch aus anderen sozialen Zusammenhängen an[31], so handelt es sich um eine notwendige Überschneidung, denn Theater[32] wie bildende Kunst arbeiten auf der Basis eines Fundus von verstehbaren Gebärden.

Zu den einfach[33] zu entziffernden Gebärden des Trauerns, für deren Lesbarkeit ein ganzes Konvolut von gesellschaftlichen Übereinkünften einsteht, treten Ausdrucksformen, die sich solcher Codes nicht bedienen und aus diesem Grunde auch als bedrohlich aufgefaßt werden. Gebärden haben eine körperliche Seite, die nicht nahtlos in der reinen Symbolfunktion aufgeht. Am Beispiel der Tränen kann gezeigt werden, daß sie nicht mehr als ‚Sprache' im herkömmlichen Sinn entziffert werden können, sondern als vieldeutig und mehrfach ‚unkontrollierbar' zu verstehen sind.

---

[28] Ein Werk muß in diesem Zusammenhang besonders herausgestellt werden: David Efrons *Gesture, Race and Culture* (1972). In der erstmals 1942 erschienenen vergleichenden Studie der Gebärdensprache von Süditalienern und Ostjuden in New York belegt er die kulturelle Konstitution von Gesten im Gegenzug gegen die florierenden rassistischen Bestimmungen.

[29] Vgl. Agamben (1992): Noten zur Geste: „Die Geste gehört wesentlich der Ordnung der Ethik und der Politik an (und nicht einfach der der Ästhetik)" (S. 102).

[30] Vgl. Schmitt (1992): *Die Logik der Gesten*, Kriss-Rettenbeck (1964/65): Probleme der volkskundlichen Gebärdenforschung, sowie Ekman (1977): Gestische Embleme.

[31] An der Mischung der Bereiche im Mnemosyne-Atlas von Aby Warburg kann dies am deutlichsten nachvollzogen werden.

[32] Vgl. Geitner (1992): *Die Sprache der Verstellung*, Pavis (1981): Problems of a Semiology of Theatrical Gesture und Barnett (1987): *The Art of Gesture*, der sich auch spezifisch auf „grief" bezieht.

[33] Aby Warburgs Arbeit, in dessen Mnemosyne-Atlas Gebärden des Trauerns eine wichtige Position einnehmen, durchkreuzt die Illusion, daß solche sozialen Gebärden auf einfache Weise funktionieren, indem er einerseits die komplexen ikonographischen und kulturellen Wurzeln von Gesten zwischen Bildmagie und Rationalisierung aufspürt und andererseits den Künstler, der in seinem Werk eine Gebärde zum Ausdruck bringt, an einem krisenhaften Punkt der Auseinandersetzung mit solcher „zwiefach herandrängender Eindrucksmasse" (S. 171) situiert. Vgl. Warburg: Einleitung sowie Barta Fliedl: Vom Triumph zum Seelendrama, beide in: Barta Fliedl/Geissmar (1992): *Die Beredsamkeit des Leibes*.

Ist die Gebärde nach semiotischer Auffassung ein *Symbol*, kann sie daneben auch, wie Sigrid Weigel gezeigt hat[34], als *Symptom* gelesen werden und ist damit einer ganz anderen Logik der Entzifferung unterworfen, und zwar einer Lektüre, in der die Operationen des Unbewußten, wie Verschiebung (siehe den Beitrag von Annette Brauerhoch), Verdichtung und Verdrängung anerkannt werden. Bachmanns „Aschenkleid" und „Totenmesse" haben teil an beiden gestischen Modi, sie sind für die Umgebung der Protagonistin nicht entzifferbar und greifen doch auf verfügbare symbolische Muster zurück.

Die ‚Sorge um den Anderen'

Ist Trauern als ‚Kulturtätigkeit' zunächst einmal im Feld der Repräsentationen – und dabei mehr noch im Feld des Sichtbaren als in allen anderen Bereichen – anzusiedeln, so geht es immer auch um eine bestimmte ethische Sphäre, die von den Frauen verwaltet wird und in der sie spezielle Fähigkeiten ausbilden. Die Trauer um die Toten ist in allen Kulturen mit einem nicht wegzudenkenden ethischen Imperativ verbunden, jedoch stört sie dort, wo sie nicht in den Bereich des Öffentlichen integriert ist, den Fortgang und das Funktionieren des Politischen. Die einzigartige, intensivierte und zeitraubende Zuwendung an den Anderen in der Trauer, die Kultivierung der öffentlich sichtbaren Formen des Umgangs mit dem Verlust und das Bewahren des Angedenkens müssen neben dem ganz anders strukturierten Zeitmaß der Tagesordnungen des öffentlichen Lebens ablaufen. Nicht nur in den für die Frauen ausnahmslos eingeräumten längeren Trauerzeiten läßt sich ein entsprechendes Verteilungsschema erkennen. Trauern scheint sich in den ‚festen Händen' der Frauen zu befinden, um – das ist die Kehrseite einer solchen Organisation des Gesellschaftlichen – auch nicht mehr besonders beachtet werden zu müssen. Die Tatsache, daß entsprechende Zusammenhänge kaum in Form von Forschungsabhandlungen bearbeitet sind und damit auch Anerkennung erfahren, muß bereits als Teil des übergreifenden Musters gewertet werden.

Dieses gerne ‚übersehene' Trauern als eine der Tätigkeiten, die zu einem Teil auch dem Anderen gewidmet ist[35], scheint im Widerspruch zur Selbstrepräsentation des abendländischen Subjekts zu stehen. Dessen „Sorge um sich" ist, wie Foucault in Band 3 von *Sexualität und Wahrheit*[36] erarbeitet, ein charakteristisches Merkmal, das eine große historische Kontinuität aufweist. Im Rahmen ihrer Kritik an den geschlechtsneutralen und universalen Bestimmungen des ‚Menschen' hat die feministische Forschung aufgezeigt, daß sich solche universalen Bestimmungen jedoch durchgehend am ‚Männlichen' orientieren und Weiblichkeit nicht einbeziehen. Wie

---
[34] Vgl. Weigel (1994): Die Bartguirlande des Moses und (1994): Lesbarkeit.
[35] Selbstverständlich gilt ein Teil der Aufmerksamkeit des Trauerns immer dem Selbst, da ja der Tod einer geliebten Person betrauert wird, die bereits in die psychische Ökonomie dieses Selbst integriert ist.
[36] Foucault (1993): *Die Sorge um sich. Sexualität und Wahrheit.* Bd. 3.

Foucault anhand vieler Quellen aus der griechischen Antike und ihrer Weitertradierung durch Seneca und andere herausgefunden hat, gilt die „Sorge um sich" als umfassendes Postulat für das Subjekt und umfaßt neben der Pflege von Körper und Geist die Regulierung des Lebenswandels durch ständige Selbstprüfung. Sie ist Selbstermächtigung und Kontrolle, „Machtprobe und Freiheitsgarantie"[37] zugleich und geht sowohl als pauschale Forderung als auch in ihren Details über die Zuwendung des je einzelnen Individuums hinaus in die Vorstellungen des neuzeitlichen Subjekts ein. Die Renaissance hat in ihrem Rückgriff auf die griechische Antike die Maxime der „Sorge um sich" in ihre Vorstellung von „Self-Fashioning" mit einbezogen.[38] Die ‚Sorge um den Anderen', wie man in einer Analogkonstruktion formulieren könnte, bleibt als Leerstelle und gleichzeitig gesellschaftliche Notwendigkeit als Leistung dem weiblichen Geschlecht überlassen. Der Leib- und Lebensfeindlichkeit idealistischen Denkens, das sich damit auch vom realen Tod abwendet, müssen unbeachtete gesellschaftliche Praktiken gegenüberstehen, nach denen Leiblichkeit und damit auch die Endlichkeit des Leibes anerkannt werden. Trauern ist ein Prozeß, der in der Zeit stattfindet und dem Verlust eines identifizierbaren Objekts gilt. Den Frauen wird zur Aufgabe gestellt, dasjenige auszugleichen und aufzufangen, was in dem Symptom der „Trauer- und Tränenlosigkeit" als „Entzeitlichung der Existenz, Entleiblichung des Geistes und Monologisierung des Denkens durch die *eine, universelle* Vernunft in nuce die neuzeitliche abendländische Gesellschaft ausmacht".[39]

Der/die verlorene Andere

Der in diesem Themenbereich am wenigsten untersuchte Aspekt hängt mit dem Fortleben des/der verlorenen Anderen zusammen. Trauer, so Freud mit vielen weiteren, endet damit, daß das Subjekt für sich Lösungen findet, um mit dem Verlust eines geliebten Anderen umzugehen. Wird Freuds Vorschlag für das Ergebnis am Ende eines solchen Prozesses, nämlich daß das Ich die Libido nach Durchlaufen verschiedener Stadien vom geliebten Objekt ablöst und sich einem anderen zuwendet, im allgemeinen mehr oder weniger heftig zurückgewiesen, so greift man dagegen häufig auf seine Vorstellung von psychischer Arbeit und von „Trauerarbeit" im spezifischen zurück. Dieser Begriff allerdings scheint gerade deshalb so vielseitig verwendbar, weil er definitorisch nicht besonders abgegrenzt ist und ein unbestimmtes Feld von Reaktionsweisen bezeichnet. Diesen gemeinsam ist auf jeden Fall die Vorstellung, daß im Trauern dem Subjekt ein aktives Verhalten abverlangt wird, daß es eine Leistung zu vollbringen hat. Von „abreagieren" über „durcharbeiten" bis zu „Umwandlung psychischer Quantität in psychische Qualität"[40] reichen die

---

[37] Ebd., S. 88.
[38] Vgl. Greenblatt (1985): *Renaissance Self-Fashioning*.
[39] Hirsch (1997): Ethik der Trauer, S. 253.
[40] Laplanche/Pontalis (1973): *Das Vokabular der Psychoanalyse*, S. 410.

Begriffe, die in diesem Zusammenhang Verwendung finden. Die Formen des Ausdrucks von Schmerz (siehe den Beitrag von Esther Fischer-Homberger) können dabei als unterschiedliche Leistungen in diesem Prozeß, der auch bestimmten Zeitschemata unterworfen ist, anerkannt werden, als Schritte der Umwandlung durch bildhafte und sprachliche Formgebung.

Gilt das Hauptaugenmerk im psychoanalytischen Diskurs der ‚Arbeit' des Subjekts, so können wir aus ganz anderer Perspektive auch nach dem Verbleib des geliebten und verlorenen Anderen im Prozeß dieser ‚Arbeit' fragen. Schon ein genauerer Blick auf Freuds Thesen zeigt, daß das Objekt der Trauer keineswegs ganz verschwindet, sondern daß in einer Art „Reproduktionsarbeit"[41] zunächst „die Szenen der Krankheit und des Sterbens" noch einmal durchgegangen werden und daß dabei – wendet man sich wieder dem Objekt und nicht dem Subjekt der Trauer zu – in diesen Szenen auch der geliebte Andere reproduziert wird, wenn auch nicht ohne Ambivalenz und nicht ohne Schuldgefühle. Blickt man aus dieser Perspektive auf öffentliche wie private Manifestationen von Trauer, vom Kondolenzbrief über das Denkmal bis zum literarischen Werk, so ersteht in der Trauer zwischen dem Subjekt und dem aus der Realität verschwundenen Objekt ein Drittes, eine symbolische Struktur, die das Fortleben des Anderen in einer ihm nun verliehenen Gestalt garantiert. Die Transformation in ein veräußerlichtes Bild und/oder ein neues Introjekt läuft auf eine Ersetzung hinaus, die ihrerseits schuldhaft vom Subjekt als ein erneutes Töten erfahren werden kann. Ob es sich um Versuche handelt, die Anwesenheit des Anderen zu verlängern, einen Ersatz oder ein Nachbild zu schaffen, eine Fortschreibung des Dialogs zu versuchen, ein Wunschbild oder ein idealisierendes Denkmal zu etablieren, wir können uns, je nach Blickwinkel, dem trauernden Subjekt, dem Ort dieses Dritten in der Psyche oder der Gestalt zuwenden, die in diesem Prozeß dem Anderen verliehen wird.

Über seine Grenzziehung zwischen Melancholie und Trauer macht Freud klar, daß es sich in der Trauer weniger um eine (einverleibende) Identifizierung mit dem/der Anderen handelt, denn diese/r würde dabei, so könnte man in freier Paraphrasierung folgern, als getrenntes Objekt nicht intakt bleiben[42], sondern eher um eine Verinnerlichung. Die Introjektion strebt nach metaphorischen Ersetzungen, während die Inkorporation, die einverleibende Identifizierung, entmetaphorisiert und, wie Rickels darlegt, den unbetrauerten Anderen in einer Krypta einschließt.[43] Derrida, der Freuds Abgrenzungen in dieser rigiden Form nicht übernehmen kann, bringt in seinem Trauer-Text über Louis Marin die verschiedenen Formen der Introjektion wieder zusammen.[44] Als Begründung für sein Weiter- und Umschreiben

---

[41] Freud (1970): Studien über Hysterie, S. 299.
[42] Vgl. Woodward (1990): Freud and Barthes.
[43] Vgl. Rickels (1989): *Der unbetrauerbare Tod.*
[44] Vgl. die dekonstruktive Lektüre von Freuds Text und Kommentar zu Derrida bei Dünkelsbühler (1994): Good Mourning, Melancholia. Ihr geht es allerdings um die Schrift, die sich immer auf Abwesendes bezieht und dann ganz spezifisch um die Übersetzung, die Trauerarbeit um ihre eigene Unmöglichkeit leisten muß.

der Freudschen Theorie führt er darüber hinaus ein ethisches Gebot, „das unerträgliche Paradox der Treue"[45], an, das für ihn die Trauer unabschließbar macht. Das Bild des Anderen, als vorweggenommene Trauer bereits zu Lebzeiten erstellt, in der „unwiderlegbaren Antizipation der Trauer, aus der die Freundschaft besteht", „ist mehr sehend als sichtbar"[46], denn der internalisierte Andere blickt zurück, er wird zum ständigen Zeugen. Wie bei Lévinas[47] wird der Andere über den Blick eingeführt und bleibt über das Bild des Blicks im Inneren erhalten.

Bibliographie

Aaron, Daniel: The Etiquette of Grief. A Literary Generation's Response to Death. In: *Prospects* 4, 1979, S. 197–213.

Agamben, Giorgio: Noten zur Geste. In: *Postmoderne und Politik*, hrsg. von Jutta Georg-Lauer. Tübingen 1992, S. 97–107.

Bachmann, Ingeborg: Drei Wege zum See. In: Dies.: *Simultan. Erzählungen*. München, Zürich 1990, S. 119–211.

Barash, Moshe: *Giotto and the Language of Gesture*. Cambridge 1987.

Barnett, Dene: *The Art of Gesture: The Practices and Principles of 18th Century Acting*. Heidelberg 1987.

Barta Fliedl, Ilsebill und Christoph Geissmar (Hrsg.): *Die Beredsamkeit des Leibes. Zur Körpersprache in der Kunst*. Salzburg, Wien 1992.

Barta Fliedl, Ilsebill: „Vom Triumph zum Seelendrama. Suchen und Finden oder Die Abentheuer eines Denklustigen". Anmerkungen zu den gebärdensprachlichen Bilderreihen Aby Warburgs. In: *Die Beredsamkeit des Leibes. Zur Körpersprache in der Kunst*, hrsg. von ders. und Christoph Geissmar. Salzburg, Wien 1992, S. 165–170.

Benjamin, Walter: *Ursprung des deutschen Trauerspiels*. Frankfurt a. M. 1978.

Bohrer, Karl Heinz: *Der Abschied. Theorie der Trauer*. Frankfurt a. M. 1996.

Bossinade, Johanna: Fürstinnen der Trauer. Die Gedichte von Nelly Sachs. In: *Jahrbuch für Internationale Germanistik* 16, 1, 1984, S. 133–157.

Bruno, Giordano: *Degli Eroici Furori*. Deutsch: *Von den heroischen Leidenschaften*. Hamburg 1989.

Derrida, Jacques: Kraft der Trauer. In: *Der Entzug der Bilder: Visuelle Realitäten*, hrsg. von Michael Wetzel und Herta Wolf. München 1994, S. 13–35.

Dickinson, Emily: *The Letters of Emily Dickinson*. Hrsg. von Thomas H. Johnson. Cambridge, Mass. 1970.

Dünkelsbühler, Ulrike: Good Mourning, Melancholia. In: *Fragmente* 44/45. Kassel 1994, S. 229–243.

Efron, David: *Gesture, Race and Culture*. The Hague, Paris 1972.

Eigler, Friederike: Trauerarbeit in Brigitte Schwaigers „Lange Abwesenheit" als konfliktreiche Suche nach einer weiblichen Identität. In: *Germanic Review* 67, 1, 1992, S. 26–34.

---

[45] Derrida (1994): Kraft der Trauer, S. 29.
[46] Ebd., S. 30.
[47] Vgl. vor allem Lévinas (1983): *Die Spur des Anderen*. Hirsch legt Lévinas' Bezüge zur Trauer dar, die dieser selbst nicht explizit vorgestellt hat.

Ekman, Paul: Bewegungen mit kodierter Bedeutung: Gestische Embleme. In: *Zeichenprozesse. Semiotische Forschung in den Einzelwissenschaften*, hrsg. von Roland Posner und Hans-Peter Reinecke. Wiesbaden 1977, S. 180–198.

Erdheim, Mario: Psychoanalyse jenseits von Ornament und Askese. Zur Entdeckungsgeschichte des Unbewußten. In: *Ornament und Askese im Zeitgeist des Wien der Jahrhundertwende*, hrsg. von Alfred Pfabigan. Wien 1985, S. 230–241.

Fischer, Norbert: Die Trauernde. Zur geschlechtsspezifischen Materialisierung von Gefühlen im bürgerlichen Tod. In: *metis* 5, 1996, H. 10, S. 25–31.

Flusser, Vilém: *Gesten. Versuch einer Phänomenologie.* Düsseldorf 1991.

Forster, Edgar: Melancholie und Männlichkeit. Über männliche Leidensgeschichten. In: *The Body of Gender: Körper, Geschlecht, Identitäten*, hrsg. von Marie-Luise Angerer. Wien 1995, S. 69–90.

Foucault, Michel: *Sexualität und Wahrheit*, Bd. 3: *Die Sorge um sich*. Frankfurt a. M. 1989.

Freud, Sigmund: Trauer und Melancholie. In: Ders. *Studienausgabe*, Bd. III. Frankfurt a. M. 1975, S. 193–212.

– : Studien über Hysterie. In: Ders.: *Gesammelte Werke*. Bd. I. Frankfurt a. M. 1952, S. 75–312.

Geitner, Ursula: *Die Sprache der Verstellung. Studien zum rhetorischen und anthropologischen Wissen im 17. und 18. Jahrhundert.* Tübingen 1992.

Goethe, Johann Wolfgang von: Trilogie der Leidenschaft. In: *Hamburger Ausgabe*, Bd. 1. Hamburg 1966, S. 381.

Gorer, Geoffrey: *Death, Grief, and Mourning in Contemporary Britain.* London 1965.

Greenblatt, Stephen: *Renaissance Self-Fashioning: From More to Shakespeare.* Chicago 1985.

Haverkamp, Anselm: Error in Mourning – A Crux in Hölderlin: ‚dem gleich fehlet die Trauer' (‚Mnemosyne'). In: *Yale French Studies* 69, 1985, S. 239–253.

– : *Laub voll Trauer. Hölderlins späte Allegorie.* München 1991.

Heidbrink, Ludger (Hrsg.): *Entzauberte Zeit. Der melancholische Geist der Moderne.* München, Wien 1997.

Hirsch, Alfred: Ethik der Trauer. Der Entzug des Anderen. In: *Entzauberte Zeit. Der melancholische Geist der Moderne*, hrsg. von Ludger Heidbrink. München, Wien 1997, S. 231–254.

Horstmann, Ulrich: *Der lange Schatten der Melancholie.* Essen 1985.

– : *Die stillen Brüter. Ein Melancholielesebuch.* Hamburg 1992.

Jeismann, Michael und Rolf Westheider: Wofür stirbt der Bürger? Nationaler Totenkult und Staatsbürgertum in Deutschland und Frankreich seit der Französischen Revolution. In: *Der politische Totenkult. Kriegerdenkmäler in der Moderne*, hrsg. von Reinhart Koselleck und Michael Jeismann. München 1994, S. 23–50.

Klibansky, Raymond et al. (Hrsg.): *Saturn und Melancholie: Studien zur Geschichte der Naturphilosophie und Medizin, der Religion und der Kunst.* Frankfurt a. M. 1990.

Koselleck, Reinhart und Michael Jeismann (Hrsg): Der *politische Totenkult. Kriegerdenkmäler in der Moderne.* München 1994.

Kriss-Rettenbeck, Lenz: Probleme der volkskundlichen Gebärdenforschung. In: *Bayrisches Jahrbuch für Volkskunde* 1964/65, S. 14–46.

Kristeva, Julia: *Soleil noir. Dépression et mélancholie.* Paris 1987.

Laplanche J. und J.-B. Pontalis: *Das Vokabular der Psychoanalyse.* Frankfurt a. M. 1973.

Lepenies, Wolf: *Melancholie und Gesellschaft.* Frankfurt a. M. 1972.

Lévinas, Emmanuel: *Die Spur des Anderen. Untersuchungen zur Phänomenologie und Sozialphilosophie.* München 1983.

Loraux, Nicole: *Die Trauer der Mütter. Weibliche Leidenschaft und die Gesetze der Politik.* Frankfurt a. M. 1992.

Mepham, John: Mourning and Modernism. In: *Virginia Woolf: New Critical Essays*, hrsg. von Patricia Clements und Isobel Grundy. London u. a. 1983, S. 137–156.

Metken, Sigrid (Hrsg.): *Die letzte Reise. Sterben, Tod und Trauersitten in Oberbayern.* München 1984.

Mirrer, Louise (Hrsg.): *Upon My Husband's Death. Widows in the Literature and Histories of Medieval Europe.* Ann Arbor 1992.

Neumer-Pfau, Wiltrud: Töten, Trauern, Sterben. Weiblichkeitsbilder in der antiken griechischen Kultur. In: *Weiblichkeit und Tod in der Literatur*, hrsg. von Renate Berger. Köln, Wien 1987, S. 11–34.

Pavis, Patrice: Problems of a Semiology of Theatrical Gesture. In: *Poetics Today* 2, 3, 1981, S. 65–93.

Rickels, Laurence A.: *Der unbetrauerbare Tod.* Wien 1989.

Robinson, David: *Saving Graces. Images of Women in European Cemeteries.* New York, London 1995.

Roth, Philip: *Patrimony.* New York 1991; deutsch: *Mein Leben als Sohn.* München, Wien 1992.

Santner, Eric L.: *Stranded Objects: Mourning, Memory, and Film in Postwar Germany.* Ithaca 1990.

Schiesari, Juliana: *The Gendering of Melancholia. Feminism, Psychoanalysis, and the Symbolics of Loss in Renaissance Literature.* Ithaca 1992.

Schmitt, Jean-Claude: *Die Logik der Gesten im europäischen Mittelalter.* Stuttgart 1992.

Schor, Esther: *Bearing the Dead: the British Culture of Mourning from the Enlightenment to Victoria.* Princeton, New York 1995.

Schulte, Regina: Käthe Kollwitz' Opfer. In: *Von der Aufgabe der Freiheit. Politische Verantwortung und bürgerliche Gesellschaft im 19. und 20. Jahrhundert*, hrsg. von Christian Jansen et al. S. 647–672.

Smith, Susan B.: Reinventing Grief Work: Virginia Woolf's Feminist Representations of Mourning in *Mrs. Dalloway* and *To the Lighthouse*. In: *Twentieth Century Literature* 41, 1995, S. 310–327.

Spickernagel, Ellen: Groß in der Trauer. Die weibliche Klage um tote Helden in Historienbildern des 18. Jahrhunderts. In: *Sklavin oder Bürgerin? Französische Revolution und neue Weiblichkeit*, hrsg. von Viktoria Schmidt-Linsenhoff. Frankfurt a. M. 1989, S. 308–324.

Stieglitz, Ann: Wie man sich an den Krieg erinnert: Geschlechtsspezifische Unterschiede bei Darstellungen des Leids. In: *Denkräume zwischen Kunst und Wissenschaft*, hrsg. von Silvia Baumgart et al. Berlin 1993, S. 235–257.

Strocchia, Sharon T.: Funerals and the Politics of Gender in Early Renaissance Florence. In: *Refiguring Woman. Perspectives on Gender and the Italian Renaissance*, hrsg. von Marilyn Migiel und Juliana Schiesari. Ithaca, London 1991, S. 155–168.

Vickers, Nancy J.: Widowed Words: Dante, Petrarch, and the Metaphors of Mourning. In: *Discourse of Authority in Medieval and Renaissance Literature*, hrsg. von Kevin Brownlee und Walter Stephens. Hanover, London 1989, S. 97–108.

Wagner-Egelhaaf, Martina: *Die Melancholie der Literatur: Diskursgeschichte und Textfiguration.* Stuttgart 1997.

Warburg, Aby: Einleitung zum Mnemosyne-Atlas (1929). In: *Die Beredsamkeit des Leibes. Zur Körpersprache in der Kunst*, hrsg. von Ilsebill Barta Fliedl und Christoph Geissmar. Salzburg, Wien 1992, S. 171–174.

Weigel, Sigrid: Die Bartguirlande des Moses. Körpersprache zwischen Deutung und Lektüre. In: *Andere Körper*. Katalog der Ausstellung im Offenen Kulturhaus Linz. Wien 1994, S. 36–45.
– : Lesbarkeit. Zum Bild- und Körpergedächtnis in der Theorie. In: Dies.: *Bilder des kulturellen Gedächtnisses. Beiträge zur Gegenwartsliteratur.* Dülmen-Hiddingsel 1994.
Wellershoff, Dieter: *Blick auf einen fernen Berg.* Köln 1991.
Wenk, Silke: Pygmalions Wahlverwandtschaften. Die Rekonstruktion des Schöpfermythos im nachfaschistischen Deutschland. In: *Blick-Wechsel. Konstruktionen von Männlichkeit und Weiblichkeit in Kunst und Kunstgeschichte*, hrsg. von Ines Lindner u. a. Berlin 1989, S. 59–82.
Woodward, Kathleen: Freud and Barthes: Theorizing Mourning, Sustaining Grief. In: *Discourse* 13, 1, 1990, S. 93–110.

Die *Topologischen Tücher* von Silke Radenhausen
Anmerkungen zur Titelillustration

Sigrid Schade

Kunstgeschichte als Hierarchie der Gattungen

Die Kieler Künstlerin Silke Radenhausen arbeitet seit etwa 1977 mit in der Familie ererbten historischen Tüchern und begann 1984 mit dem bislang unabgeschlossenen – und potentiell unabschließbaren – Projekt der *Topologischen Tücher* aus gefärbter und ungefärbter Malerleinwand. Die zunächst in der Tradition der abstrakten und minimalistischen Kunst der Nachkriegszeit und der sechziger Jahre in Deutschland arbeitende Künstlerin wandte sich damit einem Feld zu, das in der traditionellen Kunstgeschichte seit dem sechzehnten Jahrhundert in der Hierarchie der Gattungen abgewertet und der ‚hohen Kunst' untergeordnet worden war. Textile Gestaltung im weitesten Sinne wird bis heute eher der ‚reproduktiven' angewandten Kunst oder dem Kunsthandwerk, nicht aber der ‚kreativen hohen' Kunst zugerechnet, wobei diese, soweit sie als Malerei auf Leinwand, als Gemälde inszeniert wurde, ihre materialen Bestandteile durch illusionistische Maltechniken und Raumperspektiven vergessen zu machen trachtete. Auch die ungegenständliche Malerei der Moderne und der Nachkriegszeit, die einen Teil ihrer Legitimation ausdrücklich als Ablehnung des Illusionismus formulierte und Oberfläche, Farbe und Form zum Gegenstand bildnerischer Reflexion machte, war darauf bedacht, sich trotz ihrer entsprechenden Anleihen in der Oberflächengestaltung gegen die Tradition des Ornaments und der textilen Gestaltung abzugrenzen. Das Dispositiv von Künstlerschaft und Kreativität, das mit dem Konzept der *idea* und der *inventio* fest verknüpft war, wurde auch von den nicht-gegenständlichen Künstlern fortgeschrieben. In ihren Legitimationstexten wenden sie sich gegen einen ‚Materialismus' der Kunst in einer Ausweitung des Begriffs auf die illusionistische Malerei, die sie kurzerhand der ‚angewandten Kunst' zurechnen und damit abwerten.

Insofern ist es – trotz aller inzwischen erlaubten Grenzüberschreitungen – für Künstler und besonders für Künstlerinnen nach wie vor riskant, sich mit dem Bereich textiler Gestaltung auseinanderzusetzen, denn sowohl die Kunstgeschichte als auch die Kunstszene reagiert empfindlich auf die Infragestellung ihrer Hierarchien, indem sie diese Disziplin größtenteils ausschließt. Den Zusammenhang zwischen der Konzeption von produktiver Künstlerschaft, Kreativität, Genie und Vorstellungen von Männlichkeit sowie der Konzeption reproduktiver Gestaltung und Vorstellungen von Weiblichkeit, in der sich die historisch gewachsene Arbeitsteilung spiegelt, hat inzwischen die feministische kunst- und kulturwissenschaftliche Forschung überzeugend dargestellt, und ihre Kritik an der Tradition der abendländischen

Kunstgeschichte und ihrer Schöpfermythen ist auch in die Arbeit Radenhausens eingegangen.

Die topologische Operation

Bei dem künstlerischen Verfahren Silke Radenhausens handelt es sich um ein geometrisch streng kalkuliertes konzeptuelles Vorgehen: Die geometrischen Grundfiguren Dreieck, Rechteck, Kreis und Ellipse sind so in die Leinwände hineingenäht, daß der eventuell durch Keilrahmen gespannte, gestützte oder durch Nähte gehaltene Stoff je verschieden im Fallen aufgehalten wird und sich deshalb in Verwerfungen und Faltenbildungen Raum sucht und gleichzeitig Raum schafft. Den dabei entstehenden Leinwandobjekten ist das Formelhafte, Serielle des Verfahrens nicht anzusehen, sondern sie appellieren an die haptische Wahrnehmung in sinnlicher Fülle und formaler Vielfalt. Das Konzept schließt also die Notwendigkeit der Ausführung mit ein, nur in der Kontrastierung von Verfahren und Ausführung werden die Bezüge auf die Tradition und kritische, ironische Brechungen erkennbar. In der Umformung und Umformulierung der klassischen Maler-Leinwand der abendländischen Kunst-Tradition, die vor allem als Projektionsfläche von ‚Weiblichkeit' diente, zitiert Radenhausen das klassisch weiblich konnotierte Feld des Nähens und Flickens als ironische Folie.

Die Leinwand-Objekte, die niemals in einem absoluten Endzustand fixiert werden können, sind serielle Arbeiten auf der Basis minimaler Parameterwechsel (z. B.: zehn Halbkreise in geraden Nähten; sechzehn Halbkreise in wellenförmiger Naht; vier gedoppelte Halbkreise und zwei gedoppelte Rechtecke in Zickzacknähten) und werden auch in der Titelgebung als zählbar gekennzeichnet: *XVI/96; XII 1/92; III/95*. Die analytische Beschreibung der auf der Vorder- und Rückseite des Buches *Trauer tragen* abgebildeten Arbeit lautet: eine und zwei halbe Ellipsen in waagerechten Einschnitten, sie wird gezählt als *II/94*. Insofern sind alle Objekte Teil einer letztlich nicht abschließbaren Serie.

Gleichwohl können alle Arbeiten Anteil haben an erzählerischen Strukturen und Assoziationen, die durch die individuellen Faltenspiele hervorgerufen werden. In manchen Installationen sind allegorische und erzählerische Bezüge geplant, z. B. in den *Paraphrasen* zu Owen Jones' Kompendium *Grammar of Ornament*, einem großartigen ironischen Kommentar zur Funktion des Ornaments im Kolonialismus und in der Moderne, die 1997 in der Stadtgalerie Kiel ausgestellt wurden. Oder wie in der Installation *(VII – XVIII/94)* für die Ausstellung *Andere Körper* im Offenen Kulturhaus Linz 1994, dem ehemaligen Schulgebäude eines Ursulinenklosters. Radenhausen spielte dabei auf eine Erzählung von Marlen Haushofer an, in der es um die Phantasien einer Schülerin bezüglich der Zahl der Unterröcke der „Frau Oberin" ging.

Die Wirkungen und symbolischen Deutungen von Gewändern, Schleiern, drapierten Tüchern und anderem in jeweiligen Kleiderordnungen stellen ein besonders exponiertes Feld der Kulturforschung dar. Dabei geraten einerseits Kulturtechniken und geschlechtsspezifische Arbeitsteilungen in den Blick, andererseits die Funktion von Kleidung in Begehrensstrukturen und als Affektsymbol, als Teil einer ‚Sprache des Körpers'. Enthüllung, Verhüllung und Fetischisierung werden als effektvolle Strategien mächtiger Diskurse eingesetzt. Der Einsatz der Pathosformeln von Faltenwürfen und das Zitieren historischer Gewänder und Kleidungsstile sind Teil der allegorischen Verweisung in verschiedenen Medien und zeugen vom Zeichencharakter auch der Kleider. Theatralische Performanzen, der Tanz und die öffentliche, politische Inszenierung leben unter anderem vom Einsatz von Stoffen. Auch für eine Sprache der Gewänder gilt, daß sie historisch und kulturell gebunden ist. Für die Symbolisierung von Affekten finden sich verschiedene Kodierungen in verschiedenen Kulturen: Während im westlichen Europa Schwarz die Farbe der Trauer ist, so kann dies in einer anderen Kultur Weiß oder Rot sein. Trauergesetzgebung richtet sich auch auf die Trauerkleidung; während einmal das Verhüllen des Gesichts und des Körpers von Schmerz zeugen soll, so ist es an anderem Ort zu anderer Zeit in einer anderen Inszenierung das Entblößen oder das Zerreißen von Kleidung.

Auf einer abstrakteren Ebene zeugen Falten von der Schwerkraft, der auch die Körper ausgesetzt sind, sie zeugen vom aufgehaltenen Fallen. Die Schwere von Stoffen läßt sich ablesen aus ihrem Faltenwurf, die Raffinesse der Fältelung läßt sich erkennen aus den Volten, die ein Stoff – die Schwerkraft scheinbar überwindend – zu schlagen vermag. Gleichzeitig ist der gefaltete Stoff eine Infragestellung von Innen und Außen, von Vorder- und Hintergrund, von Fläche und Raum, von Figur und Grund. Das Spiel mit den Falten ist also eines, in dem die zentralen Oppositionen, die die abendländische Wahrnehmung und Gestaltung konstituieren, aus ihren Positionen verrückt werden. Insofern Stoff auch ‚Haut' bedeuten kann, ist der faltige Stoff mit Assoziationen des Alterns verbunden. Auf dem Weg zum Tod überzieht sich der menschliche Körper mit Falten, die Körpergrenze wird unklarer, auch das Innen und Außen des Körpers wird dadurch relativiert. Manche Körperfalte geht so tief, daß sie sich nach Innen umstülpt wie ein Handschuh, nicht jeder Falte ist anzusehen, ob sie Oberfläche bleibt oder den Weg zu einem unheimlichen oder ekligen Innen weist.

Die *Topologischen Tücher* von Silke Radenhausen sind also ein höchst intelligenter und anschaulicher Kommentar zur westlichen Bildkultur, zu den Rahmenbedingungen künstlerischer Produktion, zu geschlechtsspezifischen Arbeitsteilungen und zum Versteckspiel der Sprache der Kleider, Stoffe und Falten in unseren Inszenierungen von Affekt und Pathos. Und nicht zuletzt haben sie einen Witz, der die Betrachtung der Leinwand-Objekte zum sinnlichen Vergnügen macht.

Literaturhinweis

Silke Radenhausen: *Grammar of Ornament*. Katalog zur Ausstellung. Stadtgalerie Kiel 1997. Darin unter anderem: Sigrid Schade: Die Strategie des Vielfältigen – die Vielfalt der Strategien: Zu den „Topologischen Tüchern" von Silke Radenhausen.

Mourning becomes Hysteria

Zum Verhältnis von Trauerarbeit zur Sprache der Hysterie

Elisabeth Bronfen

In seinem Aufsatz „Trauer und Melancholie" unterscheidet Freud zwischen einer pathologischen Melancholie und der alltäglichen Trauer, obgleich beide Arten, mit dem Verlust eines geliebten Objektes umzugehen, dieselben Züge aufweisen. Denn laut Freud erleben sowohl die Trauernde als auch die Melancholikerin eine schmerzliche Verstimmung, einen Verlust an Interesse für die Außenwelt, einen Verlust der Fähigkeit, ein neues Liebesobjekt zu wählen, was letztlich zu einer „Abwendung von jeder Leistung, die nicht mit dem Andenken des Verstorbenen in Beziehung steht", führt.[1] Während jedoch die Trauer eine Reaktion auf den „Verlust einer geliebten Person oder einer an ihre Stelle gerückten Abstraktion wie Vaterland, Freiheit, ein Ideal" darstellt (TM 429), so ist für die Melancholie kein klarer Auslöser festzumachen. Sie bezieht sich „auf einen dem Bewußtsein entzogenen Objektverlust [...] zum Unterschied von Trauer, bei welcher nichts an dem Verluste unbewußt ist" (TM 431). Mit anderen Worten, die Melancholikerin kann sich zwar durchaus bewußt sein, wen sie verloren hat, nicht aber, was sie an ihm verloren hat. An einem bezeichnenden Unterschied zwischen diesen beiden Arten, mit Verlust umzugehen, hält Freud fest: Ist im Zuge der Trauer die Welt arm und leer geworden, so mündet die Melancholie in einer Entleerung des Ichs, die zu einer Störung des Selbstgefühls führt. Diese Selbstvorwürfe deutet Freud als verschobene Vorwürfe gegen das verlorene Liebesobjekt, als den Vorwurf nämlich, der Verstorbene hätte die Betroffene im Stich gelassen, wäre in der letzten Instanz nicht für sie eingetreten.

Indem somit die melancholische Trauer den flüssigen Übergang von der Geste des Klagens in die des Anklagens (vgl. TM 434) aufzeigt, läßt sich auch die Nähe zur Sprache der Hysterie genauer herausarbeiten, denn auch in dieser rätselhaften und schwer faßbaren psychosomatischen Erkrankung dient eine am Körper inszenierte Klage dem betroffenen Subjekt, die Unzulänglichkeit seiner Situation als Mitglied einer bestimmten Familie oder einer bestimmten kulturellen Gemeinde anzuklagen. Und wenn in der melancholischen Trauer die Libido zwar von dem verlorenen Objekt abgezogen wird, nicht aber zu der Besetzung eines neuen Objektes führt, sondern ins Ich zurückgezogen wird und eine Identifizierung des Ichs mit dem aufgegebenen Objekt erfolgt, zeichnet sich eine ähnliche Bewegung in der hysterischen Symptombildung ab. Führt in der melancholischen Trauer der Objektverlust zum Ichverlust, so vermitteln die hysterischen Symptome eine Botschaft darüber, wie

---

[1] Freud (1946): Trauer und Melancholie, S. 429. Im folgenden wird im laufenden Text nach dieser Ausgabe mit der Sigle TM zitiert.

das betroffene Subjekt sich mit einer wirklich verlorenen Autoritätsfigur identifiziert oder mit einer, die, weil als fehlbar erkannt im übertragenen Sinne zur verlorenen deklariert wurde, unabhängig davon, ob im Zuge dieser anklagenden Klage nun ein beeinträchtigter, untauglich gewordener Körper oder ein überschüssiges halluzinatorisches Phantasieleben zur Schau gestellt wird. Mit anderen Worten, an ihrem Körper inszeniert die Hysterikerin die Tatsache, daß diese gesetzstiftende Figur tot ist, und beklagt diesen Verlust; im gleichen Zug wirft sie ihr aber auch ihren Mangel vor, denn wenn sich die Hysterikerin nur im Dialog mit der Autoritätsfigur definieren kann, so bedeutet die Fehlbarkeit des anderen auch eine Versehrtheit ihres eigenen Selbst. Somit spricht die melancholisch Trauernde ebenso wie die Hysterikerin ihre Ambivalenz der Gefühle gegenüber dem verlorenen Objekt aus, ihren Hang, einerseits dessen Autorität zu stützen und andererseits dessen Gesetz immer wieder in Frage stellen zu müssen. Bezeichnend für beide Arten, mit Verlust und Versehrtheit umzugehen, ist nun aber die Tatsache, daß dieser Streit auf den eigenen Körper zurückverlagert wird und demzufolge in melancholischer Selbstentwertung und hysterischer Untauglichkeit ausartet.

Während Freud solch eine Identifizierung mit dem Objekt bei der hysterischen Symptombildung als keineswegs selten wertet, besteht für ihn der Unterschied zwischen Trauer und Hysterie darin, daß im ersten Fall „die Objektbesetzung aufgelassen wird, während sie bei letzterer bestehen bleibt und eine Wirkung äußert, die sich gewöhnlich auf gewisse einzelne Aktionen und Innervationen beschränkt" (TM 437). Denn obgleich in der Trauer anfänglich ein Sträuben gegen die Aufgabe des verlorenen Liebesobjektes festzustellen ist, das so stark ist, daß dieses Festhalten des Objekts halluzinatorische Wunschpsychosen zustande kommen läßt, behält schlußendlich der Respekt vor der Realität den Sieg. Trauerarbeit beinhaltet das langsame Durcharbeiten jeder einzelnen Erinnerung und Erwartung, „in denen die Libido an das Objekt geknüpft war" (TM 430), bis eine Lösung der Libido vollzogen werden kann. Darin ähnelt die Trauerarbeit dem analytischen Prozeß, denn – wie ich in meinen Ausführungen zu Freuds und Breuers *Studien über Hysterie* noch genauer erläutern werde – auch hier wird jedes Symptom, jede Erinnerung, jeder Affekt einzeln durchgearbeitet, damit eine Heilung der psychosomatischen Schmerzunlust vollzogen werden kann. Sowohl die Vollendung der Trauerarbeit als auch die geglückte analytische Lösung einer Fallgeschichte der Hysterie setzt sich zum Ziel, daß das betroffene Subjekt „wieder frei und ungehemmt" (TM 430) leben kann. Gerade darin liegt jedoch der wesentliche Unterschied zwischen Trauerarbeit und der Auflösung eines hysterischen Falls. Am Ende der Trauerarbeit hat das Subjekt den Verlust überwunden und somit die Aufgabe, die der Tod des geliebten Wesens der Betroffenen gestellt hatte, gelöst. Die Hysterie hingegen hält ebenso hartnäckig an dem Verlust und somit an der Verflüssigung der Grenze zwischen Objektverlust und Ichverlust fest, wie sie den Ambivalenzkonflikt zwischen Haß und Liebe für das real verlorene oder das als Mangelndes wahrgenommene identitätsstiftende Liebesobjekt durchspielt.

Einerseits folgt die Hysterie der Trauer, die laut Freud „das Ich dazu bewegt, auf das Objekt zu verzichten, indem es das Objekt für tot erklärt und dem Ich die Prämie des Lebens bietet" (TM 445), wie sie auch dem Ambivalenzkampf der Trauernden folgt, in dessen Verlauf eine Fixierung der Libido an das Objekt aufgelockert wird, indem sie „dieses entwertet, herabsetzt, gleichsam auch erschlägt" (TM 445). Andererseits ist die Hysterie aber auch eine psychosomatische Sprache, die den Prozeß der Trauerarbeit – Rückzug aus der Außenwelt, übersteigertes Interesse an der Auseinandersetzung mit den Verstorbenen oder mit Ereignissen der Vergangenheit – zum *modus vivendi* erhebt, der nicht nur nicht abgeschlossen werden kann, sondern sogar in seiner endlos fortdauernden Schmerzenslust zelebriert wird. In einem Abschnitt aus der ersten seiner fünf Vorlesungen über Psychoanalyse vergleicht Freud bezeichnenderweise das Monument in London, eine Säule, die an das große Feuer im Jahr 1666 mahnen soll, in seiner Funktion als Erinnerungssymbol mit den hysterischen Symptomen, fügt dem aber hinzu:

> Aber was würden Sie zu einem Londoner sagen [...] der vor dem ‚Monument' die Einäscherung seiner geliebten Vaterstadt beweinte, die doch seither längst soviel glänzender wiedererstanden ist? So wie diese[r] [...] unpraktisch[e] Londoner benehmen sich aber die Hysterischen und Neurotiker alle; nicht nur, daß sie die längst vergangenen schmerzlichen Erlebnisse erinnern, sie hängen noch affektvoll an ihnen, sie kommen von der Vergangenheit nicht los und vernachlässigen für sie die Wirklichkeit und die Gegenwart. Diese Fixierung des Seelenlebens an die pathogenen Traumen ist einer der wichtigsten und praktisch bedeutsamsten Charaktere der Neurose.[2]

Ich bin jedoch geneigt, diese ungebrochene Trauerarbeit des hysterischen Subjekts auch als eine elegische Klage zu deuten, deren Botschaft darauf gerichtet ist, uns zu erinnern, wie sehr die menschliche Existenz immer um etwas Verlorenes kreist, ohne daß dieser Verlust an einer konkreten Gestalt – sei dies im säkularen Sinne der Mutterschoß oder im theologischen Sinne das Himmelreich – je festzumachen wäre. Die brisante Verknüpfung zwischen der psychosomatischen Sprache der Hysterie und der melancholischen Sprache der Trauer, um die es in meinen folgenden Überlegungen gehen wird, besteht eben darin, daß beide Arten der Selbstartikulation ein nicht direkt zu benennendes Leid zur Sprache bringen, das sich gerade deshalb so gnadenlos des Körpers und der Psyche bemächtigen kann, weil es sich um einen unbekannten und dem Bewußtsein nie zugänglichen Verlust handelt, der deshalb aber auch nie gänzlich zur Lösung kommen kann.

Innerhalb der kulturwissenschaftlichen Forschung hält eine Faszination der Hysterie vielleicht deshalb so hartnäckig an, weil diese psychosomatische Störung sich im Verlauf ihrer langen medizinischen Geschichte ebenso hartnäckig einer präzisen Definition entzogen hat. Diese rätselhafte und schwer faßbare Erkrankung, für die keine klaren organischen Störungen festzumachen sind, erwies sich deshalb auch als brauchbare Projektionsfläche für die diagnostischen Phantasien der Ärzte, die sich angesichts des medizinischen Rätsels zwar einerseits ihrer eigenen Hilflosigkeit stellen mußten, andererseits aber auch ihrer nosologischen Erfindungskraft freien Lauf lassen konnten. Von dem Psychiater Jean-Martin Charcot auch als ‚viel Lärm

---
[2] Freud (1945): Über Psychoanalyse, S. 12.

um Nichts' bezeichnet, bot die Hysterie immer wieder gerade deshalb ein so fruchtbares Feld für Spekulationen, weil sie keiner bestimmten Krankheitskategorie zugerechnet werden kann. Als jenes ‚X', das nirgends hineinpaßt, als Müllkorb der Medizin, in den man, laut Lasègne, alles hineinwirft, das man sonst nirgends ablegen kann, stellt die Sprache der Hysterie genau jene Position dar, die an dem universellen Anspruch der medizinischen Nosologie nicht teil hat, ohne dessen Postulierung jedoch auch das ganze nosologische System nicht entworfen werden könnte.

Weil die Hysterie die Grenzen genau jenes medizinischen Diskurses vorführt, der sie auch konstruiert, und weil sie dies gerade durch den Verweis auf die sich gegenseitig ausschließenden Widersprüche, die nicht zu definierenden Phänomene, die die Basis aller nosologischen Klassifikation ausmachen, vollzieht, hat Lucien Israël den Vorschlag gemacht, jeden Versuch, diese rätselhafte psychosomatische Störung zu definieren, von einer semantischen Ebene auf eine strukturelle Diskussion zu verlagern.[3] Hysterie ist demzufolge eine Art Kommunikation, ein Versuch, eine Beziehung zum anderen herzustellen, wobei damit sowohl das Gesetz der Alterität gemeint sein kann als auch jener unbekannte Ort im psychischen Apparat, der durch unsere bewußten Handlungen nur eine schwache Widerspiegelung erhält. In der Tat könnte man sagen: Die widersprüchliche Eigenart hysterischer Symptome entspricht der Tatsache, daß das Unbewußte den Ort des Widerspruchs darstellt – einen Ort von Streit und Heterogenität jenseits der Gesetze des Bewußten und der kulturellen Logik, aber auch einen Ort dessen, was notwendigerweise unlösbar zu bleiben hat.

Um nochmals auf Freuds Definition des melancholischen Affekts zurückzugreifen: Die Hysterie setzt ihre Körpersprache ein, um Klage in Anklage zu verwandeln. Sie stellt eine Botschaft dar, benötigt einen Adressaten, doch zeichnet sich darin gleichzeitig, wie Slavoj Zizek ausführt, eine Krise der Interpellation ab:

> Hysteria has to be comprehended in the complexity of its strategy, as a radically ambiguous protest against the Master's interpellation which simultaneously bears witness to the fact that the hysterical subject needs a Master, cannot do without a Master, so that there is no simple and direct way out.[4]

Mit anderen Worten, das hysterische Subjekt stellt nicht nur stets die Frage nach seiner Position zur Macht, sondern zwingt den Meister, auf den ihre Inszenierung gerichtet ist – den Analytiker, den Familienvater, die Mitmenschen –, sich zudem zu fragen, was es bedeutet, bemächtigt zu sein. Im Verlauf einer psychoanalytischen Kur soll das hysterische Subjekt sich seiner Symptome entledigen. Doch gerade diese Heilung verbietet die Hysterie, denn unumgänglich ausgeschlossen aus den Kategorien der medizinischen Nosologie sind ihre enigmatischen Symptome auch äußerst wandelbar. Jeder, der es je mit einer Hysterika zu tun hatte, kennt die Widerstandsfähigkeit, die es der Betroffenen erlaubt, stets ein Symptom durch ein neues zu ersetzen, sobald eine Deutung augenscheinlich zur Heilung führen könnte. Somit

---
[3] Vgl. Israëls Argument, daß die Hysterie als eine Botschaft des anderen zu verstehen ist.
[4] Zizek (1996): *The Indivisible Remainder*, S. 164.

konfrontiert sie ihren angesprochenen Meister immer auch mit dessen eigener Fehlbarkeit. Gleichzeitig aber steht die Sprache der Hysterie nicht jenseits kultureller Gesetze. Zeigt die Hysterikerin ihrem Meister seine Fehlbarkeit auf, so tut sie dies durchaus im Glauben an seine Macht und in Berufung auf seine Bemächtigung. Einerseits vertraut sie auf das paternale Gesetz, denn ihre raffinierten Symptome gehen von der Phantasie aus, daß es die Situation des Glücks geben müßte – die intakten Familienbande, die allwissende Autoritätsfigur, die allgemein gültigen kulturellen Gesetze. Doch gerade die Unzulänglichkeit der Wirklichkeit läßt sie andererseits dieses paternale Gesetz stets hinterfragen und mit ebenso heftiger Insistenz verkünden, daß die gegebene Situation nicht die des Glücks ist. Somit formuliert die Hysterikerin ihre Anklage nicht jenseits kultureller Kodes, sondern gerade unter Berufung auf die Gesetze, die sie gleichzeitig zu hinterfragen sucht. Sie setzt ihre ganze kreative Phantasie ebenso wie die Wandelbarkeit ihres Körpers ein, um ihrer Klage über die Inkonsistenzen jener symbolischer Institutionen, die ihre Selbstdefinition bestimmen, Ausdruck zu verleihen. Jedoch äußert sie diese Kritik im Glauben daran, daß dieses Gesetzessystem durchaus erhalten bleiben sollte. Sie vertraut sozusagen darauf, daß es eine glückliche Existenz gibt, daß eine grundsätzliche Versehrtheit überwunden werden kann. Im gleichen Atemzug jedoch beharrt sie darauf, daß jede gegebene Situation diese Erwartung nicht erfüllt.[5] Mit anderen Worten: Um die Fehlbarkeit der eigenen Erwartungen auf eine unversehrte menschliche Existenz trauernd, verweigert das hysterische Subjekt das Wissen um die diskursiven Sackgassen und die Dilemmata, die mit symbolischen Macht- und Autoritätsinstanzen einhergehen. Es fordert statt dessen Aufmerksamkeit für diese Unzulänglichkeiten und Inkommensurabilitäten. In dem Sinne, daß das hysterische Subjekt darauf beharrt, seine Differenzen mit jenen symbolischen Gesetzen, die es konstituieren, auszutragen, führt es uns jedoch auch eine Strategie vor, die darauf gerichtet ist, die Brüche, die für jegliche symbolische Bande konstitutiv sind, nicht nur zu tolerieren, sondern konstruktiv als Mangel zum Ausdruck zu bringen. Die von der Sprache der Hysterie zum Ausdruck gebrachte Trauer könnte demzufolge auch produktiv gedeutet werden, nämlich als stete Reiteration kultureller Formationen.[6]

Nun ist dieses stete Hinterfragen der Sprache der Hysterie in bezug auf eine Auseinandersetzung mit der Trauerarbeit, aber auch in einer weiteren Hinsicht interessant, denn es stellt sich mir die Frage, inwieweit man Freuds Beharren auf einer sexuellen Ätiologie für diese psychosomatische Störung folgen sollte. Ähnlich wie Jacqueline Lubtchansky[7] frage ich mich: Reichen sexuelle Eindrücke und Liebesbegehren, die angeblich den Ursprung der Hysterie ausmachen, tatsächlich aus, um Neurosen zu schaffen? Und wie ihr fällt mir bei der Lektüre von Freuds frühen Arbeiten zur Hysterie vor allem auf, daß die Erzählungen sich ständig um schmerzhafte

---

[5] Vgl. Schindler, die die Hysterie als ein Vergreifen an der paternalen Meistererzählung versteht.
[6] Vgl. Butlers Diskussion der diskursiven Performanz von Geschlechtlichkeit.
[7] Vgl. Lubtchanskys Betonung der Privilegierung von Verlust und Versehrtheit innerhalb der Freudschen Hysterie-Diskussion.

Szenen des Mangels, der Fehlbarkeit und Verletzbarkeit drehen, also stets auf Eindrücke zurückgehen, die mit dem Tod von geliebten Menschen, mit Unglück und mit Verlust in Zusammenhang stehen. So könnte man die psychosomatische Störung ebenso sinnvoll als ein Erkranken an der Trauer verstehen, das seine Botschaft des Begehrens nach den Toten am Körper festmacht. Im folgenden möchte ich deshalb meine kritische Aufmerksamkeit darauf richten, wie die hysterische Konversion von psychischen Traumata in somatische Symptome eine verschlüsselte Botschaft vorführt. Können wir davon ausgehen, daß diese Symptome die Konsequenzen und Zeugen von Ereignissen sind, die von jenem intimen, aber versteckten Ort ausgehen, den Freud den ‚anderen Schauplatz' nennt, so fungieren sie als entstellte und entortete Repräsentanten dieser Alterität. Doch was sie im Zuge ihrer anklagenden Klage verkünden, ist vorrangig eine Botschaft über Versehrtheit; sei dies die Versehrtheit des Symbolischen, das heißt die Fehlbarkeit des paternalen Gesetzes und der gesellschaftlichen Bande, oder die Versehrtheit der Identität, das heißt die Ungewißheit von *gender*, oder – möglicherweise sogar hauptsächlich – die Verletzbarkeit des wandelbaren, sterblichen Körpers.

Mit anderen Worten: Ich möchte die Hysterie als eine Repräsentationsstrategie verstehen, die sich einer komplexen und raffinierten Körpersprache bedient, und zwar im gleichen Zuge, in dem die Umformungen des Körpers durch eine radikale Negativität, durch das schmerzhafte und quälende Wissen um Verlust bewirkt werden, gegen die sie im Sinne einer Trauerarbeit aber auch als Schutzschild wirken. Hysterie errichtet also eine apotropäische Geste gegen den traumatischen Kern am Nabel aller Identitätssysteme, gegen und mit der Urverdrängung, von der sich jegliche nachträgliche Verdrängung, Phantasiearbeit und Symptombildung nährt, ohne sie jedoch direkt zu berühren. Daran geknüpft möchte ich Freuds ursprüngliche Theorie einer traumatischen statt einer sexuellen Ätiologie der Hysterie aufgreifen und gegen sein Diktum in meiner eigenen Diskussion privilegieren. Wenn also traditionelle Vorstellungen von Hysterie mit Vorliebe auf die Redewendung ‚viel Lärm um Nichts' zurückgreifen, so möchte ich dieses Nichts und seinen Bezug zu der hartnäckigen Widerstandskraft der Selbstentwürfe, die von der hysterischen Selbstinszenierung erzeugt werden, sehr ernst und sehr wörtlich nehmen. Dabei schließe ich mich Lucien Israëls Vorschlag an, die Hysterie vor allem als eine Art der Kommunikation zu begreifen, als den Versuch, eine Beziehung zum anderen aufzunehmen, um die Botschaft der Fehlbarkeit des Symbolischen und des Subjekts zu verkünden, genauer: die Einsicht eines grundlegenden Mangels, die Mitteilung ‚Ich bin versehrt'.

Das Insistieren auf der Lücke und dem Mangel, der jeglichen Versöhnungsversuchen und Wiedergutmachungen innewohnt, führt mich dazu, einen genaueren Blick auf Freuds und Breuers *Studien zur Hysterie* zu werfen. Denn bezeichnenderweise besteht der Kernsatz dieser Arbeit in der Aussage, „der Hysterische leide größtenteils an Reminiszenzen"[8] und seine Symptome stellten Erinnerungen zur Schau,

---

[8] Breuer/Freud (1970): *Studien über Hysterie*, S. 86. Im folgenden wird im laufenden Text nach dieser Ausgabe mit der Sigle H zitiert.

die als Reste traumatischen Erlebnissen entspräche, „welche nicht genügend ,abreagirt' worden sind" (H 34). Zudem gehen sie aber auch davon aus, daß alle hysterischen Symptome nicht nur durch beibehaltene Erinnerungsspuren bestimmt, sondern von Erinnerungen an traumatische Erlebnisse geprägt sind. Daran knüpft sich sofort die Frage, ob eine ursprüngliche Szene des traumatischen Erlebnisses festgestellt werden kann oder ob dies nur in seinen nachträglichen Wirkungen zum Ausdruck kommt. Denn in seinen Briefen an Fließ entwickelt Freud die Vorstellung, daß die Hysterie aus einer Überwältigung des Ichs durch ein Unlusterlebnis hervorgeht, das so groß ist, daß es weder verdrängt noch in ein psychisches Symptom übersetzt werden kann. Statt dessen produziert es einen „überstarken Ausdruck der Erregung"[9], eine Manifestation von Schreckäußerungen, auf die eine psychische Lücke folgt. Die Verdrängung und die Bildung von Symptomen entstehen erst anschließend, nicht als Antwort auf das eigentliche Trauma, sondern nachträglich, als Reaktion auf eine Erinnerung dieses Traumas. Die Verdrängung geschieht „durch Verstärkung einer Grenzvorstellung, die von nun an die verdrängte Erinnerung im Denkablauf vertritt", und oszilliert somit zwischen dem Ich und dem unverzerrten Stück traumatischer Erinnerung. Anders gesagt, bei jeder Wiederholung des primären Anfalls wird nicht etwa eine Vorstellung unterdrückt, sondern „es handelt sich [...] um eine Lücke im Psychischen" (WF 178). Das hysterische Symptom, das wie ein komplexer Knoten verschiedener psychischer Verwundungen fungiert, bildet sich nach dem Ereignis nicht als Reaktion auf das eigentliche Trauma, sondern in Antwort auf eine psychische Darstellung dieses Ereignisses, auf eine Erinnerungsspur, während das ursprüngliche Trauma selbst undarstellbar und somit auch unzugänglich bleibt.

Diese Erinnerungen sind zudem wie Schutzdichtungen zu sehen, die den Zugang zu traumatischem Wissen versperren. Sie sind psychische Erfindungen, die dazu dienen, ein traumatisches Wissen in lebbare Phantasien und Symptome umzuformulieren, während sie gleichzeitig jene Lücke im Psychischen versiegeln und somit das Selbst vor dieser zu schützen suchen. Obgleich das Ziel der Schutzdichtungen die Erreichung der Urszene zu sein scheint, muß jede analytische Untersuchung vor der psychischen Lücke anhalten, die unweigerlich jedes ursprüngliche traumatische Wissen abgrenzt. Anders gesagt, obgleich das Verdrängte wiederkehrt, wie Freud in seiner Arbeit über das Unheimliche erläutert, kehrt unwillkürlich auch die psychische Lücke, die unüberschreitbare Grenze zwischen Urtrauma, Urverdrängung und jeglichen Modalitäten der Nachdrängung wieder. Um nochmals die Analogie zur Trauerarbeit zu bemühen: Die Erstellung von Schutzdichtung läuft parallel zu der Schließung des Grabes und der Ersetzung der Leiche des Verstorbenen durch einen Grabstein, eine Gedenkschrift, ein Porträt.[10] Was die Hysterikerin demzufolge in Szene setzt, ist eine ständige Verhandlung zwischen dem Urtrauma und seinem

---
[9] Freud (1986): Briefe an Wilhelm Fließ, S. 177. Im folgenden wird im laufenden Text nach dieser Ausgabe mit der Sigle WF zitiert.
[10] Für eine Diskussion der kulturellen Relevanz von Darstellungen des weiblichen Todes vgl. Bronfen (1992): *Over Her Dead Body*.

Schicksal, in der durch die psychische Lücke abgetrennten Gestaltung von Erinnerungen, Deckerinnerungen, Phantasien, Schutzdichtungen. In diesem Sinne leiden Hysteriker größtenteils an nicht abreagierten Reminiszenzen, sind Träger von Familiengeheimnissen, deren Spuren eines traumatischen Wissens in ihrem psychischen Apparat wie in einer Krypta erhalten bleiben, ohne daß dieses Wissen gelöscht oder gänzlich verdrängt würde.[11] Gleichzeitig verlaufen die analytischen Erzählungen, deren Ziel es ist, das hysterische Symptom zu lösen, analog zu den Schutzdichtungen der Hysterischen. Denn die vom Analytiker angebotene Deutung wiederholt die hysterische Inszenierung, bleibt sie doch auf der Ebene der Darstellungen verhaftet, die das Nachdrängen retuschieren, ohne letztlich das Urtrauma zu berühren.

In ihrem einleitenden Kapitel zu den *Studien über Hysterie* behaupten Freud und Breuer, daß die Hysterische den ursprünglichen Grund ihrer Symptome nicht erinnern kann und daß sie demzufolge tatsächlich kein bewußtes Wissen über das kausale Verhältnis zwischen einem früheren Ereignis und ihrer jetzigen Krankheit hat. Diese Verbindung kann ihr erst ersichtlich gemacht werden, wenn sie im Verlauf einer Hypnotisierung Erinnerungsspuren aus der Zeit, als sich das Symptom ursprünglich bildete, herstellt. Dennoch werden von Anfang an zwei Punkte in dieser Diskussion der traumatischen Ätiologie der Hysterie betont. Zum einen: Während jede Erfahrung, die einen schmerzvollen Affekt wie Angst, Scham oder auch einen physischen Schmerz hervorruft, potentiell als Auslöser traumatischer Impulse dienen könnte, hängt diese Entwicklung von einer Veranlagung der Betroffenen ab. Zum anderen: Der traumatische Einfluß wird erst in dem Moment pathologisch, in dem er erinnert, das heißt aufgrund eines zweiten Ereignisses reaktiviert wird. Die kathartische Methode, die Breuer und Freud als Heilung der Hysterie vorschlagen, arbeitet somit unter der Voraussetzung, daß die Symptome, welche scheinbar spontan auftreten, tatsächlich aber eine nachträgliche Handlung darstellen, wie auch das ursprüngliche traumatische Ereignis gelöst werden können, sobald eine sinnvolle Verbindung zwischen beiden hergestellt wird. Aufgrund dieser theoretischen Vorgaben formulieren Freud und Breuer den psychoanalytischen Kernsatz,

> [...] daß die einzelnen hysterischen Symptome sogleich und ohne Wiederkehr verschwanden, wenn es gelungen war, die Erinnerung an den veranlassenden Vorgang zu voller Helligkeit zu erwecken, damit auch den begleitenden Affekt wachzurufen, und wenn dann der Kranke den Vorgang in möglichst ausführlicher Weise schilderte und dem Affekte Worte gab. (H 30)

Mit anderen Worten, ein traumatischer Eindruck, der reaktiviert eine Kette von Symptomen hervorbringt, kann aufgelöst werden, wenn die Symptome auf Erinnerungsspuren des ursprünglichen Ereignisses zurückgelesen werden. Eine Lösung erfolgt in dem Augenblick, in dem der Affekt, der mit dem traumatischen Ereignis

---

[11] Den Begriff Krypta entnehme ich Nicolas Abrahams Diskussion des Phantoms als Beispiel für eine transgenerative Vererbung nicht abreagierter psychischer Traumata.

verknüpft wurde und somit wie in einer Krypta im psychischen Apparat erhalten blieb, an eine narrative Wiedergabe dieses Ereignisses gekoppelt wird. So werden in Freuds frühen Gedanken zur hysterischen Ätiologie traumatischer Einfluß und trauernde Erinnerung unlösbar miteinander verschränkt. Denn die nicht abreagierten Reminiszenzen, unter denen Hysteriker leiden und die sie kraft ihrer Körpersprache zur Schau stellen, sind Spuren psychischer Traumata. Dieses Wissen, das auf frühe Verwundungen und Verluste zurückzuführen ist, erhält in der Gestalt hysterischer Symptome eine Art Gedenkstätte. Weil der Affekt, an ein Erlebnis psychischer Verwundung gekoppelt, weder unterdrückt noch abreagiert wurde, bleibt er auf das Erinnerungsbild dieses Ereignisses fixiert, beginnt das betroffene Subjekt heimzusuchen und es zu einer steten Trauer um einen unbestimmten Verlust zu zwingen. Anstatt die Schmerzunlust aufzugeben, erhält das betroffene hysterische Subjekt diesen nicht abreagierten Affekt wie auch die traumatischen Erinnerungsspuren, die an ihn gekoppelt sind, am Leben und spaltet sich somit in mehrere Personen auf. Während die um einen unbestimmten Verlust trauernde Hysterikerin im Alltag durchaus funktionstüchtig ist, wendet sie einen Teil ihrer Libido von der äußeren Welt und einer Leistung in ihr ab, um sich einer trauernden Erhaltung der Vergangenheit und dem Gedenken an psychische Verluste, Mangel und Verwundungen zu widmen, obgleich die Objekte, die diese Trauer auslösen oder auf die sie gerichtet ist, nicht nur unbewußt sind, sondern, durch eine Lücke im Psychischen abgetrennt, auch unzugänglich bleiben.

Als hätten sie den Aberglauben des Widergängers im Sinn gehabt, ziehen Freud und Breuer zwei Schlußfolgerungen aus ihrer Entdeckung eines Fremdkörpers nicht abreagierter traumatischer Reminiszenzen, die sich in der psychischen Topologie ihrer Hysterika wie in einer Krypta eingenistet haben. Zum einen harren die Erinnerungen, welche für die Bildung hysterischer Phänomene ausschlaggebend waren, für eine lange Dauer mit erstaunlicher Frische aus, während ihnen die ganze affektive Stärke erhalten bleibt, ganz analog dem *Revenant*, der an dem Blut seines Opfers zehrt und ihn im Verlauf dieser Besitznahme gänzlich erschöpft. Zum anderen stehen diese parasitären Erinnerungen, wie dies auch bei den Melancholikern der Fall ist, dem bewußten hysterischen Subjekt nicht zur Verfügung. Während dieses sich in seinem normalen Zustand befindet, sind die Affekte und Reminiszenzen, die die Träger der anhaltenden Trauer ausmachen, gänzlich von der Erinnerung abwesend. So fungiert die Anwesenheit traumatischer Reminiszenzen innerhalb der psychischen Topologie der Betroffenen aufgrund einer Spaltung des Bewußtseins in einen normalen und einen hypnoiden Zustand. Demgemäß betonen Freud und Breuer, „daß man unter den Hysterischen die geistig klarsten, willensstärksten, charaktervollsten und kritischsten Menschen finden kann", die nur in ihren hypnoiden Zuständen „alieniert, wie wir es all im Traume sind", sind. Im Gegensatz aber zu den Traumpsychosen, welche unseren Wachzustand nicht beeinflussen, „ragen die Produkte der hypnoiden Zustände als hysterische Phänomene ins wache Leben hinein" (H 37). Mit anderen Worten, diese phantasmatischen Fremdkörper der Trauer bemächtigen sich der Körperfunktionen der Betroffenen und bewirken hysterische Anfälle, während der die Hysterikerin kraft ihres hypnoiden Zustandes von Erinnerungsspuren des Vergangenen und somit von traumatischen Eindrücken heimgesucht wird, die sich auf Abwesendes, Totes, Verflossenes richten. Das hysterische Subjekt ist demzufolge nicht nur durch eine Spaltung des Bewußtseins ausgezeichnet, die Freud und Breuer letztlich als ein allgemein menschliches Merkmal verstehen. Sondern das Spezifische ihrer psychosomatischen Sprache besteht darin, daß die Grenze zwischen den beiden Zuständen flüssig gehalten wird, daß Vergangenes somit wie Gegenwärtiges erfahren und die Trauer gelebt wird, als wäre sie der normale Alltag.

Eine psychoanalytische Kur vollzieht sich demzufolge analog zu der von Freud postulierten geglückten Trauerarbeit. Ihr Ziel ist es, die verpaßte Möglichkeit der Abreaktion wiedergutzumachen. Aufgrund einer Neuinszenierung vergangener Ereignisse, in deren Verlauf Affekte in Worte umgewandelt werden, soll den wie in einer Krypta erhaltenen traumatischen Reminiszenzen ihre Macht entzogen werden. Da diese pathogenen Reminiszenzen jedoch nicht aufkommen, während die Hysterikerin sich in ihrem normalen Zustand befindet, sondern während ihres hypnoiden Bewußtseinszustandes, kann eine Erinnerung dieser wirksamen psychischen Traumata auch nur hervorgerufen werden, während die Betroffene sich im hypnotischen Zustand befindet. Anders formuliert, wird eine Neigung zu hypnotischen Zuständen als günstige Voraussetzung für die Bildung hysterischer Symptome verstanden, so bedient sich die analytische Kur der gleichen Mittel, nämlich der Hypnose, um diese Störung zu beheben. Somit zieht der Analytiker die Hilfe genau jenes gespaltenen Bewußtseins heran, welches auch die Voraussetzung für die pathologische Trauer ausmacht. Wenn demzufolge einerseits diese *condition seconde* den Zustand ausmacht, während dessen pathogene Phantasien gebildet werden, so fungiert er andererseits auch als Verbindungsglied zu den Spuren des traumatischen Wissens, von dem das normale Bewußtsein gänzlich abgeschnitten ist. Nur in Trance inszeniert die Hysterikerin ihre pathogenen Reminiszenzen und bietet ihrem Analytiker jenes Material, welches ihm erlaubt, eine vergangene traumatische Szene zu rekonstruieren, während analog der psychischen Lücke, die zwischen dem ursprünglichen traumatischem Wissen und jeglichen psychischen Wiedergaben einschneidet, Amnesie das in der Hypnose erfahrene Material vom Bewußtsein auch wieder unumgänglich trennt. Das hysterische Symptom, das sich wie ein parasitärer Fremdkörper in der psychischen Topologie der Betroffenen verhält, betrifft also nicht nur die psychische Lücke, welche sämtliches traumatisches Wissen einer direkten und unmittelbaren Darstellung entzieht. Es fordert zudem eine Lücke in der Erinnerung, durch die bezeichnenderweise die Trauer auch unentwegt weiterwirkt. Der brisante, wenngleich auch kontroverse Gedanke in Freuds und Breuers kathartischer Methode – so meine These – liegt in ihrem quasi magischen Glauben daran, daß ein Stopfen dieser Lücke nicht nur die Tilgung der Bedingungen, die zu der Bildung des hysterischen Symptoms beigetragen haben, mit enthalten würde, sondern auch eine Lösung des traumatischen Kerns zur Folge hätte, bzw. in dem magischen Glauben, daß im Kern aller hysterischen Trauerarbeit ein verstecktes Geheimnis zu entdecken wäre, welches gelüftet werden könnte. Denn am Ende ihrer einleitenden Bemerkungen beschreiben sie die psychotherapeutische Methode folgendermaßen:

Sie hebt die Wirksamkeit der ursprünglich nicht abreagierten Vorstellung dadurch auf, daß sie dem eingeklemmten Affekte derselben den Ablauf durch die Rede gestattet, und bringt sie zur assoziativen Korrektur, indem sie dieselbe ins normale Bewußtsein zieht (in leichterer Hypnose) oder durch ärztliche Suggestion aufhebt, wie es im Somnambulismus mit Amnesie geschieht. (H 41)

Wenn ich mich nun den Fallgeschichten zuwende, dann sowohl um die bemerkenswerte Überzeugungskraft, die in Freuds und Breuers Darstellungen liegt, auszuloten als auch um auf die Beschränkung einzugehen, die ihrem Glauben an die Unfehlbarkeit einer schlüssigen analytischen Erzählung innewohnt. Dies gilt im besonderen, wenn die Hervorhebung eines sexuell kodierten Familienromans dazu dient, solche psychischen Darstellungen wieder auszublenden, die auf den Einfluß einer Trauer um Verlorenes und, daran geknüpft, um Versehrtheit zurückgehen, das zuerst keiner Sexualisierung unterlag. In der ersten Fallgeschichte ihrer gemeinsamen Studie ist vielleicht am prägnantesten an Anna O. der Umstand, daß sie eine eigenartige Psychose entwickelte, ausgelöst von der Krankheit ihres Vaters, aber auch aufgrund der Tatsache, daß dieses intellektuell lebhafte Mädchen gezwungen war, ihre imaginative Tätigkeit auf Tagträume zu beschränken. Während sie ihren sterbenden Vater pflegte, sich also bereits auf die Trauer einstellte, wurde sie selbst krank. Symptome der rätselhaften, weil auf keiner organischen Störung beruhenden Erkrankung waren Anorexie, Anämie, ein nervöses Husten, schwere Sehstörungen, funktionale Sprachverwirrung und eine Paralyse des Körpers, als hätte sie vorzeitig begonnen, sich mit dem toten Körper des Vaters zu identifizieren, indem sie seine Untauglichkeit am eigenen Körper inszenierte. Breuer bemerkte sehr schnell ihren Hang zum Somnambulismus am Nachmittag, auf den ein selbst-veranlaßter hypnoider Geisteszustand bzw. eine psychische *absence* am frühen Abend folgte, während Anna O. den Rest des Abends eine große Lebendigkeit zur Schau zu tragen pflegte. Ebenso schnell deutete Breuer dieses Verhaltensmuster als eine Simulation der normalen Situation der ihren Vater pflegenden Tochter, die, um diese Pflicht zu erfüllen, nachmittags schlief, während sie nachts wachte. Das von Anna O. dargebotene gespaltene Bewußtsein gab laut Breuer zudem auch sehr klar zu erkennen, wie sehr diese Hysterikerin in zwei gänzlich voneinander abgetrennten Bewußtseinszuständen lebte. War der erste Zustand vorwiegend melancholisch, war ihre *condition seconde* eher halluzinatorischer Art. Im Verlauf eines Tages hatte Anna O. periodisch *absences*, deren Inhalt sie nach dem Wiedererwachen nicht erinnern konnte, in deren Folge sie jedoch anderen wie auch sich selbst gegenüber verletzend handelte. Wie Breuer bemerkt: „In ganz klaren Momenten beklagte sie die tiefe Finsternis ihres Kopfes, wie sie nicht denken könne, blind und taub werde, zwei Ichs habe, ihr wirkliches und ein schlechtes, das sie zu Schlimmem zwinge" (H 45).

Als der von ihr vergötterte Vater starb, nachdem sie ihn aufgrund ihrer eigenen Krankheit nur sporadisch und nur für kurze Zeitabstände sehen konnte, war dies das „schwerste psychische Trauma, das sie treffen konnte" (H 46). Ihre psychosomatischen Störungen, ihre Absenzen und ihre selbstbewirkten Hypnosen hielten an, nachdem sie zuerst diesen paternalen Tod auf wesentlich direktere Weise simuliert hatte. Anfänglich zeigte sich ihre Trauer darin, daß sie tage- und nächtelang weder schlief noch Nahrung zu sich nahm und verschiedentlich versuchte, sich das Leben zu nehmen. Breuer entdeckte jedoch bald folgenden Umstand: Wenn Anna O. im Verlauf ihres hypnoiden Zustandes dazu gebracht werden konnte, die Halluzinationen, die sie im Laufe des Tages erlebt hatte, zu erzählen, „so erwachte sie klar, ruhig, heiter, setzte sich zur Arbeit, zeichnete oder schrieb die Nacht durch, völlig vernünftig" (H 48). Mit anderen Worten, während ihres bewußten Zustandes brachten ihre Körpersymptome jene Phantasieszenen zum Ausdruck, die sie während ihrer halluzinatorischen Absenzen mental in ihrem „privaten Theater", wie sie es nannte, herstellte. Diesen Halluzination wiederum einen narrativen Ausdruck zu verleihen – eine Arbeit, die sie, da sie teilweise nur englisch redete, *chimney-sweeping* nannte – bewirkte eine Erleichterung der Spuren jenes traumatischen Wissens, das sie in Erwartung des Todes ihres Vaters und später als ihre Art des Trauerns wie ein *Revenant* heimsuchte. Wenn hingegen diese im Laufe ihrer Absenzen gebildeten Phantasien nicht in Erzählungen umgewandelt werden konnten, in denen das Ereignis, welches ein bestimmtes Symptom hervorgerufen hatte, in einer narrativen Sprache wiedergegeben werden konnte, so führte dieses Versäumnis dazu, daß ihr Leid andauerte. Breuer behandelt diese pathogenen Vorstellungskomplexe, diese Reste von traumatischem Material wie Fremdkörper. Er spricht davon, daß etwas in seiner Analysandin steckengeblieben wäre, bis sie beide alles abgesprochen hätten.

Am auffallendsten an Anna O.s gespaltenem Bewußtsein war jedoch die Tatsache, daß sie die Überlagerung verschiedener Zeiten beinhaltete. Während einer Phase ihrer Behandlung lebte sie sogar in zwei getrennten Zeiträumen, bewußt im Winter 1881/82 (dem Jahr, in dem ihr Vater gestorben war), in ihrer *condition seconde* jedoch im Jahr zuvor, so als würde ihre hysterische Trauer den zeitlichen Einschnitt des Todes negieren. Von diesem Befund ausgehend, folgerte Breuer, daß ein Erlebnis von Angst in Zusammenhang mit der Pflege des sterbenden Vaters der Auslöser für die ganze Reihe hysterischer Symptome gewesen sein mußte. Zwei Erinnerungsspuren, die Anna O. Breuer nach beträchtlichem Widerstand erzählte, illustrieren ihre Identifikation mit dem Sterben ihres Vaters. Die erste beinhaltet eine schreckliche Halluzination: „sie hatte ihren Vater, den sie pflegte, mit einem Totenkopfe gesehen". Die zweite Halluzination fand statt, als sie ihre Verwandten besuchte: „sie hatte beim Eintritte in dem der Tür gegenüberstehenden Spiegel ihr bleiches Gesicht erblickt, aber nicht sich, sondern ihren Vater mit einem Totenkopf gesehen" (H 57). In der Tat kreisen all ihre Symptome, die körperliche Untauglichkeit und die halluzinatorischen Szenen letztendlich um eine Urszene der Sterblichkeit – ihre Ängste, während sie ihren im Sterben liegenden Vater pflegte, sowie das Gefühl, angesichts des Todes gänzlich entmachtet worden zu sein. Dieses Angstgefühl erreichte seinen Höhepunkt in einer nächtlichen Szene, in der Anna am Krankenbett des Vaters sitzend, „den *rechten* Arm über die Stuhllehne gelegt", in einen Zustand von Wachträumen geriet und im Zuge dieser Halluzination sah, „wie von der Wand her eine schwarze Schlange sich dem Kranken näherte, um ihn zu beißen". In dieser Szene erlebte sie nicht nur ihre eigene Unfähigkeit, diesen Todesbringer abzuwehren: „sie wollte das Tier abwehren, war aber wie gelähmt". Ihr eigener Körper verwandelte sich in ein Medium des Todes:

der rechte Arm, über die Stuhllehne hängend, war ‚eingeschlafen', anästhetisch und paretisch geworden, und als sie ihn betrachtete, verwandelten sich die Finger in kleine Schlangen mit Totenköpfen (Nägel) [...] Erst der Pfiff der Lokomotive, die den erwarteten Arzt brachte, unterbrach den Spuk. (H 58 f.)

Doch der Arzt konnte ihr nach seiner Ankunft nicht die traumatische Wirkung nehmen, die sie bei der Krankenwache erfahren hatte. Bezeichnend an dieser Fallgeschichte ist demzufolge die Tatsache, daß ein Affekt der Angst und eine Furcht in bezug auf den bevorstehenden Verlust des Vaters – und mit ihm des paternalen Signifikanten, der die Stabilität ihrer symbolischen Ordnung zu sichern versprach – der Auslöser für die Umwandlung von Anna O.s üblichen Tagträumen in halluzinatorische Absenzen und eine Spaltung des Bewußtseins war. Gerade diese Nähe zu der traumatischen Sterbeszene eines anderen macht die latente Spaltung des Selbst, die Arbeit des Unbewußten ‚am anderen Schauplatz' sichtbar. Doch was Anna O. scheinbar als verschlüsselte Botschaft im Zuge dieser Spaltung erfährt, erlaubt ihr nicht nur, verfrüht eine Trauer um den toten Vater am eigenen Körper zu inszenieren, sondern auch eine Aussage darüber zu geben, daß sein Tod ihr die Versehrtheit und die Fehlbarkeit ihrer Glücksvorstellungen verkündet. Denn der Tod des Vaters zwingt Anna O. zu der Erkenntnis, daß sie sich auf die paternale Autorität weder bedingungslos noch unbegrenzt verlassen kann.

Indem Breuer nun davon ausgeht, daß die Hysterie eine Erkrankung an simulierten Repräsentationen ist, deutet er auch die Symptome Anna O.s als Wiederholungen verschiedener Details dieses traumatischen nächtlichen Szenariums. Wann immer sie Objekten begegnete, die sie an Schlangen erinnerten, erlebte sie eine Lähmung des rechten Arms, da dieser visuelle Eindruck den Affekt der ursprünglichen Halluzination wieder hervorrief. Ihre selbstbewirkte Hypnose hingegen deutet Breuer als eine Konversion des Wartens auf den Arzt, ihre Unfähigkeit zu essen als Konversion ihres Ekels beim langsamen Verfall des Vaters, ihre Sehstörung als Wiederholung der Augenblicke, in denen sich im Verlauf der Krankenpflege ihre Augen mit Tränen füllten. Am Ende der analytischen Kur bringt Breuer seine Trauernde dazu, diese Urszene der Sterblichkeit detailgetreu nachzustellen. Am letzten Tage reproduzierte sie, indem sie das Zimmer so arrangierte, wie das Krankenzimmer ihres Vaters gewesen war, die oben erzählte Angsthalluzination, welche die Wurzel der ganzen Erkrankung gewesen war. Analog dem vollendeten Trauerprozeß erscheint Anna O., nachdem sie die traumatische Szene ein zweites Mal – nicht nur als wörtliche Wiedergabe, sondern als konkrete Inszenierung – durchgespielt hatte, erlöst: „sie war nun frei von all den unzähligen einzelnen Störungen, die sie früher dargeboten hatte" (H 60).

Besonders beeindruckend ist für Breuer am Fall der Anna O. die Art, wie sie ihre Bewußtseinsspaltung zur Schau zu stellen wußte. Hatte sich ihre psychische Regsamkeit und Energie ohne entsprechende geistige Arbeit zuerst in einer fortwährenden Phantasietätigkeit entladen, die dann zu Autohypnose und zu mentalen Absenzen führte, stellte sie zum Schluß zwei gänzlich widersprüchliche Wesen dar: „Bei Anna O. [...] war besonders auffallend, wie sehr die Produkte des ‚schlimmen Ichs', wie die Kranke selbst es nannte, ihren moralischen Habitus beeinflußten." Doch wenn sie in ihrer *condition seconde* eine Hysterika der „bösartigen Sorte" darstellte, „widerspenstig, träge, unliebenswürdig, boshaft", so kam, nachdem ihre Halluzinationen in der Form des *chimney-sweepings* durchgearbeitet wurden, „ihr wahrer Charakter zum Vorschein [...] der von all dem das Gegenteil war". Gleichzeitig bemerkt Breuer: „so scharf die beiden Zustände getrennt waren, ragte nicht bloß der ‚zweite Zustand' in den ersten herein, sondern es saß [...] bei ganz schlimmen Zuständen in irgendeinem Winkel ihres Gehirnes ein scharfer und ruhiger Beobachter, der sich das tolle Zeug ansah" (H 65).

Was Breuer bezeichnenderweise nicht hervorhebt, ist die Tatsache, daß jenes „tolle Zeug", jene halluzinatorische Autohypnose in Reaktion auf ein virulent einschneidendes Ereignis in Kraft getreten war, nämlich als Antwort auf die Erfahrung des Sterbens ihres Vaters und ihrer emphatischen Identifikation mit seinem versehrten Körper. So ist für die hysterische Trauer nicht nur eine Schwankung zwischen Melancholie und Bösartigkeit ausschlaggebend, sondern auch die Oszillation zwischen der Rolle der Pflegerin, die Leben erhalten will (dies aber nur kann, indem eine klare Grenze zwischen den Lebenden und den Toten gezogen wird), und der Rolle der Halluzinatorin, die den Tod umarmt, um den geliebten verstorbenen Vater kraft ihrer überschwenglichen Einbildungskraft am Leben zu halten. In der Tat stellt Breuer fest, daß die Hysterikerin sich selbst während ihrer hypnotischen Zustände am nächsten ist, da sie in ihrem normalen Zustand, ihrem „wahren Charakter" keinen Zugang zu den ihre Subjektivität so prägenden Reminiszenzen einer traumatischen Wirkung hat. Führt man diesen Gedanken einen Schritt weiter, so könnte man die Spekulation wagen, daß die Hysterikerin eigentlich näher an ihrer wahren Situation als Tochter innerhalb eines Familienverbandes ist, wenn sie die unumgängliche Drohung der Versehrtheit, des Verlustes und des Verlassenwerdens anerkennt. Im Fall der Anna O. bewirkte dies eine Situation, in der sie, nachdem das schreckliche Ereignis, das sie immer schon vorausgeahnt hatte, eingetroffen war, diese schmerzhafte Wahrheit auch öffentlich zur Schau stellte, indem sie im Zuge ihrer eigenen körperlichen Beeinträchtigung das Sterben des Vaters imitierte. Mit anderen Worten, indem sie die normale Trauer um den Vater in eine hysterische und melancholische – weil am eigenen Körper ausgetragene und scheinbar unbeschränkt vorführbare – Trauer ausweitete, trauerte sie auch um ihr Tochterdasein. Brisant an der Sprache der Hysterie ist demzufolge nicht nur die Tatsache, daß diese eine überschüssige Phantasiearbeit beinhaltet, die zu einem Oszillieren zwischen zwei mentalen Zuständen führt, sondern daß das in zwei widersprüchliche Teile gespaltene Bewußtsein, welches einen untauglich gewordenen Körper mit einem teils klaren, teils halluzinatorischen Geisteszustand verschmilzt, auf eine Verarbeitung des traumatischen Wissens gerichtet ist, welches die Erfahrung des Todes hervorruft.

Die Ähnlichkeit zwischen der Fallgeschichte von Anna O. und der von Emmy von N. besteht nicht nur in der Tatsache, daß auch letztere eine extrem suggestible Frau war, die ebenfalls eine Bewußtseinsspaltung und daran geknüpft sporadische Halluzinationen erlebte, die ebenso schnell auftauchten wie sie auch wieder abklingen konnten, und die zudem aufgrund von Amnesie dem normalen Bewußtsein nicht zugänglich waren. Auch ihre Fallgeschichte läßt eine Serie von auf den Tod bezogenen traumatischen Einflüssen als Auslöser der Hysterie erkennen. Unter Hypnose erzählte sie Freud von ihren ersten Ohnmachtsanfällen und Zuckungen, die sie im Alter von fünf Jahren bekam, als ihre Geschwister tote Tiere nach ihr warfen:

> Dann mit 7 Jahren, als ich unvermutet meine Schwester im Sarge gesehen, dann mit 8 Jahren, als mich mein Bruder so häufig durch weiße Tücher als Gespenst erschreckte, dann mit 9 Jahren, als ich die Tante im Sarge sah und ihr – plötzlich – der Unterkiefer herunterfiel. (H 71)

Die Liste der angsteinflößenden Erinnerungen enthält weiterhin die Visionen, die sie beim Tode ihres Bruders als 19jährige hatte, sowie die Angstanfälle, die sie überkamen, als sie ihre nach einem Schlaganfall ohnmächtige Mutter eines Tages am Boden liegend fand, und die wiederkehren, als diese vier Jahre darauf starb. Das traumatische Ereignis, welches die nachhaltigsten Wirkungen ausgeübt hatte, war schließlich der plötzliche Tod ihres Ehegatten, und dieser löste auch jene hysterischen Symptome aus, die sie dazu brachten, sich viele Jahre später an Freud zu wenden:

> Wie sie in einem Orte an der Riviera, den sie beide sehr liebten, einst über eine Brücke gegangen und er, von einem Herzkrampf ergriffen, plötzlich umsank, einige Minuten leblos dalag, dann aber wohlbehalten aufstand. Wie dann kurze Zeit darauf, als sie im Wochenbette mit der Kleinen lag, der Mann, der an einem kleinen Tische vor ihrem Bette frühstückte und die Zeitung las, plötzlich aufstand, sie so eigentümlich ansah, einige Schritte machte und dann tot zu Boden fiel. (H 79)

Unter Hypnose bittet Freud seine Patientin, die vielen Szenen zu erinnern, welche ihre hysterischen Symptome auf konvertierte Weise darstellen, doch bezeichnenderweise nur, um daraufhin kraft seiner Suggestion „diese Bilder wegzuwischen, so daß sie dieselben nicht wieder vor Augen bekommen kann" (H 72). Mit anderen Worten, er löscht jeden einzelnen Eindruck, der sie mit seinem traumatischen Einfluß heimsucht und tilgt somit auch den an diese Erinnerungsbilder geknüpften Affekt. Man könnte sagen, er spielt seine Auslöschung all ihrer Erinnerungsspuren gegen ihre lebhaft überschüssigen Reminiszenzen aus, als würde er ihre Vergangenheit für sie neu schreiben: „ich nehme ihr die Möglichkeit, alle diese traurigen Dinge wieder zu sehen, indem ich nicht nur die plastische Erinnerung verlösche, sondern die ganze Reminiszenz aus ihrem Gedächtnisse löse, als ob sie nie darin gewesen wäre" (H 79). Indem er sie somit von den Unglückserwartungen, die Emmy von N. beständig quälen, wie auch von körperlichen Schmerzen befreit, vollzieht er eine Art Trauerarbeit, an deren Ende eine Frau in die Normalität des Alltags entlassen werden soll, nachdem sie von der Macht des traumatischen Wissens, das sie wie eine Verkörperung aller verlorenen Liebesobjekte und aller fehlgegangenen Erwartungen besessen hat, gereinigt worden ist. Diese radikale Auslöschung beinhaltet jedoch eine Dialektik, in der pathogene Reminiszenzen, die psychische Lücken bewirken, durch Erinnerungslücken ausgetauscht und ersetzt werden. Mit einer gewissen Befriedigung stellt Freud am Ende seiner Kur fest: „während dieser Tage äußerte sie auch jene Klage über Lücken in ihrer Erinnerung ‚gerade in den wichtigsten Begebenheiten', aus der ich schloß, daß meine Arbeit vor 2 Jahren eingreifend genug und dauernd gewirkt hatte" (H 103).

Freud nutzt seine theoretische Diskussion des Falls, um seine Vorstellung der hysterischen Konversion zu entwickeln. Emmy von N.s Fall wird zum Musterbeispiel für seine Behauptung, daß die Hysterie nicht abreagierte Erinnerungsspuren traumatischer Ereignisse in chronische Körpersymptome umwandelt. Gleichzeitig soll die Patientin jedoch auch einen Beweis für seine Behauptung darstellen, daß für jeden Fall der Hysterie eine sexuelle Ätiologie festzumachen ist. Es ist demnach auch bezeichnend, daß Freud gerade in dieser analytischen Erzählung theoretische Überlegungen mit ins Spiel bringt, anstatt sich ausschließlich auf jenes psychische Material zu verlassen, das Emmy von N. ihm liefert. Um das Fortdauern ihrer Phobien zu erklären, macht er deshalb auch den Vorschlag, „ein *neurotisches* Moment heran[zu]ziehen, den Umstand nämlich, daß die Patientin sich seit Jahren in sexueller Abstinenz befand, womit einer der häufigsten Anlässe zur *Angstneigung* gegeben ist" (H 107). Freud folgert daraus, daß nur das Zusammenkommen zweier psychischer Gegebenheiten zu der hysterischen Symptombildung führen konnte. Zum einen betont er die Tatsache, daß qualvolle Affekte, die an traumatische Todeserlebnisse geknüpft waren, nicht abreagiert wurden und deshalb hysterische Symptome erzeugten, die wiederum wie überdeterminierte somatische Symbole stellvertretend für die Erinnerungsspuren eintraten und in der Tat den Knotenpunkt diverser traumatischer Ereignisse darstellten. Zum anderen rechnet er ihren Hang zur Hysterie ihrer überschüssig lebhaften Erinnerungsarbeit zu, welche dieser Hysterikerin erlaubte, ganz im Sinne der melancholisch Trauernden die Vergangenheit mit der gleichen Intensität zu leben wie die Gegenwart. Man könnte sogar sagen, daß ihre hysterische Körpersprache dazu diente, die Vergangenheit zu erhalten und ihrer zu gedenken, im Zuge einer fortwährenden Weigerung, diese verlorene Welt und die verstorbenen geliebten Familienmitglieder libidinös aufzugeben. Freuds Kur besteht demzufolge darin, genau diesen „erreichbaren Vorrat an krankmachenden Erinnerungen" (H 109) zu erschöpfen.

Diese von ihm vorgeschlagene analytische Lösung wirft jedoch etliche Fragen auf. So bleibt es zum Beispiel unentschieden, ob Freud, indem er ihre pathogenen Erinnerungsspuren weggewischt hat, je den traumatischen Kern ihrer trauernden Hysterie zu lösen wußte oder ob er nicht einfach die Wirkungen dieser hartnäckigen und widerstandsfähigen Quelle des unbewußten Wissens retuschierte, als er seine Hypnose dafür einsetzte, die Inhalte und die Affekte umzuschreiben, die daraufhin ihre Erinnerungen bevölkern würden. Denn obgleich Freud gegen die pathogenen Ideen seiner Patientin ankämpfen konnte, solange diese bei ihm in der Analyse war – und zwar sowohl kraft eines „Wegsuggerieren in *statu nascendi*" als auch kraft der „Lösung des Affektes durch Abreagieren" (H 120) –, war der therapeutische Erfolg im ganzen zwar recht beträchtlich, jedoch nicht von Dauer. Am Ende seines Berichtes gesteht er, daß, nachdem Emmy von N. ihn verlassen hatte, ihre Symptome unter dem Einfluß neuer Traumata einfach wiederkehrten. So enthält die Erklärung, die er sowohl für die Ätiologie als auch für die Fortdauer ihrer hysterischen Symptome bzw. das Scheitern seiner Kur anbietet, drei Aspekte: ihre schwere neuropathische

Vererbung, die Affekte so vieler traumatischer Erlebnisse und die lebhafte Erinnerungstätigkeit, welche „bald dies, bald jenes Trauma an die psychische Oberfläche brachte" (H 121). Um eine Erklärung dafür zu finden, warum sie an diesen qualvollen Affekten festhielt und diese ganz im Sinne der melancholisch Trauernden nicht aufgeben wollte, verweist Freud schließlich auf ihre geistige Einsamkeit und ihre Isolierung innerhalb ihrer Familie. Angesichts des Scheiterns seiner Kur ist Freud jedoch gezwungen zuzugeben, daß weder Lebensumstände noch eine vorgegebene Prädisposition den „Mechanismus einer *Retention großer Erregungssummen*" (H 121) erschöpfend erklären würden. Diese Lücke in seinem nosologischen Wissen füllt er geschickt durch den Einbezug eines zusätzlichen Faktors, welcher in Emmy von N.s eigener Erzählung jedoch bezeichnenderweise nie eigentlich eine Rolle spielte: „ich denke jetzt, es muß noch etwas hinzugekommen sein, um bei den durch lange Jahre unveränderten ätiologisch wirksamen Verhältnissen einen Ausbruch des Leidens gerade in den letzten Jahren zu provozieren". Diesem Postulat fügt er hinzu: „Es ist mir auch aufgefallen, daß in all den intimen Mitteilungen, die mir die Patientin machte, das sexuelle Element, das doch wie kein anderes Anlass zu Traumen gibt, völlig fehlte" (H 122). Eine kritische Relektüre dieser Fallgeschichte läßt also leicht erkennen, wie Freud an dieser Stelle sein eigenes Unvermögen, eine Lösung für Emmy von N.s Leiden zu finden, geschickt umwendet. Da seine eigene Theoriebildung ihn davon überzeugt hatte, daß eine erschöpfende Erklärung der Hysterie nur dann möglich wird, wenn sie die Sexualität als *agent provocateur* in das geistige Leben der Hysterikerin einbezieht, betrachtet er sein Unvermögen, von der Patientin dieses Material zu erhalten, und somit das Scheitern seiner Analyse nicht als Resultat eines Fehlers in seiner Vorgehensweise, sondern als das Ergebnis ihrer Schweigsamkeit. Ohne Beweise anzubringen, die seine Hypothese stützen würden, fügt er diesem Postulat hinzu: „so ohne jeglichen Rest können die Erregungen in dieser Sphäre wohl nicht geblieben sein, es war wahrscheinlich eine *editio in usum delphini* ihrer Lebensgeschichte, die ich zu hören bekam" (H 122).

Es geht mir nicht darum, die Wichtigkeit sexueller Bedürfnisse und deren starken Einfluß auf die Entwicklung von Neurosen zu verneinen, sondern darum, auf die Tatsache hinzuweisen, daß Freuds Beharren auf einer sexuellen Ätiologie für jede Fallgeschichte der Hysterie ihn weit ab führt von dem psychischen Material, das Emmy von N. ihm eigentlich erzählt. Meine kritische Relektüre dieser Fallgeschichte bringt mich dazu, eine andere Spekulation zu wagen. Würden wir nicht so sehr Freuds Sexualisierung der Hysterie folgen und statt dessen auf jene von ihm wiedergegebenen Bruchstücke ihrer eigenen Erzählungen achten, könnte dies eine andere interpretative Erzählung aufdecken, nämlich eine, die jene auf Todesereignisse und auf die qualvolle Situation, im Stich gelassen worden zu sein, bezogenen traumatischen Erlebnisse in den Vordergrund stellen würde. Die hysterischen Symptome könnten dann als Botschaft gedeutet werden, die dem hysterischen Subjekt eine verschlüsselte Aussage über ihre gesellschaftliche Verletzbarkeit verkünden, wie sie der Betroffenen auch eine Anerkennung der Fehlbarkeit, die sämtlichen Familienbanden innewohnt, aufdrängen. Diese kritische Relektüre wird von der Tatsache unterstützt, daß Freud unfähig war, seine Kur zu beenden, denn sowie er nicht mehr zu Emmy von N. kam, um täglich ihre Erinnerungen zu retuschieren, wurde jenes Archiv an traumatischem Wissen, das sie wie in einer Krypta in ihrem psychischen Apparat aufbewahrt hatte, einfach wieder so überschüssig wie vor der Kur. Dieser Umstand könnte nun dahingehend gedeutet werden, daß die so hartnäckig, aber auch so wandelbar fortdauernde Sprache der Hysterie etwas anderes zum Ausdruck bringt als den Tatbestand, daß der Faktor Sexualität einer jeden Betrachtung über diese psychosomatische Störung hinzugefügt werden muß. Denn die von Emmy von N. zur Schau gestellte Wiederbelebung der sie heimsuchenden Reminiszenzen könnte ebensogut als eine Botschaft dienen, daß jegliches Umarbeiten oder Auslöschen von Erinnerungsspuren nie den traumatischen Kern des Wissens trifft, um den die Hysterie mit soviel Lärm kreist. Eine auf die Arbeit der Trauer gerichtete Deutung könnte demnach zu der Erkenntnis führen, daß keine Erklärung der Hysterie erschöpfend sein kann, weil die Wirkung des traumatischen Wissens um den Tod sowohl in der Form von Erinnerungsbildern als auch in der von Affekten immer weiter besteht.

Die letzte Fallstudie, auf die ich eingehen möchte, die Geschichte der Elisabeth von R., ist bezeichnenderweise auch die „erste vollständige Analyse einer Hysterie" (H 157), und man ist geneigt, sich zu fragen, ob Freud für diesen Fall deshalb eine Lösung finden konnte, weil er diesen in seine Theorie einer sexuellen Ätiologie der Hysterie einfügen konnte, für die er zu diesem Zeitpunkt seines Lebens als Analytiker so dringlich Beweise suchte. Auch in diesem Fall stellt Freud eine Neigung zur Dissoziation sowie zu einer somatischen Dysfunktion fest, in der die Paralyse und der Schmerz, vor allem in den Beinen, zu starken Gehbeschwerden führten. Mit Hilfe von Hypnose oder hypnoseähnlichen Zuständen entlockte Freud seiner Patientin zuerst einen Bericht über die ihr bewußten Ereignisse, die mit ihrer Erkrankung in Verbindung gebracht werden könnten, um danach immer tiefer in die Schichten ihrer Erinnerung einzudringen, wann immer „ein Zusammenhang rätselhaft blieb, wo ein Glied in der Kette der Verursachungen zu fehlen schien" (H 158). Auch in diesem Fall wird die Anwesenheit des traumatischen Materials vom Analytiker als ein ‚geheimer Fremdkörper' bezeichnet, und wieder stellt sich heraus, daß die traumatischen Ereignisse, die die psychische Blockade auslösen, Szenen der Sterblichkeit umfassen – die Pflege des an einem chronischen Herzleiden sterbenden Vaters sowie der Tod ihrer herzkranken Schwester im Wochenbett. Diese zwei Todesfälle riefen in Elisabeth von R. deshalb eine so starke Angst hervor, weil sich angesichts des Zusammenbruches ihrer Familie auch das eigene Streben nach Glück als haltlos erwies. Nicht nur ihr Ehrgeiz, eine professionelle Musikerin zu werden, wurde vereitelt, sondern sie mußte sich auch ihrer Hilflosigkeit angesichts der Zerstörung aller Familienbande aussetzen. Ich gehe jedoch vor allem deshalb auf dieses Fallbeispiel ein, weil Freud hier erfolgreich das Element der Sexualität einführt, was ihm in der Geschichte Emmy von N.s mißlingt.

Während er Elisabeth von R.s pathogene Erinnerungen durcharbeitet – die sich um ihre Schuld bezüglich des Todes ihres Vaters und ihrer Schwester drehen, und zwar in dem Maße, wie diese Tode mit ihrem Begehren nach öffentlichem Erfolg, Familienehre, einer stabilen Familieneinheit und einer Ehe, die nicht ihr Selbstverständnis als starke Frau degradieren würde, im Konflikt stehen –, entsteht gleichzeitig eine Erzählung, die derjenigen, die Freud letztendlich bevorzugen will, entgegenläuft, obwohl sie gleichzeitig auch seinen Wunsch nach einer romantischen, das heißt sexuellen Lösung unterstützt. Es stellt sich nämlich heraus, daß Elisabeth von R. angesichts des Sterbens ihres Vaters eine traumatische Anerkennung der fundamentalen Einsamkeit des Subjekts erfahren mußte, wobei sie nicht nur die Verwundbarkeit ihres eigenen sterblichen Körpers in Identifikation mit dem des Vaters erlebte, sondern auch die Verletzbarkeit der bürgerlichen Familie, auf die sie ihre Glückserwartungen gestützt hatte. Man könnte sagen, ihre hysterischen Symptome, die inszenierte Untauglichkeit ihres Körpers, bezeichneten ihre Wahl, in einer Phantasie Zuflucht zu nehmen, die diese Lücke wie eine Schutzdichtung füllen sollte, und zwar in der Phantasie einer glücklichen Auflösung der Liebeshandlung in der erfolgreichen Ehe. Für die Szenen, in denen es um das Sterben des Vaters wie auch um das Sterben der Schwester geht, bietet sie Freud eine Erklärung an, in der das Phantasma einer Sackgasse im sexuellen Bereich die Sackgasse im Bereich der Sterblichkeit verdeckt. Ihre Phantasieszenen, aufgrund deren er dann auch zu einer ‚erschöpfenden Deutung' gelangt, zeigen sie im Konflikt zwischen ihrem Begehren nach einem möglichen Bräutigam und dem Schuldgefühl bezüglich dieses Verlangens nach Liebe – entweder weil sie meint, sie müsse sich ausschließlich um ihren sterbenden Vater kümmern (in der ersten Phase ihrer Krankheit), oder weil der Mann, den sie in ihren Phantasien begehrt, der Ehemann ihrer herzkranken Schwester ist (in der zweiten Phase ihrer Krankheit).

In Freuds Wiedergabe des glücklichen Endes, die seine Deutung dieser Fallgeschichte hervorbrachte, setzt die *Peripeteia* mit der Entdeckung ein, daß der Schmerz in den Beinen seiner Patientin immer von einer bestimmten Stelle des rechten Oberschenkels ausging und dort am heftigsten war. Dies war die Stelle, „wo jeden Morgen das Bein des Vaters geruht, während sie die Binden erneuerte, mit denen das arg geschwollene Bein gewickelt wurde" (H 167). Zudem begannen ihre schmerzenden Beine bei den Analysen ‚mitzusprechen' (H 167). Wann immer Erinnerungen, die sich auf die Krankheit und den Tod des Vaters bezogen, im analytischen Gespräch aufkamen, schmerzte das rechte Bein, wann immer Erinnerungen an die tote Schwester und deren Ehemann aufkamen, schmerzte das linke Bein, in beiden Fällen jedoch hielt der Schmerz so lange an, bis das relevante Material durchgesprochen und somit abreagiert worden war. In der Tat lernte Freud von der hysterischen Körpersprache dieser Patientin, daß ihre rätselhaften Störungen eigentlich somatische Konversionen eines symbolischen Ausdrucks waren, dessen gedanklicher Inhalt zu qualvoll für die Betroffene war, als daß sie diesen direkt zum Ausdruck hätte bringen können. Bezeichnenderweise kreisen auch diese somatisch umgewandelten Gedanken in allen Fällen um ein Gefühl der Fehlbarkeit und der Versehrtheit, die erst im Zusammenhang mit Todesereignissen virulent wurden. Ihre Störung der muskulären Koordination während des Stehens *(astasia)* oder des Gehens *(abasia)* diente dazu, ihrem Gefühl von Isolation und Hilflosigkeit Ausdruck zu verleihen, genauer: zu verkünden, daß sie es als schmerzlich empfunden hatte, nach dem Tod des Vaters *„alleinstehen"* zu müssen, wie es sie auch quälte, daß sie nach ihren verunglückten Versuchen, ein neues Familienleben herzustellen, letztlich bei der Empfindung angekommen war, „sie *„komme nicht von der Stelle'* " (H 171). Ausgehend von diesen zwei ‚sprechenden' Beinen, entwickelte Freud zwei narrative Handlungsstränge, als ersten eine Trauerhandlung, die um Elisabeth von R.s Reaktion auf die Krankheit und den Tod ihres Vaters kreist, als zweiten eine Brauthandlung, in der es um den Tod der Schwester und ihr Begehren des Schwagers geht. Indem Freud ihre *astasia-abasia* als den symptomatischen Knotenpunkt zwischen diesen beiden Trauerszenarien postuliert, gelingt es ihm schließlich, eine Deutung hervorzubringen, durch die er einerseits aufzeigen kann, daß Elisabeth von R. sich schuldig gefühlt hatte, als sie einmal den Abend mit einem Verehrer verbracht hatte, anstatt am Krankenbett des Vaters zu wachen. Dem entgegengesetzt empfand sie, zumindest laut Freud, andererseits eine freudige Erregung beim Anblick ihrer toten Schwester: „in demselben Moment hatte ein anderer Gedanke Elisabeths Hirn durchzuckt, der sich jetzt unabweisbar wieder eingestellt hatte, der Gedanke, der wie ein greller Blitz durchs Dunkle fuhr: Jetzt ist er wieder frei, und ich kann seine Frau werden" (H 176).

Tatsächlich aber bin ich geneigt, eine andere Spekulation zu wagen, nämlich die, daß es möglicherweise Freud selbst war, dem ein unabweisbarer Gedanke plötzlich Klarheit inmitten seiner therapeutischen Dunkelheit verschaffte. Denn er fährt in seiner Erzählung fort, indem er die Grenze zwischen der Erkenntnis, die er seiner Patientin zuschreibt, und seiner eigenen verwischt:

> Nun war freilich alles klar. Die Mühe des Analytikers war reichlich gelohnt worden: Die Ideen der ‚Abwehr' einer unverträglichen Vorstellung, der Entstehung hysterischer Symptome durch Konversion psychischer Erregung ins Körperliche, die Bildung einer separaten psychischen Gruppe durch den Willensakt, der zur Abwehr führt, dies alles wurde mir in jenem Momente greifbar vor Augen gerückt. (H 176)

Aus der gewonnenen Überzeugung heraus stellt er nun beglückt fest: „So und nicht anders war es hier zugegangen" (H 176). Die hysterische Untauglichkeit ihrer Beine, folgert er zum Schluß, stellte anfänglich ihr Schuldgefühl angesichts der Tatsache dar, daß sie den Ehemann ihrer Schwester begehrte, während das Erlebnis der Krankenpflege und Totenwache aufgrund von Nachträglichkeit zum Auslöser der Fortdauer dieser hysterischen Symptome wurde. Das Motiv für ihre Hysterie war Abwehr, der Mechanismus die Konversion und der Auslöser der Streit zwischen ihrer Pflicht gegenüber den sterbenden Familienmitgliedern einerseits und ihrem erotischen Begehren, das diese Tode ersehnte, andererseits; ein Streit, der sich dank einem Phantasieszenarium bemerkbar machte, in dem sie den Vater zugunsten eines Verehrers im Stich gelassen, also tot gewünscht hatte und in dem sie die Schwester auslöschen wollte, um ihren Schwager zu heiraten.

Wenn ich im folgenden vorschlage, man könnte ansetzen, Freuds Deutung dieses Fallbeispiels neu zu denken, geht es mir also um eine doppelte Fragestellung. Das Kerntrauma, um das sich der Fall der Elisabeth von R. dreht, könnte sehr wohl eine Anerkennung der Verwundbarkeit sein, und zwar in dem Sinne, daß diese Versehrtheit für jegliche Subjektivität grundlegend ist. Oder, wie Lubtchansky argumentiert, es handelt sich hier um das Erlebnis von Passivität, von Hilflosigkeit bzw. davon, weder genügend vorbereitet noch psychisch ausgerüstet gewesen zu sein, um sich erfolgreich mit äußerlichen Erregungen auseinanderzusetzen, die so überwältigend waren, daß sie den Mechanismus des Selbstschutzes aufbrechen konnten. Infolgedessen ist es die vom Trauma hervorgerufene mechanische Gewalt, die ein Quantum an sexueller Erregung freisetzt. Diesem zweiten Erregungsschub, metonymisch mit dem ursprünglich so überwältigenden Riß in der Schutzbarriere zusammenhängend, wird dann eine Schutzdichtung zugewiesen, nämlich die mildernde Phantasie einer intakten Familie, eines adäquaten Ehemanns usw., obgleich die Hysterikerin immer auch von dem Mangel, den ihre Phantasien abzudecken suchen, weiß, das heißt von der Tatsache, daß die Trauer nicht abzuschließen ist. In der Tat definiert Freud selbst eine Deckerinnerung als die Geste eines psychischen Kompromisses, bei dem ein verdrängtes traumatisches Wissen durch ein metonymisch verkettetes Begehren ersetzt wird.

Um an der Phantasie einer Rückkehr zu einem intakten Heim festhalten zu können, an den Ort der Unversehrtheit, der jedoch tatsächlich nie existiert hat, um also die Phantasie einer funktionalen Familie aufrechtzuerhalten, tut die trauernde Hysterikerin Elisabeth von R. ihrem Körper Gewalt an, verwandelt sie sich in eine Kranke. Obgleich sie dadurch offensichtlich eine neue Sackgasse schafft – in dieser Position der Untauglichkeit kann sie gar nicht erst damit beginnen, Verantwortung für die Wiederherstellung ihrer Familie zu übernehmen –, besteht die Befriedigung, die ihr diese trauernde Schmerzunlust bietet, darin, daß das ursprüngliche Trauma erfolgreich abgeschirmt, diesem Verlust jedoch gleichzeitig auch ein Denkmal gesetzt werden kann. Es ist bezeichnend, daß Freud letztendlich an dieser Romanze, dieser Deckerzählung festhält, seiner Deutung sozusagen selbst aufsitzt. Nachdem er Elisabeth von R. die Erklärung ihres psychischen Leids angeboten hat, die seinem eigenen Deutungsbegehren am meisten entspricht – nämlich daß das Geheimnis, vor dem sie sich so vehement schützen möchte, darin besteht, daß sie ihren Schwager liebt und in dieser Liebe eine grundsätzliche Unvereinbarkeit zu der Liebe für die Schwester erkennen muß –, meint er, eine erschöpfende Lösung gefunden zu haben. Er versichert sowohl sich selbst als auch Elisabeth von R., sie sei geheilt.

Ich möchte dies eine analytische Deckerzählung nennen, weil Freud hier auf der Ebene der Darstellungen haltmacht und somit hinter einer Auseinandersetzung mit der traumatischen Wirkung zurückbleibt, die von einer Anerkennung der Verwundbarkeit und Fehlbarkeit als Grundstein aller Erinnerung und Phantasiearbeit sowie aller Symptombildung ausgeht. Seine Deutung beläßt den Mangel, die Abwesenheit, die Wirkung des Risses, deren Resultat eine nachträgliche Angst über den Verlust eines geliebten Objektes, einer schützenden Hülse ist, und das in den Worten Lubtchanskys so lebendig im Unbewußten verharrt wie eine Gegenwart, die anwesender ist als irgend etwas materiell Präsentes.[12] Apodiktisch gesagt, er beläßt den Riß, der sich aufgrund von Verführungsphantasien und romantischem Begehren herauskristallisiert und psychosomatische Gestalt annimmt. Dem könnte man hinzufügen:

---

[12] Vgl. Lubtchansky (1973): Le point de vue, S. 384.

Die Tatsache, daß Freud eines Abends bei einem Hausball seine „einstige Kranke im raschen Tanze dahinfliegen" sah, könnte die hartnäckige Widerstandskraft der psychischen Schutzdichtung genauso bezeugen wie den Erfolg seiner analytischen Kur. Denn wir könnten diesen Tanz auch als die endgültige Geste der glücklichen oder erfolgreichen Hysterikerin lesen, die sich in raschen Zirkeln um die radikale Negativität dreht, statt diese an ihrem untauglich gewordenen Körper zu inszenieren. Auch in diesem Fall wäre die von Freud so sehnlichst erwünschte erschöpfende Deutung, durch die der Krankenfall wie eine Leiche auch begraben werden könnte, analog zum Abschließen der Trauerarbeit zu sehen, doch seine Hysterikerinnen widersetzen sich scheinbar dieser Art der Heilung, als würden sie die Präsenz des Todes im Leben zu wörtlich nehmen.

Während einer der analytischen Sitzungen mit Freud berichtete Emmy von N., sie habe in der Nacht zuvor geträumt, sie hätte viele Tote schmücken und in den Sarg legen müssen, habe aber nie den Deckel darauf legen wollen. Die Rolle, die die Hysterikerin sich in dieser Traumphantasie zugewiesen hat, ist die einer Frau, die tote Körper umgestaltet, verschönert, verziert, gleichzeitig aber auch der Anwesenheit der Toten inmitten der Lebenden dadurch gedenkt, daß sie sich getrieben fühlt, die Sargdeckel offen zu lassen. Daran läßt sich nochmals festmachen, in welchem Sinne die Sprache der Hysterie als Trauerarbeit gesehen werden könnte. Um diesen Gedanken noch ein letztes Mal aufzugreifen, wende ich mich abschließend dem Film *Mighty Aphrodite* (1995) von Woody Allen zu. Obgleich dieser offenkundig einen Kommentar zur psychoanalytischen Theorie darstellt, in dem eine in Manhattan angesiedelte zeitgenössische Ödipusgeschichte – „a tale as Greek and timeless as fate itself" – vorgeführt wird, ist dies oberflächlich gesehen kein Trauertext. Im Gegenteil, statt Vatermord und Mutterinzest zeichnet er den Hang zur Ehestiftung nach, dem Freud in seinen Deutungen der Fallgeschichten der Hysterie verfällt. Der New Yorker Sportreporter Lenny Weinrib, mit seiner Ehefrau Amanda unzufrieden, da diese mehr Zeit für ihre Karriere als Galeristin als für ihre Familie aufwendet, trauert einer früheren Zeit nach, in der es „great passion" gab, und macht sich deshalb auf die Suche nach der natürlichen Mutter seines Adoptivsohnes Max. Die Lücke, die sich in seinem Familienglück aufgetan hat, soll mit einer neuen Schutzdichtung wieder verdeckt werden, genauer einem Familienroman, in dem die schlechte Mutter und Ehefrau durch eine „dynamite mother" – vollkommen, gütig und nährend – ersetzt werden kann, und in der Tat fragt sich auch der Chor, der das Geschehen in Manhattan von seinem Sitz in einem griechischen Amphitheater aus kommentiert, ob diese neue Obsession der Neugierde nicht dazu dient, „to fill some growing void in their marriage". Nach längeren Recherchen entdeckt er in der Prostituierten und Pornodarstellerin Linda Ash die Mutter seines Sohnes, und findig ersetzt er die erste Schutzdichtung durch eine zweite. Da die von ihm so dringlich gesuchte vollkommene Mutter sich als gänzlich versehrt erweist – sie ist vulgär, dumm, sexuell freizügig, wenngleich auch liebenswürdig und gutmütig –, soll sie von ihren Lastern geheilt und wieder in den bürgerlichen Ehestand eingebunden werden. Nach den dem Komödiengenre entsprechenden Irrungen und Wirrungen schließen sich zum Schluß nicht nur alle Spieler dieser menschlichen Komödie wieder zu glücklichen

Ehepaaren zusammen. Unsere beiden Helden sind auch Eltern geworden. In der Nacht, als Lenny meinte, seine Frau Amanda hätte ihn endgültig verlassen, zeugt er mit Linda ein Kind.

So vollzieht sich im letzten Augenblick – nachdem Amanda sich scheinbar von Lenny getrennt hat und die von Lenny angestiftete Liebesgeschichte zwischen Linda und dem Boxer Kevin in die Brüche gegangen ist – eine Wendung hin zum Glück. Doch diese Wende wird als prekär inszeniert. Der Chor trägt bereits die Trauermaske, als der Leiter des Chors Lenny nach seiner Nacht mit der Prostituierten fragt. Erst als plötzlich Amanda in die Arena läuft und ihren erstaunten Gatten um Verzeihung bittet, ihm ihre Liebe gesteht und verkündet, „we have to put things right, whatever has to be done", wenden die Mitglieder des Chors ihre Masken, so daß ein Heer von lachenden Gesichtern die leidenschaftliche Umarmung von Lenny und Amanda umrahmt. Durchaus analog zu Freuds Deutungsbegehren in seinen Fallgeschichten der Hysterie besteht die Lösung der Hysterie des Mannes in der Wiederversöhnung mit seiner Frau und in der Wiederherstellung der Familien. Wenn ich nun mit einigen Bemerkungen zu diesem Film ende, so deshalb, weil eine Figur wiederholt diesen Gestus der Wiedergutmachung stört. Im Verlauf des Films unterbricht Kassandra – eine junge, dramatische und von der Wahrheit ihrer Visionen der Gefahr gänzlich überzeugte Frau mit wilden, durch ein schwarzes Stirnband nur leicht in Zaum gehaltenen roten Locken – wiederholt die Handlungen des Helden oder den Kommentar des Chors, um vor Katastrophen zu warnen. Zum erstenmal taucht sie auf, nachdem Lenny die Telefonnummer von Linda erhalten hat, und unterläuft die Erwartung, er würde nun die von ihm phantasierte „dynamite mother" entdecken; „You never should have looked for her, now I see big trouble. You'll be sorry, I'm telling you, quit now". Scheinbar willkürlich fügt sie dieser Botschaft jedoch auch ganz pragmatisch noch hinzu, er solle sich von Amanda nicht zum Kauf eines Strandhauses überreden lassen, denn „I see big problems with beach erosion and a heavy mortgage". Dann, nachdem sich ihre erste Warnung durchaus bestätigt hatte, Lenny nun aber die Schutzdichtung der „dynamite mother" umwandelt in die Omnipotenzphantasie, er könne sie beherrschen, ihr Leben ändern und sie neu gestalten, tritt Kassandra noch weitere Male auf und ergänzt jedesmal die nicht auf ein konkretes Objekt gerichtete abstrakte Warnung „I see disaster, I see catastrophe," oder „danger, wait, I see horrible, horrible danger" mit ganz konkreten Situationen der Gefahr, etwa „I see lawyers," oder „I see a bald man, he has a lead pipe, he is breaking your knee caps". In der Geste der Hysterikerin schmückt sie mit ‚viel Lärm um Nichts' die Brüche und die Verwundungen, nicht die Schutzdichtung. Indem sie wiederholt verkündet, sie sehe Gefahren, zelebriert sie eine Freude an der Anklage, an der Aussage, daß keine der gegebenen Situationen das Glück sei, obgleich man zu Recht danach suche.

Dann, nachdem Linda zum erstenmal mit Kevin ausgegangen ist und der Chor während dieses ersten Treffens im Central Park das Paar mit seinem Liebesgesang (Cole Porters „You do something to me") begleitet hat, versammeln sich die griechischen Schauspieler wieder in ihrem Amphitheater und lauschen beglückt dem Sprecher des Chors, der von einem *amour fou* erzählt: „true love as refreshing as spring, they kissed through the night, and saw each other the very next night and the next". Ein letztes Mal greift Kassandra mit ihren auf die Fortdauer des Streits und auf eine Gefährdung von glücklichen Liebesbanden gerichteten Visionen ein, „hold it every body, something is coming in, a bulletin". Und wieder hat diese Figur, die von dem Sprecher des Chors als Miss Party-Pooper bezeichnet wird, recht, denn in den nächsten Sequenzen sehen wir nicht nur den Ehestreit zwischen Amanda und Lenny, sondern auch, wie die angeblich so erfrischende Liebe zwischen Linda und ihrem Boxer dazu führt, daß er sie aus Wut über ihre Tätigkeit als Pornodarstellerin zusammenschlägt, bevor er sie verläßt. Erst der Epilog setzt dieser fortdauernden Trauer der Kassandra, die wie Emmy von N. die Sargdeckel nicht schließen will, sondern statt dessen an einem teils objektlosen Wissen um Gefahr, teils an konkreten Ereignissen der Erschütterung und Verwundung festhält, ein Ende. In schneller Abfolge sehen wir, wie Linda doch noch zu einem Ehemann kommt, der zudem die mit Lenny gezeugte Tochter als sein eigenes Kind anerkennt; wie Lenny, Amanda und Max wieder in die glückliche Dreisamkeit zurückfinden, die sie am Anfang der Handlung zelebrierten, und wie sogar der zum Bauern gewordene Boxer Kevin eine ihm angemessene Partnerin gefunden hat. Als sich die beiden Helden etwa ein Jahr später zufällig in einem Supermarkt treffen, haben sie zwar gerade jeweils das Kind des anderen bei sich, doch Lenny stellt Linda nicht ihren Sohn und Linda Lenny nicht seine Tochter vor. Das Wissen um die Elternschaft bleibt dem jeweiligen Elternteil vorenthalten und wird somit zu einem Familiengeheimnis, das, wie in einer Krypta erhalten, zu einer anderen, weniger glücklichen Geschichte führen könnte. Doch durchaus mit dem Verbot des Wissens zufrieden und damit das mögliche Aufbrechen der Tragödie verhindernd, verkündet der Chor sein abschließendes Diktum „isn't life ironic", und der Sprecher fügt dem hinzu, „life is unbelievable, miraculous, sad, wonderful", bevor sich alle dem *happy end* hingeben. Erfolgreich getilgt scheint Kassandras wiederholt geäußerte Mahnung, „wait, I see danger," mit der sie in der Sprache der Hysterie vor allem ein Wissen um die Fehlbarkeit von Schutzdichtungen des Glücks zu verkünden versucht hatte und die die von der Romanze versprochene geglückte Heilung des Streits, des Leidens an der Fehlbarkeit des Lebens, der Qual nie erfüllbarer Wünsche so leidenschaftlich in Frage stellen wollte. Während der Chor im fröhlichen Tanz zu dem Lied „When you're smiling, the whole world smiles with you" (Mark Fischer) aufbricht, die anderen Schauspieler – Ödipus, Jokaste, Laios, Tiresias, der Leiter des Chors – verzückt dieser überschwenglichen Freude zuschauen und sich angesteckt von dem Rausch auch umarmen, sitzt sie kritisch grimmig abseits und schüttelt schmollend den Kopf. Hartnäckig hält sie an ihrem Wissen, daß unter der Oberfläche einer jeden Schutzdichtung der geglückten Romanze und der Familiengründung die Gefahr der Versehrtheit und der Verwundbarkeit lauert, fest. Doch da sie ein Publikum braucht, um ihre Botschaft zu verkünden, dieses aber, von der Sogkraft der geglückten Liebe berauscht, sich zumindest momentan jeglicher Mahnung entzieht, bleibt ihr nur die kritische Position. In diesem von Woody Allen in Anlehnung an Freud ironisch nachgezeichneten Wunschtraum einer erschöpfenden Lösung des hysterischen Streits singt und tanzt sie nicht mit. Sie weiß es besser.

Bibliographie

Abraham, Nicolas und Maria Torok: *The Shell and the Kernel*. Vol. 1. Chicago 1994.

Breuer, Josef und Sigmund Freud: *Studien über Hysterie*. Frankfurt a. M. 1970.

Bronfen, Elisabeth: *Over Her Dead Body. Death, Femininity and the Aesthetic*. Manchester, New York 1992.

Butler, Judith: *Bodies that Matter. On the Discursive Limits of ‚Sex'*. New York, London 1993.

Freud, Sigmund: *Briefe an Wilhelm Fließ* (1887–1904). Hrsg. von Jeffrey Moussaieff Masson. Deutsche Fassung Michael Schröter. Frankfurt a. M. 1986.

– : Über Psychoanalyse. *Gesammelte Werke*. Bd. VIII. Frankfurt a. M. 1945.

– : Trauer und Melancholie (1917). *Gesammelte Werke*. Bd. X. Frankfurt a. M. 1946, S. 428–446.

– : *Studien über Hysterie* (1893–1895). Hrsg. von Stavros Mentzos. Frankfurt a. M. 1991.

Irigaray, Luce: *Speculum de l'autre femme*. Paris 1974.

Israël, Lucien: *L'Hystérique, le sexe et le médecin*. Paris 1992.

Lubtchansky, Jacqueline: Le point de vue économique dans l'hystérie à partir de la notion de traumatisme dans l'œuvre de Freud. In: *Revue Française de Psychanalyse* 37, 1973, S. 373–405.

Schindler, Regula: Hysterie. In: *RISS* 9, 27, 1994, S. 51–69.

Veith, Ilza: *Hysteria: The History of a Disease*. Chicago 1965.

Žižek, Slavoj: *The Indivisible Remainder. An Essay on Schelling and Related Matters*. London 1996.

Integration und Desintegration

Zur Anatomie des Schmerzes

Esther Fischer-Homberger

Was ‚Schmerz' ist, scheint in unserer traditionellen Begrifflichkeit schwer faßbar zu sein. Übereinstimmend wird in der Literatur die ‚Subjektivität' des Schmerzes hervorgehoben, seine Nicht-Mitteilbarkeit und das Problem, daß er kaum meßbar sei. Klassisch-neuzeitliche Begriffs-Oppositionen wie subjektiv – objektiv, real – imaginiert, körperlich – psychisch scheinen ungeeignet, ihn zu beschreiben. Schmerzwahrnehmung und Grenzwerte der Schmerztoleranz variieren je nach Kultur, Individuum und konkreten Umständen – vielleicht auch nach Geschlecht?

Die neuere Schmerzforschung begreift ‚Schmerz' in erster Linie als ein Erlebnis – ein „unangenehmes Sinnes- und Gefühlserlebnis".[1] Davon ausgehend habe ich versucht, den ‚Schmerz' von der Rezeptionsseite her zu beschreiben. So kann er als etwas Unangenehmes erfaßt werden, auf das charakteristischerweise mit einer Kombination von integrativen und desintegrativen Gesten reagiert wird. Die integrative Reaktion wendet sich dem Schmerz zu und gibt ihm einen Sinn. Sie lebt gestaltend mit dem Wandel, den die Beschädigung durch das Schmerzereignis mit sich bringt. Das desintegrative Erleben dagegen sieht die Beschädigung als sinnlose Ent-Stellung. Es isoliert das Schmerzereignis als Un-Fall, der nicht hätte passieren sollen, bekämpft den Schmerz und versteckt ihn.

Der integrierte Teil des Schmerzes wird als persönliche Leiderfahrung aufgefaßt, der desintegrierte als von fremder, feindlicher Täterschaft angetane Widerwärtigkeit, wie sich das in seiner Beschreibung als ‚schneidend', ‚brennend', ‚bohrend' usw. spiegelt. Dem desintegrierenden Umgang mit dem Schmerz entspricht die Distanzierung, die Tendenz, den vorherigen Zustand wiederherzustellen, und der Affekt der Wut; dem integrierenden Umgang entspricht die Zuwendung zum Ort des Schmerzes und die Gestaltung des Schadens. Hier hat auch die Trauer um das Verlorene als Integration des Fehlenden ihren Platz. Weinen hilft Schmerz ertragen – wie auch das Lachen.

Die Frage nach dem Verhältnis zwischen Schmerz und Trauer wird selten gestellt. „Wir haben bei der Diskussion der Trauer [...] nicht verstehen können, warum sie so schmerzhaft ist", schreibt Sigmund Freud 1926.[2] Sein Schmerzverständnis ist grundsätzlich desintegrierend.[3] Freud, 1856 geboren, ist in die heroische Zeit der

---

[1] Internationale Gesellschaft zum Studium des Schmerzes (1979), zitiert nach Brockhaus' *Enzyklopädie in 24 Bänden*. München ¹⁹1986–1994, Bd. 19 (1992), S. 435.
[2] Freud (1972): *Gesammelte Werke*. Bd. XIV, S. 161. Vgl. auch Bd. X, S. 430 und Bd. XIV, S. 202.
[3] Vgl. Freud (1973): *Gesammelte Werke*. Bd. X, S. 148 f.

Anästhesiegeschichte hineingewachsen, in der er, mit seiner Arbeit über das Kokain, ebenfalls einen Platz beansprucht. Er versteht es als die Arbeit der Trauer, die libidinöse Besetzung von den geliebten Gegenständen abzuziehen, deren Verlust Schmerz bereitet. „Die Trauer entsteht unter dem Einfluß der Realitätsprüfung, die kategorisch verlangt, daß man sich von dem Objekt trennen müsse, weil es nicht mehr bestehe", denn verlorenes Geliebtes ist, ebenso wie die körperliche Verletzung, mit libidinösen Energien hoch besetzt – insofern sind körperlicher und psychischer Schmerz dasselbe.[4] Demnach versteht er die Trauer als Dienerin der Desintegration, der Auflösung der Liebesbindung an ein verlorengegangenes Liebesobjekt zum Zweck der Schmerzverminderung. Eine imaginative Erschließung des Verlorenen durch die Gestik der Trauer kann der naturwissenschaftlich disziplinierte Freud nur als illusionär begreifen.

So sehr nun Schmerz charakteristischerweise sowohl integrierende als auch desintegrierende Bewegungen auslöst, variiert doch das Verhältnis und die Art ihrer Kombination. Je plötzlicher und heftiger etwa ein Schmerzereignis eintritt, desto eher wird es als sinn-loses ‚Trauma' erlebt und (etwa im Schock) mit desintegrativen Mitteln behandelt. Je mehr desintegriert wird, desto mehr erscheint ein Schmerzereignis als ein fragmentierendes Trauma (auch Rezeptionsgewohnheiten spielen eine Rolle: Traumatisierte werden dazu neigen, Schmerzereignisse wiederum als Trauma wahrzunehmen). Je größer demgegenüber die Integrationsbereitschaft ist, desto höher liegt die Grenze, bei welcher der Schmerz unerträglich wird. ‚Sinnvoller' Schmerz – was oder wer auch immer sinngebend wirkt – wird eher toleriert als sinnloser. Kurz: Das Mischungsverhältnis von Integration und Desintegration des Schmerzes variiert je nach Stimmung, Anlaß und Verarbeitung der Ereignisse, je nach soziokultureller und historischer Situation. Und eben vielleicht je nach Geschlecht.

Im Rahmen mittelalterlicher Christlichkeit war die Bereitschaft, Schmerz in Leben und Persönlichkeit zu integrieren, offenbar erheblich. Schmerz konnte als Strafe, Prüfung, Opfer, Reinigung oder Pforte zur Ekstase sinnvoll, ja erwünscht erscheinen. Das technisch-medizinische Selbstverständnis dagegen, das die Neuzeit bis zu einem gewissen Grade charakterisiert, betrachtet den Schmerz eher desintegrierend als Störung des normalen Lebens und entwickelt dementsprechend die Schmerzbekämpfung und -betäubung. Zum einen setzte die Frühe Neuzeit damit einen Kontrapunkt, auch eine politische Gegenposition zur Schmerzverehrung und Leidensbereitschaft des Mittelalters, die den Machtinteressen der Kirche entgegenkamen und von ihr in diesem Sinne auch mißbraucht wurden. Zum anderen hat sich die Frühe Neuzeit im Zusammenhang mit der Entwicklung von Feuerwaffen und den Entdeckungen neuer Welten und Kulturen unerwartete Traumata von neuartiger Heftigkeit zugezogen, denen gegenüber der desintegrative Umgang beinahe zwangsläufig in den Vordergrund rücken mußte. Die klassische westliche Neuzeit betrachtete Leidensbereitschaft als Schwäche und orientierte sich am Idealbild des glückli-

---

[4] Vgl. Freud (1972): *Gesammelte Werke*. Bd. XIV, S. 204 f.

chen, schmerzfreien Lebens vor dem Tode. An die Stelle der Erlösung durch den Schmerz setzte sie die Erlösung vom Schmerz, konzipierte diesen als rein körperliches Ereignis und entwickelte eine Medizin, die ihn als solches bekämpfte.

Die neuzeitliche Schmerztheorie löst also den Schmerz aus seinen individuellen und gemeinschaftlichen Sinnzusammenhängen heraus und versucht, ihn isoliert zu erfassen. Damit sagt sie etwas über neuzeitliches Schmerzerleben aus, gleichzeitig gestaltet sie es mit. Ihre Entwicklung soll hier kurz umrissen werden:
Bis um Beginn der Frühen Neuzeit hatte sich die Medizin wesentlich am Schmerzbegriff von Galen (Galenos von Pergamon, um 130 bis um 200 n. Chr.) orientiert. Galen hatte den Schmerz in erster Linie als Ausdruck einer *solutio continuitatis*, einer Trennung von Zusammengehörigem betrachtet.[5] Diese Definition stellt die Verletzung eines Ganzen, stellt die Wunde ins Zentrum ihres Schmerzverständnisses, und diese umfaßt das ganze Spektrum von der schmerzenden Schnittwunde bis zum Leiden am gebrochenen Herzen, am Verlust der Unmittelbarkeit infolge der Reflexivität des menschlichen Bewußtseins sowie an Trennung und Verlust. Psychisches und Physisches bilden dabei eine Einheit – ein schmerzfreies Leben ist, wenn Schmerz auf diese Weise definiert wird, weder denkbar noch gedeihlich.

Indem die Neuzeit beziehungsweise die männlich dominierte Wissenschaft der Neuzeit den Schmerz medikalisierte und pathologisierte, nahm sie von diesem antiken Schmerzverständnis Abstand. Sie ‚neurologisierte' ihren Schmerzbegriff, machte den Schmerz zu einem Nervenleiden, zum nervösen Leitungsereignis, zur Beschädigungsmeldung, die über bestimmte Nervenbahnen an bestimmte zentrale Wahrnehmungsapparate gelangt. Damit wurde die Ausschaltung des Schmerzerlebens durch Eingriffe am Nervensystem denkbar – das Konzept der Anästhesie war geboren. Während die Antike einen solchen Zustand mit dem Tod assoziiert hatte, entstand in der Neuzeit die Vorstellung einer Anästhesie vor dem Tode.

Wenn Feuer den Fuß eines Menschen brenne, werde die Beschädigung über die Nerven an das Gehirn geleitet, so beschreibt Descartes (1596–1650) die Entstehung des Schmerzes, „ebenso wie man in dem Augenblick, in dem man an dem Ende eines Seilzuges zieht, die Glocke zum Klingen bringt, die an dem anderen Ende hängt". Auf diesen Alarm hin erfolge dann das Zurückziehen des Fußes vom Feuer.[6] Cartesius' Feuer könnte den Fuß also schmerzlos verbrennen, wenn das ‚Glockenseil' durchtrennt oder die ‚Glocke' stumm wäre. Auch die späteren Modelle nervöser Reizleitung (von Albrecht von Haller über Luigi Galvani, Charles Bell und François Magendie bis zu Max von Freys Idee von den spezifischen Schmerznerven und -punkten) ermöglichten die Vorstellung, daß Schmerzerleben durch Unterbrechung der nervösen Reizleitung und Blockierung der zentralen Rezeption vermieden werden könne.[7]

---

[5] Vgl. Kühn (1964): *Galenus*. Bd. I, S. 357; Bd. X, S. 852. Vgl. Siegel (1970): *Galen*, S. 184–193.
[6] Descartes (1969): *Über den Menschen*, S. 68 f.
[7] Vgl. Fischer-Homberger (1996): Zum klassisch-neuzeitlichen Umgang mit dem Schmerz, S. 295 f.; vgl. ebenso Keele (1957): *Anatomies of Pain*.

Das leitungsphysiologische Schmerzverständnis evoziert Bilder von einem distanzierten und ebenso distanzierenden Schmerzerleben. Damit dient es nicht nur dem Zweck der Befreiung von Schmerz; es ist gleichzeitig selbst Teil einer Anästhesierungskultur. Man könnte das fragmentierende und isolierende Nachdenken der neuzeitlichen Medizin über Schmerz und Krankheit, ja die Entwicklung des Bildes vom menschlichen Körper als ein aus seinen Teilen maschinenartig zusammengesetzter ‚Organismus' (gegenüber dem älteren Bild von einem säftehaltigen Gefäß) überhaupt als Folge von unintegrierten Trennungs- und Beschädigungserfahrungen ansehen.

In dem Maße, in welchem das neuzeitliche medizinisch-naturwissenschaftliche Denken Verletzung und Schmerz dissoziierte und allgemein eine zerstückelnde und isolierende Sicht der Dinge und Abläufe zur Norm erhob, wuchs die Bereitschaft, an Verletzungen der eigenen und fremden Integrität vorbeizusehen. Die Medizin öffnete nun im Rahmen der Anatomie auch ohne Not menschliche Leichen, und die nunmehr anatomisch fundierte Chirurgie (griechisch *ana-témnein* = schneiden, zerteilen) wurde entsprechend invasiver – und damit ihrerseits traumatisierend. Im zwanzigsten Jahrhundert sollte dann im Schatten der noch weiter differenzierten Möglichkeiten der Schmerzbetäubung auch die Diagnostik zunehmend invasiv vorgehen. So steigern sich Verletzungsbereitschaft und Schmerzabwehr gegenseitig; die Entwicklung von Krieg und Schmerzbekämpfung, Chirurgie und Anästhesiologie gehen Hand in Hand.

Die Neuzeit mußte Verletzungen, mußte die alte *solutio continuitatis* also um so weniger als schmerzhaft wahrnehmen, als sie das Getrennte nicht mehr als Zusammengehöriges betrachtete. Das schmerzhafte ‚Trauma' der Antike (griechisch *trauma* = Wunde, Verletzung) hatte sich in Richtung des modernen ‚Un-Falls' gewandelt, welchem sich sowohl die einwirkende Gewalt als auch deren fragmentierende Wirkungen assoziieren, der ein Fehlen von Sinnzusammenhang zwischen Ursache und Wirkung ebenso impliziert wie die Unterbrechung des geschichtlichen Flusses durch das traumatische Ereignis und die Unterbrechung des psychophysischen Zusammenhangs in der Bewußtlosigkeit oder im Schock. Eine Geschichte des ‚Traumas' steht meines Wissens noch aus. Damit lösten sich Begriffe voneinander, die im Licht von früheren, nun als veraltet geltenden Modellen zusammengehört hatten. Es löste sich Gesicht und Sehen, Geschmack und Geschmackssinn, Takt/Gefühl und Tastgefühl, Ästhetik im Sinn der objektivierenden Lehre vom Schönen und wahrnehmende Ästhesis (griechisch *aisthànesthai* = durch die Sinne wahrnehmen) voneinander – Gefühl und Sinneseindruck, Leid und Schmerz wurden zweierlei.[8] Die sinn-neutrale Sensibilität nervlicher Strukturen konnte nun theoretisch – und die Theorie gestaltet eben das Erleben mit – ausgeschaltet werden, ohne daß die sinnliche und emotionale Sensibilität mitbetroffen war.

Auch die Verletzung anderer schmerzte nun theoretisch nicht mehr – Mit-leid tat nicht mehr weh. Das hatte und hat auch zwischenmenschliche und politische Fol-

---

[8] Vgl. Putscher (1978): Das Gefühl, S. 147–159 und Toellner (1971): Die Umbewertung des Schmerzes.

gen: die Erklärung des Schmerzes aus individuellen Verhältnissen, die Individualisierung verdunkelt den Blick auf den Zusammenhang der Befindlichkeit verschiedener Individuen und verändert die Handlungsbereitschaft angesichts fremden Schmerzes.

Im gleichen Zuge entdifferenzierte sich das Wissen um die Vielfalt der Schmerzarten zum einfachen Entweder-Oder von physischem und psychischem Schmerz, zum „myth of two pains".[9] Damit wurde ein Zustand von „psychic numbing"[10], von diffuser Unempfindlichkeit geschaffen, der es erlaubte, mit einem hohen Schmerzpegel zu leben, ohne davon viel wahrzunehmen. So konnten sich Verhältnisse stabilisieren, in denen tiefgreifende Verletzungen gewohnheitsmäßig zugefügt und ertragen werden und unter denen Eingriffe in eigenes und fremdes Leben bis zu einem hohen Grade tapfer, erbarmungslos und indolent toleriert werden. In der Wissenschaft etablierte sich der Tierversuch.

Auch die Chirurgie mutete mehr und mehr ‚Trennung von Zusammengehörigem' zu, zumal die Chirurgie als therapeutisches Pendant zur normalen und pathologischen Anatomie allmählich zur theoretisch am solidesten begründeten Therapie wurde und dies bis gegen Ende des neunzehnten Jahrhunderts geblieben ist. So wurden nun auch ohne vitale Not zunehmend fragmentierende Operationen vollzogen, die nach effizienterer Analgesie als nur durch Opium, Alkohol, Kälte und Gewalt verlangten. Und nur noch knapp reichten allmählich die ärztlichen und wissenschaftlichen Begründungen der Chirurgie aus, die Schmerzen, die sie zufügte, gegenüber den Kranken – und den Ärzten – zu rechtfertigen.

Das alles gehört zum Hintergrund des säkularen Jubels, mit welchem um die Mitte des neunzehnten Jahrhunderts die Narkose begrüßt wurde. Die legendäre erste Operation in Äthernarkose (am 16. Oktober 1846 im „Äther-Dom" zu Boston) ist in militärischer Sprache als definitiver Sieg über den Schmerz, in biblischer Sprache als Erlösung gepriesen worden: „And there shall be no more pain" steht auf dem Sockel der Statue zu Boston, die an jenen ersten chirurgischen Gebrauch von Äther erinnert.[11]

Weniger dramatisch, aber nicht weniger folgenreich war der Auftritt der gegen Ende des Jahrhunderts massenhaft auf den Markt geworfenen Analgetika, allen voran 1899 des *Aspirins*, dem in unserem Jahrhundert eine unerhörte Flut von *painkillers* folgte, und später der Psychopharmaka, vor allem der Antidepressiva, denen auch eine analgetische Wirkung zugeschrieben wird. Im Sinne des *Mythos von der Zweiheit der Schmerzen* wird diese analgetische Wirkung als von der antidepressiven unabhängig aufgefaßt.

---

[9] Morris (1993): *Culture of Pain*, S. 9 et passim.
[10] Zitiert nach Hillman (1992): *Hundred Years of Psychotherapy*, S. 128–130. Lifton ist mit verschiedenen psycho-politischen Publikationen – zu Krieg, Fragmentierung, Verlust des Todes, Genozid, Ärzten im Dritten Reich, Vietnamveteranen – hervorgetreten. Vgl. Tanner (1994): Drogen und Drogenprohibition, S. 115: Hier wird Kritik an der etablierten Gesellschaft als einer süchtigen und betäubten Gesellschaft deutlich, wie sie die 68er äußerten.
[11] Morris (1993): *Culture of Pain*, S. 61.

Mit der Verallgemeinerung der Schmerzbetäubung erschien es zusehends weniger notwendig oder interessant, die Kunst des integrativen Umgangs mit dem Schmerz zu pflegen. Die empfindende, weinende, lachende, mit-leidende, neu-gierige ‚Zur-Kenntnisnahme' von Schmerz, im deren Rahmen Integration und Desintegration vielfältig zusammenspielen, die sanfte Behandlung mit Wickeln, Kräutern, Atmen, Berührung und Bewegung verlor – als Haus- und Volksmedizin, als Frauensache oder als Kurpfuscherei – an Wertschätzung. Damit blieb für eine produktive Dynamik von integrativem und desintegrativem Umgang mit dem Schmerz nicht mehr viel Spielraum.

Unter solchen Umständen mußte sich die Bereitschaft, Schmerz vorwiegend als selbstfremd wahrzunehmen, erhöhen; die Schwelle aber, bei welcher Einwirkungen als Schmerz wahrgenommen werden, mußte sinken. Der Zustand, der sich daraus ergibt, ist eine Kombination von Unempfindlichkeit und Überempfindlichkeit – eine Kombination, wie sie für die Hysterie typisch ist. Morris weist darauf hin, daß diese Kombination sich mit der Entwicklung von Anästhesie und Analgesie verallgemeinert hat. Tatsächlich ist es in unserem Jahrhundert zu einer bemerkenswerten *Hysterisierung des Schmerzerlebens* gekommen: „pain and numbness – prove almost inseparable".[12] Reizüberflutung und Indolenz scheinen zusammenzugehören. Es kommt zu einer Situation, in welcher der Schmerz nach Unempfindlichkeit, die Unempfindlichkeit aber nach Schmerz schreit. Auch die Sadisten und die Masochisten sind typische Kreationen des neunzehnten Jahrhunderts. Der Hysterie der Frau entspricht die Spaltung des Arztes in die Figur des krankheits- und leidensgeilen schneidenden, stechenden, ana-tomisierenden Spezialisten, und die Figur des gütigen Doktors, der mit allen ihm verfügbaren Waffen gegen Schmerz und Krankheit kämpft.[13]

Eine ähnliche Kollusion der Geschlechter im Umgang mit dem Schmerz kann auch in dem fatalen Delegationssystem zwischen Mann und Frau gefunden werden, welches *ihm* den desintegrativen, *ihr* den integrativen Umgang mit dem Schmerz aufträgt, *ihm* die verletzend-grenzüberschreitende Potenz, das Traumatisieren und Traumatisiertwerden durch feindliche, fremde Kräfte, *ihr* die Bereitschaft, den Umgang mit seinen und ihren Verletzungen zu ihrem Leben zu machen. Im Rahmen dieser Rollenteilung versagt *er* sich am Ende alle Tränen, während *sie* beständig weint. So ist denn auch noch am Anfang des zwanzigsten Jahrhunderts festgestellt worden, daß Frauen „vom vielen Weinen" zehnmal häufiger erweiterte Tränensäcke haben als Männer[14] – die Medizingeschichte der Tränen gilt es noch zu bearbeiten.

In dieser geschlechtsdifferenzierenden Delegation spiegelt sich nochmals – in Form der institutionalisierten Trennung der Bereiche des sogenannten Weiblichen vom sogenannten Männlichen – die ‚Trennung von Zusammengehörigem'.

---

[12] Ebd., S. 115 und S. 118.
[13] Vgl. z. B. Robert Louis Stevenson: *The Strange Case of Dr. Jekyll and Mr. Hyde* aus dem Jahre 1886, der die Spaltungsfähigkeit des Arztes von der kritischen Seite her beleuchtet.
[14] Aschner (1924): *Die Konstitution der Frau*, S. 32. Vgl. auch Fischer-Homberger (1983): „Krankheit Frau", S. 327.

1752 schrieb Albrecht von Haller in seiner berühmten „Abhandlung", die beweist, daß alle Sensibilität an die Nerven gebunden ist:

> [Es] gehet mich ein von meinem Leibe abgeschnittener Finger, ein von meinem Fuße weggeschnittenes Stück Fleisch nichts mehr an, die Veränderungen desselben beziehen sich nicht mehr auf mich, und erwecken weder einigen Schmerz noch einige Gedanke in mir; es wird dahero ein solcher abgeschnittener Finger, ein solcher abgesonderter Muskel von meiner Seele, von einem Theile meiner Seele, nicht bewohnet, und ich bin dahero in diesem Finger nicht zugegen. Und ich sage, dieser Finger ist sowohl von meiner Seele, als welche ganz geblieben [...], als auch von der Seele eines ieden andern Menschen [...] unterschieden, und auch von derselben ausgeschlossen. Denn mein Wille ist mir nach Abschneidung des Fingers ganz unverletzt geblieben [...].[15]

Während aber *er* unverletzt bleibt, soll *sie* ihr Bewußtsein von Beschädigung so weit wie möglich integrieren. Mit ihrer Geburtserfahrung und späteren schmerzhaften Erfahrung der Trennung von ihren Kindern, lebensgefährdet als Amputierte vom Dienst, reagiert sie tatsächlich nicht nur hysterisch-abspaltend auf die Zumutung, Schmerz zu integrieren. Sie hat von der Desintegration wohl doch auch weniger sozialen Gewinn als er – was am Mann als Abstraktions- und Konzentrationsfähigkeit, als männliche Tapferkeit erscheint, wirkt an ihr rasch als fleischlose und unweibliche Härte, was ihn berufstüchtig macht, behindert sie womöglich in der Ausübung ihrer weiblichen Berufung. So ist sie in der Kunst der Integration wohl tatsächlich wendiger geblieben als der traditionelle Mann. Historisch betrachtet trägt ihr Erleben voranästhetische Züge, körpergeschichtlich könnte man es mit Barbara Duden in einer im Körper wurzelnden „transhistorischen Zeit" ansiedeln.[16] Damit ist sie wohl trauerfähiger geblieben als er, gleichzeitig stabiler und wandlungsfähiger, lebensfähiger *mit* dem Schmerz.

Bibliographie

Aschner, Bernhard: *Die Konstitution der Frau*. München 1924.
Descartes, René: *Ueber den Menschen (1632) sowie Beschreibung des menschlichen Körpers (1648)*. Nach der ersten frz. Ausg. von 1664, übers. und mit einer historischen Einl. und Anm. vers. von Karl E. Rothschuh und Lambert Schneider. Heidelberg 1969.
Duden, Barbara: *Geschichte unter der Haut*. Stuttgart 1987.
Fischer-Homberger, Esther: Zum klassisch-neuzeitlichen Umgang mit dem Schmerz: Die Schmerz-Bekämpfung und ihr Preis. In: *Wissenschaft und Verantwortlichkeit 1996*, hrsg. von Heinz Barta und Elisabeth Grabner-Niel. Wien 1996, S. 290–320.
– : Neue Materialien zur „Krankheit Frau" (19. und 20. Jahrhundert). In: *Feminismus. Inspektion der Herrenkultur. Ein Handbuch*, hrsg. von Luise F. Pusch. 3. Aufl. Frankfurt a. M. 1987, S. 308–338.

---

[15] Haller (1756): *Von den empfindlichen und reizbaren Theilen des menschlichen Leibes*, S. 22. Vgl. auch Rothschuh (1965): Physiologie des Schmerzes, S. 5.
[16] Duden (1987): *Geschichte unter der Haut*, S. 53; vgl. zudem S. 52–55.

Freud, Sigmund: Ueber Coca. In: *Centralblatt f. d. ges. Therapie* 2, 1884, S. 289–314.
– : *Gesammelte Werke, chronologisch geordnet*. 18 Bde. Frankfurt a. M. 1972–1976.
Haller, Albrecht von: *Abhandlung des Herrn von Haller von den empfindlichen und reizbaren Theilen des menschlichen Leibes*. Deutsch von C. Ch. Krausen. Leipzig 1756.
Hillman, James und Michael Ventura: *We've Had a Hundred Years of Psychotherapy And the World's Getting Worse*. San Francisco 1992.
Keele, Kenneth David: *Anatomies of Pain*. Oxford 1957.
Kühn, C[arl] G[ottlob] (Hrsg.): *Galenus: Opera omnia*. 20 Bde. Nachdr. der Ausg. Leipzig 1821–1833. Hildesheim 1964–1965.
Morris, David B.: *The Culture of Pain*. Berkeley u. a. 1993.
Putscher, Marielene: Das Gefühl: Sinnengebrauch und Geschichte. In: *Die fünf Sinne: Beiträge zu einer medizinischen Psychologie*, hrsg. von Marielene Putscher. München 1978, S. 147–159.
Rothschuh, Karl E.: Geschichtliches zur Physiologie des Schmerzes. In: *Der Schmerz. Documenta Geigy*. Basel 1965, S. 3–7.
Siegel, Rudolph E.: *Galen on sense perception*. Basel, New York 1970.
Tanner, Jakob: Drogen und Drogenprohibition – historische und zeitgenössische Erfahrung. In: René Renggli und Jakob Tanner: *Das Drogenproblem. Geschichte, Erfahrung, Therapiekonzepte*. Berlin u. a. 1994, S. 19–122
Toellner, Richard: Die Umbewertung des Schmerzes im 17. Jahrhundert in ihren Voraussetzungen und Folgen. In: *Medizinhistorisches Journal* 6, 1971, S. 36–44.

Wearing Memory*

Mourning, Jewellery and the Body

Marcia Pointon

This paper addresses the question of how artefacts produce meanings through, and within, a chain of interactive procedures. The procedures are those socially and economically constructed by Western European culture in the period 1770 to 1900 to negotiate the great and problematic event of death in the context of increased secularisation. My examples are English but the phenomena of which I write are common also to other European countries like France and Germany. Death has been a growth academic industry in the past twenty years with large numbers of publications devoted to the topic in literature, anthropology, history and sociology.[1] In archaeology death has always been omnipresent for, as one description puts it: "Excavation brings the archaeologist face to face with the material evidence left by ancient societies – structures, everyday impedimenta, rubbish generated by occupation, even the remains of humans themselves."[2] It is no accident that Freud was fascinated by archaeology – after all his intellectual paradigms belong to the age of Schliemann – nor that metaphors of excavation are central to his theoretical exploration of the human psyche. This paper does not seek to add to the vast and growing literature that surveys how societies deal with death. Rather it is an experimental dig, or a foray, which takes as its starting point the material object, interrogating that object in the interests of offering an explanation for the wider cultural phenomenon of mourning. The object with which I am concerned, in the generic sense, is the jewellery artefact made as a consequence, or in anticipation, of the death of an indi-

---

* I would like to thank Gisela Ecker and Lindsay Smith for their friendship and for devoting time to discussing with me this project, the one in the museums of Bonn and Köln, the other at Clifton Hill, Brighton over a summer Sunday lunch. To Anna Kerr I am indebted for her abiding affection and for many references I would otherwise have overlooked. Eleanor McD. Thompson kindly sent me references from Winterthur. This paper is one small foray into the larger topic of the display culture of jewels and jewellery since 1700 which I am researching for a book. I am grateful to the British Academy and the Leverhulme Trust for enabling me to get started on this challenging task.

1 See, for example: Ariès (1981): *The Hour of Our Death*; Bland (1986): *The Royal Way of Death*; Bremmer/van den Bosch (1995): *Between Poverty and the Pyre*; Colvin (1991): *Architecture and the Afterlife*; Curl (1993): *A Celebration of Death*; Earle (1989): *The Making of the English Middle Class*, part III, section ii; Gittings (1984): *Death, Burial and the Individual*; Humphreys (1993): *The Family, Woman and Death*; Keselman (1993): *Death and the Afterlife*; Llewellyn (1991): *The Art of Death*; Litten (1991): *The English Way of Death*.

2 Internal document rationalising fieldwork, Dept. of Art History and Archaeology, University of Manchester.

 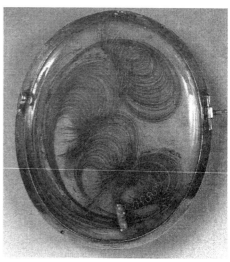

Pl. 1: Mourning brooch, English ca. 1820, gold, paint, hair, glass, and pearls, front

Pl. 2: Mourning brooch, English ca. 1820, gold, paint, hair, glass, and pearls, back

vidual.³ I am not a jewellery historian and I shall be only marginally concerned with how such objects are constructed, by whom they were made, to whom they belonged, how they fit into the stylistic development of jewellery, or how they participate in narrative, myth and metaphor, a subject that has been admirably addressed by others.⁴ Nor am I interested in the economic value of any of these objects; the kind of jewellery that interests me is often ignored by jewellery historians as it seems clumsy, conventional, and mass produced. Such objects are to me textual artefacts which differ from other kinds of texts chiefly by the fact that they are three-dimensional, they bear a peculiar relationship to the body, and they have a life-history.⁵ They are, to adapt Nicholas Thomas's phrase, objects entangled in discourse.⁶

The kind of artefact with which I am concerned is typified by a brooch, made in England ca. 1820, now in the Köln Museum für Angewandte Kunst.⁷ It is no more than about 8 cm circumference and is made of gold, paint, hair, glass, and pearls. The front displays an image of a funerary monument, constructed in relief on a painted ground consisting of a sombre landscape with an angel appearing in a bright

---

³ Jewellery is an awkward term for which there is no simple singular except piece of jewellery. The term jewel used for a piece of jewellery is ambiguous.
⁴ See, in particular, Tetzeli von Rosador (1984): Gems and Jewellery in Victorian Fiction.
⁵ I intend this to be understood in the sense used by Igor Kopytoff in "The Cultural Biography of Things" in Appadurai (1986): *The Social Life of Things*, where the author discusses (p. 76) the individual caught between the cultural structure of commoditization and his own personal attempts to bring a value order to the universe of things.
⁶ See Thomas (1991): *Entangled Objects*, especially introduction.
⁷ No. G.1476.

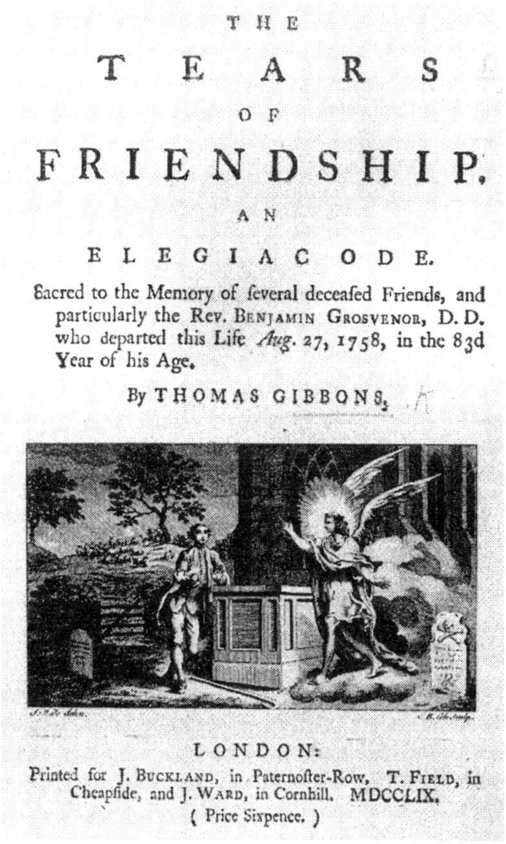
THE

TEARS

OF

FRIENDSHIP.

AN

ELEGIAC ODE.

Sacred to the Memory of ſeveral deceaſed Friends, and particularly the Rev. BENJAMIN GROSVENOR, D. D. who departed this Life *Aug.* 27, 1758, in the 83d Year of his Age.

By THOMAS GIBBONS,

LONDON:

Printed for J. BUCKLAND, in Paternoſter-Row, T. FIELD, in Cheapſide, and J. WARD, in Cornhill. MDCCLIX.

(Price Sixpence.)

Pl. 3: Thomas Gibbons: *The Tears of Friendship: an Elegiac Ode*, London 1739, titlepage

cloud at the left (pl. 1). The 'monument' is made of gold thread and seed pearls and bears the inscription: "NOT LOST BUT GONE BEFORE".

In the back is a lock of hair fanned out into an elaborate shape known as a Prince of Wales feather, and secured with gold thread and seed pearls (pl. 2). Some of the hairs, due to the natural elasticity of this material, have come adrift with the passage of time. The 'Not lost but gone before' brooch functions as an object on several levels. It is a framed image field containing both pictorial and textual elements, a kind of miniature arcadian scene which thereby belongs to a tradition that goes back to Virgil's *Eclogues*, through the theme of 'Et in Arcadia Ego', into popular mourning culture in the eighteenth century. The titlepage of a memorial poem of 1739 exemplifies this culture; it shows a sorrowing young man, one of the friends of the deceased Revd. Benjamin Grosvenor, standing pensively at his tomb (pl. 3).[8] There is no

[8] British Library, London, 840.l.10.2.

mourner in the brooch image though many do feature such figures, but we could understand the wearer of the brooch to be the absent mourner. The brooch is also an ornament both in the sense that it is commemorative just as a plaque in a church would be and in the sense that it may be worn as an ornament on a dress.

How then might we begin to understand firstly how such an object works in the social and psychic processes of what we call mourning and, secondly, how such artefacts as these can be used to construct an analytic which will enable us better to understand mourning itself? To begin with something needs to be said about the particular relationship between jewellery as artefact and the body as cultural and biological construct. Jewellery as body ornament is as old as human history and is epistemologically and institutionally linked to death since all jewellery known to us from periods except the very recent has been found in burial sites and, even in modern times, the association with death is sustained because jewellery (even when it has no financial value) is seldom abandoned but regularly forms part of any individual's plans for how their property and possessions will be managed after their death. But a piece of jewellery, that inert and puzzlingly alien object, gazes at us with opaque eyes as a vestige of the human subject whom it has outlived; discursively and imaginatively jewellery as an object on the anatomy table of history invariably stages the body. Here is how a late nineteenth-century writer in a trade magazine defines his product:

> A jewel is like the star in the firmament; the point on which the eye rests instinctively, and which, like the star, sheds a grace upon that which surrounds it. [...] The ring gives additional grace to the fairest hand, the eardrops to the clusterring hair, and the necklet to the fairest bosom. It is on the jewel that the eye is wont at first to rest; it is the jewel which catches the eye most rapidly during motion. The jewel is, in a certain sense and measure, a kind of badge and honorary distinction, and although its meaning as such has greatly diminished, yet it still has a sort of purpose in this respect. [...] *In a well-made jewel the eye will again and again turn to it, and can scarcely pass it without a momentary rest.*[9]

This writer is referring to jewellery in general rather than to mourning jewellery in particular but I find the idea of the eye's compulsion, returning to the stellar object again and again provocative. I wish to develop this notion of stellar attraction – the object that is not the body but nonetheless integral to the body that draws the eye again and again.

Freud's "Mourning and Melancholia" has been the target of criticism from many quarters and, especially, from those like Juliana Schiesari, interested in gender.[10] I wish to suggest, however, that Freud's identification of the work performed by mourning is helpful in respect of understanding the role of artefacts in the processes of human bereavement. Slightly defensively, Freud insists, "I do not think there is anything far-fetched in presenting it [i.e. mourning] in the following way" and goes on to say:

---

[9] *The Jewellers, Goldsmiths, and Watchmakers' Monthly Magazine*, iv, 1862, pp. 60–61. My italics.
[10] Freud (1957): Mourning and Melancholia, pp. 237–58; Schiesari (1992): *The Gendering of Melancholia*.

> Reality-testing has shown that the loved object no longer exists, and it proceeds to demand that all libido shall be withdrawn from its attachments to that object. This demand arouses understandable opposition – it is a matter of general observation that people never willingly abandon a libidinal position, nor even, indeed, when a substitute is already beckoning to them. This opposition can be so intense that a turning away from reality takes place and a clinging to the object through the medium of a wishful psychosis. Normally respect for reality gains the day. Nevertheless its orders cannot be obeyed at once. They are carried out bit by bit, at great expense of time and cathectic energy, and in the meantime the existence of the lost object is psychically prolonged. […] It is remarkable that this painful unpleasure is taken as a matter of course by us.[11]

Mourning, in Freud's account, impels the ego to give up the libidinal object of desire by declaring the object dead and offering the ego the inducement of continuing to live.[12] In "Beyond the Pleasure Principle", Freud went on to draw attention to the repeated rehearsal for death as a crucial instrument in the child Ernst's management of loss of his mother.

It would be possible to argue that one of the ways in which the existence of the lost object is psychically prolonged is through the organisation and construction of a memorial which is worn or carried or which, even if it is not worn, nonetheless possesses an implicit symbolic function of linking (the material equivalent to cathecting) the body of the subject/owner with the body of the loved but now lost object of desire. I also want, however, to suggest that the repetition, the *lure* which brings the eye constantly back to focus on the jewelled object is mobilized in the case of mourning as a bodily staging of the very process identified by Freud. The body is a corporation made up of fragments and parts, the separateness of which is emphasized by the various items of jewellery – rings for fingers; ear-rings for ears; brooches for the bosom; bracelets for the wrist. This explicitly controlled splitting of the body into its various elements permits or, indeed, possibly licenses, that bringing up and hypercathecting of single memories and fragments of the lost object. Moreover, the very repetitiousness of motifs and forms in jewellery of this kind, a repetitiousness that we would, in stylistic terms, call convention, serves to endorse this understanding that the lost object is both particular (and lost) as well as universal (and present). The patterning of this play of mourning extends, and is implicated in, the conundrum of presence/absence as defined in Roland Barthes' *A Lover's Discourse:* "Endlessly I sustain the discourse of the beloved's absence; actually a preposterous situation; the other is absent as referent, present as allocutory."[13] The conventional and conservative aspects of mourning jewellery can thus be explained not by reference to the economics of fashion industries (though they may play their part) but by the requirement that there be available a universal vocabulary that may be repeated ritually and ceremonially and which will be universally understood. Thus Flaubert has Charles Bovary select "as the necessary symbol of grief" for his wife's tomb stone

---

[11] Freud (1957): Mourning and Melancholia, p. 253.
[12] Ibid., p. 257.
[13] Barthes (1979): *A Lover's Discourse*, p. 15.

from a range of devices: a weeping willow, a broken column with draping, a pyramid, a Temple of Vesta, a kind of rotunda, a heap of ruins. He eventually decides on a mausoleum with, on its principal sides, "a spirit holding an extinguished torch".[14] Flaubert is not in this episode merely endorsing the provincial banality of the country doctor's mind but insisting on the nature of the mourning process and its need for objects that are both particular and universal and which are thus open to repetition.

Repetition is, then, the first of the devices I identify to illuminate the connection between mourning as concept and jewellery as artefact. The second is complementary but independent. This is the idea of re-use, substitution and appropriation. Mourning jewellery is made up of elements taken from elsewhere: images from a repertoire of funerary motifs, texts from biblical or moralising literature, materials like pearls and gold thread from geological or biological substances and, often enough, human remains in the form of hair. I shall return to this last feature in due course. The idea of appropriation, of briccolage, is helpful in attempting to establish a theoretical basis for explaining how artefacts connected with mourning work.[15] And here I would like to turn for a moment to an object which is not a piece of jewellery but a piece of paper or, rather, a series of pieces of paper, as this will clarify what I mean.

This page (pl. 4) is one from a set of manuscript volumes produced by Dr. J. W. Springthorpe, a general practioner in Melbourne, Australia, after the death of his wife Annie Constance in 1897. The dates of her birth and marriage are inscribed with quasi-magical symmetry at the top left. This page, which is typical, is a palimpsest, that is, it is a page written upon twice, the original writing (or in this case some of it) having been erased or rubbed out to make way for a second lot of writing. The original writing is, in this case, however, also presented in the form of a montage in which a series of printed passages cut out from their original locations in books or magazines are mounted in an arrangement surrounding – and in one case superimposed upon – a photograph of the deceased. The amended printed texts alternate with inscriptions in Dr. Springthorpe's hand and black ink frames, presumably in the same hand, are drawn around both photograph and texts. The photograph has also been over-written with the words: "Sweetest eyes were ever seen" and "My own true Love", and an oval has been drawn round Mrs. Springthorpe's portrait. There are a number of interpretative points that we might make about this artefact: firstly the commonplace is appropriated, deployed and thus rendered personal through adjustments to text ('Be good, sweet maid, and let who will be clever' is amended to "*A* good, sweet, maid, *she* let who *would* be clever"). Secondly choices are made concerning where the texts should be positioned: "Forever and a Day" is only partially juxtaposed to the matrix photographic text to which it is parallel and a white, narrow, but assertive gap exists between the top section of the song and the right edge of the photograph. "Ever of Thee" just meets the top right corner of the por-

---

[14] Flaubert (1995): *Madame Bovary*, p. 356.
[15] For the briccoleur, see Levi-Strauss (1989): The Science of the Concrete, pp. 20 f.

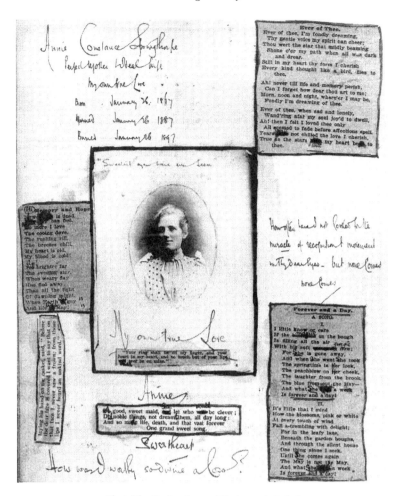

Pl. 4: The Springthorpe Diaries, vol. 2, f. 5

trait while "Memory and Hope" are firmly adhered to, and centred on, the left side. The ring passage ("Your ring shall be on my finger, and your heart in my heart [...]") has pride of place actually on the photo itself. However, the passage in the lower left corner is presented vertically in the shape of a coffin; we are obliged to turn the page to a different angle – we must reposition ourselves – in order to read the passage. It is the only one untouched and unamended, and the only quotation which opens mid sentence in a way that suggests a rupture, a text suddenly broken from its roots. It reads: "laying his hand on the casket, said, 'Before the dear face is covered I want to say that on that face I never saw a frown; from those lips I never heard an unkind word.'"

It seems that we have here a vivid example of what Michel de Certeau, in *The Practice of Everyday Life*, identifies as 'enunciative practices' in which consumers are

Pl. 5: John Souch: *Sir Thomas Aston at the Deathbed of his First Wife*, 1635, oil on canvas, 203.2 × 215.1

also producers manipulating imposed spaces with tactics relative to particular situations. For de Certeau the practice of appropriation, or *la perruque*, is rooted in popular rebellion; it is a diversionary tactic that effectively diverts time (not goods, since the practitioner uses only scraps) from the factory for work that is free, creative, and precisely not directed towards profit. In the case of acts of mourning – which are by their very nature non-productive in the economic sense – theft and the re-use of fragments in this personally creative way should be interpreted as also diversionary, as rebellious. The enunciative practices of mourning are a rebellion against that reality which, as Freud points out, the libido refuses to acknowledge; they are also a rebellion against the great watch-keeper, God, and his man with the scythe, Death itself.

To return now to mourning jewellery, we can see that whereas the page from Dr. Springthorpe's journal stages the loss of the beloved through tactics of appropriation that involve word and portrait-image (rather in the manner of tomb monuments that incorporate veristic and photographic portraits in Orthodox and Roman Catholic cemeteries), jewellery refers to the lost object both more, and less, directly: less directly because portraits are not part of the standard make-up of mourning

Pl. 5 a:
John Souch: *Sir Thomas Aston at the Deathbed of his First Wife*, 1635, oil on canvas, 203.2 × 215.1, detail

jewellery (though they do sometimes occur) and more directly because mourning jewellery frequently incorporates the hair of the deceased. And here I must pause to establish some technical points. Locks of hair have long been among the mementoes of the dead (that is, as physical objects that function socially as declarations of loss and triggers to memory). They have been preserved by the bereaved, whether from the lifetime of the deceased, or cut off from the head at, or shortly after, death. One might speculate on the reasons for these badges but they are likely to include, for example, the fact that hair (along with teeth and bones) are the parts of the body that do not rot. As Sir Thomas Browne in *Urne Buriall* (1658) states: "Teeth, bones, and hair, give the most lasting defiance to corruption."[16] Furthermore hair is traditionally regarded, particularly but not exclusively with women, as the body's crowning glory as "the sacred wood which covers the mysteries of thought".[17]

In seventeenth-century England locks of hair were worn as mourning ornaments (as in the portrait of Sir Thomas Aston at the deathbed of his first wife of 1635 in Manchester City Art Gallery, pl. 5 and pl. 5 a.[18]) and also incorporated into jewellery often as an easily recognizable plait of hair combined with a vanitas symbol such as a skeleton. The formal, as well possibly as the symbolic, connection of these secular objects with religious reliquaries is here at its most apparent. During the late eighteenth and into the nineteenth century, however, hair becomes so widely incorpo-

---

[16] Browne (1967): *Urne Buriall*, p. 33.
[17] Johann Gottfried Herder, quoted by Blanc (1877): *Art in Ornament and Dress*, p. 30.
[18] By the little-known Chester artist John Souch.

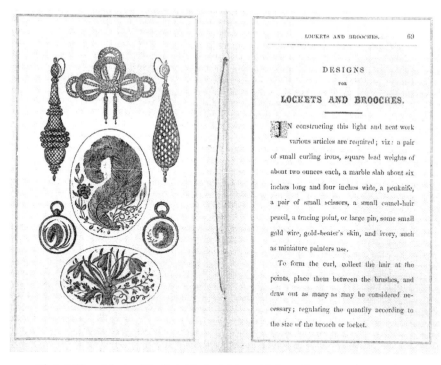

Pl. 6: William Martin: *The Hair Worker's Manual being a Treatise on hair working containing Directions and Instructions to enable Ladies to prepare and work their own Materials*. Brighton, Sold by J. Bickford, Jeweller, 65 King's Road; Γ. Wigncy, 14, New Rd, 1852, price 7s 6d., pp. 68–9

rated into jewellery associated not only with death but also with love and friendship as to be virtually a commonplace. In other words, the social and psychic management of absence as a consequence of death extends to the management of temporary absences within relationships, absences which are, as Barthes reminds us, not separated from death by any strict boundaries.[19] I take this to be a logical extension and to manifest the connection between fear of loss and fear of death. At the same time, the hair which is in the seventeenth century readily recognizable as hair – it pretends to be nothing else – has by the time of the widely produced mourning jewellery of the nineteenth century – become ingeniously disguised. It is hidden in invisible or semi-visible compartments that lie close to the body of the wearer, or it is disguised. Craft manuals are published recommending how hair can be assembled, teased, and delicately organised into weeping willow trees and Prince of Wales feathers (pl. 6). In one particular variant the hair is there as part of the jewellery but

---

[19] See, for example, Barthes' recollection of waiting as a child for his mother's return: "a very short interval, we are told, separates the time during which the child still believes his mother to be absent from the time during which he believes her to be already dead." (Barthes, 1979: *A Lover's Discourse*, p. 16)

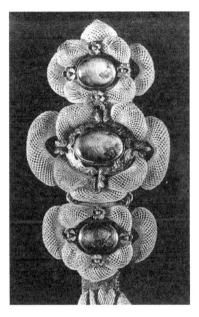

Pl. 7: Centre-piece from a bracelet of plaited hair with gold mounted settings containing locks of hair, early nineteenth century

cannot be identified as it has been ground with the pigment and so has become the medium itself.[20] In other artefacts, the entire body of the article is made of hair, knotted in a special way to produce a filigree network of an elaborate kind in the desired shape (pl. 7).

The cutting of a lock of hair from the head is, surely, not only one of the most commonplace rituals of body maintenance but also potentially one of the most unsettling. To sit in the barber's or the hairdresser's chair and hear the crunch of scissors cutting through hair which, while technically dead, we persist in believing to be living and a part of us, requires a certain suspension of instinctual revulsion. We look with curiosity at the locks of our own hair which will be swept up and, like the less socially acceptable forms of bodily excreta, discarded as garbage. If this seems fanciful, I would refer you to the widespread incidence of the lock of hair motif in peak narrative moments in art and literature. I have written on this elsewhere[21], but let me here just remind you of the scene in Emily Brontë's *Wuthering Heights* (1847) where, after Catherine's death, her husband, Linton, mounts a vigil at her coffin while, hidden outside, the desperate Heathcliffe waits his chance to enter. Finally in exhaustion, Linton retires and the narrator, Nelly, taking pity on Heathcliffe, opens the window:

---

[20] On this topic, see Tolman (1925): Human Hair as a Pigment, p. 353 and idem (1930): A Document on Hair Painting, p. 231.
[21] Pointon (forthcoming): *Materialising Mourning*.

He did not omit to avail himself of the opportunity, cautiously and briefly – too cautiously to betray his presence by the slightest noise; indeed, I shouldn't have discovered that he had been there, except for the disarrangement of the drapery about the corpse's face, and for observing on the floor a curl of light hair, fastened with a silver thread, which, on examination, I ascertained to have been taken from a locket hung round Catherine's neck. Heathcliffe had opened the trinket and cast out its contents, replacing them by a black lock of his own. I twisted the two, and enclosed them together.[22]

Heathcliffe's profoundly transgressive act is analagous to illegal sexual intercourse (that is, rape, or incest); Nelly's restitution of the husband's hair is a corrective, while her willingness to leave Heathcliffe's hair also in the locket which is to be buried with its owner resolves at the symbolic level what could not be resolved juridically; the episode also pre-figures Heathcliffe's 'rape' of Catherine's grave and his triumph of will in being buried, eventually, by the side of husband and wife to the dismay of the community.[23]

To sum up, in mid nineteenth-century England, we appear to have on the one hand a technology of hair linked to funerary practices in which hair is a medium subject to laws of production and on the other a highly emotive thematisation in which hair cut from the head, whether by the person themselves or by another, is a moment highly invested in body culture. Millais' *Only a Lock of Hair* of ca. 1857–8, in which a young girl with averted gaze and preoccupied expression raises her hands and prepares to cut with the scissors she holds in the right a lock from her own luxuriant head of hair, draws its effect from the full range of narrative ambiguities posed by the representation of such an irrevocable act of self-mutilation. The gap between this act of self-inflicted damage and the honorific structures of jewellery as ritual is the space in which narratives of self and other are formulated. So how are these narratives licensed, given language, rendered natural?

Returning to those artefacts with which I commenced, I propose to offer a reading of the technical literature to see whether further sense can be made of the functions, material and symbolic, of mourning jewellery containing or made from hair. Craftspeople had worked in hair throughout the eighteenth century.[24] However, judging by the number of manuals, jewellery made from or with the hair of one's beloved was particularly a feature of the 1850s–70s. It is very difficult to convey the

---

[22] Brontë (1990): *Wuthering Heights*, p. 130.
[23] The passage also provides a gloss on the anxiety about commercial hair workers to which I refer shortly. The notion that one might wear next to one's skin, the hair of a stranger raises the horror of the inappropriate (and possibly contagious) distribution of bodily excrescences and traces that was a feature of male anxiety during the period when wigs made of human hair were a universal form of male human attire. For a discussion of this topic, see Pointon (1993): *Hanging the Head*, ch. iv.
[24] A letter from an embroiderer named Sobieski Boverick to Sir John Delaval dated 27 June 1785 states: "Sir, I took the liberty a long time ago to send your honour arms sewd with human hair upon silk, but I have heard nothing of them. I beg for gods sake you will order one of your honour's servants to let me know at the barber's in Leesgate [?] York what order my work was in when it got to Ford Castle which shall be gratefull acknowledged by your most obedient humble servant." Northumberland County Record Office (Delaval MS. 2DE/31/10/34).

Pl. 8: *A Jeweller's Book of Patterns in Hair Work* …, published and sold by William Halford and Charles Young, Manufacturing Jewellers, 160, St. John's Street Rd. (sic), Clerkenwell, London, price 5s. 1840s

quality of jewellery made with hair; it is springy to the touch and is made of cage-like structures which can be squeezed but which retain their shape. It must have been immediately recognizable as hair at the time it was made, though an untutored modern eye finds it difficult to distinguish its material substance from, say, synthetic fibres. The hair section was attached to a ready-made set of fastenings. The function of these objects as mourning paraphernalia is quite explicit. Thus William Halford and Charles Young's *The Jeweller's Book of Patterns in Hair*, published in the 1840s and consisting of an album of designs is described as offering "A great variety of Copper-Plate Engravings of Devices and Patterns in Hair; suitable for Mourning Jewellery […]" (pl. 8).[25]

The Hairworker's Manual by W. Martin, Artiste en Cheveux (1852) is also explicit. This book is intended "to enable Ladies to prepare and work their own Materials". The preface describes how this "instrument of a polite and gratifying aquirement"

---

[25] *A Jeweller's Book of Patterns in Hair Work* …, published and sold by William Halford and Charles Young, Manufacturing Jewellers, 160, St. John's Street Rd. (sic), Clerkenwell, London, price 5s. Undated but the catalogue of the Winterthur Library, Delaware gives the date as 1840s.

originated "in the suggestions of some of the author's patronesses, who having entrusted to the hands of artistes their 'Symbols of Affection' [a euphemism for locks of hair] had, on their pretended return, detected the substitution of 'shades of other hue'".[26] A further, and even more detailed publication by Alexanna Speight in 1871 covers not only the art of working in hair but also the ancient and modern history of the lock of hair.[27] Speight has harsh words for unscrupulous tradesmen who substitute other hair for the hair provided by the client and, like Martin, suggests that the best way to be sure it is the right hair going in to the jewellery is to do it yourself. The "few solitary hairs" will, we are told, "call back the dear face never more to be seen, scenes never again to be revisited, and incidents long held by the past among its own."[28] Nor should the hairworker balk at washing the hair in borax and soda even though "it may seem to be a sort of treason to the adorable or adored one who bore the silken tresses" to hint that, in its natural state, the hair is not free from all impurities.[29]

It seems from these accounts, and from what we may observe of jewellery artefacts, that we are dealing here with some manner of fetish. I do not intend here to invoke the fetish of Marx's commodity system, nor strictly speaking the fetish of Freud's "Three Essays on the Theory of Sexuality" (1905). The Freudian fetish involves projection of masculine desire onto some inanimate and partial object; it is a key to Freud's views on sexual difference since the fetish is a substitute for the mother's missing penis and is "a curious and fascinating compromise formation between the horrified recognition of female castration and its vehement denial, or disavowal".[30] The anthropological theory of fetish offers a third, and for my purposes, more apposite possibility as it foregrounds the idea of the irreducable materiality of the fetish as some thing with enduring form as well as the force of an unrepeatable event.[31] The word 'fetish' derives from the Portuguese *feitiço* which is in turn derived from Latin *facticius*, originally meaning 'manufactured'; this etymology allows us to realize this very materiality of the fetish. William Pietz's history and theorisation of the fetish (a history which establishes commercial exchanges between widely divergent social systems on the coast of West Africa in the sixteenth and seventeenth centuries as an originary locus) permits us to apprehend how an object need not merely stand in for something apart from it, but how it may exist in a relation to the body that governs a movement from 'inside' the self into the self-limited morphology of an object situated in space 'outside'. In this account the material object is a link between "the sheer incommensurable togetherness of the living existence of

---

[26] William Martin: *The Hair Worker's Manual being a Treatise on hair working containing Directions and Instructions to enable Ladies to prepare and work their own Materials*. Brighton, Sold by J. Bickford, Jeweller, 65 King's Road; F. Wigney, 14 , New Rd, 1852, price 7s 6d.
[27] Speight (1871): *The Lock of Hair.*
[28] Ibid., p. 83.
[29] Ibid., p. 86.
[30] Schor (1992): Fetishism, p. 114.
[31] The notion of enduring form and an unrepeatable event are, of course, assimilated also into the Freudian model of the fetish.

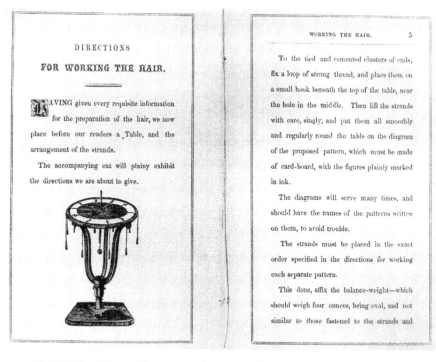

Pl. 9: William Martin: *The Hair Worker's Manual being a Treatise on hair working containing Directions and Instructions to enable Ladies to prepare and work their own Materials*. Brighton, Sold by J. Bickford, Jeweller, 65 King's Road; F. Wigney, 14, New Rd, 1852, price 7s 6d., pp. 4–5 showing hairwork table

the personal self and the living otherness of the material world".[32] 'Fetish' is also a way of naming the mysterious processes whereby material things have the power to be collective social objects embodying determinate values or virtues.[33]

What we learn from manuals on Hair Work, and what we learn from the very term 'hairwork', is the significance of the laborious and slow process of making, a process that is understood to be peculiarly feminine.

> If the lines we have written or the little art we have attempted to teach, have served either to while away a long winter evening, or to preserve a memento of friendships centred in youth, and which the rough work of the world has not broken, or to carry the mind back to auburn tresses, or black curly locks, that death has long claimed for his own, we shall not have worked in vain.[34]

This management of time through the fastidious manipulation of human detritus, part elements of the body of the loved one, hair collected from the brush and comb

---

[32] Pietz (1985): The Problem of the Fetish, Part I, pp. 11 f.
[33] Ibid., p. 14.
[34] Speight (1871): *The Lock of Hair*, p. 122.

and saved for future use[35], produces an artefact that is at one and the same time the substance of the deceased and not that substance. The hair, cut from the head, goes through all the elaborate processes of hairwork to become something quite other: an object like a pair of earrings, or a motif like a flower, tree or feather. Thus formatted it serves to protect the wearer against the very forces of destruction that have created it, and that have occasioned the use of it, in the first place. Mourning, as described in these texts on hairwork is an act of homage through appropriation, and a making safe. The dimension of time is, however, also highly significant; the time that has separated the reader from the loved one, the imperishable nature of hair by implied contrast with the putrefying corpse, memory with its triggers, are all elements of this discourse. But so, also, is the time that it takes to accomplish the hairwork (pl. 9). The hairworker, we might conclude, is in Freud's terms carrying out the orders of reality bit by bit, at a great expense of time and cathectic energy, in a painful and laborious ritual the object of which is mastery over both memory and material: 'NOT LOST BUT GONE BEFORE'. Mourning jewellery in, or incorporating hair, therefore stages a practice of mourning that is understood to be peculiarly feminine; for as Barthes explains, the discourse of absence is carried on by the Woman. "It is Woman who gives shape to absence, elaborates its fiction, for she has time to do so; she weaves and she sings."[36]

Bibliography

Ariès, Philippe: *The Hour of Our Death*. London 1981.
Barthes, Roland: *A Lover's Discourse. Fragments*. Trans. Richard Howard. London 1979.
Blanc, Charles: *Art in Ornament and Dress*. Trans. from the French. London 1877.
Bland, Olivia: *The Royal Way of Death*. London 1986.
Bremmer, Jan N. and Lourens van den Bosch: *Between Poverty and the Pyre. Movements in the History of Widowhood*. London, New York 1995.
Brontë, Emily: *Wuthering Heights*. (1847) Ed. by William M. Sale and Richard J. Dunn. New York 1990.
Browne, Thomas: *Urne Buriall*. (1658) Ed. by John Carter. Cambridge 1967.
Colvin, Howard: *Architecture and the Afterlife*. New Haven, London 1991.
Curl, James S.: *A Celebration of Death*. London 1993.
Earle, Peter: *The Making of the English Middle Class*. London 1989.
Flaubert, Gustave: *Madame Bovary*. (1856) Harmondsworth 1995.
Freud, Sigmund: Mourning and Melancholia. In: *The Standard Edition of the Complete Psychological Works of Sigmund Freud*, 24 vols, edited and translated by James Strachey. London 1953–1973, vol. 14, 1957, pp. 237–258.
–: Beyond the Pleasure Principle. In: *The Standard Edition of the Complete Psychological Works of Sigmund Freud*, 24 vols, edited and translated by James Strachey. London 1953–1973, vol. 18, pp. 7–64.

---

[35] See Martin (1852): *The Hair Worker's Manual*, p. 1.
[36] Barthes (1979): *A Lover's Discourse*, p. 14.

– : Three Essays on the Theory of Sexuality. In: *The Standard Edition of the Complete Psychological Works of Sigmund Freud*, 24 vols, edited and translated by James Strachey. London 1953–1973, vol. 7, pp. 125–133.
Gittings, Clare: *Death, Burial and the Individual in Early Modern England*. London, Sydney 1984.
Humphreys, Sally C.: *The Family, Woman and Death: Comparative Studies*. Michigan 1993.
A Jeweller's Book of Patterns in Hair Work ... London [1840s].
The Jewellers, Goldsmiths, and Watchmakers' Monthly Magazine, iv, 1862, pp. 60 f.
Keselman, Thomas A.: *Death and the Afterlife in Modern France*. Princeton 1993.
Kopytoff, Igor: The Cultural Biography of Things. In: *The Social Life of Things. Commodities in Cultural Perspective*, ed. by Arjun Appadurai. Cambridge 1986, pp. 64–91.
Levi-Strauss, Claude: The Science of the Concrete. In: Idem: *The Savage Mind*. London 1989, pp. 16–36.
Llewellyn, Nigel: *The Art of Death: Visual Culture in the English Death Ritual 1500–1800*. London 1991.
Litten, Julian: *The English Way of Death: Common Funeral Since 1450*. London 1991.
Martin, William: *The Hair Worker's Manual being a Treatise on hair working containing Directions and Instructions to enable Ladies to prepare and work their own Materials*. Brighton 1852.
Pietz, William: The Problem of the Fetish. Part I in: *Res* vol. 9, Spring 1985, pp. 5–17, Part II in: *Res* vol. 13, Spring 1987, pp. 23–43.
Pointon, Marcia: *Hanging the Head: Portraiture and Social Formation in Eighteenth-century England*. New Haven, London 1993.
– : Materialising Mourning. In: *Material Memories*, ed. by M. Kwint [forthcoming].
Schiesari, Juliana: *The Gendering of Melancholia: Feminism, Psychoanalysis, and the Symbolics of Loss in Renaissance Literature*. Ithaca, London 1992.
Schor, Naomi: Fetishism. In: *Feminism and Psychoanalysis. A Critical Dictionary*, ed. by E. Wright. Oxford 1992, pp. 113–117.
Speight, Alexanna: *The Lock of Hair. Its History, Ancient and Modern, Natural and Artistic; with the Art of Working in Hair ...* London 1871.
Tetzeli von Rosador, Kurt: Gems and Jewellery in Victorian Fiction. In: *REAL*, vol. 2, 1984, pp. 275–317.
Thomas, Nicholas: *Entangled Objects: Exchange, Material Culture, and Colonialism in the Pacific*. Cambridge, Mass. 1991.
Tolman, Ruel Pardee: Human Hair as a Pigment. In: *Antiques*, December 1925, p. 353.
– : A Document on Hair Painting. In: *Antiques*, March 1930, p. 231.

Sources

[1], [2]: Stadt Köln, Museum für Angewandte Kunst, Photo: Rheinisches Bildarchiv; [3], [6], [9], [10]: Courtesy of the British Library, London; [4]: MS. 9898, State Library of Victoria, Australia; [5], [5a]: Manchester City Art Gallery; [7]: Museum of London, A23592

Die Witwe und das Weltwunder

Zum Fortleben der Artemisia im siebzehnten und achtzehnten Jahrhundert

Helga Meise

Der römische Schriftsteller Aulus Gellius ist einer der vielen antiken Autoren, der die Geschichte der Artemisia überliefert hat. In seinen *Attischen Nächten* aus dem zweiten nachchristlichen Jahrhundert heißt es:

> X, 18. Cap. 1. Die (Königin) Artemisia soll ihren Gemahl weit über alle (nur ersinnlichen) Liebesschilderungen und mit unglaublicher menschlicher Leidenschaftlichkeit geliebt haben. 2. Nach Angabe des M. Tullius (Cicero) war Mausolus, ein König von Karien, (oder) wie einige griechische Geschichtsschreiber sagen, Statthalter einer griechischen Provinz, oder Satrap (...), wie es auf griechisch heißt. 3. Als dieser Mausolus unter lauten Wehklagen und in den Armen seiner Gattin den Geist ausgehaucht hatte, und unter prächtigem, großartigem Leichenbegängnisse bestattet worden war, ging seine Gemahlin Artemisia aus heftiger Trauer über den Verlust ihres Gemahles und aus Sehnsucht nach ihm in ihrer Leidenschaftlichkeit so weit, daß sie die von seinen Gebeinen mit wohlriechenden Specereien vermischte, pulverartig verriebene Asche ins Wasser schüttete und mit trank; außerdem soll sie noch viele andere Beweise ihrer außerordentlich heftigen Liebe gezeigt haben. 4. So ließ sie unter höchstem Aufwand (von Kosten und) Anstrengungen, zur Erhaltung des Andenkens an ihren geliebten Gatten bei der spätesten Nachwelt, jenes weltberühmte Grabmal errichten, welches für würdig erachtet wurde, unter die sieben Wunderwerke der Welt gezählt zu werden. 5. Als Artemisia dieses (Wunder-)Denkmal den heiligen, gottseligen Manen des Mausolus weihete, ließ sie zur Verherrlichung seines Lobes (und Ruhmes) einen Wettstreit (griechisch „agon", lateinisch „certamen" genannt) anstellen und setzte dabei die ansehnlichsten Preise an Geld und anderen Kostbarkeiten aus.[1]

Gellius stellt die Trauer Artemisias als Handlungsraum vor Augen: Sie treibt die königliche Witwe dazu an, alle Künste zu mobilisieren, um das Andenken an ihren Gemahl zu sichern – was ihr, wie die baldige Aufnahme des Mausoleums in die Liste der Sieben Weltwunder belegt, auch gelang. Dieser Zusammenhang ist heute nicht mehr präsent: Artemisia wird zwar als Auftraggeberin des berühmten Grabmals genannt, die Motive aber, die sie zu diesem Auftrag bewogen, sowie die Umstände der Realisierung überhaupt finden in den einschlägigen Einträgen heutiger Universallexika keine Erwähnung mehr. Das war noch bis in die Frühe Neuzeit hinein anders. Fragt man nach dem Fortleben, das der Figur und den Werken, die ihr im Altertum zuge-

---
[1] Gellius (1965): *Die Attischen Nächte*, Bd. 2, S. 70 f.

schrieben wurden², in der Neuzeit beschieden war, läßt sich an einigen ausgewählten Beispielen zweierlei zeigen:

1. Im Laufe des siebzehnten Jahrhunderts löst sich die Kopplung von Trauer und Regentschaft auf, die die Figur der Artemisia bis dahin charakterisiert hatte.

2. An ihre Stelle tritt bis zum ausgehenden achtzehnten Jahrhundert die Eigenschaft der karischen Königin, die schon in den *Attischen Nächten* eine stärkere Rolle spielt als in anderen antiken Quellen: die Liebe und Treue, die Artemisia ihrem Gatten über den Tod hinaus bewahrt.

I.

Bis ins siebzehnte Jahrhundert hinein ist die unmittelbare Verknüpfung von Trauer und Regentschaft, die die Geschichte der Artemisia prägt, den Zeitgenossen präsent. Barbara Gaethgens hat dies zuletzt an den drei *coups d'Etat* demonstriert, die sich im französischen Königtum zwischen 1560 und 1643 ereigneten. Dreimal hintereinander – 1560, 1610 und 1643 – gelang es französischen Königinwitwen, unter Rückgriff auf das Artemisia-Thema die Übernahme der Regentschaft nach dem plötzlichen Tod des Gemahls zu legitimieren und den fälligen Machtwechsel, die neuerliche Verknüpfung von natürlichem und politischem Körper, auf den eigenen Körper umzulenken, sie am weiblichen Körper sinnfällig zu machen, ein Vorgang, der im französischen Königtum nicht vorgesehen war.³

Daß dabei jedoch nicht jedes Detail der Überlieferung ausgeschöpft wurde, belegt die Darstellung der Artemisia in Pierre Le Moynes *Gallerie des Femmes Fortes* aus dem Jahr 1647. Der Jesuit widmet sein Werk Anne d'Autriche, der Mutter Ludwigs XIV., der letzten der drei Königinwitwen, die 1643, vier Jahre vor der Publikation seiner *Gallerie*, die Regentschaft an sich gezogen hatte.

Bereits der Kupferstich, der das Artemisia-Kapitel der *Gallerie* eröffnet, konzentriert sich auf die Begebenheit aus der Vita der karischen Königin, die Le Moyne zufolge nicht nur ihrem Werk, dem Mausoleum, die Bezeichnung „Miracle" eingetragen hatte, sondern auch ihr selbst. Im Untertitel des Kupfers heißt es:

Artemise, aprèz avoir epuisé la Nature et lassé les Arts, pour eterniser son deuil et la memoire de Mausole, avale ses cendres et luy fait vn second Monument de son corps.⁴

Die sich anschließende Darstellung Le Moynes blendet Einzelheiten aus der Überlieferung, etwa Angaben über die Herkunft von Mausolos und Artemisia oder über

---

² Zum Mausoleum als „Weltwunder" vgl. zuletzt Brodersen (1996): *Die Sieben Weltwunder*, S. 78 ff.
³ Vgl. Gaethgens (1995): Macht-Wechsel oder die Übergabe der Regentschaft, S. 69.
⁴ „Artemisia, nachdem sie die Natur [also den Bruder] geheiratet hatte und der Künste überdrüssig geworden war, verschlang, um die Trauer und das Gedächtnis Mausolos' zu verewigen, seine Asche und schuf ihm in ihrem Körper ein zweites Monument." Le Moyne (1647): *La Gallerie des Femmes Fortes*, S. 114, Übersetzung der Verf. Im folgenden wird im laufenden Text nach dieser Ausgabe mit der Sigle G zitiert.

Abb. 1:
Kupferstich der Artemisia
in Pierre Le Moyne:
La Gallerie des Femmes Fortes

die Kriegstaten der Königin während ihrer Regentschaft, weitgehend aus. Statt dessen legt sie die Analogie zwischen den beiden *Monumenten* ausführlich dar, werden doch beide von der ‚Liebe' in Auftrag gegeben: Geschildert werden die Materialien, die Artemisia verbauen läßt, die Baumeister, die sie heranzieht, die „sompteuse et superbe structure" (G 115), die das Bauwerk allmählich gewinnt. Aber letztlich bleibt dieses „[...] d'un stile froid & sans ame. Le plus magnifique, voire le plus eloquent & le plus fidele Epitafe de Mausole, est dans le cœur d'Artemise" (G 116).[5] Nur der Vorgang der Einverleibung des Toten durch die Lebende, wie ihn das Kupfer ins Bild setzt, vermag dem Verstorbenen wirklich ein Denkmal zu setzen: „C'est le Cœur mesme d'Artemise, qui brusle tousiours également & d'un mesme feu: & se consomme deuant l'Ombre de son Mary qui luy est tousiours presente" (ebd.).[6] Erst diese Handlung sichert dem Verstorbenen Ruhm bei der Nachwelt und garantiert seine Memoria. Gleichzeitig rückt die Nachfolgerin, die ihm auf diese Weise das Leben gleichsam zurückgibt, ihrerseits in die Memoria ein:

---

[5] „[...] von einem kalten Stil und unbeseelt. Das großartigste, sprich das beredteste und treuste Epitaph Mausolos' befindet sich im Herzen Artemisias."
[6] „Es ist Artemisias Herz selbst, das unentwegt gleichmäßig brennt und sich im Schatten des Gemahls verzehrt, der ihm immer gewärtig ist."

> Nous ne sommes pas seuls, à qui vn deüil si sompteux & si magnifique donne de l'étonnement: [...] Les vns [...] semblent dire que ce Monument tirera vn iour toute l'Europe en Asie; & sera vn Temple heroïque, où la Magnificence & le Deüil, l'Amour & la Mort, Artemise & Mausole seront honorez en commun, & receuront de la Posterité vn culte egal, & de pareilles offrandes. (G 118)[7]

Anders als Boccaccio und Christine de Pizan, die in dem Denkmal, das Artemisia für den Gemahl hatte errichten lassen, vor allem ein Zeugnis für „die unerschütterliche Liebe der Artemisia" sehen[8], nutzt Le Moyne die Analogie zwischen den beiden Monumenten, die Regentschaft der Königin und ihren Anspruch auf die Gleichrangigkeit mit dem Gemahl in Szene zu setzen. Er schildert nicht die Liebe Artemisias zu Mausolos, die die Trauer der Witwe motivieren würde, sondern malt die Folgen aus, die die Einverleibung hat:

> Elle mourut de moitié auec Mausole: & brusla auec luy, la partie de son cœur où estoit la ioye: mais elle retint celle où estoit la force & le courage. Et si depuis le moment funeste, qui l'auoit ainsi diuisée, on ne luy vit iamais de plaisir; iamais aussi on ne luy vit de foiblesse. Son deüil modeste & seuere, & sa retenuë bien-seante & maiestueuse, estoient d'une parfaite Veufue: mais son action hardie & courageuse à la guerre, sa conduite adroite & deliée au maniment des affaires: & sa constance à reietter toute sorte de secondes affections, estoient d'une Femme qui agissoit encore auec le Cœur & l'Esprit de son Mary; & qui auoit épousé son Ombre. Non contente d'en auoir conserué la force en son action, & l'Image en sa memoire; elle voulut encore auoir ses cendres sur son Cœur: & erigea son Nom & son Tombeau en Miracle, par vne structure où tous les Arts se lasserent, & la Nature fut quasi épuisé. (G 120)[9]

---

[7] „Wir sind nicht die einzigen, die eine solch aufwendige und großartige Trauer in Erstaunen versetzt: [...] Die einen [...] scheinen der Überzeugung, daß dieses Monument eines Tages ganz Europa nach Asien ziehen und ein Heldentempel sein werde, wo die Herrlichkeit und die Trauer, die Liebe und der Tod, Artemisia und Mausolos gemeinsam geehrt und von der Nachwelt in *einem* Kult gefeiert würden, mit den *gleichen* Opfergaben." (Hervorhebung der Verf.)

[8] Boccaccio (1895): *De claris mulieribus:* „Und hat zeman gehabt den eldelsten kúnig in Caria, Mausolum, den sie in synem leben so lieb hette, daz sie syn gestorbens nit vergessen mocht, desz gibt zúgnusz syn wonderbares grab" (S. 193). Bei Pizan heißt es: „Zu den Frauen, die ihre Männer sehr geliebt und dies auch durch ihre Taten bewiesen haben, gehört auch jene edle Artemisia [...] Nun dünkte es ihr, es sei nicht einzusehen, weshalb die Asche des Mannes, den sie so sehr geliebt hatte, eine andere Begräbnisstätte haben sollte als das Herz und den Körper, die der Hort jener großen Liebe waren [...] Darüber hinaus wollte sie ihm zu seinem Gedächtnis ein Grabmal schaffen [...]" (Pizan, 1990: *Das Buch von der Stadt der Frauen*, S. 154 f.)

[9] „Sie starb zur Hälfte mit Mausolos: und verbrannte mit ihm den Teil seines Herzens, wo der Sitz der Freude war, aber sie behielt den zurück, in dem Kraft und Mut ihren Sitz hatten. Und wenn man seit dem verhängnisvollen Augenblick, der sie voneinander getrennt hatte, an ihr niemals mehr ein Zeichen der Freude sah, so sah man auch keins der Schwäche. Ihre bescheidene und ernsthafte Trauer und ihr wohlgefälliges und würdevolles Betragen waren das einer vollkommenen Witwe: aber ihr kühnes und mutiges Handeln im Krieg, ihr geschicktes und gelöstes Verhalten in der Handhabung der Geschäfte: und ihre Beständigkeit, jede Art zweiter Gefühle zurückzuweisen, waren die einer Frau, die noch mit dem Herzen und dem Geist des Gemahls handelt und die seinem Schatten vermählt ist. Nicht zufrieden damit, seine Stärke für das eigene Handeln bewahrt zu haben und sein Bild in ihrem Gedächtnis, wollte sie

Abb. 2: *Mausolæum*, Frontispiz

Der Anspruch der Witwe auf die Regentschaft und die Nachfolge des Gemahls gründet sich zwar auch auf die Ehe, aber nur zum Teil. Er erwächst – vermittelt über die Trauer, die die Witwe zu ihrer außergewöhnlichen Handlung treibt – ebenso aus der Tatsache, daß Artemisia sich das, was sie besitzt, noch einmal aneignet: Mausolos und Artemisia sind nicht nur Gatten, sondern auch Geschwister und damit beide von gleicher königlicher Abkunft. Diese Zusammenhänge[10] erwähnt Le Moyne mit keinem Wort. Alle Fähigkeiten der Witwe, die Regentschaft auszuüben, leitet er statt dessen aus der Aufnahme der körperlichen Überreste ab. Die Trauer Artemisias macht den Gemahl auf ewig gegenwärtig und bündelt seine Kräfte in der eigenen Person. Die Witwe, so ausgestattet, setzt die Regentschaft gleichsam auf seine Weise fort. Ebenbürtigkeit und Gleichrangigkeit verlieren gegenüber der *aktiven Trauer* der Königin an Bedeutung; gleichzeitig wird sie als Regentin vorgestellt, ihre Regent-

---

auch seine Asche auf ihrem Herzen wissen: und errichtete seinen Namen und sein Grabmal als Wunderwerk; in einer Form, die alle Künste ermattete und die Natur gewissermaßen erschöpfte."

[10] Vgl. Pauly/Wissowa (1896): *Real=Encyclopädie der classischen Altertumswissenschaft*. Bd. 4, Sp. 1441.

schaft beglaubigt. In seiner abschließenden „Reflexion morale" erklärt Le Moyne Artemisia aber allein wegen ihrer Trauer zum „Exempel" (ebd.). Diese setzt er explizit allen anderen Trauerformen entgegen, von den ausdrucksstarken wie „les plus hauts cris [...] les cheueux arrachez [...] les joues déchirées" (G 120)[11] bis hin zu jenen, die nur wenige Tage überhaupt andauern.

Vor dem Hintergrund dieser Lesart und ihrer Rolle für die Legitimation politisch brisanter Machtwechsel tritt der eigenwillige Gebrauch des Artemisia-Themas durch die Landgräfin Sophia Eleonora von Hessen-Darmstadt, geborene Herzogin von Sachsen (1609–1671), in der Leichenpredigt auf den Ehemann um so stärker hervor: Das Werk greift einerseits auf Artemisia und ihre Geschichte zurück, und zwar unter völliger Ausblendung des problematischen Komplexes weiblicher Regentschaft; andererseits erhebt es als Monument der Trauer der Landgräfin unvermindert Anspruch darauf, die *Repraesentatio Maiestatis* sinnfällig werden zu lassen. Gleichzeitig aber rückt es die Auftraggeberin selbst auf eine völlig neue Weise in den Blick: Diese läßt zwar in Titel und Einzelbeiträgen den Verweis auf die Figur der Artemisia zu, verzichtet selbst aber explizit darauf, sich in bezug auf die überlieferte Heldin und ihre Geschichte darzustellen.

Das Funeralwerk Sophia Eleonoras auf den Gemahl, den Landgrafen Georg II. von Hessen-Darmstadt (1605–1661), ist ein aufwendig gestalteter, prachtvoller Band in Großfolio, auf dessen zentrale Bedeutung für die Entstehung, Verbreitung und Funktion höfischer Funeralpublizistik zuerst Jill Bepler aufmerksam gemacht hat. Es erschien, wahrscheinlich 1665, in Darmstadt unter dem Titel *Mausolæum;* das Werk ist häufig zusammengebunden mit dem Personalteil auf den Verstorbenen, den der Darmstädter „Leibmedikus und Professor der Beredsamkeit" Johann Tacke (1617–1676)[12] unter dem Titel *Unverweslicher Cederbaum* verfaßt hatte.[13] Das *Mausolæum* besteht aus einer Zusammenstellung von Kupferstichen, Sonetten und Prosatexten, von Familienporträts und Stammtafeln. Texte und Bilder schildern Leben und Werk des Landgrafen, den Sophia Eleonora 1627 geheiratet hatte; darüber hinaus führen die Stammtafeln die dynastischen Verflechtungen zwischen den Häusern Sachsen und Hessen in Gegenwart und Vergangenheit vor, fokussiert auf die seit der Reformation bestehende Erbverbrüderung zwischen den beiden Territorien.

Artemisia taucht gleich auf Blatt eins des *Mausolæum* auf, aber es ist frappanterweise nicht die Landgräfin, die spricht:

Mausoleum.
Schauet hier diß Mausolæum! schaut Oliven und Cypressen.
Schauet Lorbern / so hier stehn' zu Lob dem Fürsten Unser Hessen /

---

[11] „Wehklagen [...] gerauften Haaren [...] zerkratzten Wangen".
[12] Vgl. Strieder (1812): *Grundlage zu einer Hessischen Gelehrten und Schriftsteller Geschichte*. Bd. 16, S. 93–97.
[13] Hier benutztes Exemplar: Hessische Landes- und Hochschulbibliothek Darmstadt, gr. fol. 5/547. Im folgenden wird im laufenden Text nach dieser Ausgabe zitiert. Vgl. zuletzt Bepler et al. (1995): *Der erbauliche Tod – die Sammlung der Gräfin Sophie Eleonore zu Stolberg-Stolberg* sowie Bepler et al. (1998): Selbstdarstellung einer Fürstin.

Abb. 3: *Mausolæum*, fol. 2r

Fürst Georgen / der nun lebet in der grawen Ewigkeit
Und bey seiner Artemisen auch nie stirbet in der Zeit.

Die mit Tausent Thränen=Bächen / sein verwandschafft hoch zu preisen,
Ihm diß Denkmal auffgerichtet, Ihre Trewe zu beweisen;
Daß darin man sehen kan / wie Ihr liebster Ehgemahl
war hier hoch, und dort gekrönet nun steh in der Götter Zahl.
Joh. Tackij D.   Joh. Schweitzer Sculpsit (fol. 1r)

Wer auf dem nächsten Blatt das Wort hat, bleibt unklar:

Erklehrung des Kupferblats
Der Turteltauben art ist das Sie bleibt allein /
Und das Sie auch beschleüsst Ihr leben keüsch und rein /
Auf keinem grünen zweig sie suchet mehr die ruh /
Und bringet girrend stets nur Ihre Zeit noch zu /
Sie trinckt kein Wasser nicht so nicht getrübet wehr /
Und hat so lang Sie lebt / gantz keine Frewde mehr /
Wan Sie verlohren hat Das dem sie war gepart /
Seht! Also sich verhelt der Turteltauben art.

> Diß einer Wittfraw gleicht / die wenn Sie hat verlohren /
> Den welchem Ihre trew Sie tewer hat geschworen /
> So will Sie auch nicht mehr in frewd und grünem sitzen /
> Sie lässet nur vielmehr die augen trehnen schwitzen /
> Die Mischen Ihren tranck; so lebt sie stets betrübet /
> Weil Ihr entzogen ist Der / den sie stets geliebet.
> Von einer solchen nun die auch so noch geblieben /
> Ist dieses folgende im Tauben=Stant geschrieben.
>   Joh. Schweitzer Sculpsit" (fol. 2r)

Werden hier Treue und Keuschheit als die der Witwe allein zuträglichen Tugenden gefeiert, so schließt die „Erklehrung" die Darstellung der Witwe in Bild und Text noch einmal zusammen – unter dem Namen der Artemisia und dem Sinnbild der Taube gleichermaßen, auch wenn diese eher für die Liebe des jungen Mädchens steht als für die der Matrone.[14] Die aus der Antike überlieferte und in der Gegenwart noch präsente Geschichte erscheint hier nur in ihrer moralischen Exemplarität: Was zählt, sind allein die Tugenden, für die die vorbildliche Witwe Artemisia einsteht, nicht aber die ihr bislang gleichfalls zugeschriebenen herrschaftlichen Handlungen.

Auffällig ist, daß auch die Landgräfin selbst jeden Bezug auf diese Topoi ignoriert, als sie ihrerseits das Wort ergreift. Sie wählt statt dessen eine völlig neue Rolle, wenn sie sich – jenseits aller Bezüge auf Vorgaben aus Antike oder der „Querelle des Femmes" – als Autorin in Szene setzt:

> An den Tadler.
> Hör! der du dieses hettst viel anders wollen machen /
> Und dieser Taffeln hier / Ja Meiner Müh möchst lachen /
> Hör! der du dieses so / vnd so / wie dirs gefellt /
> In anderer manier / und ordnung hettst gestellt /
> Ich bitt dich / Tadle nicht zu früe / Laß dich nicht düncken /
> Du seyest al zu klug / Laß doch dein vrtheiln sincken /
> Mir hats gefallen so / doch wiltu Tadlen das /
> So sehe dich selbst an / so wirstu finden was.
> Was erbverbrudert ist / gefelt mir vorzusætzen /
> Mit dem was folgt nach / magstu dich dan ergetzen /
> Regiers nach deinem Kopf / machs wie es dir behagt /
> So bin Ich deiner loos / hier hab ich dir gesagt.   S.E."[15]

Das Ausblenden des Artemisia-Themas aus der eigenen Rede trägt zunächst der realen politischen Situation nach dem Tode des Landgrafen Rechnung. Denn anders als im Fall der französischen Machtwechsel tritt in Darmstadt kein Machtvakuum auf, im Gegenteil, der mutmaßliche Thron- und Nachfolger des Regenten, Ludwig, ist bei dessen Tod bereits seit langem volljährig und kann die Herrschaft mithin so-

---

[14] Vgl. Münch (1992): *Lebensformen in der Frühen Neuzeit*, S. 164.
[15] Hier findet ein Gedicht Aufnahme in das Funeralwerk, das der älteste Sohn Sophia Eleonoras, der Nachfolger Georgs II., Ludwig VI. (1630–1678), seinem „Psalter" vorangestellt hatte. Vgl. dazu meine Habilitationsschrift: *Das archivierte Ich*.

Abb. 4: *Mausolæum*, fol. 3r.

fort antreten. Unabhängig davon aber sichert die geschickte Verteilung der verschiedenen Rollen an verschiedene Sprecher, die Verknüpfung von ‚altem' Thema und neuer Rolle, ja die Erfindung der „Gattung" als solcher der Landgräfin selbst mediale Präsenz von ungeheurem Ausmaß. *Unverweslicher Cederbaum* und *Mausolæum* erreichten, so die Recherchen Beplers, bis 1666 eine Auflage von 1342 Exemplaren, vertrieben zum Preis von 3 Rth. Der Bezug des Funeralwerkes auf die Figur der Artemisia wertet ihre Witwenschaft auf.[16] Der Landgräfin ermöglicht die von ihr selbst unterzeichnete Rede darüber hinaus eine Steigerung: Während ihr Gedicht den Rekurs auf Artemisia meidet, nutzt die sich daran anknüpfende Rede über ihre Trauer diesen zwar nur implizit zur Selbstdarstellung, aber keineswegs weniger wirkungsvoll:

Vorrede.
Ob ich wohl mit klagendem, wehemütigem Hertzen / kaum die Feder ansezen kann / so hatt mich doch meine schuldigkeit angetrieben / und meine Trew-beständige Eheliche Liebe verpflichtet, dieses Werck zum nachruhm und stähtigem gedächtnus / Meines

---

[16] Zu dem einige Jahrzehnte später praktizierten Verfahren des Samuel Reyher vgl. Lange (1996): Artemisia als Leitbild.

Hertzallerliebsten / HochgeEhrtesten / Hochseeligen Herren und Ehegemahls Ldn. Als Worinnen Sr. D. Verwandschafft mit allen Christlichen Potentaten und Hohen Heusern gezeiget wird, Aufzusetzen und dadurch an tag zu geben / In was vor höchstSchmertzliches betrübnus Ich gesetzet bin / Da meines Hertzallerliebsten Herrns und Ehegemahls LDn auch besten und Liebsten Schatzes / So Ich in der Welt gehabt / durch den zeitlichen Tod bin beraubt worden / Welchen Ich nicht allein beklage; sondern auch noch nach dem Tod lieben werde / bis mich Gott meinem hertzlichen / immerwehrendem stähtigem wunsch nach / auch durch den zeitlichen Tod / von diesem thränenthal abfordern und zu sich in die ewige Freüde versetzen und zu meinem Hertzallerliebsten Herren und Ehegemahl bringen wird; Und weilen Sr. Ldn. Seeliger / Ich vor dißmahl ein mehrers nicht erweisen können / Als habe ich doch zu dero letzten Ehren und gedächtnus dieses gegenwärtige heraus geben / und zum Truck befördern wolln.

Sa Ea. Landgräfin zu Hessen Höchstbetrübte Wittibe (fol. 4r)

Die Trauer wird im Buch gleich doppelt inszeniert. Sie wird zum Anlaß, sich selbst in einer neuen Rolle ins Bild zu setzen, und zwar als Autorin. Gleichzeitig bietet dies die Gelegenheit, auch die *Repraesentatio Maiestatis* ins Buch zu überführen, sie hier zu dokumentieren und auf diese Weise das ephemere Ereignis der Darstellung auf Dauer zu stellen, seine Abhängigkeit vom Moment der Erscheinung zu überwinden. Damit tritt das Buch an die Stelle des Monumentes: Das Funeralwerk der Landgräfin vermag deshalb völlig zu Recht das alte Weltwunder für sich in Anspruch zu nehmen.

II.

Der Wandel der Artemisia-Gestalt von der Herrscherin zur gefühlvollen Frau, der aus der Neudefinition des Handlungsraums Trauer resultiert, zeichnet sich im Funeralwerk der hessischen Landgräfin bereits ab, auch wenn dieses seine Auftraggeberin als Fürstin und als Autorin in Szene setzt. Der Wandel erhält nach der Wende zum achtzehnten Jahrhundert paradoxerweise Schützenhilfe von den Frauenkatalogen, die im Gefolge von Boccaccios *De claris mulieribus* zur Verteidigung der Frauen in der „Querelle des Femmes" aufgestellt worden waren und die auch nach Le Moynes *Gallerie* weiterhin die Artemisia führen.

Festzuhalten ist zunächst, daß nun keineswegs nur von einer Artemisia allein die Rede ist. Die Einträge unterscheiden verschiedene Artemisias, und entsprechend präsentiert sich die Gestalt neu. Dabei bringt *Zedlers Universal-Lexicon aller Wissenschaften und Künste* von 1732 die Regentschaft der Artemisia noch indirekt ins Spiel, wenn das Lexikon im Artikel über die „Königin in Carien" nicht nur das Mausoleum, die unter ihre Getränke gemischte Asche und den Wettkampf um die „zierlichste Rede" auf den Gemahl erwähnt, sondern auch ihre kriegerische List, mit deren Hilfe sie die „Rhodiser" schlug und ihre Herrschaft befestigte.[17] Ähnlich wie

---
[17] Vgl. *Zedlers Großes Vollständiges Universal-Lexicon aller Wissenschaften und Künste* (1732). Bd. 2, Sp. 1692 f.

Zedler wissen auch die zeitgenössischen Frauenlexika von mehreren antiken Frauengestalten gleichen Namens. Die gesamte Tradition des deutschsprachigen Raums kann hier nicht im einzelnen gemustert werden.[18] Dennoch fällt schon beim Blick in drei Nachschlagewerke auf, daß diesen eine Akzentverlagerung gemeinsam ist: Die Regentschaft der Artemisia tritt nun ganz hinter ihrer Gelehrsamkeit zurück. Dies gilt zumindest für drei der Kataloge, für Johann Caspar Ebertis (1677–1760) *Eröffnetes Cabinet deß Gelehrten Frauenzimmers* und Johann Gerhard Meuschens (1680–1743) *Courieuse Schau=Bühne Durchläuchtigst Belahrter Dames*[19], beide von 1706, sowie für Amaranthes' *Nutzbares, galantes und curiöses Frauenzimmer-Lexicon* von 1715.[20] Einmütig stellen die drei Enzyklopädien, die sich explizit der Bewahrung weiblichen Wissens verschreiben, bereits im ersten Satz ihres Eintrages die karische Königin Artemisia als „gelehrtes Weibes=Bild in der Artzney=Kunst" vor. Nur Meuschen geht noch von einer Artemisia aus. Er erwähnt zuerst ihre Ehe mit „Mausoli II." und kommt dann auf ihre Kenntnisse in der „Medicin, insonderheit in der Botanica" zu sprechen (M 208). Eberti und Amaranthes schreiben ihr über die „Artzney-Kunst" hinaus die Abfassung einer „Dialecticam" zu[21] – erst danach kommen weitere Einzelheiten ihrer Vita zur Sprache. Und während Eberti noch die verschiedenen Artemisias der Antike auseinanderhält, ,kreieren' sowohl Meuschen als auch Amaranthes eine ,neue' Artemisia, indem sie alles Wissenswerte auf eine *einzige* Figur projizieren. Mehr noch, Meuschen läßt gleich alle Taten, die er dieser Figur zuschreibt, aus der Perspektive der sich gerade neu organisierenden Wissenschaften und des Gelehrtentums erscheinen. Da Artemisia nicht nur in der Medizin, sondern „insonderheit in der Botanica excelliret", erscheinen die strategischen Ratschläge der (ersten!) Artemisia an den König Xerxes als Ausweis des Verstandes, über den die „Bundesgenossin" verfügt – um dann ihre militärisch erfolgreiche Operation zur See umgehend zu unterschlagen. Folgerichtig erscheint auch das Mausoleum der (zweiten!) Artemisia als Objekt einer Wissenschaft: „ewiges Merckmahl […] von ihrer Science in der Architectur" (M 209).

Im Unterschied dazu akzentuiert das *Frauenzimmer-Lexicon* neben der Beherrschung alter („Dialecticam") und neuer Wissensfelder („Artzney-Kunst") durch Artemisia – „hiernechst" – noch einmal den „rechten heroischen Geist" der Gestalt, wenn es heißt: „Den als sie dem Xerxes wider die Griechen zu Hülffe kam, war sie selbst diejenige, so in der Schlacht den ersten Angriff thate" (FZL Sp. 100). Aber obwohl das Lexikon darüber hinaus Gespür für die damit verbundene Irritation der Geschlechterordnung hat – „Daher auch Xerxes hernach gesagt: Die Männer wären bey der Schlacht Weiber, die Weiber aber Männer gewesen" (ebd.) –, bringt der Artikel die Regentschaft, vor deren Hintergrund die trauernde Witwe als Auftragge-

---

[18] Vgl. dazu zuletzt den Überblick von Fietze (1996): Frauenbildungskonzepte im Renaissance-Humanismus sowie dies. (1996): Frauenbildung in der „Querelle des femmes".
[19] Vgl. den Nachdruck von Magdalene Heuser (1994). Im folgenden wird im laufenden Text nach dieser Ausgabe mit der Sigle M zitiert.
[20] Im folgenden wird im laufenden Text nach dieser Ausgabe mit der Sigle FZL zitiert.
[21] Vgl. Eberti (1990): *Eröffnetes Cabinet*, S. 30; FZL, Sp. 99 f.

berin des Grabmals auftritt, nicht zur Sprache, sondern koppelt den Kampfesmut allein an die Liebe:

> Sie war des Mausoli der Carier Königs Gemahlin, welche ihren Mann so übernatürlich geliebt, daß sie nicht nur mit ihm wider seine Feinde in Krieg gezogen, und tapffer mit gefochten, sondern auch nach seinem Absterben seinen zu Pulver und Asche verbrannten Leib täglich in Weine getrunken, ihm auch über dieß ein solches kostbahres und prächtiges Grabmahl aufrichten lassen, daß noch heute zu Tage alle GrabMähle, so prächtig erbauet sind, nach ihres verstorbenen Mannes Nahmen Mausolea genannt werden. (ebd.)

Mit dieser den Artikel abschließenden Präsentation ihrer Geschichte stimmt auch das *Frauenzimmer-Lexicon* wieder in den Chor von Eberti und Meuschen ein, die allein in der treuen Gattenliebe der Artemisia den Beweggrund für den Bauauftrag gesehen hatten.

Die Trauer der Artemisia, die bei Le Moyne nicht nur Energien, sondern auch Handlungsräume eröffnete, die die Königin als Regentin zeigte und sie ausdrücklich zur Regentschaft befähigte, gerät mehr und mehr aus dem Blick. Während sie zu der obligaten Formel von der „Liebe" zu ihrem Gemahl gerinnt, ohne daß ihr Bauwerk oder ihre Taten überhaupt noch ausführlich beschrieben werden, scheint hier die Reduktion der Artemisia auf eine ihrer Fähigkeiten, auf eine ihrer Handlungsmöglichkeiten bereits angelegt, die sich noch im späten achtzehnten Jahrhundert antreffen läßt, wenn *Die Sichtbare*, eine Prager Wochenschrift, die vom 19. 5. 1770 bis zum 11. 5. 1771 erscheint, in ihren stereotypen Gegenüberstellungen verschiedener Charaktere bei Männern und Frauen noch einmal auf das antike Beispiel zurückgreift, und zwar als Exempel für die ideale Ehe:

> Das Grabmahl des Mausolos ist durch Artemisen ein Denkmaal ehlicher Liebe aus dem grauen Alterthume: ein Denkmaal unserer Zeiten wird mir die Wohnung des Damons und der Doris seyn.[22]

Artemisia steht nicht mehr für sich selbst, sondern verkörpert nur noch die neue, ideal eingerichtete Ordnung der Geschlechter. Der Name der berühmten Witwe fungiert als schmückendes Beiwerk. Er illustriert die ausführlich geschilderte, vorbildliche Ehe, die Damon und Doris führen, sichert deren banale Alltäglichkeit durch den Verweis auf die vermeintliche Herkunft aus der Antike aber zusätzlich ab und überhöht sie. Die *Moralische Wochenschrift* wird nicht müde zu beteuern, wie selten dieses Beispiel ist, ein Aufruf zur Besinnung und Umkehr in puncto Geschlechterverhältnisse, den die Auflistung und Beschreibung unzähliger negativer Beispiele nur noch eindringlicher machen. Weder die Trauer noch die der Fürstin nur wenige Jahre zuvor noch zugesprochene Gelehrsamkeit sind für diese Beispielhaftigkeit erforderlich. Übrig bleibt allein die ‚eheliche Liebe', die die Frau auf die Rolle der Gattin, Hausfrau und Mutter festlegt. Die Trauer als weiblicher Handlungsraum ist aus dem kulturellen Gedächtnis getilgt.

---

[22] *Die Sichtbare*, 8. Stück, 7. Heumonat [Juli] 1770, S. 65.

Bibliographie

Amaranthes: *Nutzbares, galantes und curiöses Frauenzimmer-Lexicon.* Hrsg. und mit einem Nachwort versehen von Manfred Lemmer. Unveränderter Nachdruck der Ausgabe Leipzig 1715. Frankfurt a. M. 1980.

Bepler, Jill et al.: *Der erbauliche Tod – die Sammlung der Gräfin Sophie Eleonore zu Stolberg-Stolberg.* Ausstellung im Rahmen des „Stille"-Programms der Herzog August Bibliothek Wolfenbüttel. Wolfenbüttel 1995.

– et al.: Selbstdarstellung einer Fürstin. Das Funeralwerk der Sophia Eleonora v. Hessen-Darmstadt. In: *Geschlechterperspektiven in der Frühen Neuzeit.* Frankfurt a. M. 1998.

Boccaccio: *De claris mulieribus.* Ins Deutsche übersetzt von Stainhöwel. Hrsg. von Karl Drescher. Stuttgart 1895.

Brodersen, Kai: *Die Sieben Weltwunder. Legendäre Kunst- und Bauwerke der Antike.* München 1996.

Eberti, Johann Caspar: *Eröffnetes Cabinet deß Gelehrten Frauenzimmers.* Unveränderter Nachdruck der Ausgabe Frankfurt a. M., Leipzig 1706. Hrsg. von Elisabeth Gössmann. München 1990.

Fietze, Katharina: Frauenbildungskonzepte im Renaissance-Humanismus. In: *Geschichte der Frauen- und Mädchenbildung.* Bd. 1: *Vom Mittelalter bis zur Aufklärung,* hrsg. von Elke Kleinau und Claudia Opitz. Frankfurt a. M. 1996, S. 121–135.

–: Frauenbildung in der „Querelle des femmes". In: *Geschichte der Frauen- und Mädchenbildung.* Bd. 1: *Vom Mittelalter bis zur Aufklärung,* hrsg. von Elke Kleinau und Claudia Opitz. Frankfurt a. M. 1996, S. 237–252.

Gaethgens, Barbara: Macht-Wechsel oder die Übergabe der Regentschaft. In: *Die Galerie der starken Frauen – La Galerie des Femmes Fortes. Die Heldin in der französischen und italienischen Kunst des 17. Jahrhunderts.* Bearbeitet von Bettina Baumgärtel und Sylvia Neysters. Ausstellung im Kunstmuseum Düsseldorf 10. 9.–12. 11. 1995 und im Hessischen Landesmuseum Darmstadt 14. 12. 1995–26. 2. 1996. Düsseldorf 1995, S. 64–79.

Gellius, Aulus: *Die Attischen Nächte.* 2 Bde. Darmstadt 1965.

Lange, Barbara: Artemisia als Leitbild. Zum Herrschaftlichen Witwensitz beim Übergang zum Absolutismus. In: *Kritische Berichte* 24, 4, 1996, S. 61–73.

Meise, Helga: *Das archivierte Ich. Der Schreibkalender am Darmstädter Hof 1624–1790.* Im Druck.

Meuschen, Johann Gerhard: Courieuse Schau=Bühne Durchläuchtigst Belahrter Dames. Hrsg. von Magdalene Heuser. In: *Kennt der Geist kein Geschlecht?,* hrsg. von Elisabeth Gössmann. München 1994, S. 176–301.

Le Moyne, Pierre: *La Gallerie des Femmes Fortes.* Paris 1647.

Münch, Paul: *Lebensformen in der Frühen Neuzeit 1500–1800.* Frankfurt, Berlin 1992.

Pauly/Wissowa: *Real=Encyclopädie der classischen Altertumswissenschaft.* Neue Bearbeitung. Stuttgart 1893 ff.

Pizan, Christine de: *Das Buch von der Stadt der Frauen.* Vollst. Ausgabe. Aus dem Mittelfranzösischen übertragen, mit einem Kommentar und einer Einleitung versehen von Margarete Zimmermann. München 1990.

Die Sichtbare. [Eine Wochenschrift. Prag 1770/71].

[Hessen-Darmstadt, Sophia Eleonora von]: *Mausolæum.* [Darmstadt. 1665] Hessische Hochschul- und Landesbibliothek Darmstadt: gr. fol. 5/547.

Strieder, Friedrich Wilhelm: *Grundlage zu einer Hessischen Gelehrten und Schriftsteller Geschichte. Seit der Reformation bis auf gegenwärtige Zeiten.* 18 Bde. Göttingen 1781 ff.

Tacke, Johann: *Unverweslicher / Ceder-Baum, /.../* Darmstadt [1665]. Hessische Hochschul- und Landesbibliothek Darmstadt: gr. fol. 5/547.
Zedlers Großes Vollständiges Universal-Lexicon aller Wissenschaften und Künste. 64 Bde., 4 Suppl.-Bde. 1732 ff. Neudruck Graz 1961–1964.

Abbildungsnachweis

1. Pierre Le Moyne: La Gallerie des Femmes Fortes. Paris 1647.
2. Mausolæum. Frontispiz.
3. Mausolæum, fol. 2 r.
4. Mausolæum, fol. 3 r.

„Alas! I am the mother of these griefs"

Mütterliche Trauer und weiblicher Exzeß bei Shakespeares Königinnen

Susanne Scholz

In Edmund Spensers Versepos *The Faerie Queene* (1590/96) findet sich eine quasiikonographische Darstellung der Trauer, die ich zum Ausgangspunkt meiner Überlegungen über die Beziehungen von Körper, Weiblichkeit und Trauer in der frühen Neuzeit nehmen will. Der Zusammenhang ist folgender: Die höfische Frau Serena verliert auf der Flucht vor einem feindlichen Ritter ihren Gefährten Calepine und findet sich allein in einem riesigen Wald. Sie wird von einem ‚wilden Mann' aufgefunden, der sich ihrer annimmt und sich, nachdem er sie in Sicherheit gebracht hat, aufmacht, Calepine zu suchen. Er bleibt erfolglos und teilt dies, in Ermangelung sprachlicher Kompetenz, durch Gebärdensprache mit. Beide gehen davon aus, daß Calepine tot ist:

> He shewed semblant of exceeding mone,
> By speaking signes, as he them best could frame;
> Now wringing both his wretched hands in one,
> Now beating his hard head vpon a stone,
> That ruth it was to see him so lament.
> By which she well perceiuing, what was done,
> Gan teare her hayre, and all her garments rent,
> And beat her breast, and piteously her selfe torment.[1]

Ein wilder Mann, ein ‚edler Wilder' *avant la lettre*, kann sich einer höfischen Frau durch Gebärdensprache verständlich machen und *vice versa:* offensichtlich wird hier von einer Universalität der Gebärdensprache ausgegangen, die vor jeder kulturell-sprachlichen Differenzierung Verständigung möglich macht. Spenser klinkt sich damit in eine Debatte ein, die im Verlauf des siebzehnten Jahrhunderts an Momentum gewann[2] und der auch Michel Montaigne in seiner „Schutzschrift für Raimond de Sebonde" das Wort redet:

---

[1] Spenser (1987): *The Faerie Queene* VI.v.4.
[2] Siehe dazu beispielsweise Barasch (1990): *Giotto and the Language of Gesture*, S. 2 und Bremmer/Roodenburg (1992): *A Cultural History of Gesture*, S. 2. Der englische Arzt und Erfinder der Taubstummensprache, John Bulwer, schlug auch eine internationale Gestensprache vor, um sich mit den Völkern der Neuen Welt verständigen zu können. In seiner *Chirologia: Or the Natural Language of the Hand* (London 1644) schreibt er: „[...] the hand, that busie instrument, is most talkative, whose language is as easily perceived and understood as if Man had another mouth or fountaine of discourse in his hand [...] it may be called the tongue and the general language of human nature, which without teaching, men in all regions of the habitable

Alle Bewegungen reden, und zwar eine ohne allen Unterricht verständliche Sprache, eine ganz gemeine Sprache. Hieraus ist zu schließen, wenn man die Verschiedenheit und den mannichfaltigen Gebrauch der andern Sprachen betrachtet, daß diese hier der menschlichen Natur gemäßer seyn muß.[3]

Vom späten sechzehnten Jahrhundert an gibt es also die Vorstellung von der Gebärdensprache als Kommunikationssystem, die vom menschlichen Körper als ‚natürlicher' Basis aller menschlichen Äußerungen ausgeht. Hier wird sozusagen ein Natur-Kultur-Gegensatz auf intersubjektiver Ebene postuliert, wobei aber interessanterweise auf der Naturseite das Pfingstwunder steht und auf der Kulturseite Babylon. Was in diesem Diskurs installiert wird, ist (wie in vielen Diskursen der beginnenden Moderne) eine ‚Natürlichkeit' des Körpers, die seine Historizität ausblendet und damit auch die Geschichtlichkeit und gleichzeitig die kulturelle Determiniertheit der gestischen Darstellung menschlicher Befindlichkeiten. Zu dem sich hier abzeichnenden graduellen Wechsel der Körpervorstellungen, der bis zum achtzehnten Jahrhundert in die Differenzierung der Einzelkörper, die Ausbildung einer biologisch-essentialistischen Auffassung von Geschlechterdifferenz, aber auch die Herausbildung moderner Vorstellungen von öffentlichem und privatem Raum münden wird, leisten die Gesten, sozusagen als Sprache des Körpers, einen wichtigen Beitrag. Sie bilden, so Jean-Claude Schmitt, die Dialektik von ‚innen' und ‚außen' auf der Bühne des Körpers ab[4] und formen – durch die Wechselwirkung von Individuum und sozialer Öffentlichkeit, die sich dadurch ergebenden normativen Anforderungen und deren Reflexion durch das Subjekt – ein ‚Innen', das dann als Ort der Subjektivität gelten kann. Die Gesten wirken also mit bei der performativen Herstellung neuer Körperkanons.

Wie uns die neuere Forschung zur Historizität des Körpers gezeigt hat[5], existieren am Übergang vom sechzehnten zum siebzehnten Jahrhundert ganz unterschiedliche Körperparadigmen nebeneinander. Langsam bilden sich Vorstellungen einer wissenschaftlichen Differenzierung der Phänomene der Natur heraus, und der menschliche Körper wird zum Gegenstand ‚naturwissenschaftlicher' Aufmerksamkeit.[6] Untersuchungen der menschlichen Anatomie, die sich zunächst nicht einmal vom taxonomischen Rahmen einer universalen, gottgemachten Ordnung lösen müssen, konzeptualisieren aber männliche und weibliche Körper als unterschiedlich, wenn auch vorerst nur im Hinblick auf ihre soziale Funktion: Nur wer einen Uterus

---

world do at first sight more easily understand." (Zitiert nach Barasch, 1990: *Giotto and the Language of Gesture*, S. 2.)

[3] Montaigne (1992): *Essais* II, xii, S. 37.
[4] Schmitt (1992): *Die Logik der Gesten im europäischen Mittelalter*, S. 20.
[5] Ich beziehe mich hier auf die Werke von Laqueur (1992): *Auf den Leib geschrieben* und Duden (1987): *Geschichte unter der Haut*.
[6] Vorher, so Laqueur, war *gender* nicht das zentrale, den Körpern inhärente Unterscheidungskriterium: „Ein Mann oder eine Frau zu sein, hieß, einen sozialen Rang, einen Platz in der Gesellschaft zu haben und eine kulturelle Rolle wahrzunehmen, nicht jedoch, die eine oder andere zweier organisch unvergleichlicher Ausprägungen des Sexus zu sein." (Laqueur, 1992: *Auf den Leib geschrieben*, S. 20 f.)

hat, kann gebären; im Verlauf der Ablösung der Vorstellungen vom Humoralkörper, der sich in ständigem Austausch mit dem Makrokosmos befindet, wird dessen Fluidität, als Vorbedingung der Gebärfähigkeit, allein dem weiblichen Körper zugeschrieben, er wird zum Ort des Überflusses, des Exzesses und der Materie, während der männliche Körper sich zunehmend ‚entkörperlicht' und in Gestus und Habitus zur Manifestation der Vernunft und zum Produkt der Kultur gemacht werden soll. Der Körper an sich wird durch diese Trennung vom großen Ganzen zunehmend als partikular und privat aufgefaßt, er ist nicht mehr integraler Bestandteil, sondern bloß noch (zu disziplinierender bzw. zu kultivierender) ‚Behälter' der Subjektivität. Als solcher ist er weiblich codiert.

Auch in den symbolischen Repräsentationen des *body politic* wird zunehmend auf das *containment*, den (territorialen und ideologischen) Abschluß des Staatskörpers, Wert gelegt. Auf politischer Ebene ist ebenfalls ein Differenzierungsprozeß zu beobachten, und die Idee einer paneuropäischen Christenheit wird zunehmend ersetzt durch miteinander konkurrierende nationale Monarchien: Der einheitsstiftende Körper der *Universitas Christiana* zersplittert in vereinzelte *bodies politic*. Die politischen Bildprogramme der frühen Neuzeit spiegeln diese Ablösung durch eine Fokussierung auf die Grenzen der politischen Körperbilder wider. Selbst wenn man generell eine zunehmende Lösung der Körper aus dem Mikro-Makro-Verband konstatieren kann, ist aber die Verbindung von Mikrokosmos und Makrokosmos zur Zeit Shakespeares noch teilweise intakt. Das zeigt sich besonders an der metonymischen Identifizierbarkeit von Königs- und Staatskörper, die nur auf der Basis der Analogie von Mikro- und Makrokosmos möglich ist und die in Shakespeares Trauerinszenierungen eine zentrale Rolle spielt. Ich möchte mich in meiner Analyse von Trauer im Spannungsfeld von somatischer und sozialer Formation auf zwei Stücke beschränken, und zwar auf *Hamlet* (ca. 1600/01) und *King Richard III* (ca. 1592/93), mit einem kurzen Ausflug zu *King Henry VI, 1* (1591/92).

In Shakespeares Historien wird, wenn man sie in ihrer historischen Chronologie betrachtet *(King Richard II, King Henry IV, 1+2, King Henry V, King Henry VI, 1, 2, 3, King Richard III)*, eine zunehmende Loslösung des Königskörpers aus dem Verband von Mikrokosmos und Makrokosmos deutlich: während Richard II sich noch klar auf die Idee der zwei Körper des Königs beruft, also einer göttlich sanktionierten Souveränität, in der der Königskörper die ganze Ordnung des Kosmos in sich enthält[7], kann schon Henry V das königliche Charisma nur im Krisenfall aktivieren, und Richard III ist ein geradezu ‚unkörperlicher' König. Die volle Präsenz des Königskörpers garantiert die Identität von weltlicher und göttlicher Ordnung, ihre allmähliche Ablösung bedingt daher eine Neuordnung, die auch in Shakespeares Kör-

---

[7] Louis Montrose hat darauf hingewiesen, daß die frühe Neuzeit im Hinblick auf die politischen Körperfiktionen eine Übergangsperiode zwischen mittelalterlichen Bildlichkeiten von der Christenheit als mystischem Körper und einer modernen, abstrakten Staatsidee darstellt: „At this historical juncture, the body politic inhered in the body of the prince" (Montrose, 1986: The Elizabethan Subject, S. 307). Über die Idee der ‚Zwei Körper des Königs' in der englischen Renaissance vgl. Kantorowicz (1990): *Die zwei Körper des Königs*, bes. Kap. 1 und 2.

perbildern eine Rolle spielt. Gerade die visuellen Inszenierungen des Königskörpers auf der Bühne machen dies deutlich, denn einerseits beruhen sie auf einem Vertrauen auf die Zeichenfunktion und Lesbarkeit der Bilder, andererseits scheint klar zu sein, daß rein ikonographische Inszenierungen mit eins-zu-eins-Korrespondenzen zwischen Zeichen und Bedeutung nicht mehr funktionieren; das Medium der Theatrikalität selbst weist ja immer darauf hin, daß man ‚innere' Befindlichkeiten, Affekte oder eben königliche Machtfülle ‚spielt'.[8] Diese ambivalente Haltung gegenüber dem auf die Bühne gebrachten Königskörper durchzieht viele Shakespearedramen und steht in engem Zusammenhang mit der frühneuzeitlichen Umbruchsituation.

In einem dynastischen System ist jeder Tod eines Königs eine Krisensituation für den *body politic*, die durch elaborierte kontinuitätsstiftende Fiktionen aufgefangen werden muß und die sich natürlich auch in den Formen der Trauer niederschlägt. Häufig wird die Trauer als eine identitätsstiftende Erinnerung vorgeführt, wie beispielsweise in *King Henry VI, 1*, das mit einer Inszenierung des toten Henry V beginnt, der von den Herzögen von Bedford und Gloucester betrauert wird:

> BED.: Hung be the heavens with black, yield day to night!
> Comets, importing change of times and states,
> Brandish your crystal tresses in the sky,
> And with them scourge the bad revolting stars,
> That have consented unto Henry's death –
> GLO.: England ne'er had a king until this time.
> Virtue he had, deserving to command:
> His brandish'd sword did blind men with his beams:
> His arms spread wider than a dragon's wings:
> His sparkling eyes, replete with wrathful fire,
> More dazzled and drove back his enemies
> Than mid-day sun fierce bent against their faces. (I.i.1–14)

Der aufgebahrte Henry V evoziert ein letztes Mal die gesamte synchrone und diachrone Korporation des englischen *body politic;* sein Tod hat kosmische Dimensionen, denn er bedeutet den Verlust der universalen Ordnung. Schon im Angesicht ihres letzten Vertreters, über dem aufgebahrten Leichnam, zerfällt auch die politische Ordnung, sowohl innen- als auch außenpolitisch, am Hof bilden sich verschiedene Fraktionen um die Frage, wer Protektor des minderjährigen Sohns wird, der französisch-englische Konflikt flammt wieder auf, und Burgund fällt von England ab. Bei der hier vorgeführten Inszenierung der Staatstrauer handelt es sich um eine Form der Trauer, die ganz und gar männlich konnotiert ist. Betrauert wird, im öffentlichen Raum, der Staatskörper, und da haben Frauen keinen Ort. Katherine, in *King Henry V* noch Metonymie für ganz Frankreich[9], mag im Privaten trauern, sichtbar ist dies jedenfalls nicht. Nicole Loraux hat darauf hingewiesen, daß die Frage, welchen Ort in der Ökonomie der Trauer eine Kultur dem weiblichen Element zuweist, davon abhängt, wie öffentlicher und privater Raum jeweils miteinander

---

[8] Vgl. hierzu Bevington (1984): *Action is Eloquence*, Kap. 1.
[9] Vgl. Shakespeare (1992): *Henry V*, V.ii.285–318.

verzahnt sind[10]: Liegt eine strenge Trennung von *oikos* und *polis* vor, ist für weibliche Trauer im öffentlichen Raum kein Platz. Wird dagegen die Familie als zentrale staatliche Institution betont, dann kann es auch exemplarische weibliche Trauer in der Öffentlichkeit geben. Ganz offensichtlich inszeniert Shakespeare in seinen Darstellungen von Staatstrauer auch eine Trennung des öffentlichen und privaten Raums mit, denn ganz wie bei Henry V wird auch um Julius Caesar nur ‚öffentlich' getrauert und weibliche Trauer von der Bildfläche verbannt.[11] Bei der Inszenierung der Staatstrauer wird die Trauer vom (männlichen) Gemeinwesen übernommen und in konsolidierende Erinnerung übersetzt, die – ganz eklatant im Fall von *Julius Caesar* – in einer rhetorisch extrem ausgefeilten und formal geradezu ritualistischen Rede („Friends, Romans, countrymen" III.ii.75–108) zum Ausdruck gebracht wird: eine Disziplinierung des Affekts, die die Trauer entkörperlicht. Umgekehrt ist daraus zu schließen, daß weibliche Präsenz bzw. öffentlich geäußerter Affekt die kommemorative Konstitution des männlichen Gemeinwesens unterminiert. Im Fall Henrys V wird die kollektive Identität des englischen *body politic* noch einmal beschworen, die Königsfiguren, die nachkommen, können ihre Legitimation nicht mehr über ihre Körperlichkeit behaupten; am klarsten wird dies bei Richard III, dessen Körper eine Parodie königlicher Dignität darstellt und der sein königliches Ich völlig körperlos definiert.

Aber auch in *Hamlet* wird der Körper zum umkämpften Schauplatz von Authentizität und Inszenierung, Subjektivität und kollektiver Identität. Im Gegensatz zu Henry V erhält Hamlet Senior nur verkürzte Riten, ein definitives Zeichen dafür, daß mit dem Staatskörper etwas nicht in Ordnung ist, wie wir ja wissen: „something is rotten in the state of Denmark" (I.iv.90). Auch im Körper von Hamlet Senior ist das Gemeinwesen präsent: in den Bildern, mit denen er, geistförmig, seinen Mord beschreibt, analogisiert er seinen Körper mit dem des Gemeinwesens. So erklärt er, daß „the whole ear of Denmark / Is by the forged process of my death / Rankly abused", und setzt es damit gleich mit seinem eigenen Ohr, durch das das Gift in seinen Körper gelangte: der mörderische Onkel, Claudius, „in the porches of my ears did pour / The leperous distilment" (I.v.63/64), das dann im Inneren zirkuliert und zum Absterben führt. Innenpolitische Instabilität und drohende Invasion von außen, beides drängende Probleme in *Hamlet*, dessen Land Dänemark ja von Fortinbras bedroht wird (man beachte die Prominenz der Wachszenen), wie auch im englischen Staatswesen, das sich zur Entstehungszeit des Stückes durch die Rebellion des Earl of Essex in einer eklatanten innenpolitischen Krise befand, werden in diesem Körperbild mitaufgerufen, das mit Hamlets bekannter Exklamation endet: „The time is out of joint. O cursed spite / That ever I was born to set it right" (I.v.196/197). Die Zeiten sind nicht nur des schnöden Mords wegen aus den Fugen, sondern umgekehrt ist die Möglichkeit des unentdeckten politisch motivierten Mords ein Indiz für den Verlust übergreifender Ordnungen, und Hamlet weiß im Grunde, daß er den Platz seines Vaters nicht ausfüllen kann, genau wie Henry VI den Henrys V

---
[10] Loraux (1992): *Die Trauer der Mütter*, S. 50.
[11] Vgl. Shakespeare (1987): *Julius Caesar* III.i–ii.

nicht ausfüllen kann, weil nämlich die metonymische Identifikation von Königskörper und Reich nicht mehr funktioniert: Hamlets Körper ist, wie auch der von Richard, ein einzelner, der die Bande mit dem Makrokosmos aufgegeben hat, und damit auch, sichtbar besonders in seiner Abscheu vor allem Körperlichen, ein emphatisch männlicher, während Körperlichkeit ganz klar mit Weiblichkeit identifiziert wird. Dieses Auseinanderdriften der Einzelkörper, der Worte und der Dinge, betrifft natürlich auch den Ausdruck menschlicher Befindlichkeiten, nicht zuletzt der Trauer: auch hier tritt an die Stelle von Präsenz Repräsentation. Hamlet betrauert seinen Vater so exzessiv, weil mit ihm die alte Weltordnung gegangen ist und damit auch sein Beziehungssystem. Über das Gefühl der Trauer will er eine Innerlichkeit beschwören, die jenseits weltlicher Erscheinungen ist, ein Ich sozusagen aus der Absenz generieren:

> [...] I know not ‚seems'.
> 'Tis not alone my inky cloak, good mother,
> Nor customary suits of solemn black,
> Nor windy suspiration of forc'd breath,
> No, nor the fruitful river in the eye,
> Nor the dejected haviour of the visage,
> Together with all forms, moods, shapes of grief,
> That can denote me truly. These indeed seem,
> For they are actions that a man might play;
> But I have that within which passeth show,
> These but the trappings and the suits of woe. (I.ii.76–86)

Der Theatrikalität der Rituale und Praktiken der Trauer will Hamlet eine Authentizität entgegenstellen, die aber als bloßes Versprechen existiert, das er nicht einhalten kann: wenn er in sich hineinschaut, um das zu mobilisieren, was ‚innen' ist, findet er nichts:

> [...] Yet I,
> A dull and muddy-mettled rascal, peak
> Like John-a-dreams, unpregnant of my cause,
> And can say nothing – [...]
> [...] This is most brave,
> That I, the son of a dear father murder'd
> Prompted to my revenge by heaven and hell,
> Must like a whore unpack my heart with words
> And fall a-cursing like a very drab,
> A scullion! (II.ii.560–583)

Das Gegenbild zu Hamlets verschlossenem Körper, der eine Innerlichkeit jenseits der Sichtbarkeit zu haben beansprucht, stellt seine Mutter Gertrude dar, die in Hamlets Beschreibung und auch in der des Geistes nur als (poröse) Oberfläche erscheint. Gertrude hat sich wohl an die gebräuchlichen Praktiken der Trauer gehalten, die Hamlet vorher aufgezählt hat, aber sie hat die Trauerzeit auf einen Monat beschränkt, um den Bruder und Mörder ihres Mannes, Claudius, zu heiraten. Die Kürze der Trauerzeit wird sowohl von Hamlet als auch vom Geist seines Vaters auf ihre exzessive Körperlichkeit und Lust zurückgeführt, und diese Körperlichkeit unterminiert die Praktiken der Trauer, entlarvt sie als inszeniert, nicht ‚authentisch'. Bei dieser Diatribe gegen die ‚lusty widow' handelt es sich im übrigen um einen elisabethanischen Topos, und das Motiv der Verkürzung der Trauerzeit durch Witwen, die nichts anderes im Sinn haben, als sich in ein neues Ehebett zu ‚stürzen', taucht in vielen Dramen der Zeit auf, so beispielsweise in *The Duchess of Malfi*, wo es über die Trauer der Witwen heißt: „the funeral sermon / And it, end both together" (I.ii.228–229) und wo auf eine Verknüpfung von weiblicher Lüsternheit und männlicher Eloquenz abgehoben wird. Auch in *King Richard III* steht ja die Werbung um Anne, deren Ehemann und Schwiegervater Richard bekanntermaßen getötet hat, an zentraler Stelle, um die Macht des Wortes und die weibliche Anfälligkeit für den schönen Schein zu demonstrieren.

Hamlets Abwertung der ritualisierten Trauer kommt im Zusammenhang einer grundsätzlichen Ablehnung von, geradezu Ekel vor Körperlichkeit und Sexualität, die von ihm mit Weiblichkeit identifiziert werden. In diesem Kontext impliziert „something is rotten in the state of Denmark" auch einen Bezug zum Staatskörper: Exzessive Weiblichkeit hat den Staatskörper infiziert, und der Ausdruck ‚rotten' assoziiert nicht nur Verwesung, sondern auch, über die Ikonographie der ‚Frau Welt' und der Syphilis[12], weibliche Körperlichkeit[13]:

> […] Frailty, thy name is woman –
> A little month, or ere those shoes were old
> With which she follow'd my poor father's body,
> Like Niobe, all tears – why, she –
> O God, a beast that wants discourse of reason
> Would have mourn'd longer – married with my uncle,
> […] – O most wicked speed! To post
> With such dexterity to incestuous sheets! (I.ii.146–156)

Hier wird ein Paradigma weiblicher Trauer aufgerufen, und gleichzeitig, qua Weiblichkeit, wird die so zur Schau gestellte Trauer mit dem (unechten) Schein gleichgesetzt, während das Sein auf der Seite der (körperverneinenden) Männlichkeit steht. Gleichzeitig ist die Offenheit dieser Niobe-Figur schon Bedingung ihrer späteren Penetrierbarkeit. Auch der Geist von Hamlets Vater hat nichts besseres zu tun, als über seine „scheinbar tugendsame" (I.v.) Königin und ihre „schnöde Lust" zu lamentieren, bevor ihn die Morgenluft daran erinnert, weshalb er Hamlet überhaupt erschienen ist, nämlich um ihm Rache aufzutragen (auch das eine Umwidmung der Trauer). Nur aufgrund der Verknüpfung von Körperlichkeit und Schein kann Hamlet die Gebärden der Trauer als bloß körperliche, als Schauspiel, ablehnen und die wahre Trauer im Innern lokalisieren, wo sie dann aber zu seiner großen Verzweiflung nicht ist. Hamlet postuliert die Möglichkeit einer Trauer jenseits der äußerlich

---

[12] Zum Fortleben der Ikonographie der Frau Welt in den Darstellungen der Syphilis vgl. Gilman (1989): *Sexuality*, S. 142–147.
[13] In diesen Bildkomplex gehören auch Hamlets Diatriben gegen das „too too sullied flesh" in I.ii.129 und „kissing carrion" II.ii.182.

in Gebärden und Riten vollzogen; die Grundlage dafür ist eine Vorstellung vereinzelter, individuierter Körper, die ein ‚Innen' und ein ‚Außen' haben, wobei das ‚Außen' als körperlich, weiblich und Domäne des Scheins, des Unauthentischen, der Inszenierung verstanden wird.

Die Trauer an sich ist in *Hamlet* weiblich konnotiert, sie öffnet den Körper, macht ihn zum fließenden, oder wie Laertes nach dem Tod Ophelias seine ‚unmännlichen' Tränen kommentiert:

> Too much of water hast thou, poor Ophelia,
> And therefore I forbid my tears. But yet
> It is our trick; nature her custom holds,
> Let shame say what it will. *(Weeps.)* When these are gone,
> The woman will be out. (IV.vii.184–188)

Bei aller Abwertung weiblicher Körperlichkeit und trotz der weiblichen Konnotation der körperlich sich manifestierenden Trauer (Tränen, Schreie, Flüche) gibt es aber auch Vorstellungen einer ‚angemessenen' weiblichen Trauer. Niobe wurde bereits als Paradigma aufgerufen, ein weiteres Modell weiblicher Trauer ist natürlich Hekuba, die Königin von Troja; beide Paradigmen sind jedoch nicht unproblematisch. Die Darstellung Hekubas kann hier als Scharnier zwischen *Hamlet* und *King Richard III* dienen, weil sich an ihr ‚gute' und excessive weibliche Trauer messen lassen. Im zweiten Aufzug von *Hamlet* erscheint eine Truppe von Schauspielern, die Hamlet um den Vortrag einer Rede bittet, die er früher schon einmal gehört hat. Gegenstand dieser Rede ist die Trauer der Hekuba, es spricht der erste Schauspieler:

> But who – ah, woe! – had seen the mobbled queen –
> [...]
> Run barefoot up and down, threat'ning the flames
> With bisson rheum, a clout upon that head
> Where late the diadem stood, and, for a robe,
> About her lank and all o'erteemed loins
> A blanket, in th'alarm of fear caught up –
> [...]
> The instant burst of clamour that she made,
> Unless things mortal move them not at all,
> Would have made milch the burning eyes of heaven
> And passion in the gods. (II.ii.498–514)

Der rezitierende Schauspieler selbst bricht während seiner Rede in Tränen aus, und auch seine Zuhörer sind gerührt von dieser Darstellung wahrer Trauer. Hamlet ist über den Effekt der Rede bestürzt, ist sie doch nur gesprochenes Wort, geradezu nichts:

> Tears in his eyes, distraction in his aspect,
> A broken voice, and his whole function suiting
> With forms to his conceit? And all for nothing!
> For Hecuba!

> What's Hecuba to him, or he to her,
> That he should weep for her? (II.ii.549–554)

Auch hier die Andeutung, daß Schein und Sein in dieser Welt überhaupt nicht zu trennen sind, daß es, in Abwesenheit übergreifender Ordnungen, nichts gibt, an das sich ‚Sein' zurückbinden ließe. Rhetorik, Gestik, Habitus, die idealerweise in Einklang mit der sozialen Position des Subjekts dessen Wert auf die Körperoberfläche projizieren, machen möglicherweise allein das Sein aus, und die Trauer auf der Bühne ist von der Trauer im ‚richtigen' Leben nicht zu unterscheiden. Wohl aber ist deutlich, daß Gertrudes Trauer, verglichen mit der Hekubas, defizient ist. Hekuba ist wie Niobe ein Paradigma weiblicher Trauer, an dem gemessen Gertrude für zu leicht befunden wird.

Die Trauer der Hekuba wird in *King Richard III* evoziert in der Trauer der Königinnen um ihre Söhne, Väter, Brüder und Ehemänner und auch um das ins Chaos gestürzte Staatswesen überhaupt. Nicole Loraux behauptet ja, daß Shakespeares Königinnen zu ihren männlichen Verwandten eine Beziehung wie zur Macht selbst unterhalten[14], und so ist auch ihre Trauer um Königssöhne und Thronanwärter keine private. Obwohl sich diese Trauer extrem körperlich manifestiert, setzt sie sich nicht dem Vorwurf der Unauthentizität aus, und das liegt meines Erachtens daran, daß es sich um trauernde Mütter handelt. Im Gegenzug zu der Körperverleugnung, Autonomie, Individualisierung und Polarisierung von ‚Innen' und ‚Außen', die bei Hamlet im Kern angelegt und von Richard zu diabolischen Höhen geführt wird, erscheint die Körperlichkeit und ‚Erdigkeit' der Königinnen geradezu als Garant ihrer moralischen Integrität, als Zeichen des Gesellschaftlichen. Es wird also bei Shakespeare nicht grundsätzlich weibliche Körperlichkeit abgewertet, sondern der mit dem weiblichen Körper assoziierte lustvolle Exzeß: Der fundamentale Unterschied zwischen Gertrude und den Königinnen ist der Zweck, dem sie ihre weibliche Körperlichkeit zugeführt haben, und das entscheidet auch über die Glaubwürdigkeit ihrer Trauer; auch in der Hekuba-Rede wurde ja nicht zufällig auf den vom Gebären ausgezehrten Leib der Königin verwiesen. Gertrudes nach-menopausale Lust dagegen wird von Hamlet ganz klar als Rebellion gegen Hamlet Senior (und den in ihm verkörperten Staat) apostrophiert:

> You cannot call it love; for at your age
> The heyday in the blood is tame [...]
> Rebellious hell,
> If thou canst mutine in a matron's bones,
> To flaming youth let virtue be as wax
> And melt in her own fire; (III.iv.68–85)

Im Gegensatz dazu haben die Königinnen in *King Richard III* ihre Weiblichkeit einem gesellschaftlichen Zweck zugeführt: sie haben Söhne geboren, die ihnen der machtgierige Richard genommen hat. Angesichts des allgemeinen Zusammenbruchs der gesellschaftlichen Ordnung (es handelt sich ja um einen Bürgerkrieg, der zum

---

[14] Loraux (1992): *Die Trauer der Mütter*, S. 26.

Zeichen des Verlusts übergreifender Sinnstiftungssysteme wird) übernehmen die königlichen Mütter die Trauer, die ansonsten das männliche Gemeinwesen tragen würde, und auch das beinhaltet schon einen Kommentar auf den Verlust der männlich konnotierten Ordnung. Es ist dabei allerdings nicht so, daß die trauernden Frauen eine Gemeinschaft bildeten. Das einzige, was diese ‚*band of mothers*' zusammenhält, ist der Haß auf Richard, ansonsten gehören sie verschiedenen Fraktionen an, und ihre Ehemänner, Väter und Söhne haben sich gegenseitig getötet. Vielmehr entspinnt sich ein Wettstreit zwischen ihnen um die Frage, wer am meisten Grund hat zur Trauer, und den ‚Preis' beansprucht ausgerechnet Richards Mutter, die Herzogin von Gloucester, für sich, die zwei Söhne verloren hat, die vom dritten Sohn umgebracht wurden. Mit den Worten: „Alas! I am the mother of these griefs: / Their woes are parcell'd, mine is general." (II.ii.80–81) meldet sie diesen Anspruch an und universalisiert so ihr Leid, indem sie es gleichzeitig zum Maß weiblich-mütterlicher Trauer erhebt. Sie wird zur Personifikation des Leidens Englands und damit möglicherweise zur identitätsstiftenden Instanz. Gleichzeitig wird sie dafür zur Rechenschaft gezogen, daß sie Richard geboren hat, und ihre Gebärmutter wird zum höllischen Ort, der den diabolischen Richard, „hell's black intelligencer" (IV.iv.71) hervorgebracht hat:

> From forth the kennel of thy womb hath crept
> A hell-hound that doth hunt us all to death
> [...]
> That foul defacer of God's handiwork
> Thy womb let loose to chase us to our graves. (IV.iv.47–54)

Für die Herzogin selbst ist ihre Mitverantwortung aber auch ihr größtes Leid: Sie hat für das Staatswesen getan, was ihre Aufgabe war, und hat es damit gleichzeitig ruiniert. Sie ist quasi mitschuldig am Leiden Englands, denn sie hat, sozusagen in Bestätigung der kulturellen Angstprojektionen vom weiblichen Körper, den Exzeß selbst geboren, der nun die gesellschaftliche Ordnung bedroht: „O my accursed womb, the bed of death! / A cockatrice hast thou hatch'd to the world / Whose unavoided eye is murderous." (IV.i.53–55).

Als sie sich nach dem Mord an ihren beiden Enkeln auf die Erde setzt, evoziert sie damit eine Todessehnsucht („Ah, that thou wouldst as soon afford a grave", sagt Elizabeth, ihre Schwiegertochter, IV.iv.31) und gleichzeitig den einzigen Garanten ‚nationaler' bzw. kollektiver Kontinuität: die Erde Englands: „Rest thy unrest on England's lawful earth, / Unlawfully made drunk with innocent blood." (IV.iv.29–30) Die ansonsten im männlichen Königskörper ruhende Kontinuität wird in diesem Trauergestus übertragen auf die Körper der Königinnen, die mit der englischen Erde quasi metonymisch identifiziert werden. So erscheint im Trauerritus die Herzogin als ‚Mutter England', deren Tränen mit denen Englands verschmolzen werden: „And make poor England weep in streams of blood" (V.v.37), heißt es später. Wie in *Hamlet* wird auch hier im Trauerritus eine Identität beschworen, die der gegenwärtig herrschenden Zersplitterung entgegengesetzt wird. Das Niedersetzen scheint dabei übrigens eine durch die Trauer evozierte weibliche Entgrenzungsphantasie, einen *humiltà*-Gestus, zu beinhalten, in der jegliche Agenz an Gott zurückgegeben wird.

Dabei sind die Königinnen nicht so ohnmächtig, wie es vielleicht den Anschein hat. Der Fluch, den Hamlet als weiblichen Ohnmachtsgestus abtut, ist so machtlos nicht. Im Gegenteil, betrachtet man die Genese der Situation, mit der *King Richard III* beginnt, in *King Henry VI*, Teil 2 und 3, so zeigt sich, daß Richard, der sich selbst als absolut autonom Handelnden setzt, eigentlich das Instrument des Fluchs der Margaretha von Anjou ist, der Frau Henrys VI und, in der Logik dynastischer Kontinuität, die letzte rechtmäßige Königin (die Nachfolgerinnen sind „painted queens", IV.iv.83). Sie ist bei der Ermordung ihres Sohnes anwesend, sie kennt die Mörder, und die Übermacht ihres Leidens destilliert sie in den Fluch, der dann Schritt für Schritt eintrifft in Ereignissen, die von den Betroffenen auch als Konsequenz des Fluches erkannt werden: „Thus Margaret's curse falls heavy on my neck" spricht im Angesicht seines Untergangs Buckingham (V.i.25). Margaret, die Nemesis-Figur des Stücks, ist dabei selbst nicht ohne Schuld, im Gegenteil, ihr Mord an Rutland ist einer der moralischen Wendepunkte in *King Henry VI*. Margaret bezieht Richards Mord an seinen Neffen auf früher begangenes Unrecht und apostrophiert damit ihre Tode als gerecht im Sinne einer alttestamentarischen bzw. archaischen Gerechtigkeit: Aug' um Auge, ein Edward für einen Edward:

> [...] right for right
> Hath dimm'd your infant morn to aged night.
> [...]
> Plantagenet doth quit Plantagenet:
> Edward, for Edward, pays a dying debt. (IV.iv.15–21)

In dieser Hinsicht ist ihre Fähigkeit, ‚erfolgreich' zu fluchen, eine Umwidmung der Trauer und des Leids in Rache. Und so bitten die auf der Erde sitzenden Königinnen Margaret um eine Lehrstunde im Fluchen, der spezifischen und keinesfalls ohnmächtigen Rache der Frauen. Mag der Fluch auch nur gesprochenes Wort sein, seine Wirkmächtigkeit erhält er in diesem Stück durch seine Verankerung in – völlig körperlich definierter – weiblich-mütterlicher Trauer, wodurch er sich von den theatralisch inszenierten Worten des ‚autonomen' Subjekts Richard absetzt:

> Forbear to sleep the nights, and fast the days;
> Compare dead happiness with living woe;
> Think that thy babes were sweeter than they were,
> And he that slew them fouler than he is:
> Bettering thy loss makes the bad-curses worse.
> Revolving this will teach thee how to curse. (IV.iv.118–123)

Es besteht kein Zweifel darüber, daß es sich bei dem Fluch um eine Manifestation des weiblichen Exzesses handelt, noch sind die Fluchenden moralisch einwandfrei. Die Macht des Fluchs ergibt sich daraus, daß hier, in einer klaren Reversion der weltlichen Ordnung, die Frauen bzw. Mütter zu Instrumenten göttlicher Gerechtigkeit werden. Ihr Leid macht den Fluch zum zwar exzessiven, aber gerade dadurch den Körper präsent haltenden Wort, das ganz deutlich mit Richards machtbewußt kalkulierten und disziplinierten Reden kontrastiert wird. Im Fluch sind Schein und Sein noch identisch, und diese Kohärenz wird durch seine ‚Körperlichkeit' garantiert.

Die ‚körperliche' Trauer der Königinnen wird damit, im Krisenfall, zum Garanten englischer Identität, der mütterliche Fluch zum Wirken der göttlichen Vorsehung. Nur im Angesicht des Zusammenbruchs der Ordnung wird der Körper noch als sinnstiftende Instanz beschworen, während die Körperparadigmen, die im weiblichen Fluch und im männlichen Trauerformalismus aufeinandertreffen, schon grundsätzlich verschiedene sind und der weibliche Körper zunehmend als Ort des Scheins, der Oberfläche, aber auch des Privaten abqualifiziert wird.

Bibliographie

Barasch, Moshe: *Giotto and the Language of Gesture*. Cambridge 1990.
Bevington, David: *Action is Eloquence. Shakespeare's Language of Gesture*. Cambridge, Mass., London 1984.
Bremmer, Jan und Herman Roodenburg (Hrsg.): *A Cultural History of Gesture*. Ithaka, N.Y. 1992.
Duden, Barbara: *Geschichte unter der Haut. Ein Eisenacher Arzt und seine Patientinnen um 1730*. Stuttgart 1987.
Gilman, Sander L.: *Sexuality: An Illustrated History. Representing the Sexual in Medicine and Culture from the Middle Ages to the Age of AIDS*. New York u. a. 1989.
Kantorowicz, Ernst H.: *Die zwei Körper des Königs. Eine Studie zur politischen Theologie des Mittelalters*. München 1990.
Laqueur, Thomas: *Auf den Leib geschrieben. Die Inszenierung der Geschlechter von der Antike bis Freud*. Frankfurt a. M., New York 1992.
Loraux, Nicole: *Die Trauer der Mütter. Weibliche Leidenschaft und die Gesetze der Politik*. Frankfurt a. M. 1992.
Montaigne, Michel: *Essais*. Übers. von Johann Daniel Tietz. Zürich 1992.
Montrose, Louis Adrian: The Elizabethan Subject and the Spenserian Text. In: *Literary Theory/Renaissance Texts*, hrsg. von Patricia Parker und David Quint. Baltimore, London 1986, S. 303–340.
Pye, Christopher: *Regal Phantasm. Shakespeare and the Politics of Spectacle*. New York, London 1990.
Schmitt, Jean-Claude: *Die Logik der Gesten im europäischen Mittelalter*. Stuttgart 1992.
Shakespeare, William: *Hamlet*, hrsg. von Harold Jenkins. London, New York 1993.
– : *King Henry V*, hrsg. von Andrew Gurr. Cambridge 1992.
– : *King Henry VI, 1*, hrsg. von Andrew S. Cairncross. London, Cambridge, Mass. 1962.
– : *King Richard III*, hrsg. von Antony Hammond. London, New York 1994.
– : *Julius Caesar*, hrsg. von Norman Sanders. Harmondsworth 1987.
Spenser, Edmund: *The Faerie Queene*, hrsg. von A. C. Hamilton. London, New York 1987.
Webster, John: The Duchess of Malfi. In: *Three Plays*, hrsg. von D. C. Gunby. Harmondsworth 1986.

„Ja, wenn man Tränen schreiben könnte"[1]
Versagte Trauer in Kleists Penthesilea

Maria Kublitz-Kramer

1. Die Wunde

Von dem ungeheuren Geschehen der Zerfleischung Achills durch Penthesilea erstattet die Amazone Meroe im vorletzten Auftritt Bericht. Dabei wird das nicht (auf der Bühne) Darstellbare durch den dramaturgischen Kunstgriff des Botenberichtes zwar in die faßbare Form sprachlicher Repräsentation gerückt, aber durch den anderen Modus zugleich auch verändert. Denn dadurch, daß sich zwischen Erblicktem und sprachlicher Äußerung Verschiebungen ergeben, die sowohl zeitlich als auch durch das Medium der Sprache bedingt sind – denn Sprache verharmlost und übertreibt, täuscht, legt aus, kommentiert und läßt aus –, wird das Feld des Grauens in unvorhersehbare Dimensionen vergrößert.

Während nun aber die Amazonen die Tat, von der sie vorgeben, zugeschaut zu haben, sprachlich ausbreiten, die Bühne dieselbe aber nicht zeigt, sind für die Täterin (Penthesilea) Handlung und Sprache zunächst getrennte Sphären. Nach der Tat verstummt sie, um dann, als sie wieder zu sprechen beginnt, Sprechen und Handeln in der Weise unlösbar miteinander zu verknüpfen, daß Sprechen Handeln und Handeln Sprechen ist, und jeder Mangel, der durch das Sprechen erzeugt wird, ‚aufgezehrt'[2] scheint:

> Wie manche, die am Hals des Freundes hängt,
> Sagt wohl das Wort: sie lieb ihn, o so sehr,
> Daß sie vor Liebe gleich ihn essen könnte;
> Und hinterher, das Wort beprüft, die Närrin!
> Gesättigt sein zum Ekel ist sie schon.
> Nun, du Geliebter, so verfuhr ich nicht.
> Sieh her: als *ich* an deinem Halse hing,
> Hab ichs wahrhaftig Wort für Wort getan;
> Ich war nicht so verrückt, als es wohl schien.[3]

Sucht man für Penthesilea als Liebende, Kämpfende und Tötende weniger nach Motivationen in einem mythologischen, politischen oder individualpsychologischen Umfeld und fragt statt dessen, wie sie im Drama nicht nur mit Achill, sondern auch

---
[1] Kleist an Karl Frh. v. Stein zum Altenstein, Königsberg, den 4. 8. 1806.
[2] Vgl. Schuller (1994): Den „Übersichtigkeiten" das Wort geredet, S. 64 f.
[3] Kleist (1993): *Penthesilea*, 24. Auftritt, Vers 2991 ff. Im folgenden wird im laufenden Text nach dieser Ausgabe (Auftritt in römischen Zahlen und Verszahl) zitiert.

mit Sprache verfährt, dann scheint ihrem Wort-für-Wort-Handeln, das ihr Objekt und schließlich auch sich selbst zerstört, eine Wunde zugrunde zu liegen, die Penthesilea immer wieder mit gewaltsamen Anstrengungen zu schließen versucht.

Von dem Befund ausgehend, daß Penthesilea die Sprache zeitweilig ihrer Symbolfunktion enthebt, kommt dem Feld der Gesten (hier: den Tränen) eine besondere Bedeutung zu. In einer quasi rückwärts gewandten Lektüre soll daher die Geschichte aufgespürt werden, die die Gesten erzählen, wobei ihre Vorgeschichte immer wieder auf die Verkettung mit zwei weiteren Geschichten hinweist: der Gründung des Amazonenstaates und der Begegnung von Penthesilea und Achill.

Auf die von Odysseus im ersten Auftritt geschilderte Blickbegegnung mit Achill treffen die Merkmale zu, die Sigmund Freud in „Jenseits des Lustprinzips" für eine Verwundung traumatischen Ausmaßes angibt: „[...] das Moment der Überraschung und der Schock".[4]

Obwohl Penthesilea von ihrer Mutter Achill als Freier vorherbestimmt wurde („Du wirst den Peliden dir bekränzen", XV, 2138), trifft sie sein Anblick unvorbereitet, ist sie den „Reizwirkungen" (Freud) schutzlos ausgeliefert:

> Und Glut ihr plötzlich, bis zum Hals hinab,
> Das Antlitz färbt, als schlüge rings um ihr
> Die Welt in helle Flammenlohe auf. (I, 69 ff.)

Daß diese erste Begegnung einer gewaltsamen Durchbrechung des „Reizschutzes" (Freud) gleichkommt, zeigt Penthesileas Reaktion: „Und einen finstern Blick wirft sie auf ihn" (I, 73). Aus Penthesilea, der „Unverwüstliche[n] (V, 335) wird die Irritierte, Verletzte, deren Handlungsweisen mit der Logik der kriegsführenden Amazonen nicht mehr meßbar sind, die aus der symbolischen Ordnung der Amazonen wie schließlich auch der Sprache herausfällt, indem sie „die symbolische Differenz, die das Unaussprechliche als Rest und Überbleibsel produziert"[5], löscht.

Den ihr durch die Wunde zugefügten Verlust der Ganzheit versinnbildlicht im Dramentext auch die Figur des Bogens, Kampfsymbol der Amazonen und mythisches Symbol der Diana. Auf dem Höhepunkt der Schilderung des Zweikampfs (Penthesilea–Achill), der, wie wir erfahren, mit ungleichen Mitteln geführt wird (Achill ist unbewaffnet, während Penthesilea vom „ganze[n] Schreckenspomp des Krieges" begleitet wird, XX, 2418), heißt es in einer Vermischung von visueller Perzeption und Verbildlichung des Gesehenen: „Und spannt mit Kraft der Rasenden, sogleich / Den Bogen an, daß sich die Enden küssen" (XXIII, 2646 f.).

Konzentrieren wir uns auf das dargebotene Bild, dann wird deutlich, daß der unvollendete Kreis, den der Bogen beschreibt, eine Lücke hinterläßt, die jenen viel beschworenen „Zug der Unentscheidbarkeit" trägt, der das „eigentümliche Schweben zwischen Sinn und Nicht-Sinn" in Kleists Texten ausmacht und ihr „Nicht-Ankommen in einer definitiven, in einer endgültigen Aussage"[6] findet. Diesem Raum

---

[4] Freud (1975): Jenseits des Lustprinzips, S. 228.
[5] Schuller (1994): Den „Übersichtigkeiten" das Wort geredet, S. 64.
[6] Dahlke (1994): Marionetten im Schatten des Gesetzes, S. 164.

zwischen den sich annähernden Bogenenden ist eine Differenz eingeschrieben, die verhindert, daß die Polarität von Eros und Tod, Sprache und Handlung aufgehoben wird, und die allenfalls ihre wechselseitige Annäherung erlaubt. „Daß sich die Enden küssen", ist Wunschtraum der berichterstattenden Meroe. Die Wendung signalisiert einerseits Penthesileas unglaubliche Kraftanstrengung, andererseits ihr Unvermögen, den Kreis des Bogens wie auch die Wunde zu schließen. Wie sehr sich aber die Bogenenden für Penthesilea bereits angenähert haben, daß Vernichtung („Bisse") und Liebe („Küsse") nur mehr metonymisch gegeneinander verschoben erscheinen, zeigt sie in der Rechtfertigung ihrer Tat vor den Amazonen:

> So war es ein Versehen. Küsse, Bisse,
> Das reimt sich, und wer recht von Herzen liebt,
> Kann schon das eine für das andre greifen. (XXIV, 2981 ff.)

Um im Bild des Bogens zu bleiben: Ein Zufall ist es, ob das eine oder das andere Bogenende (Eros oder Tod) erfaßt wird. Ein sprachlicher Lapsus – ein Versprecher – organisiert die dramatische Handlung.

Der Bogen steht in der Tragödie *Penthesilea* immer für Anfang und Ende: Im Gründungsmythos der Amazonen, den Penthesilea vor Achill im 15. Auftritt entfaltet, wird der Königin Tanaïs, bevor sie den Frauenstaat ausruft, von der Oberpriesterin der Bogen gereicht, der ihr aber, nachdem sie sich die rechte Brust abgerissen hat, aus der Hand gleitet: „Und fiel zusammen, eh sie noch vollendet" (XV, 1988). Mit dem Bogen der Tanaïs tötet Penthesilea Achill. Darüber hinaus steht er für ein weiteres Strukturprinzip: die Wiederholung, die aktuelles immer wieder auf vergangenes, mythisches Geschehen bezieht. So spiegelt sich in der Verletzung, die Penthesilea Achill an der Brust zufügt, die Brustamputation der jungen Amazonen und im Niederfallen des Bogens aus Penthesileas Hand, nachdem sie ihn zusammen mit den Pfeilen nach der Tötung Achills gereinigt hat (XXIV, 2749 ff.), der Ursprungsmythos:

> DIE ERSTE AMAZONE.
> Der Bogen stürzt' ihr aus der Hand darnieder!
> DIE ZWEITE.
> Seht, wie er taumelt –
> DIE VIERTE.
> Klirrt, und wankt, und fällt – !
> DIE ZWEITE.
> Und noch einmal am Boden zuckt –
> DIE DRITTE.   und stirbt,
> wie er der Tanaïs geboren ward. (XXIV, 2769 ff.)

Der Wiederholung ist jedoch stets ein „Nichteinholenkönnen" eingeschrieben. Das, was sich „wie durch Zufall ereignet"[7], das „Versehen", von dem Penthesilea spricht – von Lacan als *Tyche* bezeichnet – ist die Begegnung mit dem und das gleichzeitige Verfehlen des Realen, das hinter dem *Automaton* liegt, „der Wiederkehr, des

---
7   Lacan (1978): Unbewußtes und Wiederholung, S. 60.

Wiedererscheinens, des Insistierens der Zeichen".⁸ In Kleists Abhandlung „Über das Marionettentheater" (1810) wird ein solches Bemühen um die Wiederholung der nicht einholbaren Gebärde des ersten Blicks in den Spiegel erzählt, die Strukturähnlichkeiten mit Penthesileas Handlungen aufweist. Mit dem Jüngling sei eine Veränderung vor sich gegangen, heißt es im Text: „und immer ein Reiz nach dem anderen verließ ihn"⁹, als er die „Sicherheit der Grazie" trotz tagelangem Vor-dem-Spiegel-Stehen nicht wiedererlangen konnte. Mit den Worten: „Nur ein Gott könne sich, auf diesem Felde, mit der Materie messen; und hier sei der Punkt, wo die beiden Enden der ringförmigen Welt ineinander griffen" (M 342 f.), erläutert der Tänzer C. dem erzählenden Ich die Unmöglichkeit des Menschen, „den Gliedermann darin auch nur zu erreichen" (M 344).

Im „Marionettentheater" wird mit dem Hinweis auf „das dritte Kapitel vom ersten Buch Moses" (M 343) die verwendete Bogenmetapher (wenn von den „beiden Enden der ringförmigen Welt" die Rede ist) auf die Paradiesvertreibung bezogen. Der Engel mit dem Flammenschwert verteidigt die Grenze zwischen dem Jenseits des Paradieses, der Unschuld, der Grazie oder des Genießens, der *jouissance* (Lacan) und dem Diesseits des Wissens, der Erkenntnis, der kulturellen Ordnung, des Mangels. Dem Subjekt wird beim Eintritt in die symbolische Ordnung eine Wunde (der biblische Schlangenbiß) zugefügt, die der Spiegel in der Geschichte des Jünglings nur kurzzeitig verstellt. Jedoch ist der erste Blick des Jünglings in den Spiegel, der in einer Geste der Nachträglichkeit die Erinnerung an die kurz zuvor in Paris erblickte Statue wachruft, mit dem ersten Blick vergleichbar, den Penthesilea auf Achill wirft: Beide sind nicht mehr einholbar, so als haben sie sich vom Ursprung, der nie oder nur als Abbild existiert und der für immer unerreichbar bleiben wird, entfernt. Indem sich Penthesilea zum Kampf gegen Achill rüstet, jagt sie dem Bild von Achill nach – und vom Bild muß gesprochen werden als Umschreibung des Originals –, um die in der ersten Begegnung erfahrene Wunde wie auch die „Fülle vergangener Freuden wieder aufleben zu lassen".¹⁰ Dabei erfährt sie immer wieder die „Unmöglichkeit der Wiederholung [...] in Gestalt der Sackgassen des Imaginären" (ebd.), ob in Form von Liebesbeteuerungen oder von Vernichtungsabsichten.

Die Trauer in der *Penthesilea*, die sich nicht nur in der Gewalt, sondern auch in den wenigen Gesten des Weinens zeigt, ist die Trauer um das Nicht-Einholbare, um das verlorengegangene Paradies und über ihr Unvermögen, „dieselbe Bewegung wieder hervorzubringen" (M 343). Sie ist am Ort jener Differenz situiert, der Einbruchstelle des Realen, wo sich die beiden Bogenenden berühren, wo das Subjekt – Penthesilea – den Kreis nicht zu schließen vermag oder – wie es im „Marionettentheater" heißt – Grazie und Gott, Nicht-Wissen und ein unendliches Bewußtsein zwar eine unmittelbare Nähe eingehen – aber mehr auch nicht.

---

⁸ Ebd.
⁹ Kleist (1993): „Über das Marionettentheater", S. 344. Im folgenden wird im laufenden Text nach dieser Ausgabe mit der Sigle M zitiert.
¹⁰ Žižek (1993): *Grimassen des Realen*, S. 78.

2. Die Tränen

Tränen – sofern sie nicht der Freude, dem moralischen Einverständnis oder der kollektiven Rührung zugerechnet werden[11] – sind Ausdruck des Schmerzes, des leidenden Körpers, des Trauernden. In seiner 1941 zum erstenmal erschienenen Abhandlung *Lachen und Weinen* siedelt Helmut Plessner beide Äußerungsformen, über die – wie er sagt – nur der Mensch verfüge, in den Bereich derjenigen Ausdrucksgebärden an, die nicht nur etwas bedeuten wollen, sondern sich wie von selbst einstellen, „unwillkürlich, oft verräterisch, überwältigend, die beherrschte Haltung, das planvolle Handeln bisweilen verwirrend und durchbrechend".[12] Im Weinen sieht Plessner einen „Akt des Sich-besiegt-Gebens"[13], der „inneren Preisgabe"[14], verbunden mit Gefühlen der Vergeblichkeit, auch Hoffnungslosigkeit.

In der *Penthesilea* wird eigentlich kaum geweint; an einigen wenigen Stellen wird von Penthesileas Tränen berichtet (in Regieanweisungen und in der Mauerschau der Amazonen), deren auffälligste Merkmale ihre Unvermitteltheit und ihre augenscheinliche Unverbundenheit mit einer vorausgegangenen Verlust- oder Leiderfahrung sind. Weil in der *Penthesilea* mit Tränen nicht kommuniziert wird, sind sie auch nicht – wie im Zeitalter der Empfindsamkeit – „körperlicher Beweis für das unmittelbar Direkte der empfindsamen Kommunikation".[15] Mit ihnen wird keine Tränensemiotik enthüllt, sie besitzen wohl auch keine schmerzbewältigende Kraft. Sie stehen für sich, sind an niemanden gerichtet. Auch ist nicht erkennbar, daß sich die Tränen Penthesileas in den Text einschreiben, „um auf diese Weise die Eigentümlichkeit des Körpers mit der Allgemeinheit der Schrift und des kulturellen Gesetzes zu vermitteln und zu versöhnen".[16]

Im Zusammenhang mit Weinen – wie übrigens auch mit Lachen – spricht Plessner von einer „unübersehbaren Emanzipiertheit des körperlichen Geschehens von der Person"[17], von einer Eigenwilligkeit der Phänomene, über die das Subjekt nicht in gleichem Maße verfüge wie über Sprechen und Handeln. Im Moment des Exzessiven, der den Akt des Weinens begleitet, wird der Zusammenhang mit dem Schmerz gleichzeitig angezeigt und aufgekündigt. Tränen legen zuweilen eine Spur zum Schmerzanlaß, zu dem sie jedoch immer in einer Beziehung der Nachträglichkeit stehen; im Weinen greifen Äußerung und Ent-Äußerung[18] metonymisch ineinander. Den Spuren der Tränen in der *Penthesilea* zu folgen ist ein der Traum- wie auch der Gedächtnisarbeit analoges Vorgehen. Da sich den Tränen bei aller Gegenwärtigkeit

---

[11] Vgl. *Das weinende Saeculum* (1983).
[12] Plessner (1961): *Lachen und Weinen*, S. 76.
[13] Ebd., S. 157.
[14] Ebd., S. 177.
[15] Wegmann (1988): *Diskurse der Empfindsamkeit*, S. 85.
[16] Wie Gerhard Neumann (1984) in Gedichten aus Goethes *West-östlichem Divan* nachgewiesen hat: „Lasst mich weinen …", S. 74.
[17] Plessner (1961): *Lachen und Weinen*, S. 42.
[18] Vgl. Weber (1994) mit Berufung auf Hegel: Das Geschlecht, das leicht bewegliche, der Tränen, S. 214.

der wahrnehmbaren Zeichen die Gegenwartsbedeutung entzieht, muß die unbewußte Präsenz des Vergangenen rekonstruiert werden.

Im Handlungsgefüge des neunten Auftritts, unmittelbar nach ihrer ersten Niederlage im Kampf gegen Achill, heißt es in den Regieanweisungen: „Die Tränen stürzen ihr aus den Augen, sie lehnt sich an einen Baum" (IX, 1269). Zu diesem Zeitpunkt weiß sie nicht mehr, ob sie weiterkämpfen oder fliehen soll („Staub lieber, als ein Weib sein, das nicht reizt", IX, 1253), ob sie dem ambivalenten Auftrag der Amazonen folgen, nämlich Achill besiegen und gewinnen soll – was bedeutet, daß sie der Wunde immer wieder neue Nahrung gibt – oder ihn, weil die Schlacht ihnen bereits genügend Gefangene zugeführt hat, verlorengeben soll. In der Geste ihres Weinens ist aber weniger ein dekodierbares Körperzeichen, die Verkörperung eines Inneren (Leidens) zu sehen als vielmehr die Ausdrucksform einer Erinnerung, die „Spuren vorangegangener Bewegungen".[19]

Die ganz andere Geschichte der in der Tragödie nur an wenigen Stellen auftauchenden Tränen wird vor allem durch die Gewalt verdeckt, die die Trauer in den Hintergrund drängt. Die Tränen können daher Ausdruck eines Penthesileas Affekte und Kampfgesten tragenden Ambivalenz-Konflikts[20] sein, wie ihn Freud in seiner Schrift „Trauer und Melancholie" beschrieben hat: Lieben und Hassen liegen nahe beieinander (wie „Küsse"/„Bisse"), wenn Penthesilea das Objekt ihres Begehrens (Achill) in aggressiver Weise zu stürmen sucht. Eher folgen sie, die Tränen, der „Struktur einer entstellten Darstellung"[21]: Augenscheinlich bezeichnen sie ein Unterlegenheitsgefühl; die andere Spur, die sie legen, führt aber wiederum zurück zu dem Moment der ersten Begegnung mit Achill, in dem auch Penthesilea sich selbst „als anderes zu begegnen"[22] suchte. Um diesen Moment der „ungesuchten Selbstbegegnung dauerhaft"[23] zu machen, treibt es sie immer wieder in den Krieg gegen Achill:

> Ists meine Schuld, daß ich im Feld der Schlacht
> Um sein Gefühl mich kämpfend muß bewerben?
> Was will ich denn, wenn ich das Schwert ihm zücke?
> Will ich ihn denn zum Orkus niederschleudern?

---

[19] Weigel (1994a): Die Bartguirlande des Moses, S. 43.
[20] Vgl. Freud (1975): Trauer und Melancholie, S. 204 f. und S. 210. Bei Freud ist weniger die Trauer als die Melancholie von Ambivalenzkonflikten geprägt, die sich in Einzelkämpfen um das Objekt, „in denen Haß und Liebe miteinander ringen" (S. 210), zeigen.
[21] Weigel (1994b): Lesbarkeit, S. 48. – Wenn Tränen hier weniger als deutbare Körperzeichen verstanden werden, sondern im psychoanalytischen Sinn als Symptome, dann werden durch sie Erinnerungen herbeigeführt, mit denen bestimmte Vorstellungen verbunden sind. Bei Weigel heißt es: „Die Symptome wie die leiblichen Artikulationen überhaupt sind Teil einer Sprache des Unbewußten und folgen insofern der Struktur einer *entstellten Darstellung*, einer Übersetzung ohne Original, wie Freud sie am Beispiel der Traumsprache beschrieben hat" (ebd.).
[22] Vgl. Konersmann (1991): Kleist oder die Sprache des Unaussprechlichen, S. 53.
[23] Die Wiederholung von Penthesileas Angriffen ist vergleichbar mit der Spiegelszene im „Marionettentheater", in welchem der Jüngling durch wiederholtes Vor-den-Spiegel-Treten „den ersten Moment der ungesuchten Selbstbegegnung dauerhaft zu machen sucht". Vgl. Konersmann, ebd.

> Ich will ihn ja, ihr ewgen Götter, nur
> An diese Brust will ich ihn niederziehn! (IX, 1187 ff.)

Die Wiederholung der vermeintlichen „Urszene der Begegnung im Blick", die im Akt des Weinens selbst nicht präsent, eben entstellt ist, gelingt aber weder in den Kampfszenen noch in der Liebesszene (15. Auftritt). Wie sich der Jüngling im „Marionettentheater" immer wieder vor den Spiegel stellt, um sich im Bild der Statue des Jünglings, „der sich einen Splitter aus dem Fuße zieht" (M 343), zu imaginieren, so versucht Penthesilea den anderen, Achill, im Kampf in einem spiegelbildlichen oder auch reflexiven Begehren zu ergreifen und das heißt: sich selbst im anderen zu begreifen – und verfehlt ihn in diesem „rasanten Prozeß der vergegenständlichten Verkennung"[24]:

> Ich will zu meiner Füße Staub ihn sehen,
> Den Übermütigen, der mir an diesem
> Glorwürdgen Schlachtentag, wie keiner noch,
> Das kriegerische Hochgefühl verwirrt.
> Ist das die Siegerin, die schreckliche,
> Der Amazonen stolze Königin,
> Die seines Busens erzne Rüstung mir,
> Wenn sich mein Fuß ihm naht, zurückespiegelt? (V, 638 ff.)

Dabei ist die Verkennung oder das Verfehlen des anderen[25] direkt an den Körper gebunden, baut auf einem Lesen von Körpersignalen, auf einer Sicherheit des Gefühls in der Wahrnehmung des (geliebten) anderen auf, das „sich bewährt, indem es versagt".[26]

Daß die Unschuld des sicheren Gefühls („Der Gott der Liebe hatte mich erreicht", XV, 2219) „überhaupt nur unter der Bedingung ihres Verlustes in Erscheinung treten kann"[27], macht im 15. Auftritt das idyllische Zusammentreffen Penthesileas und Achills, dem der Rachefeldzug Penthesileas gegen Achill folgen soll, deutlich. Während Kleist das Geschehen und seine Authentizität immer bereits dadurch in Frage stellt, daß er in der Tragödie darüber berichten läßt (auch im 15. Auftritt erzählt Penthesilea vom Erlebnis der ersten Begegnung), inszeniert er an dieser Stelle eine vermeintlich authentische Liebesszene, bei der alle – bis auf Penthesilea – wissen, daß sie auf falschen Voraussetzungen, einer Intrige beruht. Damit werden nicht nur alle Hoffnungen Penthesileas zunichte gemacht, Achill als Gefangenen nach Themiscyra zu führen, Kleist dementiert zugleich die Vorstellung der Einzigartigkeit, deren Täuschung selbst Achill unterliegt, wenn er zu Penthesilea sagt:

---

[24] Moser (1993): *Verfehlte Gefühle*, S. 10.
[25] Dies prägt auch die Beziehungskonstellation anderer Kleistscher Texte.
[26] Szondi (1984): Amphitryon. Kleists ‚Lustspiel nach Molière', S. 57. So kommt Achill im 23. Auftritt Penthesilea unbewaffnet entgegen. Penthesilea deutet dies als Zeichen versteckter Aggressivität und kommentiert ihr Mißtrauen: „Ha, sein Geweih verrät den Hirsch [...]" (XXIII, 2645).
[27] Moser (1993): *Verfehlte Gefühle*, S. 31.

Du sollst den Gott der Erde mir gebären!
Prometheus soll von seinem Sitz erstehn
Und dem Geschlecht der Welt verkündigen:
Hier ward ein Mensch, so hab ich ihn gewollt! (XV, 2230 ff.)

In dem bereits erwähnten neunten Auftritt verbinden sich die Tränen Penthesileas mit einem reflexiven Sprachgestus: „Zu hoch, ich weiß, zu hoch" (IX, 1349), in welchem Penthesilea ihr Mißlingen vorwegnimmt, die Vergeblichkeit ihrer Anstrengungen vorausahnt, Achills Bild (Traum-Bild) „hin zu einer wahren, d. h. körperlichen Präsenz [...] durchbrechen"[28] zu können. Die Tränen sind nicht nur eine Form, „die die Dinge in der Vergessenheit annehmen"[29], vielmehr nehmen sie etwas vorweg, ohne daß die Weinende weiß, was es ist.

In gleicher Weise, bezogen auf das Wechselverhältnis von Wissen und Begehren, ist der Wunsch nach Tränen zu verstehen, der sich mit dem flüchtigen Moment des Erwachens zu Beginn des 14. Auftritts mischt, unmittelbar im Anschluß an Penthesileas „entsetzungsvollen" Traum, sie sei von des „Peliden Lanze" (XIV, 1561) getroffen und als seine Gefangene abgeführt worden. Die Erwähnung der Tränen („Wie süß ist es, ich möchte Tränen weinen", XIV, 1557) scheint sich zum einen auf das zu beziehen, was sich tatsächlich ereignet hat, was ihr aber von Prothoe verschwiegen wird: Penthesilea ist von Achill besiegt worden, eine Ohnmacht hat sie von diesem Wissen getrennt. Der Traum kommt also sehr nahe an die Realität heran, die ihn hervorruft.[30]

Zum anderen liegt in den Tränen eine „zweite Realität" (Lacan), die den Traum vom Sieg Achills über Penthesilea verursacht und sie gleichzeitig erwachen läßt. Im Traum vermittelt sich diese „zweite Realität", die eine verfehlte ist, insofern als die Unmöglichkeit, Achills Bild wie beim ersten Anblick in unendlichen Wiederholungen herzustellen, sich im Traum in einer noch grausameren Version gesteigert findet, die eher dem Tod gleichkommt: Penthesilea als Besiegte. Ihr Gefühl, beim Erwachen weinen zu wollen, ist also Ausdruck eines versagten, nicht gesagten Begehrens, dessen Gegenwärtigkeit „dem Bild gewordenen Verlust des Objekts"[31] erscheint. Als Penthesilea die Aufforderung Achills überbracht wird, sich dem „Kampf, auf Tod und Leben" (XX, 2362) zu stellen, ist das einstmals mit Rosen geschmückte Bild des Geliebten zu Stein geworden („Ein steinern Bild hat meine Hand bekränzt", XX, 2391), geht Trauer – in den Regieanweisungen heißt es: „ihre Tränen unterdrückend" – in Zorn und Rache über. Diese Verschiebung der Trauer in Gewalt wird in der Penthesilea-Forschung überwiegend mit Penthesileas Identifikation von Gewalt und Liebe, Eros und Tod – die im übrigen auch Achill eigen ist – zugeschrieben oder auch als Ausdruck von Qual und „äußerster Verlassenheit"[32] gesehen.

---

[28] Apel (1993): „... Nur ich allein ging leer aus." S. 124.
[29] Weigel (1994 b): Lesbarkeit, S. 52. (Das Zitat stammt von Walter Benjamin in Auseinandersetzung mit Kafka; vgl. Benjamin, 1980 ff.: *Gesammelte Schriften*, S. 431).
[30] Lacan (1978): Unbewußtes und Wiederholung, S. 64.
[31] Ebd., S. 65.
[32] Z. B. Gönner (1989): *Von „zerspaltenen Herzen"*, S. 153. Andere Interpreten sehen darin den

Ich möchte dagegen für Penthesileas Trauer, die in der extremen Gewalt eine Form sucht, die Spur des Bildes vom „Dornauszieher" aus Kleists „Marionettentheater" noch einmal aufnehmen. Denn wie der im Fuß des Jünglings steckende Dorn, so ist auch Penthesileas Gewalt gegen Achill, mit der sie eine (vermeintliche) Ganzheit *ex negativo* wiederherstellen will[33], geeignet, die Wunde im Realen kurzzeitig zu verdecken. Eine Waffe schlägt nicht nur eine Wunde, sondern schließt sie auch, wie der Dorn nicht nur verletzt, sondern auch die Wunde verstopft. Gewiß, die ungezügelte Gewalt Penthesileas ist sowohl ekstatischer Ausdruck ihrer Trauerklage, in der sie den Verlust bereits vor dem Zweikampf mit Achill vorausahnt[34], als auch das Mittel, mit dem sie ihre Trauer erstickt. Trauer und Gewalt sind in der *Penthesilea* jedoch keine Gegensätze, die nach Einheit suchen, sondern liegen so dicht beieinander wie „Küsse/Bisse" oder wie die Bogenenden. Das „entsetzliche Schauspiel"[35] wird so als ein in Szene gesetzter Verlust lesbar.

3. Versagte Trauer

Im 24. und letzten Auftritt des Stückes berichten die Amazonen, wie Penthesilea nach der Tötung Achills im Zustand der Bewußtlosigkeit und Stummheit verschiedene rituelle Handlungen (zum Beispiel die Reinigung von Pfeil und Bogen) vornimmt, wobei ihr der Bogen aus der Hand fällt. Gleichsam im Übergang der Wiedererlangung ihres Bewußtseins entdecken die sie beobachtenden Priesterinnen bei Penthesilea eine Träne, die sich die Amazonenkönigin abwischt:

DIE ERSTE PRIESTERIN
O eine Träne, du Hochheilge,
Die in der Menschen Brüste schleicht,
Und alle Feuerglocken der Empfindung zieht,
Und: Jammer! rufet, daß das ganze
Geschlecht, das leicht bewegliche, hervor
Stürzt aus den Augen, und in Seen gesammelt,
Um die Ruine ihrer Seele weint. (XXIV, 2783)

Kampf der Deutschen mit Napoleon oder Kleists mit Goethe, als narzißtische Störung oder auch als Ausdruck von Angst der Männer vor starken, unkonventionellen Frauen usw.

[33] In den *Vier Grundbegriffen* bezeichnet Lacan die Wunde als das „Nichtrealisierte", das weder ein Sein noch ein Nicht-Sein sei: Lacan (1978): Unbewußtes und Wiederholung, S. 28.

[34] Dort ist die Trauer aber in den Irrealis gekleidet:
PENTHESILEA:
Wenn es mir möglich wär –! Wenn ichs vermöchte –!
Das Äußerste, das Menschenkräfte leisten,
Hab ich getan – Unmögliches versucht –
Mein Alles hab ich an den Wurf gesetzt;
Der Würfel, der entscheidet, liegt, er liegt:
Begreifen muß ichs – – und daß ich verlor. (IX, 1302 ff.)

[35] Wolf (1987): Kleists „Penthesilea", S. 660.

Wie im 15. Auftritt die Tränen die Schwelle vom Traum in den Wachzustand markieren, weint Penthesilea an dieser Stelle, „bevor sie weiß".[36] Der zu Boden gefallene Bogen bildet gleichsam das Scharnier zwischen beiden Bewußtseinszuständen, dem Nicht-Wissen und dem Wissen, ist er doch nicht nur die Tötungswaffe, sondern birgt darüber hinaus die Erinnerung an den Gründungsmythos der Amazonen.

„Jenseits dieser Schwelle versiegen die Tränen".[37] Dieses Jenseits oder auch Diesseits (je nach Perspektive) ist der Ort einer Bewußtheit, in dem die Spiegel versagen, das Bild (Achill) versehrt, zerstört ist. Penthesilea gelangt an diesen Ort, als sie ihren schmerzvollen Blick[38] nicht mehr von der entstellten Leiche Achills abwenden kann:

> PENTHESILEA
> Das aber will ich wissen,
> Wer mir so gottlos neben hat gebuhlt! –
> Ich frage nicht, wer den Lebendigen
> Erschlug; bei unsern ewig hehren Göttern!
> Frei, wie ein Vogel, geht er von mir weg.
> Wer mir den Toten tötete, frag ich,
> Und darauf gib mir Antwort Prothoe.
> [...]
> [...] wer diesen Jüngling,
> Das Ebenbild der Götter, so entstellt,
> Daß Leben und Verwesung sich nicht streiten,
> Wem er gehört, wer ihn so zugerichtet,
> Daß ihn das Mitleid nicht beweint, die Liebe
> Sich, die unsterbliche, gleich einer Metze,
> Im Tod noch untreu, von ihm wenden muß:
> Den will ich meiner Rache opfern. Sprich! (XXIV, 2914 ff.)

Solange der Körper – genauer: das Bild von ihm – vorhanden ist, kann er erkannt, begriffen und ergriffen oder auch verkannt werden (zum Beispiel als Geliebter). Er wird – wie hier bei Kleist – mit Gefühlsgewißheit entziffert und fehlgedeutet; ist aber das Bild ausgelöscht oder ausgesetzt – „daß Leben und Verwesung sich nicht streiten, wem er gehört" –, versagt die Einbildungskraft und versagt Trauer als kulturelle Form der Heilung oder ist Penthesilea die Trauer versagt. Erschuf Penthesilea im Blick auf Achill zugleich sich selbst, so ist sie, sobald das Bild zerstört ist, mit ihm vernichtet. Nicht an der Verkennung des Geliebten geht Penthesilea zugrunde, sondern daran, daß sich ihrem Blick kein Bild mehr darbietet, dieses nur noch durch den „Rahm" (wieder)erkannt werden kann, wie es der Bildbetrachter Kleist in seinen „Empfindungen vor Friedrichs Seelandschaft" bezeichnet. Penthesilea ist – wie

---

[36] Weber (1994): Das Geschlecht, das leicht bewegliche, der Tränen, S. 203.
[37] Ebd., S. 204.
[38] Die „Schmerzerfahrung", der „das sehende Subjekt [...] schutzlos ausgeliefert ist, ist die Umkehrung der Verfehlung und Täuschung, die den Blicken anderer Kleistscher Figuren eigen ist." (Vgl. Apel, 1993: „... Nur ich allein ging leer aus", S. 126.)

Kleist in dem zitierten Text weiter von sich sagt – „der einzige Lebensfunke im weiten Reiche des Todes, der einsame Mittelpunkt im einsamen Kreis".[39]

Angesichts des getöteten Toten müssen auch die Tränen, die ihren Ort zwischen Nicht-Wissen und Wissen, zwischen Verstummen und Sprechen haben, versiegen, sind – in romantischer Manier – die „Tränengänge, die das Auge aus dem Innen heraus zu speisen pflegen, [...] ausgetrocknet"[40], ist Penthesilea tot, ohne getötet worden zu sein, ohne sich getötet zu haben. In der Selbstgewißheit dieser „Stellung in der Welt"[41] – des Daseins vor erloschenen Spiegeln bzw. des Bildverlusts – bleibt nur ein „vernichtendes Gefühl" (XXIV, 3027), aus der schließlich ihre imaginäre Todeswaffe hervorgeht: Das Subjekt erlischt. Wie es im Schluß des „Marionettentheaters" heißt, sind sich unendliches Bewußtsein und Stand der Unschuld am nächsten, wo die Grazie im Durchgang durch die „gebrechliche Welt" zurückgewonnen ist. Dort aber, wo das „letzte Kapitel von der Geschichte der Welt" (M 345) ist, ist auch kein Raum mehr für Darstellung.

Bibliographie

Apel, Friedmar: „... Nur ich allein ging leer aus." Kleist und die religiös-patriotische Kunstkonzeption. In: *Kleist-Jahrbuch* 1993, S. 116–134.
Benjamin, Walter: Franz Kafka. In: Ders.: *Gesammelte Schriften*. Bd. II. Frankfurt a. M. 1980 ff., S. 409–432.
Bohrer, Karl Heinz: Augenblicksemphase und Selbstmord. Zum Plötzlichkeitsmotiv Heinrich von Kleists. In: Ders.: *Plötzlichkeit. Zum Augenblick des ästhetischen Scheins*. Frankfurt a. M. 1981, S. 161–179.
Carrière, Mathieu: *Für eine Literatur des Krieges. Kleist*. Frankfurt a. M. 1990.
Dahlke, Karin: Marionetten im Schatten des Gesetzes. In: *Melancholie und Trauer. Fragmente* 44/45. Kassel 1994, S. 149–173.
Das weinende Saeculum. Colloquium der Arbeitsstelle 18. Jahrhundert der Gesamthochschule Wuppertal. Universität Münster. Schloß Dyck vom 7.–9. Oktober 1981. Heidelberg 1983.
Flusser, Vilém: *Gesten. Versuch einer Phänomenologie*. Frankfurt a. M. 1994.
Freud, Sigmund: Trauer und Melancholie (1917). In: Ders.: *Studienausgabe*. Bd. III. Frankfurt a. M. 1975, S. 193–212.
– : Jenseits des Lustprinzips (1920). In: Ders.: *Studienausgabe*. Bd. III. Frankfurt a. M. 1975, S. 213–272.
Geitner, Ursula: *Die Sprache der Verstellung*. Tübingen 1992.
Gönner, Gerhard: Von „zerspaltenen Herzen" und der „gebrechlichen Einrichtung der Welt". *Versuch einer Phänomenologie der Gewalt bei Kleist*. Stuttgart 1989.
Harms, Ingeborg: *Zwei Spiele Kleists um Trauer und Lust. „Die Familie Schroffenstein" und „Der zerbrochene Krug"*. München 1990.

---

[39] Kleist (1993): Empfindungen vor Friedrichs Seelandschaft, S. 327.
[40] Moser (1993): *Verfehlte Gefühle*, S. 145 f.
[41] Kleist (1993): Empfindungen vor Friedrichs Seelandschaft, S. 327.

Kittler, Wolf: *Die Geburt des Partisanen aus dem Geist der Poesie. Heinrich von Kleist und die Strategie der Befreiungskriege.* Freiburg i. Br. 1987.

Kleist, Heinrich von: Penthesilea. Ein Trauerspiel. In: Ders.: *Sämtliche Werke und Briefe.* Erster Band, hrsg. von Helmut Semdner. Neunte, verm. und rev. Aufl. München 1993.

–: Empfindungen vor Friedrichs Seelandschaft. In: Ders.: *Sämtliche Werke und Briefe.* Zweiter Band, hrsg. von Helmut Semdner. Neunte, verm. und rev. Aufl. München 1993.

–: Über das Marionettentheater. In: Ders.: *Sämtliche Werke und Briefe.* Zweiter Band, hrsg. von Helmut Sembdner. Neunte, verm. und rev. Aufl. München 1993.

Klotz, Volker: Aug um Zunge – Zunge um Aug. Kleists extremes Theater. In: *Kleist-Jahrbuch* 1985, S. 128–142.

Konersmann, Ralf: Kleist oder die Sprache des Unaussprechlichen. In: Ders.: *Lebendige Spiegel. Die Metapher des Subjekts.* Frankfurt a. M. 1991, S. 51–74.

Lacan, Jacques: Unbewußtes und Wiederholung. In: Ders.: *Die vier Grundbegriffe der Psychoanalyse.* (Das Seminar von Jacques Lacan, Buch XI). Olten, Freiburg i. Br. 1978, S. 23–70.

–: Vom Blick als Objekt klein ‚a'. In: Ders.: *Die vier Grundbegriffe der Psychoanalyse.* (Das Seminar von Jacques Lacan, Buch XI). Olten, Freiburg i. Br. 1978, S. 71–126.

Man, Paul de: Ästhetische Formalisierung: Kleists Marionettentheater. In: Ders.: *Allegorien des Lesens.* Frankfurt a. M. 1988, S. 205–233.

Moser, Christian: *Verfehlte Gefühle. Wissen, Begehren, Darstellen bei Kleist und Rousseau.* Würzburg 1993.

Müller-Seidel, Walter: *Versehen und Erkennen. Eine Studie über Heinrich von Kleist.* Köln, Wien ³1971.

Neumann, Gerhard: ‚Lasst mich weinen ...' Die Schrift der Tränen in Goethes „West-östlichem Divan". In: *Oxford German Studies* 15, 1984, S. 48–76.

– (Hrsg.): *Heinrich von Kleist: Kriegsfall – Rechtsfall – Sündenfall.* Freiburg i. Br. 1994.

Pfeiffer, Joachim: *Die zerbrochenen Bilder: Gestörte Ordnungen im Werk Heinrich von Kleists.* Würzburg 1989.

Plessner, Helmuth: *Lachen und Weinen. Eine Untersuchung nach den Grenzen menschlichen Verhaltens.* Bern, München ³1961.

Schuller, Marianne: Den „Übersichtigkeiten" das Wort geredet. Oder ‚Verrückte Rede'? Zu Kleists Penthesilea. In: *Theorie – Geschlecht – Fiktion,* hrsg. von Nathalie Amstutz und Martina Kuoni. Frankfurt a. M. 1994, S. 61–63.

Szondi, Peter: Amphitryon. Kleists ‚Lustspiel nach Molière'. In: Ders.: *Satz und Gegensatz. Sechs Essays.* Frankfurt a. M. 1964, S. 44–57.

Traeger, Jörg: „... als ob einem die Augenlider weggeschnitten wären." In: *Kleist-Jahrbuch* 1980, S. 86–106.

Weber, Elisabeth: Das Geschlecht, das leicht bewegliche, der Tränen. Ein Text Jacques Derridas. In: *Fragmente* 44/45. Kassel 1994, S. 203–216.

Wegmann, Nikolaus: *Diskurse der Empfindsamkeit. Zur Geschichte eines Gefühls in der Literatur des 18. Jahrhunderts.* Stuttgart 1988.

Weigel, Sigrid: Die Bartguirlande des Moses. Körpersprache zwischen Deutung und Lektüre. In: *Andere Körper.* Katalog der Ausstellung im Offenen Kulturhaus Linz. Wien 1994, S. 36–45.

–: Lesbarkeit. Zum Bild- und Körpergedächtnis in der Theorie. In: Dies.: *Bilder des kulturellen Gedächtnisses. Beiträge zur Gegenwartsliteratur.* Dülmen-Hiddingsel 1994, S. 39–57.

Wolf, Christa: Kleists „Penthesilea". In: Dies.: *Die Dimension des Autors. Essays und Aufsätze, Reden und Gespräche 1959–1985.* Darmstadt, Neuwied 1987, S. 660–676.

Zimmermann, Michael: *„Theater der Grausamkeit". Bild und Funktion der Gewalt in Heinrich von Kleists Dramen.* (Unveröff. Magisterarbeit). Bielefeld 1990.

Žižek, Slavoj: *Grimassen des Realen. Jacques Lacan oder die Monströsität des Aktes.* Köln 1993.

Stumme Freunde

Die Autorschaft der Trauer bei Goethe und Bettine von Arnim

Eva Horn

> […] ce moment de deuil où le bris du miroir est à la fois le plus nécessaire et le plus difficile.
> JACQUES DERRIDA[1]

Die Arbeit der Trauer ist seit jeher eine Arbeit der Texte. Tote werden erinnert und gefeiert, beklagt und gebannt in einer Schrift, deren Autor oder Autorin im doppelten Sinne erschüttert ist: erschüttert im plötzlichen Aufreißen eines Verhältnisses, dessen Intensität mit dem Tod des anderen zur Heimsuchung wird – erschüttert aber auch in dieser Autorschaft selbst, die sich der Vergänglichkeit ihrer Referenzen stellen muß. In der Trauer ist Autorschaft so weniger denn je Textherrschaft. Denn im trauernden Schreiben stehen zugleich das eigene Schreiben als Abwehr und Anerkennung des Todes und das Verhältnis zum anderen als Kampf und Gespräch mit dem Toten auf dem Spiel. Der Tod des anderen, als Freund, Geliebter und Gegenüber, fordert ein Schreiben, das einerseits ein Nachbild des anderen herstellt, ihn zu dem macht, was er im Leben war oder hätte sein können, andererseits die Möglichkeit seiner unheimlichen Wiederkehr, sein Einbrechen in die eigene Rede abwehrt. Denn Trauer ist nicht einfach Sehnsucht nach einem verlorenen Freund, einer verlorenen Liebe, sondern sie bekommt – in der Irreversibilität des Abschieds, die der Tod besiegelt – mit der Einmaligkeit und Differenz des Toten zu tun, die im Leben eher zu befrieden und stillzustellen war. Gerade die Resistenzen des anderen, die heimlichen Vorbehalte und manifesten Konflikte werden mit seinem Tod zum Anstoß einer Ambivalenz, die den Trauernden um so mehr schmerzt und bedroht, je stärker diese hinter einer Apotheose des ungetrübten Verhältnisses verborgengehalten worden waren. Die Verwirrung des Ambivalenzkonflikts zwischen dem Schmerz des Verlusts und einer undenkbaren und unaussprechlichen Befriedigung über den Tod des anderen ist – das hat Freud gezeigt – jeder Trauer in unterschiedlichem Maße eigen.[2] Denn in dem Augenblick, in dem die Trauer sich tröstet, in dem ein Ersatz gefunden ist, wird das Gefühl unabweisbar, am anderen schuldig geworden zu sein durch ebendiesen Trost und ebendiesen Ersatz: wenn Trauer endet, fängt sie erst richtig an. Die Arbeit der Trauer ist eine Arbeit an und mit dieser Ambivalenz, eine Auseinandersetzung mit der Alterität des anderen, jenen heimlichen

---

[1] Derrida (1987): Psyché, S. 20.
[2] Vgl. Freud (1975): Trauer und Melancholie sowie ders. (1975): Das Tabu und die Ambivalenz der Gefühlsregungen.

Kränkungen, die sein Tod gleichermaßen ein letztes Mal wiederholt und rächt. So schwingt in der Trauer und ihrem stummen, uneingelösten Vorwurf gegen den Toten zugleich auch eine verborgene, kaum je eingestandene Schuld mit – sei es die, dem anderen zu Lebzeiten nicht gerecht geworden zu sein und ihn im Tod allein und hinter sich zu lassen.

Die Verwerfungen dieser Ambivalenz durchziehen das trauernde Schreiben und schlagen sich in einer Schrift nieder, die ‚intertextuell' ist in dem Maße, wie sie sich selbst zum Reflex einer Stimme des anderen macht, ihm Raum gibt und auf sein stummes Insistieren antwortet. Die Autorschaft der Trauer ist stets eine Gratwanderung zwischen eigenem und fremdem Diskurs, denn gerade in seinem Verstummen erhält der andere eine Beharrlichkeit, ist bohrender Einspruch ins Schreiben des Ich, das als *eigenes* erst wieder restituiert werden muß, indem es den ‚einverleibten' anderen aus sich ausstößt.[3] Gerade das Schweigen des anderen macht es also nötig, ihm eine Stimme zu geben und in dieser Auseinandersetzung mit seiner Rede und Gegenrede die eigene Autorschaft zu beglaubigen.

Montaigne ist vielleicht der erste, der sein eigenes Schreiben emphatisch auf die Trauer um einen verlorenen Freund gründet. Nach dessen Tod 1563 ediert Montaigne 1570 die Schriften seines Freundes Étienne de La Boétie, zieht sich in seine Bibliothek zurück und beginnt seine *Essais*, um das Bild, das allein La Boétie von ihm hatte, neu zu schaffen: „Luy seul jouyissait de ma vraye image et l'emporte. C'est pourquoy je me deschiffre moy-mesme si curieusement."[4] Als Möglichkeitsbedingung des eigenen Schreibens geht Montaigne von dem Spiegel aus, der der andere war, und er schafft sich diesen anderen noch einmal im Widerschein seines Nachlasses. So entsteht ein Werk als Fortsetzung, aber mehr noch als Ersatz eines Gesprächs, das der Tod abgebrochen hat. Dem anderen eine Stimme zu geben ist für Montaigne zugleich Selbstermächtigung, sie macht das eigene Schreiben zur Antwort auf eine von jenseits des Grabes gestellte Frage.

Aber spätestens seit dem achtzehnten Jahrhundert, das den Tod zur unsagbaren und undarstellbaren Bedrohung des Subjekts und seiner Sprache werden läßt, ist dieses doppelte Spiegelungs- und Ermächtigungsverhältnis zwischen Trauerndem und Totem prekär geworden. Der Literatur als Trauer-Praxis sind die noch im Barock wohletablierten rhetorischen Codes entzogen worden – der Eloquenz des düstren Pomps im Barock folgt das Gebot der stillen Trauer.[5] Jeder Text, der von nun an

---

[3] Der Begriff der ‚Einverleibung' kennzeichnet in der psychoanalytischen Theorie der Trauer jenes unheimliche Eindringen des Toten ins trauernde Ich, seine Identifikation mit dem anderen, die in der ‚Arbeit der Trauer' bewältigt und abgearbeitet werden muß. Vgl. vor allem Freud, ferner Abraham (1982): Objektverlust und Introjektion.

[4] „Er allein erfreute sich meines wahren Bildes und nahm es mit sich fort. Eben deshalb entschlüssle ich mich selbst so sorgsam" (Montaigne, 1962: *Essais* III, ix, S. 1652). Vgl. dazu: Starobinski (1989): *Montaigne*, insbes. das Kapitel Der verlorene Freund.

[5] Einschlägige Zeugnisse für das Verstummen der Trauer als Zeichen einer ‚echten Empfindung' sind die Briefe Lessings. Er schreibt am 6. 9. 1759 an Gleim über den Tod Christian Ewald von Kleists mit der Bitte, keinen Trauertext auf den Verstorbenen zu verfassen: „Das werden Sie nicht thun. Sie empfinden itzt mehr, als daß Sie, was Sie empfinden, sagen könnten" (Lessing, 1994: *Werke und Briefe*, Bd. 11/1, S. 333).

über den Tod und die Toten spricht, wird sich mit diesem Gebot betroffenen Verstummens auseinandersetzen müssen; er wird immer sprechen unter der Voraussetzung seiner eigenen Unmöglichkeit, dem *Skandalon* des Todes.[6] Zugleich wird der Tod des anderen als höchst persönliche, individualisierte und introvertierte Auseinandersetzung mit dem Toten[7] zum Prüfstein des Ich, seiner Sprache und seines Verhältnisses zum anderen. In dieser Perspektive wird nicht nur die Bedrohung des Ich durch diesen Tod sichtbar, sondern auch die latente Gewaltsamkeit in der Auseinandersetzung mit dem anderen. Die trauernde Intertextualität, der Dialog der Texte jenseits der lebenden Subjekte, ist darum nicht selten ein Rechten und Recht-behalten-Wollen, in dem noch eine letzte Wahrheit dem Abgeschiedenen nachgeschickt wird. Und mehr noch als Ermächtigung und Spiegelung ist es ein Zerbrechen des Spiegels: eine Selbstbehauptung gegenüber dem anderen, die Affirmation und Restitution des Eigenen in der Unabweisbarkeit des anderen.

Goethes Trauer um Schiller und Bettine von Arnims Trauer um Karoline von Günderrode sind zwei zwar historisch verwandte, aber strukturell komplementäre Beispiele für die Wagnisse einer solchen Auseinandersetzung *post mortem*. Für beide ist der Tod des Autor-Freundes eine eminente Bedrohung der eigenen Autorschaft: Bettine von Arnim inszeniert sich gegenüber der schon etablierten Dichterin als unmündiges und abhängiges Kind, das erst der ‚Bildung' durch die Freundin bedarf – und sich gegen jeden Erziehungsversuch der Älteren zugleich anarchisch verwahrt. Goethe macht sich Schiller gleichermaßen zum theoretischen Antipoden wie zum unschätzbaren Mitautor, mit dem der „Commercio der Geister" zur unabdingbaren Voraussetzung des eigenen Schreibens geworden ist. Beide führen eine Debatte weiter, die im Leben zu keinem befriedigenden Abschluß führen konnte: Goethe streitet mit Schiller über die Lesbarkeit der Natur und die lebensspendende Kraft solcher Lektüren – Arnim streitet mit Günderrode um die Tödlichkeit melancholischer Autorschaft. Beide ‚gewinnen' in paradoxer Weise, indem sie dem anderen noch einmal eine Stimme von jenseits des Grabes geben und ihn doch überstimmen – aber mit einem unterschiedlichen Einsatz von Textherrschaft. Die Probe auf die Freundschaft, die der trauernde Text sein will, ist damit immer auch eine Probe auf die Eigenmacht des Schreibens.

Schillers Tod am 9. 5. 1805 läßt Goethe zunächst verstummen: „Meine Tagebücher", so schreibt er rückblickend, „melden nichts von jener Zeit. Die weißen Blätter deuten auf den hohlen Zustand [...]".[8] Er versucht, durch die Vollendung von Schillers Dramenfragment *Demetrius* und später durch die Herausgabe seines Briefwechsels mit Schiller die abgerissene „Unterhaltung, dem Tode zum Trutz, fortzusetzen" (HA 10, 471). Aber die Arbeit am *Demetrius* gibt er bald wieder auf; immerhin bestreitet er wenige Monate später eine offizielle Totenfeier mit einem Text, der sich

---

[6] Zur Geschichte der Trauergattungen zwischen Barock und Goethezeit vgl. Horn (1998): *Trauer schreiben. Die Toten im Text der Goethezeit*, wo sich auch eine detaillierte Interpretation der hier behandelten Texte findet.
[7] Vgl. Ariès (1982): *Geschichte des Todes*, Kap. 10.
[8] Goethe (1982): Tag- und Jahreshefte, *Hamburger Ausgabe*. Bd. 10, S. 472. Im folgenden wird im laufenden Text nach dieser Ausgabe mit der Sigle HA zitiert.

als Supplement eines Schillerschen Gedichts, des „Lieds auf die Glocke", präsentiert. Aber so sehr dieser „Epilog auf Schillers Glocke" dem Monumentalisierungsbedürfnis des Weimarer Kulturbetriebs im Refrain „Denn er war unser!" entgegenkommt, so sehr mißlingt er als Auseinandersetzung mit dem toten Freund und seinem Schreiben: Anhängsel des Schillerschen Textes, das dessen Metrum und Stil imitiert, gleitet der „Epilog" zuletzt ins unfreiwillig Parodistische, wenn er den Verstorbenen in Abzählung der klassizistischen Gemeinplätze feiert:

> Indessen schritt sein Geist gewaltig fort
> Ins Ewige des Wahren, Guten, Schönen. (HA 1, 257)

Erst über zwanzig Jahre später gelingt Goethe ein Abschließen mit Schiller, das ebensosehr eine letzte Kenntnisnahme von Schillers scharfsichtiger Kritik an gewissen Lieblingsideen Goethes ist wie deren definitive Widerlegung. Es ist eine Ironie der Geschichte, die Goethe, der sich mit der Entdeckung des Zwischenkieferknochens beim Menschen als Osteologe und Schädelkundler hervorgetan hatte, im Jahre 1826 ausgerechnet den Schädel seines langverstorbenen Freundes zuspielt. Das Weimarer Kassengewölbe, in dem Schiller seinerzeit eher ärmlich beigesetzt worden war, soll ausgeräumt und den ‚Reliquien Schillers' eine würdige Grabstätte gegeben werden. Sein Schädel wird im Sockel der Danneckerschen Schillerbüste in der großherzoglichen Bibliothek niedergelegt.[9] Goethe nimmt sich diesen Schädel ins Haus, und es entstehen jene Terzinen „Im ernsten Beinhaus", deren – weder expliziter und noch dementierter – Bezug zu Schiller schon den Zeitgenossen bis hin zu heutigen Philologen ein ‚offenbares Geheimnis' war.

> Im ernsten Beinhaus war's wo ich beschaute,
>   Wie Schädel Schädeln angeordnet paßten;
>   Die alte Zeit gedacht ich, die ergraute.
> Sie stehn in Reih' geklemmt, die sonst sich haßten,
>   Und derbe Knochen, die sich tödlich schlugen,
>   Sie liegen kreuzweis' zahm allhier zu rasten.
> Entrenkte Schulterblätter! was sie trugen,
>   Fragt niemand mehr, und zierlich tät'ge Glieder,
>   Die Hand, der Fuß zerstreut aus Lebensfugen.
> Ihr Müden also lagt vergebens nieder,
>   Nicht Ruh' im Grabe ließ man euch, vertrieben
>   Seid ihr herauf zum lichten Tage wieder,
> Und niemand kann die dürre Schale lieben,
>   Welch herrlich edlen Kern sie auch bewahrte.
>   Doch mir Adepten war die Schrift geschrieben,
> Die heil'gen Sinn nicht jedem offenbarte,
>   Als ich inmitten solcher starren Menge
>   Unschätzbar herrlich ein Gebild' gewahrte,
> Daß in des Raumes Moderkält' und Enge
>   Ich frei und wärmefühlend mich erquickte,

---

[9] Vgl. Hecker (1935): *Schillers Tod und Bestattung*.

> Als ob ein Lebensquell dem Tod entspränge.
> Wie mich geheimnisvoll die Form entzückte!
> Die gottgedachte Spur, die sich erhalten!
> Ein Blick, der mich an jenes Meer entrückte,
> Das flutend strömt gesteigerte Gestalten.
> Geheim Gefäß! Orakelsprüche spendend,
> Wie bin ich wert, dich in der Hand zu halten,
> Dich höchsten Schatz aus Moder fromm entwendend
> Und in die frei Luft zu freiem Sinnen,
> Zum Sonnenlicht andächtig hin mich wendend.
> Was kann der Mensch im Leben mehr gewinnen,
> Als daß sich Gott-Natur ihm offenbare?
> Wie sie das Feste läßt zu Geist verrinnen,
> Wie sie das Geisterzeugte fest bewahre.
> (Ist fortzusetzen)
> HA 1, 366 f.

Vieles wäre zu sagen zu diesem Gedicht, das wie eine Deckerinnerung die tatsächlichen Umstände der Schillerschen Exhumierung und erneuten Beisetzung (an der Goethe gerade nicht beteiligt war) eher verbirgt denn wiedergibt. Bis hin zur Schlußgnome ist es lesbar als eine heimliche Auseinandersetzung mit Schiller, ein Triumph über Schiller und eine Affirmation der eigenen Stilisierung zum Naturforscher und Autor – genauer: zum Autor als genial-intuitivem Leser der Natur. Die Lesbarkeit der Natur nämlich und die Frage, wie sich vom Einzelphänomen ein Gesamtzusammenhang in der Natur wie in der Kunst ableiten läßt, war – wie Goethe berichtet – der Gegenstand seiner „Anknüpfung" mit Schiller und blieb Thema der zehnjährigen Debatte, von der ihr Briefwechsel Zeugnis ablegt.[10] Goethes Darlegung seiner „symbolischen Urpflanze", in der er die aller vegetabilen Morphologie zugrundeliegende, real existierende Urform glaubte gefunden zu haben, kritisierte Schiller damals mit dem Hinweis darauf, daß es sich bei solch einer Urform stets nur um ein theoretisches Konstrukt, eine „Idee" handeln könne, nicht aber um einen Gegenstand empirischer Anschauung (HA 10, 540). Aber genau um diese Anschauung, die Empirizität eines Zusammenhangs in der Natur, der sich an jeder einzelnen Form zwanglos ablesen läßt, geht es Goethe – und es ist dieser Zusammenhang der Natur, genauer: die Kontinuität von menschlicher und tierischer Morphologie, die Goethe mit der Entdeckung des *os intermaxillare* hatte beweisen wollen.[11] Die Fähigkeit, „die mannigfaltigen […] Erscheinungen des herrlichen Weltgartens auf ein allgemeines, einfaches Prinzip zurückzuführen"[12] und dieses Prinzip nicht theoretisch zu induzieren, sondern materialiter anschauen zu können, ist in Goethes Selbstverständnis auch die Grundlage seiner Poetologie: symbolische Gebilde herzustellen, aus denen „das Allgemeine" unmittelbar vor Augen tritt (so die bekannten Formulierungen

---

[10] Vgl. dazu Goethe (1982): Glückliches Ereignis, S. 538–542.
[11] Vgl. Goethe (1982): Dem Menschen wie den Tieren ist ein Zwischenknochen der obern Kinnlade zuzuschreiben, S. 184–196.
[12] Goethe (1982): Die Metamorphose der Pflanzen, S. 103.

über das „Symbol", die die „zarte Differenz" zu Schiller auf den Punkt bringen).[13] Als guter Kantianer hatte Schiller an dieser Theorie der Natur wie der ästhetischen Darstellung berechtigte Zweifel angemeldet: die Ableitung aufs „Allgemeine" sei immer eine Leistung des Subjekts, ein semiotischer Akt, keine unmittelbare Evidenz.[14] Um so kühner ist der Gestus, den die Terzinen vorführen: ausgerechnet an Schillers Schädel nun demonstriert Goethe noch einmal, was sein privilegierter Blick auf die Natur zu leisten imstande ist. Wo sich zunächst nur „aus Lebensfugen" gerissene Knochen, „dürre Schalen" ohne „Kern" präsentieren, gelingt es ihm, dem „Adepten", dem „die Schrift geschrieben", die Natur lesbar geworden ist, Wärme, Leben, Zusammenhang und Sinn zu stiften. Aus dem Tod entspringt „ein Lebensquell", es „offenbart" sich „Gott-Natur". Was sich hier offenbart, ist jener Lebenszusammenhang, aus dem der Tod die „zierlich tät'gen Glieder" reißt: er ist das Prinzip der Diskontinuität. Die „Gott-Natur" aber – das führt der totalisierende Chiasmus der Schlußgnome vor – vereinigt in sich das Ganze: sie umfaßt die Gegensätze von Dauer und Flüchtigkeit. Die Leere einer Hirnschale wird dieser Anschauung so zum Quell einer Fülle: „Geheim Gefäß, Orakelsprüche spendend". Es ist die Eingeweihtheit des Adepten, dem solche Offenbarung zuteil wird, und ihr Ort ist das fruchtbare „Meer" einer poetischen Imagination, die sich dem Schöpfertum der Natur gleichsetzt und der es so gelingt, Tod zum Leben zu machen, von „des Raumes Moderkält' und Enge" sich „zum Sonnenlicht" zu „wenden". Erinnert diese Wendung von den Knochen zum Sonnenlicht nicht zuletzt an Goethes Übergang von der Osteologie zur Farbenlehre, so ist die Lese-Szene, die das Gedicht vorführt, vor allem auch eine Affirmation von Goethes naturphilosophischen und poetologischen Prämissen[15]: die Geheimnisse der Gott-Natur sind ihren Schöpfungen sichtbar eingeprägt und liegen dem offen, der sie zu lesen weiß. Diese Affirmation wendet sich unmittelbar gegen Schillers Kritik dieser Prämissen. Der Schädel ist ebenso real gegeben, anschaubar und ‚objektiv', wie Schiller tatsächlich tot ist; und der Text „Im ernsten Beinhaus" ist der erbrachte Beweis für eine dichterische Potenz, die beansprucht, in dem ‚symbolischen' Blick auf das Tote und Vereinzelte das Lebendige und das Ganze durchscheinen zu sehen. Goethe schreibt Schiller so das Geheimnis seiner Schaffenskraft auf die Stirn, indem er seinen Schädel zum sichtbaren Beleg seiner Naturerkenntnis und damit zum Garanten seiner Autorschaft macht.

Bettine von Arnim rechtet mit Günderode. Die Freundin hat sie verlassen durch ihren Selbstmord, der – so stellt es sich im Roman dar – nur die letzte Verwirklichung eines Schreibkonzepts der Dichterin Günderode war. Fünfunddreißig Jahre nach diesem Selbstmord, dessen genauere Umstände in *Goethes Briefwechsel mit einem Kinde* (1835) vorab geschildert, aber aus der *Günderode* (1840) ausgeklammert sind,

---

[13] Goethe (1982): Maximen und Reflexionen, S. 471; vgl. auch Sørensen (1979): Die ‚zarte Differenz'.
[14] Schiller an Goethe vom 7. 9. 1797, in: Briefwechsel, S. 462.
[15] Zum „Buch der Natur" und dessen Lesbarkeit vgl. Blumenberg (1986): *Die Lesbarkeit der Welt*, Kap. XV, der darauf hinweist, daß diese Metaphorik bei Goethe stets an das Numinose einer Offenbarung oder die Unmittelbarkeit von „Anschauung" gekoppelt ist.

verfaßt sie diesen Briefroman, dessen obsessives Thema in der Korrespondenz der Freundinnen „Bettine" und „Günderode" der Zusammenhang von Schreiben und Sterben ist. Auch sie will einen Dialog fortführen, und sie entwirft sich ihre Partnerin, wiederauferstanden in ihren Briefen. Daß diese Briefe weniger ab- als neugeschrieben sind, daß sie bestenfalls freie Transformationen der alten Korrespondenz, in den meisten Fällen aber erfunden sind, wußten schon die Zeitgenossen und wurde von Bettine von Arnim auch nur notdürftig kaschiert. Ihr Schreiben ist die phantasmatische Wiederbelebung toter, längst vergangener Reden – der eigenen wie der fremden, die zugleich eine Wiederbelebung derer anstrebt, die diese Reden einst führten. Das Gespenstisch-Halluzinatorische dieser Wiederbelebung wird von Arnim geradezu kultiviert: „Die Günderode steht vor mir, und sie ruft mich oft wenn am Abend das Licht brennt von meinem Platz", schreibt sie während der Abfassung an Julius Döring.[16] Im Abschreiben und Neuschreiben der Briefe und Reden jener Toten und Verstummten der Zeit um 1800 (Hölderlin, Sinclair, Günderrode und vieler andere) gibt sie ihnen eine Stimme, mit der sie sich nun – in Gestalt der Bettine – in eine Debatte über Freundschaft, Erinnerung, Schreiben und Tod vertieft. Diese Stimme konstituiert sich aus den Texten der anderen: so montiert sie etwa im Rückgriff auf dichtungstheoretische Texte Hölderlins einen fulminanten Monolog des wahnsinnigen Dichters, der im Roman berichtet wird. Die intertextuelle Transformation, die dieser Text – der Kommentar zur *Antigone*-Übersetzung[17] – im Roman erfährt, ist eine willkürliche Klitterung von Zitaten und Begriffen; Arnim zerstückelt den Text und montiert ihn neu, um ihn seinem Autor Hölderlin so in den Mund zu legen, als wären es nicht poetologische Reflexionen, sondern eine Rede, die vor allem Zeugnis des ausbrechenden Wahnsinns und seiner dichterischen Luzidität ist. Damit referentialisiert sie die Worte Hölderlins auf ihren Autor hin – sie erstellt diesen Autor als Subjekt eines Ausdrucks, als eine ‚Seele', deren ‚Stimme' dieser Text ist. Sie konstruiert so Autorschaft in der Apotheose der Autoren. Mit dieser Konstruktion, die den Autor zur Personifikation seiner eigenen Werke macht (nicht zufällig sind auch zahlreiche Werke Karoline von Günderrodes eingeschaltet), führt der Roman die rhetorische Form der goethezeitlichen Autorschaft vor: ein Werk wird auf ein Leben, eine historische Person bezogen, die sich in ihrer Individualität wiederum über dieses Werk bestimmt, mit diesem Leben die Wahrhaftigkeit des Textes verbürgend.

Diese Verkoppelung von Leben und Text aber birgt als ihr Risiko den Tod – und es ist dieses Risiko eines Sich-zu-Tode-Schreibens, das im Briefwechsel Gegenstand eines heimlichen, aber nicht minder vehementen Kampfes zwischen Bettine und Günderode wird. Denn es geht in der Freundschaft der beiden um nicht weniger als Leben und Tod: „Ja", schreibt Bettine an die ältere Freundin, „wer unzerstreut und mit ganzer Seele dabei wär, der könnt wohl Tote erwecken, drum will ich mich sam-

---

[16] Zitiert nach Arnim (1986): *Werke und Briefe*. Bd. 1, S. 1096.
[17] Hölderlin (1984): *Sämtliche Werke und Briefe*. Bd. II, S. 451–458, den Nachweis dieser Zitate hat Oehlke (1905): *Bettine von Arnims Briefromane* erbracht.

meln und an dich denken, daß ich dich mir wach erhalte, daß du mir nicht stirbst."[18] Die Günderode am Leben zu erhalten ist der Einsatz von Bettines Freundschaft, der Einsatz also der gesamten Korrespondenz, und es ist das Scheitern des Verhältnisses wie des Briefwechsels, das der Tod Karoline von Günderrodes, im Buch sorgsam verborgen, von Anfang an besiegelt. Aber es ist zugleich auch Möglichkeitsbedingung des postumen Brief*romans*. Nur auf den ersten Blick also knüpft dieser Briefwechsel an die intime Briefkultur des achtzehnten Jahrhunderts an, in der es darum geht, vor dem Spiegel des anderen zur eigenen Innerlichkeit und zum Schreiben dieser Innerlichkeit zu kommen. Vielmehr begegnen sich in der Bettine und der Günderode zwei Mängelwesen, beide behaftet mit einer beschädigten oder noch nicht ausgeformten Subjektivität, die ein Schreiben als Introspektion prekär macht. Die Emphase freundschaftlichen Austausches steigert die Bettine zur restlosen Heteronomie: „ich kann vor niemandem sprechen wie vor dir, ich fühl auch die Lust und das Feuer nicht dazu als nur bei dir, […]" (G 100). „Nur um Deinetwillen leb ich – hörst Du's?" (G 228), schreibt Bettine. Der Umgang mit Günderode soll ihr zum Spiegel der eigenen Subjektivität werden, der Blick der anderen soll sie zusammensetzen, „reimen" (G 184) und so aus ihr das Subjekt einer Schrift machen, wie sie „Bruder Clemens" immer wieder auffordert. Aber was sie schreibt, fliegt ihr davon; sie kann sich ihre Texte, verstreute Briefe, nicht aneignen, in ihnen die Verfestigung ihres Sprach- und Gedankenstroms lesen, sich nicht im eigenen Geschriebenen selbst spiegeln: „Ich möchte [die Gedanken] zwar gern behalten oder aufschreiben, aber sie ziehen mich immer weiter, […] so mag es denn hingehen, daß ich kein Buch schreiben kann, wie es der Clemens will" (G 155); „Eins will ich dir sagen von meinen Briefen, ich lese sie nicht wieder – ich muß sie hinflattern lassen wie Töne, die der Wind mitnimmt […]" (G 430). Die Sprache der Natur, des „Geistes", die Musik sind es, denen sie sich anschmiegt und hingibt, nicht Eigenes, sondern das Fremde, Ferne strebt ihre Rede an. Das Prinzip der Bettine ist keine Autorschaft, die sich aus einer geschlossenen Instanz des Schreibens speist, sondern Diffusion – des Subjekts wie seiner Schrift.

Ganz anders die Figur Günderode. Wo die Bettine ihren Mangel an Konzentriertheit zwar beklagt, aber dennoch lustvoll kultiviert, leidet die Ältere an einer tiefen melancholischen Wunde: „ich fühle oft wie eine Lücke hier in der Brust, die kann ich nicht berühren, sie schmerzt", sagt sie zur Bettine, die fragt: „,kann ich sie nicht ausfüllen, diese Lücke?' – ,Auch das würde schmerzen'" (G 224). Dieser Mangel ist unstillbar und unsagbar: er hat schlechthin kein Objekt. Die Rhetorik der „Lücke" aber hat ihr literarisches Vorbild in Goethes *Werther*, der seinerseits eine „entsetzliche Lücke" in seinem „Busen fühlt" (HA 6, 83). Günderodes Melancholie – das Leiden an einer fundamentalen und nicht-repräsentierbaren Wunde, die alle Güter und alle Worte der Welt entwertet[19] – ist so literarisch vorgeformt, mehr noch: sie leidet an genau dieser Deriviertheit, der Angelesenheit und Auswendigkeit jeder Inner-

---

[18] Arnim (1983): *Die Günderode*, S. 479. Im folgenden wird im laufenden Text nach dieser Ausgabe mit der Sigle G zitiert.
[19] Vgl. Kristeva (1987): *Soleil noir*, S. 22 ff.

lichkeit. Hatte Werther seine Krankheit zum Tode mit empathischen Lektüren Homers, Ossians, Klopstocks und Lessings genährt[20], so greift Günderode ihrerseits auf *Werther*, Schleiermacher, romantische Naturphilosophie und wiederum den notorisch todesseligen Ossian zurück. Sie schreibt eine Nachdichtung der Ossianschen „Darthula", verfaßt ein „Apokaliptisches Fragment"; Titel wie „Wandrers Niederfahrt", „Immortalita", „Lethe", „Die Manen" sprechen für sich. Tod und Totenklage sind ihr obsessives Thema.[21]

> Wenn ich nicht heldenmütig sein kann und immer krank bin an Zagen und Zaudern, so will ich zum wenigsten meine Seele ganz mit jenem Heroismus erfüllen und meinen Geist in jener Lebenskraft nähren, die jetzt mir so schmerzhaft oft mangelt, und woher sich alles Melancholische doch wohl in mir erzeugt. (G 281)

Die Rede von „erfüllen" und „nähren" weist auf die Hohlform einer Subjektivität, deren Leere sublime Stoffe und universale Ideen zu füllen haben. Zugleich aber erhebt sie den Anspruch absoluter Wahrhaftigkeit in der Dichtung: „Ich suche in der Poesie wie in einem Spiegel mich zu sammeln [...]. Das Wichtigste an der Poesie ist, was an der Rede es auch ist, nämlich die wahrhaftige, unmittelbare Empfindung, die wirklich in der Seele vorgeht" (G 409). Wo sich Bettine in der anderen und im anderen, aber gewiß nicht in der eigenen Schrift spiegelt, sucht die Günderode ihr Bild in toten Buchstaben. Soll ihr todesbesessenes Schreiben also „wahrhaftig" sein, so muß sie es mit dem eigenen Leben beglaubigen. Ihr Schreiben ist eine „Einübung ins Sterben", ihre Dichtungen „Grabmäler eines Selbst, das keinen Stoff hat, nur die Form seiner Trauer".[22] Diese auto-thanatographische Geste im Schreiben der Günderode legt Arnim in aller Deutlichkeit offen. Zielsicher referentialisiert sie ihren *Darthula*-Text als Zeugnis eines angekündigten Todes: „Ich kann mir unter Collas Tochter [der gefallenen Heldin Darthula] immer nur Dich denken; denn sie schläft, der Frauen Erste! – und so hab ich in mancher Stunde mit Tränen Dich besungen [...]" (G 92). Die goethezeitliche Verkoppelung von Werk und Leben, von „Dichtung und Wahrheit" analysiert Arnim am Schicksal der Günderode als tödlich: Günderode schreibt sich zu Tode, ihren so hochgradig lektüregespeisten und konventionellen Text beglaubigt sie zuletzt im Selbstmord.

Wenn Bettine von Arnim mit der toten Freundin rechtet, so ist der Gegenstand ihres Vorwurfs nur vordergründig das Verlassen-Werden durch den Tod der anderen. Es ist vielmehr das Konzept von Autorschaft selbst, das Günderode bis zum Ende verkörpert. Arnims autobiographische Heldin Bettine kämpft genau gegen dieses Sich-zu-Tode-Schreiben an und setzt ihm ihre Diffusion des Ich und der Texte entgegen. Daß der Roman aber entsteht und daß er immer wieder um das Thema des Todes kreist, belegt von Anfang an das Scheitern dieses Kampfes. Bettine von Arnim folgt nicht einfach der (Nicht-)Poetik der Bettine, aber sie verfällt auch nicht

---

[20] Vgl. Kittler (1980): Autorschaft und Liebe, S. 153.
[21] Diese in den Roman eingeschalteten Texte sind Texte der historischen Karoline von Günderrode.
[22] Kittler (1991): In den Wind schreibend, Bettina, S. 226.

dem tödlichen Innerlichkeits- und Unsterblichkeitskult Günderodes. Sie läßt die anderen reden und entwirft ihr Schreiben im Reflex dieser anderen, der Rede und Gegenrede. Gerade indem ihnen ein Gesicht gegeben wird, das Gesicht des anderen, werden die Toten Bettine von Arnim zum Spiegel. Und in diesem Spiegel erscheint ihr Jugend- und Traumbild, als das sie sich noch als alte Frau in Szene setzt: das ‚Kind' Bettine. Goethes Auseinandersetzung mit Schiller dagegen zielte auf eine Rekonstitution seiner Autorschaft, die sich in ihren poetologischen Voraussetzungen durch Schillers schweigenden Einspruch bedroht sah; der Versuch, Schillers Stimme wiederzubeleben, mit der eigenen Stimme im „Epilog auf Schillers Glocke" zu verweben, mißlingt in der Gewaltsamkeit seiner Aneignungen und Zuschreibungen. Ein *eigenes* Schreiben kann für Goethe nicht das des anderen sein, sondern muß sich abwehrend gegen den anderen durchsetzen.[23] Die Rätselstruktur, in der die Terzinen den Namen Schillers in sich verbergen, ist die Spur der Ambivalenz, die diese Abwehr prägt: Sie erzeugt die Schwierigkeit, anzuerkennen und zu kennzeichnen, in welchem Maße sich dieses Gedicht gegen Schiller wendet – und in welchem Maße es sich gerade seinem Einspruch verdankt.

Bettine von Arnims Briefromane gehen den umgekehrten Weg, weil sie ein entgegengesetzes Ziel haben. Autorschaft, so demonstriert sie am Schicksal der Günderode, kann tödlich sein, löst sie sich nicht auf im Reden der anderen, schmiegt sich ihnen heteronom an und sucht das Eigene im Widerschein des Fremden. So entfaltet sie eine textuelle Praxis, deren Dekonstruktion von Autorschaft weiter geht als die romantische Textmystik, die die junge Bettine zelebriert. Ihr Text öffnet sich dem Einbrechen der Worte des anderen, sie forciert seine Differenz, sie gibt seiner Position gerade in der Form ihrer verzweifelten Erwiderung Raum. So kehren die Toten wieder, als Gegenredende, aber nicht als Gespenster und Bedrohung des eigenen Schreibens, sondern als Freunde und Freundinnen, deren Wissen und deren Schicksale den Lebenden vermacht werden, als Fortgegangene, die nie aufhören werden, ein Teil von uns zu sein.

Bibliographie

Abraham, Karl: Versuch einer Entwicklungsgeschichte der Libido. II.: Objektverlust und Introjektion in der normalen Trauer und in abnormen psychischen Zuständen (1924). In: Ders.: *Gesammelte Schriften in zwei Bänden*. Bd. 2, hrsg. von Johannes Cremerius. Frankfurt a. M. 1982, S. 32–83.
Ariès, Philippe: *Geschichte des Todes*. München 1982.
Arnim, Bettine von: *Die Günderode*. Frankfurt a. M. 1983.
– : *Werke und Briefe*, hrsg. von Walter Schmitz und Sibylle von Steinsdorff. Frankfurt a. M. 1986.
Bloom, Harold: *The Anxiety of Influence*. Oxford 1973.

---

[23] Zur Theorie intertextueller Abwehr des anderen vgl. Bloom (1973): *The Anxiety of Influence*.

Blumenberg, Hans: *Die Lesbarkeit der Welt*. Frankfurt a. M. 1986.
Briefwechsel zwischen Schiller und Goethe, hrsg. von Emil Staiger. Frankfurt a. M. 1977.
Derrida, Jacques: Psyché. Invention de l'autre. In: Ders.: *Psyché. Inventions de l'autre*. Paris 1987, S. 11–61.
Freud, Sigmund: Trauer und Melancholie (1917). In: Ders.: *Studienausgabe*. Bd. III. Frankfurt a. M. 1975, S. 193–212.
– : Totem und Tabu. II. Das Tabu und die Ambivalenz der Gefühlsregungen (1913). In: Ders.: *Studienausgabe*. Bd. IX. Frankfurt a. M. 1975, S. 311–363.
Goethe, Johann Wolfgang von: Tag- und Jahreshefte. In: Ders.: *Hamburger Ausgabe*. Bd. 10, hrsg. von Erich Trunz et al. München 1982, S. 429–528.
– : Glückliches Ereignis. In: Ders.: *Hamburger Ausgabe*. Bd. 10, hrsg. von Erich Trunz et al. München 1982, S. 538–542.
– : Maximen und Reflexionen. In: Ders.: *Hamburger Ausgabe*. Bd. 12, hrsg. von Erich Trunz et al. München 1982, S. 365–550.
– : Die Metamorphose der Pflanzen: Schicksal der Handschrift. In: Ders.: *Hamburger Ausgabe*. Bd. 13, hrsg. von Erich Trunz et al. München 1982, S. 102–104.
– : Dem Menschen wie den Tieren ist ein Zwischenknochen der obern Kinnlade zuzuschreiben. In: Ders.: *Hamburger Ausgabe*. Bd. 13, hrsg. von Erich Trunz et al. München 1982, S. 184–196.
Hecker, Max (Hrsg.): *Schillers Tod und Bestattung*. Leipzig 1935.
Hölderlin, Friedrich: *Sämtliche Werke und Briefe in zwei Bänden*, hrsg. von Günther Mieth. München 1984.
Horn, Eva: *Trauer schreiben. Die Toten im Text der Goethezeit*. München 1998.
Kittler, Friedrich A.: Autorschaft und Liebe. In: Ders. (Hrsg.): *Austreibung des Geistes aus den Geisteswissenschaften*. Paderborn u. a. 1980, S. 142–173.
– : In den Wind schreibend, Bettina. In: Ders.: *Dichter – Mutter – Kind*. München 1991, S. 219–255.
Kristeva, Julia: *Soleil noir*. Paris 1987.
Lessing, Gotthold Ephraim: Brief vom 6. 9. 1759 an Gleim. In: Ders.: *Werke und Briefe*, hrsg. von Helmut Kiesel et al. Frankfurt a. M. 1994, Bd. 11/1, S. 333.
Montaigne, Michel de: De la vanité. In: Ders.: *Essais*. Bd. III, ix, hrsg. von Jean Plattard. Paris 1967, S. 7–88.
Oehlke, Waldemar: *Bettine von Arnims Briefromane*. Berlin 1905.
Sørensen, Bengt Algot: Die ,zarte Differenz'. Symbol und Allegorie in der ästhetischen Diskussion zwischen Goethe und Schiller. In: *Formen und Funktionen der Allegorie*, hrsg. von Walter Haug. Stuttgart 1979, S. 632–641.
Starobinski, Jean: *Montaigne. Denken und Existenz*. Frankfurt a. M. 1989.

Der Teufel und die geschwänzte Trauer in Gottfried Kellers Marienlegenden

Irmgard Roebling

Gottfried Keller hat in seinen *Sieben Legenden* verschiedentlich den Teufel als Gegenpart zur Figur der Maria phantasiert, und zwar einen Teufel, der zumeist unzufrieden oder traurig erscheint. Insbesondere die zweite Legende unter dem Titel „Die Jungfrau und der Teufel" kreist um eine solche gramvolle Teufelsgestalt und soll daher im folgenden einer ausführlicheren Interpretation unterzogen werden. Besonderes Interesse kann diese Teufelsgestalt durch die Art reklamieren, wie hier Trauer und Melancholie auf eine eigentümliche Weise mit Männlichkeit verbunden werden und wie darüber hinaus diese Trauer zur Bedingung von Kreativität wird.

Freud versteht in seinem berühmten Aufsatz „Trauer und Melancholie" unter Trauer die menschliche „Reaktion auf den Verlust einer geliebten Person oder einer an ihre Stelle gerückten Abstraktion wie Vaterland, Freiheit, ein Ideal usw."[1] Trauer in diesem Sinne setzt also immer Verlust (das heißt Trennung von einem Objekt oder Zustand) voraus und Leiden an dieser Trennung. Nach Freuds Ausführungen weiß der Trauernde normalerweise, worum er trauert. Beim Melancholiker sei das häufig weniger eindeutig. Über die genaue Abgrenzung zwischen Trauer und Melancholie streitet sich bekanntlich die Forschung in Anschluß an Freuds Aufsatz und in Entwicklung eines je eigenen Trauer- und Melancholiekonzepts.

In dem von mir interpretierten Text geht Trauer gelegentlich in Melancholie über, glauben die Trauernden zwar zu wissen, worum und warum sie trauern, neigen aber doch, wie nach Freud nur die Melancholiker, zur Selbstherabwürdigung in der Trauer, neigen zu einer Verbindung von Selbstverachtung und Größenwahn. Der Umgang mit den *Legenden* legt die Vermutung nahe, daß die Unterscheidung von Trauer und Melancholie bei sehr frühen, und das heißt dem Bewußtsein kaum zugänglichen, Verlusten nicht vollzogen werden kann. Da in Kellers Texten sich frühkindliche Verluste mit solchen des aufwachsenden und erwachsenen Menschen verbinden, habe ich mich entschlossen, im folgenden Trauer und Melancholie als einen nicht weiter differenzierten Gesamtkomplex zu behandeln. Wichtig als ergänzende Kategorie neben der des Verlustes scheint mir die des Sturzes zu sein, weil sie die Erfahrung von Verlust, die dem Subjekt ja durchaus noch äußerlich sein könnte, als eine von eigener Wertminderung und Relativierung verdeutlicht.

Kellers *Sieben Legenden* erschienen 1872 nach langer Bearbeitungszeit.[2] Sie mach-

---
[1] Freud (1975): Trauer und Melancholie, S. 197.
[2] Verwiesen wird in diesem Zusammenhang immer auf Kellers Brief an Paul Heyse vom 2. 4. 1871, in dem er als Beginn der Beschäftigung mit dem Stoff den Winter 1857/58 angibt. Er schreibt, daß er sodann seine Legenden „alle 1½ Jahr einmal besieht und ihnen die Nägel

ten ihn bei einem breiten Publikum sogleich beliebt, erzeugten bei den intellektuellen Lesern aber auch Unbehagen wegen des Rückzugs in einen unhistorisch-unpolitischen Bereich oder erzeugten Verstörung wegen des ambivalenten Umgangs mit dem religiösen Stoff. Angeknüpft wird in den *Sieben Legenden* an Gotthart Theobul Kosegartens 1804 erschienene religiös-lehrhafte *Legenden*, die Keller, wie er im Vorwort sagt, reproduziere, „wobei ihnen freilich zuweilen das Antlitz nach einer anderen Himmelsgegend hingewendet wurde, als nach welcher sie in der überkommenen Gestalt schauen".³ Es handelt sich hier um eine besonders interessante Form literarischer Fortschreibung, insofern als Keller sich zum einen erstaunlich eng an die Vorlage hält, diese aber zum anderen, aus dem Geist Feuerbachs und einer damit verbundenen starken Diesseitigkeit heraus, radikal unterläuft.

Die Legenden des Theologen und Hobby-Literaten Kosegarten sind angepaßt, lehrhaft langweilig, mit einer kleinen Dosis Aufklärung (der Teufel wird ungern als solcher genannt) und Romantik (dem neuentdeckten Reiz Marias wird nicht ganz widerstanden), vor allem aber sind sie auf eine spezifisch protestantische Art sinnenfeindlich. „Entsagung, Aufopferung, Selbstverläugnung" bezeichnet Kosegarten selbst als „Angelpunkte"⁴ seiner christlich asketischen Weltauffassung.

In der Legende „Die Jungfrau und der Böse", der Vorlage von Kellers Legende „Die Jungfrau und der Teufel", erzählt Kosegarten (der selbst wieder aus der spätmittelalterlichen *Legenda aurea* des Jacobus a Voragine schöpft) die Geschichte eines sehr reichen und mächtigen Ritters, der seine Reichtümer verschwendet hat, danach in Trauer verfällt und mit dem Teufel einen Pakt schließt. Der Teufel verspricht ihm einen Haufen Gold, Silber und Edelsteine, wenn er dafür des Ritters „züchtige und fromme Ehegenossin" ausgeliefert bekommt. An der will er sich peinigend rächen, weil sie ihn durch ihre Frömmigkeit seit jeher geplagt hat. Das Geschäft kommt zustande. Doch die Ehefrau – ahnungsvoll – empfiehlt sich der Jungfrau Maria an, die sie einschlafen läßt und dann in ihrer Gestalt vor den Teufel tritt und ihn zur Hölle jagt. Der Ritter wird von Maria getadelt, bereut, bekommt seine brave Frau zurück und von der Jungfrau, nachdem er sich vom Teufelsgold getrennt hat, zur Belohnung noch mehr Reichtum als er vom Bösen erhalten hat. Das Gute als das Fromme siegt; das Böse, Verschwendertum, Prunksucht, Betrügerei und dessen Inkarnation, der Teufel, werden von den Himmlischen verjagt.

Für Keller interessant und inspirierend waren offensichtlich drei Punkte: das Umschlagen vom Glück zum Unglück und die dadurch bewirkte Trauer des Reichen, der Teufelspakt und die Verkleidungs- und Vermittlerrolle Marias. Während in seiner Geschichte der Ritter dem Kosegartenschen Vorbild noch ähnlich blieb, hat Keller die Ehefrau, den Teufel und Maria gründlich verwandelt. Von besonderer Wichtigkeit scheint mir die Verwandlung des Teufels vom Inbegriff des Bösen zu einer

---

beschneidet, so daß sie zuletzt ganz putzig aussehen werden" (Keller, 1950: *Gesammelte Briefe*, Bd. 3.1, S. 19).
³ Keller (1991): *Sämtliche Werke*. Bd. 6: *Sieben Legenden. Das Sinngedicht. Martin Salander*, S. 11. Im folgenden wird im laufenden Text nach dieser Ausgabe mit der Sigle SL zitiert.
⁴ Kosegarten (1904): *Legenden*, Vorrede, S. 7.

Inkarnation von Männlichkeit und Sexualität, wodurch die ganze Legende eine andere ,Stoßrichtung' bekommt. Vor allem aber hat Keller durch literarische Ausgestaltung der Legende einen neuen, zwischen Ironie und tiefstem Ernst oszillierenden Ton gegeben, und er hat zudem dem abstrakten Text Anschaulichkeit verliehen: er hat Namen erfunden (der Ritter wird zum Grafen Gebizo, die Frau zu Bertrade), und er hat Orte präzisiert: der Schatz des Teufels soll nicht an „dem und dem Orte"[5], sondern präzis unter dem Kopfkissen der Frau Bertrade zu finden sein. Vor allem aber hat Keller den Text von einer heilsgeschichtlichen Allegorie in ein psychologisch stimmiges Exempel menschlicher Entwicklung und menschlicher Trauer verwandelt. Der Stoff beginnt zu leben, verlangt nach Weiterleben, und das hat der Autor realisiert durch Anknüpfen einer anderen Kosegarten-Legende („Legende von der Jungfrau Maria"), in der ursprünglich nur kurz von einem braven Ritter erzählt wird, für den auch Maria in seiner Gestalt gekämpft hat. Keller macht aus dieser Vorlage eine seiner raffiniertesten Legenden, „Die Jungfrau als Ritter", in der er den Teufel, Maria und Bertrade weiterleben läßt und einen neuen männlichen Protagonisten, den Ritter Zendelwald, erfindet. Dessen Erlebnisse werden in einer merkwürdigen erzählerischen Schuppentechnik auf die vorherigen Erzählphasen aufgesetzt; Lebensläufe in aufsteigender Linie, könnte man sagen. Doch dazu später.

Die Trauerperspektive – um die es uns hier ja besonders geht – ist bei Kosegarten dem Text zunächst als adäquate Strafe für die Prunksucht des Ritters und sodann als Verrennen in den Groll eingeschrieben. In letzterem folgt der Text dem gängigen Melancholieverdikt des achtzehnten und neunzehnten Jahrhunderts als Verteuflung weltanschaulicher wie politischer Gegner, das sich im Verfolgen von Schwärmern, Phantasten, Querulanten, Abweichlern, Rebellen zeigte.[6] Weil der Ritter Kosegartens nicht Zuflucht bei Gott im Gebet sucht, könnte man folgern, verfällt er in „Herzensangst und Bekümmernis" und sucht (falschen) Trost in einer „wüste[n], seiner Traurigkeit angemessenen Gegend" (Kos 848). Da kann ihm aber kein echter Trost werden, sondern nur weitere sündhafte Verstrickung, und so kommt es zum Teufelspakt. Nur von ,oben' kann solche Verirrung wieder repariert werden, hier durch Maria. Die Trauer wendet sich durch das Eingreifen der Himmlischen in Reue und Einsicht, und das Ende bringt frommes Leben und Glück.

Ganz anders bei Keller. In seinen beiden Legenden werden die Motive von Teufelspakt und Trauer nicht wie bei Kosegarten als sündhafte Verirrung des Menschen und dann als Strafe des geprellten Teufels dargestellt; Trauer und Teufel erscheinen vielmehr als notwendiges und insofern auch positives Durchgangsstadium in einer stufenförmigen Entwicklung zum Mann und zum Künstler.

Deshalb erzählt Kellers Legende „Die Jungfrau und der Teufel" nicht schon im ersten Satz vom schuldhaften Unglück des reichen Ritters mit seiner, wie Kosegar-

---

[5] Leitzmann (1919): *Die Quellen zu Gottfried Kellers Legenden*, S. 849. Im folgenden wird im laufenden Text nach dieser Ausgabe mit der Sigle Kos zitiert.
[6] Dazu in der Melancholieforschung Lepenies (1969): *Melancholie und Gesellschaft;* Mattenklott (1968): *Melancholie in der Dramatik des Sturm und Drang;* Schmitz (1974): *Melancholie als falsches Bewußtsein.*

ten schreibt, „unzeitigen Freigibigkeit", sondern entfaltet in den ersten beiden Absätzen – psychologisch gesprochen – ein Panorama absoluter narzißtischer Vollbefriedigung. Es beginnt also nicht mit Verlust, sondern mit üppiger Beschreibung dessen, was jedem Verlust vorausgeht, nämlich des *Habens* und seiner glücksstiftenden Seiten. „Es war ein Graf Gebizo, der besaß eine wunderschöne Frau, eine prächtige Burg samt Stadt und so viel ansehnliche Güter, daß er für einen der reichsten und glücklichsten Herren im Lande galt" (SL 29). Hier wird in märchenhaftem Duktus und märchenhafter Vollkommenheit alles das genannt, was ein trauerfreies Leben garantiert: Reichtum, Liebe, Besitz, Glück, Macht und Anerkennung all dessen durch andere Menschen. Die Adjektive ‚wunderschön', ‚prächtig', ‚ansehnlich' samt den Superlativen in der Wendung vom ‚reichsten und glücklichsten Herren' zeigen, daß hier nicht nur einer alles hat, um glücklich zu sein, sondern daß hier Großartigkeit und Einzigartigkeit gepaart sind mit einem Höchstmaß an Befriedigungsmöglichkeiten. Graf Gebizo reagiert darauf im Vollbesitz seiner Kräfte mit Großzügigkeit und Wohltätigkeit. Sein Name Gebizo verweist auf Geben. Es geht ihm so gut, daß er nicht nur alles hat, sondern auch freigiebigst und unentwegt geben kann. Mit Gebizo – so könnte man resümieren – wird das Bild eines Ideal-Ichs phantasiert.

Ihren eigentlichen Glanz bekommt diese paradiesische Situation durch die Frau, die bezeichnenderweise von Keller – anders als bei Kosegarten – als erster Besitz genannt wird und die nicht bloß „züchtig und fromm" (Kos 848), sondern schön, lieb, gut, erwärmend, schenkend ist. Mit Gebizos Eheweib wird im Grunde eine Mutterfigur evoziert, ein „gutes Weib gleich einer Sonne" (SL 29), welche „die Gemüter der Gäste erwärmte" (SL 29). Indem Gebizo selbst gern schenkt und gibt, die Armen zu Hunderten speist und tränkt und nur zufrieden ist, wenn täglich Dutzende auf seinem Hof schmausen und ihn lobpreisen, zeigt er selbst mütterliche Züge, ist eins mit Bertrade.

Das Glück wendet sich, Gebizo verarmt, die Burg verödet, alle wenden sich von ihm ab. Gebizo leidet und „verfiel in einen bittern und verstockten Trübsinn und verbarg sich vor der Welt" (SL 30). Grund zur Trauer ist sichtlich vorhanden, da Reichtum, Macht und öffentliche Anerkennung plötzlich abhanden gekommen sind. Sein Weib in aller Schönheit hat er aber noch, und

> je öder es im Haus aussah, desto lichter schien diese Schönheit zu werden. Und auch an Huld, Liebe und Güte nahm sie zu, je ärmer Gebizo wurde, so daß aller Segen des Himmels sich in dies Weib zu legen schien und tausend Männer den Grafen um diesen einen Schatz, der ihm noch übrig blieb, beneideten. Er allein sah nichts von alledem. (SL 30)

Wie ist das zu verstehen, warum kann ihn seine so mütterlich reiche Frau voll Huld, Liebe, Güte, Wärme nicht trösten? Offenbar ist es gerade ihre Mütterlichkeit und seine Verschmolzenheit mit ihr, die es ihm unmöglich macht, sie wahrzunehmen. Deutlich wird man an das Bild einer frühkindlichen Dyade erinnert, einen Zustand vor der Trennung von Ich und Du, von Subjekt und Objekt. Gebizos Sturz aus dem primärnarzißtischen Himmel des Glücks ist als Fall aus der Ureinheit mit der Mutter zu verstehen und als Zerstörung seines Ideal-Ichs. Dennoch kann er die mütterliche Frau nicht sogleich als andere erkennen und ihre Anerkennung für sich nicht realisieren. Um diese Trennung zu verarbeiten, braucht er zunächst einen Trauerprozeß, braucht die Erfahrung anderer, von ihm unabhängiger Objekte. Thomas Auchter schreibt in seinem Aufsatz über Trauer und Kreativität: „Ein Objekt, das immer anwesend ist, stets alle Bedürfnisse befriedigt, kann nicht zum Objekt im menschlichen Sinn werden"[7] und kann – so würde ich fortfahren – auch keinen Trost spenden. Gebizos Frau ist offenbar so ein Objekt, das alle Bedürfnisse befriedigt hat. Er hat sich von ihr nicht trennen können, hat sie und sich nicht als gesonderte Wesen kennenlernen können, hat überhaupt nicht gelernt, zwischen sich und der Welt, zwischen Wünschen und Realität zu unterscheiden, und so kann von diesem Teil seiner selbst auch kein Trost kommen. Von diesem Tatbestand her erscheint seine Trauer in Form des „verstockten Trübsinns" nicht als Irrweg in die Sünde, sondern als Zeichen der Rebellion und damit als möglicher Anfang eines Loslösungs- und Selbstfindungsprozesses.

Im Fortgang des Textes häufen sich Bilder für die Trauer: Gebizo schämt sich, grämt sich, ist unwirsch, grollt, will selbst Ostern nicht in die Kirche, sondern sich in den Wäldern verbergen. Düster, schwarz und wild ist die Landschaft, die den Trauernden aufnimmt, eine byronsche Landschaft, wie es sich für Trauernde im neunzehnten Jahrhundert gehört. Doch diese wüste Landschaft hat einen Sinn, sie kann ihm zum Spiegel werden. Unvermutet erscheint auf dem See, an dem er sich niedergekauert hat, ein Nachen mit einem „hochgewachsenen Mann", in dem wir bald den Teufel erkennen, der mit Gebizo einen Pakt schließt; nicht umsonst ist es ja Ostern[8], die Faustgeschichte begann schließlich auch in Gegenbewegung zum Ostergeschehen. Der Pakt besagt, daß Gebizo am Abend vor der Walpurgisnacht dem ritterlichen Herrn seine Frau bringt und dafür alles wiederbekommt, was er verloren hat, um sein Leben lang Klöster bauen und Menschen speisen zu können. Gebizo erkennt schließlich, wen er vor sich hat, und eilt, „mit einer Gänsehaut bekleidet", nach Hause – die Vorstellung des nackten Säuglings drängt sich mir bei dieser merkwürdigen Wendung auf. Unter dem Kopfkissen seiner Frau findet er – wie vom Teufel verheißen – ein „altes unscheinbares Buch, das er nicht lesen konnte" (SL 32). Aber beim Blättern fallen so viele Goldstücke heraus, daß er hinfort noch prächtiger bauen und noch großzügiger spenden kann. Die Frau belügt er und betrügt sie und kann sie so, wie er glaubt, dem „hochgewachsenen Mann" am Walpurgisabend übergeben.

---

[7] Auchter (1984): Trauer und Kreativität, S. 210.
[8] Der Text nimmt hier in verschobener Form Elemente der Osterspiele auf, in denen der Abstieg Christi in die Hölle zur Befreiung der Seelen dargestellt wurde. Immer ist hier der Teufel der Betrogene, der Geprellte. Auch in Kellers Text wird er – nun nicht von Christus, sondern von Maria – geprellt, aber er steht – entsprechend der Humanisierung der Teufelsfigur seit dem achtzehnten Jahrhundert – doch nicht so dumm und geprügelt da wie in früheren Teufelstexten. Die Betrügerei wendet sich zurück auf Maria, die ihn eigentlich bloßstellen wollte und sich nun gerade gegen ihn behaupten kann. Das lenkt den Blick auf das Anliegen des Teufels und damit seiner neuen Interpretation durch Keller. Siehe dazu Mahal (1982): *Mephistos Metamorphosen*, S. 54; Schmidt (1997): Faust als Melancholiker. Zu Teufelsgestalten und ihren Bedeutungen in der Literatur siehe auch Holz (1989): *Im Halbschatten Mephistos*.

Halten wir einen Augenblick inne. Was hat sich ereignet? Trauer hat bewirkt, daß Gebizo im eigentlichen Sinne zu reflektieren beginnt, Spiegelung in der Natur sucht und im Teufel findet. Daß es sich in der Teufelsbegegnung Kellers – anders als bei Kosegarten – um eine Spiegelung handelt, wird zum einen nahegelegt durch das Bild des kleinen Sees, aus dem der Mann ersteht, obwohl Gebizo hier vorher keinen Menschen gesehen hat, und zum anderen durch die Tatsache, daß der auftauchende Mann Gebizo im zentralen Punkt, dem der mimischen Trauer, ähnlich sieht: er hat „einen Zug gründlicher Unzufriedenheit um den Mund" und spricht Gebizo an mit den Worten, „warum er ein so schlimmes Gesicht in die Welt schneide" (SL 31). Und doch ist dieses Spiegelbild auch anders als Gebizo, vielleicht eine Korrektur oder Zukunftsvision von ihm als „hochgewachsene[m] Mann"? Sollte die Trauer schon gewirkt haben? Kellers Teufel nämlich, die potentielle Spiegelfigur, weiß um den Schatz, den Gebizo in Form seiner Frau besitzt, und würde nach „allen Reichtümern, Kirchen und Klöstern und nach allen Bettelleuten der Welt nichts fragen" (SL 31), wenn er den Schatz bekäme. Der Übergabetermin, die Walpurgisnacht, deutet an, daß der Teufel ein sexuelles Interesse an der Frau hat. Gebizo hat offenbar selbst dieses sexuelle Verhältnis zu seiner Frau noch nicht wirklich realisiert; er kann das alte Buch, das als Preis unter Bertrades Kopfkissen liegt, nicht lesen, kennt, so würde ich interpretieren, den Geschlechterdiskurs noch nicht, kann mit Bertrade als Frau nicht wirklich etwas anfangen und denkt im Dunstkreis asexueller Mütterlichkeit weiter nur an Klöster und zu speisende Arme.

Wenn also zwar der Entschluß, sich von der Mutterfrau zu trennen, gemäß unserer bisherigen Interpretation als Schritt in die richtige Richtung erscheint, erweist sich die betrügerische Modalität dieser Trennung doch vor allem als Selbstbetrug Gebizos. Er ist offenbar trotz erster Spiegelungsprozesse nicht in der Lage, Abschied vom Ideal-Ich zu nehmen, ist nicht fähig, seine illusionären Verkennungen und Ganzheitsträume aufzulösen. Er ist entsprechend auch nicht in der Lage, eine von ihm getrennte Objektwelt zu erkennen, Symbole zu entwerfen und zu entziffern, sondern regrediert, nur „mit einer Gänsehaut bekleidet", zu den mütterlichen Kopfkissen als alten Einheitsphantasien. Nur Goldstücke, symbolische Accessoires der frühen narzißtischen Welt, können ihn befriedigen, keine Substitute, keine Symbole. Daß dies keine wirkliche Lösung für seine Verlusterfahrung ist, zeigt sein einige Seiten später berichteter Tod. Der Autor läßt ihn recht lieblos, nachdem er Bertrade dem Teufel überlassen hat, in eine Kluft stürzen und „stracks aus dem Leben" (SL 34) schwinden.

Im Todessturz dieser Figur könnten wir die Irreversibilität des ersten großen Verlustes und zugleich die Unfähigkeit des Subjekts, das primärnarzißtische Ideal je ganz aufzugeben, veranschaulicht finden. Auchter schreibt: „Der Tod ist das endgültige Alleinsein, die unaufhebbare Trennung von der Mutter – und umfaßt zugleich die Phantasie der Verschmelzung mit ihr."[9]

Auf der Ebene der Geschichte wird – so ist man versucht zu sagen – die ‚Staffel' Bertrade weitergegeben, der Teufel rückt nun an die Stelle Gebizos, eine metony-

---

[9] Auchter (1984): Trauer und Kreativität, S. 225.

misch gleitende Dublette. Schuppenförmig, mit einigen Überlappungen, wird auf die erste Erzähleinheit eine andere gelagert, so als könne der altertümliche Text eine psychologische Entwicklung in einer Figur nicht gestalten, sondern müsse im Fortschreiten die Helden wechseln. Psychologisch gesehen hat der Text auch Ähnlichkeit mit Traumsequenzen, in denen die Komplexität und Ambivalenz psychischer Abläufe durch verschobene Einheiten repräsentiert wird.

Es beginnt also der zweite Teil der fragmentierten Entwicklungsgeschichte, die noch traurigere Teufelsgeschichte. Als Vorgeschichte der Teufelsstory muß nachgetragen werden, was weder der Teufel noch Gebizo wissen können: die dem Teufel übergebene Frau ist gar nicht Bertrade, sondern die als Bertrade verkleidete Maria, wieder eine Mutterfigur, aber doch immerhin eine jungfräuliche. Ahnungsvoll hatte nämlich Bertrade sich in ein Kirchlein geflüchtet und die Jungfrau um Beistand gebeten. Dieses Kirchlein hatte sie selbst einst der Muttergottes gewidmet und es von einem „armen Meister [...] welchem wegen seiner mürrischen und unlieblichen Person niemand etwas zu tun gab" (SL 33) bauen lassen – man achte auf das weitere Gleiten des Trauersignifikanten nun auf den mürrischen Meister! Dieser Meister hatte aus Dankbarkeit ein „eigentümlich anmutiges Marienbild" in „Feierabendarbeit" (SL 33) geschaffen, und seine so kunstvoll geschaffene Maria läßt Bertrade einschlafen, steigt vom Altar und reitet nun in deren Aufmachung dem Teufel entgegen. Es folgt, nachdem Gebizo von dannen gepprescht ist, ein wüster Ritt mit dem Teufel über die immer wüster werdende „endlose Heide", die klassische Ödlandschaft der Melancholiker ebenso wie der Marien- und Teufelsbegegnungen. Der Teufel sucht mit allerhand Zaubertricks die begehrte Frau zu beeindrucken: künstliche Nachtigall mit rosaroter Wolke, ein plötzlich erspießendes Venusgärtchen (oder sollte es doch der *hortus conclusus* der Jungfrau sein?), aus dem Nichts auftauchende kitschige Nymphenbrunnen – ein ganzes ironisches Panoptikum romantischer Wunderrequisiten.

Bertrade-Maria ist inzwischen abgestiegen, und der Teufel beginnt seine Verführung mit „gewaltsam zärtlicher" Gebärde und dem Urcredo aller Trauernden; er spricht mit

> einer das Mark erschütternden Stimme: ‚Ich bin der ewig Einsame, der aus dem Himmel fiel! Nur die Minne eines guten irdischen Weibes in der Maiennacht läßt mich das Paradies vergessen und gibt mir Kraft, den ewigen Untergang zu tragen. Sei mit mir zu zweit und ich will dich unsterblich machen und dir die Macht geben, Gutes zu tun und Böses zu hindern, soviel es dich freut!' (SL 35)

Als der Teufel sich leidenschaftlich an Marias Brust wirft, nimmt die ihre himmlische Gestalt an und schließt „den Betrüger, der nun gefangen war, mit aller Gewalt in ihre leuchtenden Arme" (SL 35), und es beginnt zwischen beiden ein Ringen, das nicht – wie bei Kosegarten – im heilsgeschichtlichen Sinn als Kampf zwischen Licht und Finsternis, sondern als Wettleuchten zweier fast kongenialer Größen dargestellt wird. Der Teufel nimmt, als er merkt, welche Gegnerin er vor sich hat,

> die Schönheit an, welche er einst als der schönste Engel besessen, so daß es der himmlischen Schönheit Marias nahe ging. Sie erhöhte sich, soviel als möglich; aber wenn sie glänz-

te wie Venus, der schöne Abendstern, so leuchtet jener wie Luzifer, der helle Morgenstern, so daß auf der dunklen Heide ein Leuchten begann, als wären die Himmel selbst hernieder gestiegen. (SL 35)

Diese wunderbaren Bilder eines Kampfes himmlischer und höllischer Schönheit auf dem Höhepunkt der Legende verweisen allein durch die Redundanz der Schönheitsvokabeln und der Lichtmetaphorik so ausdrücklich auf den Bereich der Kunst, daß der Beweis, daß mit dieser Maria nicht vor allem ein religiöses Prinzip, aber auch nicht allein eine Mutter- oder eine Venusphantasie gestaltet wird, nicht ausdrücklich erbracht werden muß. Wie aber ist der Kampf zwischen Maria und dem Teufel zu verstehen, ein Kampf, den keiner wirklich gewinnt? Der Teufel schleppt sich nach diesem Schönheitsringen in „grausig dürftiger Gestalt, wie der leibhafte geschwänzte Gram, im Sande davon" (SL 36), doch Maria, die ihn eigentlich vor den Himmelspforten lächerlich machen wollte, ist von seiner Schönheit nicht unberührt geblieben und muß ihn ziehen lassen.

Kellers Teufel tritt uns nicht als der leibhaftige Böse der Kosegartenschen Legenden, sondern als der einsame traurige Mann, als der auf sein Geschlecht Reduzierte gegenüber, als geschwänzter Gram. Er ist ein Trauernder, der die Liebe, die Zweieinheit mit einer Frau sucht, um ehemalige Größe und Einheit wiederzufinden. – Die nur leicht verschobene Parallelführung zur Gebizo-Handlung ist deutlich: beide, Gebizo und der Teufel, sind Trauernde, und beider Trauer ist Folge eines großen Falls aus einer vorgängigen paradiesischen Einheit, die für beide narzißtisch hochbesetzt war: Gebizo war der Liebling aller, vor allem seiner mütterlichen Frau; Luzifer war der schönste Engel und von allen als strahlendster anerkannt. Aber es gibt einen Unterschied zwischen beider holzschnittartigen Viten. Hatte der Erzähler mit Gebizo um den Verlust der symbiotischen Einheit mit der Mutter getrauert, so trauert er mit dem Teufel – wie es scheint – um den Verlust der geschlechtlichen Omnipotenz. In seine Trauer ist also außer der Erfahrung von Trennung von der Mutter auch die Erfahrung von Verzicht auf weibliche Anteile eingegangen. In beiden Fällen handelt es sich um die Erfahrung von Allmachtsverlust, um einen Sturz aus einer seligen Höhe uneingeschränkter Ich-Vergötterung in eine leidvolle Tiefe des Mangels und der Begrenzung. Die Bedeutung der Verlusterfahrung, insbesondere von geschlechtlicher Omnipotenz, für das aufwachsende Kind, für das Mädchen wie für den Jungen, hat Irene Fast eindrucksvoll in ihrem Buch *Von der Einheit zur Differenz* dargestellt, und es gibt nicht viele literarische Beispiele im neunzehnten Jahrhundert, die die Erfahrung männlichen Neids und männlicher Verlusterfahrung im Prozeß der Gewinnung geschlechtlicher Identität so eindringlich schildern wie Kellers Legende.

Graf Gebizo in unserem Text ist zur Erkenntnis und Anerkenntnis der Geschlechterdifferenz nicht vorgedrungen, er suchte weiter nach nur Mütterlichem. Luzifer sucht in der Frau zweifellos auch ein Muttersubstitut, doch darüber hinaus – hier veranschaulicht durch Sexualitätsbilder bis hin zum beinahe koitalen Ringen auf der Heide – auch das geschlechtlich Andere, ihm Fehlende, ihn Ergänzende. Auf der lebensgeschichtlich-figuralen Ebene wird er es nicht bekommen, er zieht als geschwänzter Gram „wie an allen Gliedern zermalmt [...] in grausig dürftiger Gestalt", also nicht erlöst von seiner Trauer, „im Sande davon" (SL 36). Daß just hinter dieser Äußerung die kurze Nachricht vom Tod Gebizos durch den Sturz in eine „Kluft" (SL 34) eingefügt wird, zeigt uns noch einmal, wie sehr doch beide als gestürzte Figuren eins sind.

Dieser tödliche Sturz ausgerechnet in eine „Kluft" und der „zermalmte" Abzug des Teufels vermitteln uns, bei aller vorgeführten Notwendigkeit geschlechtlicher Differenzierung, auch Schrecken und Gefahr der damit verbundenen Sexualität. Denn wenn der Teufel auch größer, gewitzter und mächtiger als Gebizo ist, er bleibt doch der Teufel, und die durch ihn dargestellte Sexualität, seine Schwanzhaftigkeit, erscheint als Verteufeltes und verweist damit auf Vorstellungen vom Animalischen, Unfreien des Menschen und auf die Labilität seines moralischen Selbstbildes. Das Leiden am Los der Männlichkeit und am Sexuell-Männlichen ist diesem geschwänzten Trauernden eingeschrieben. Und wie sehr Keller auch in anderen Texten, sichtlich inspiriert von Feuerbachs Lebens- und Sinnenbejahung, immer wieder seine Helden auf Vereinigung mit dem Weiblichen zustreben läßt, immer bleibt als Hindernis und als zu Überwindendes das Männliche.

Dieses Männliche und Geschlechtliche darzustellen, findet Keller immer neue Bilder und Lebensläufe. Im *Sinngedicht* und den *Sieben Legenden*, ursprünglich ja als Einheit geplant, hat er zu einer ironischen Verarbeitung des Themas animalisch-teuflische Bilder gefunden. Der Teufel taucht als Signifikant für das Männliche im Sinne eines nicht stillbaren Begehrens, im Sinne aber auch von Reduktion, Scheitern, Verwundung, Gram in traurig-komischen Bildketten immer wieder auf, erkennbar häufig an „Schwanz"-Motiven und -Metaphern. In unserer Geschichte sehen wir ihn als „leibhafte[n] geschwänzte[n] Gram" davonschleichen. In der nächsten Legende begegnet Maria dem immer noch verliebten Teufel auf dem Weg zu Bertrades Burg als „Schwanzende einer Schlange" (SL 42), auf welches sie ihr Pferd geschickt treten läßt – ein eher komischer Reflex auf die orthodoxe Vorstellung von Maria als Schlangenzertreterin. Marias Kampf als Ritter gegen negative Mannsbilder (gegen Guhl den Geschwinden und Maus den Zahllosen) gipfelt in beiden Fällen im Abschneiden von schwanzartigen Auswüchsen. In der Geschichte „Die arme Baronin" aus dem *Sinngedicht* werden drei besonders schlimme herum*schweifende* Männer, einer heißt etymistisch auch noch *Schwendtner*, von einem sich positiv entwickelnden Helden abgespalten und bestraft, indem ihnen Kuhschwänze angeheftet werden, an denen sie dann rückwärtsgezogen dem glücklichen Paar vorgeführt werden. Auch hier zeigt die Verbindung von Hochzeit, Bacchuszug und abzuspaltenden männlichen Teufeln das problematische und tendenziell melancholische Verhältnis zur eigenen Männlichkeit und zur Sexualität überhaupt.[10]

---

[10] Interessanterweise ist Keller gerade wegen dieser Stelle von der Kritik, insbesondere von seinen Dichterkollegen, allen voran Storm, heftig angegriffen worden. Er hat die Passage auf eine Weise verteidigt, die zeigt, daß wir hier an einem Kern seines Selbstverständnisses angelangt sind, den er nicht verleugnen will und kann. Keller schreibt am 27. Juli 1881 an Heyse im Verteidigungsduktus über die Kritik an den „unglückseligen Barone[n], die an Kuhschwänzen geschleppt werden. Diese schöne Erfindung, die wahrscheinlich dem Büchlein Schaden zugefügt, gehört zu den Schnurren, die mir fast unwiderstehlich aufstoßen und wie

Vor dem Hintergrund dieses ambivalenten Verhältnisses zur eigenen Männlichkeit und zur Sexualität wird es verständlich, warum für Keller (wie für viele andere Autoren des neunzehnten Jahrhunderts) Maria als Bild und Symbol so attraktiv war. In zahllosen überlieferten Bildern inkarniert sie ein Höchstmaß an erfüllter Weiblichkeit und Mütterlichkeit, die beide dennoch durch die ihr zugesprochene Jungfräulichkeit außerhalb der bedrohenden und (für die Zeit) häßlichen Vorstellungen von Sexualität stehen.

Maria wird im Gegensatz zum Teufel bei Keller nicht als die geschlechtlich Reduzierte dargestellt. Maria ist Mann und Frau zugleich; in dieser Legende nimmt sie die Gestalt Bertrades an und in der nächsten Legende, „Die Jungfrau und der Ritter", die Gestalt des Ritters Zendelwald, in der sie dann auch ritterlich-männlich im Entscheidungskampf um Bertrade ringt. Ja, sie sitzt noch eine Weile als Hochzeiter in Vertretung Zendelwalds neben der Braut, küßt und umfängt sie und unterhält sie „zärtlich" (SL 45). Christine Renz stellt in ihrer Analyse des Teufelskampfes heraus, daß schon durch die Astralmetaphorik in der Heide-Szene der Ganzheitscharakter der Venus-Maria im Gegensatz zum Teufel zur Darstellung kommt.

> Abend- und Morgenstern stellen das gleiche Gestirn dar, wobei Venus sowohl als Abend- wie als Morgenstern bezeichnet wird, während Luzifer nur als Morgenstern vorkommt. So ist diese Venus einerseits der Gegensatz Abend und Morgen und gleichzeitig die Ganzheit, die beide in sich schließt. Venus-Maria erscheint als kosmische Totalität. In Maria ist das Geschlecht nicht das Ausschließende und Trennende, sondern das Umfassende und Aufhebende. So kann Maria dann auch folgerichtig sowohl weibliche [...] als auch männliche Gestalt [...] annehmen.[11]

Durch diese Vereinigung von Mütterlichkeit und Jungfräulichkeit, von Männlichkeit und Weiblichkeit wird Maria zum Symbol der Ganzheit schlechthin. Keller stellt deshalb der folgenden Legende, „Die Jungfrau als Ritter", die berühmten Verse des Angelus Silesius als Motto voraus:

> Maria wird genennt'ein Thron und Gott's Gezelt,
> Ein Arche, Burg, Thurm, Haus, ein Brunn, Baum, Garten, Spiegel,
> Ein Meer, ein Stern, der Mond, die Morgenröth', ein Hügel:
> Wie kann sie alles Seyn? sie ist ein' andre Welt. (SL 37)

Anders als bei Silesius hat das Kellersche Marienbild weder Realitätsanspruch noch stellt es einen Glaubenssatz dar: es steht vielmehr für die Transponierung imaginärer

---

unbewegliche erratische Blöcke in meinem Felde liegen bleiben. Die Erklärung ihrer Herkunft soll nicht prätentiös klingen. Es existiert seit Ewigkeit eine ungeschriebene Komödie in mir, wie eine endlose Schraube (*vulgo* Melodie), deren derbe Scenen *ad hoc* sich gebären und in meine fromme Märchenwelt hereinragen. Bei allem Bewußtsein ihrer Ungehörigkeit ist es mir alsdann, sobald sie unerwartet da sind, nicht mehr möglich sie zu tilgen. Ich glaube, wenn ich einmal das Monstrum von Komödie wirklich hervorgebracht hätte, so wäre ich von dem Übel befreit." (Zitiert aus dem Kommentar zu den *Sieben Legenden*. In: Keller, 1991: *Sämtliche Werke*, S. 913.) Vielleicht könnte man die *Sieben Legenden* als larvierte Form dieser Komödie in verschiedenen Akten ansehen – dann müßte man analysieren, warum Keller nicht in der Lage war, seine Komödie einmal frei herauszuschreiben.

[11] Renz (1993): *Gottfried Kellers „Sieben Legenden"*, S. 29.

Ganzheitsvorstellungen in die Welt des Symbolischen. Maria repräsentiert nach Verlust der primären Vollkommenheit die Welt des Ideal-Ichs, repräsentiert hier auch geschlechtliche Omnipotenz. Im Umkreis dieses symbolhaft-ganzheitlichen Marienbildes kann deshalb aus dem reduzierten Männlichen heraus in einem Prozeß, der häufig mit Trauer verbunden und immer regressiv und progressiv zugleich ist, ein neues symbolisches Ganzes geschaffen werden. Dieses Ganze bleibt verbunden mit der realen Menschenwelt und ist doch zugleich nur Kunst. So sind die Bilder des titanischen Leuchtkampfs auf der Heide sowohl geschlechtlich konnotiert, sind im Zeichen der Venus sinnlich-orgiastisch. Und doch zeigen sie in ihrer ästhetisierenden Metaphorik auch an, daß die Schönheit als Ganzheit nicht im Leben der geschlechtlich Reduzierten realisiert werden kann; der Sturz aus der primärnarzißtischen Einheit und Vollkommenheit ist endgültig, irreversibel und wird im Leben der Subjekte mit immer neuem Scheitern und neuer Trauer erfahren. Er ist zugleich aber *conditio sine qua non* ästhetischer Kreativität. Denn der um den Verlust geliebter Objekte Trauernde wird suchen, sie in Symbolen zu repräsentieren und so auf einer anderen Ebene zu bewahren. So werden imaginäre Gehalte verwandelt in symbolische, das Subjekt lernt, seine Größenphantasien von der Realität zu unterscheiden, sie spielerisch auf „Übergangsobjekte" im Sinne Winnicotts[12] zu übertragen. Bei entsprechend kreativer Anlage und Kraft kann das Subjekt die verlorenen Objekte in Phantasiewelten neu erstehen lassen. Und je größer die frühkindliche Befriedigung war, um so größer ist vielleicht der Impuls, sie schöpferisch wiederherzustellen.

Auf den ästhetischen Charakter der Geschehnisse um Maria verweisen nicht nur die intensiven Schönheitsbilder, sondern auch diese Maria selbst. Sie erscheint nicht nur als „Muse dieser Dichtung", wie Muschg sagt[13], sondern sie ist ja selbst ein Kunstprodukt, und zwar – hier schließt sich der Kreis – erschaffen von einem melancholisch mürrischen Meister. Maria als Muse und Kunstprodukt bleibt mit dem Teufel und seinen Trauergenossen verbunden. Im „Tanzlegendchen" (wohl dem berühmtesten Text aus Kellers kleiner Legendensammlung) erfahren wir so nebenbei, daß die Musen in der Hölle wohnen, eine unerwartete poetische Lokalisierung, die deutlich macht, daß für Keller die Kunst an die Erfahrung von Tod, Verlust und Leiden, an Sinnlichkeit und Widerspruch gebunden ist, alles Eigenschaften, die die Kellerschen Teufel charakterisieren. Anknüpfend an das oben erwähnte Osterdatum in Verbindung mit dem Teufel, erscheint die Kellersche Legende nun beinahe wie eine poetologische Höllenfahrt, in der der Autor in der Nachfolge von Orpheus oder Christus *descensus ad infernos* die Erlösung oder Rückführung des Abgespaltenen, Verdammten, Verlorenen in ein ganzheitliches Menschen- und Kunstkonzept initiiert.

Abschließend kann resümiert werden: Nach den Anfangsbildern grenzenloser Befriedigung löste der Sturz aus diesem Ideal Trauer und Rebellion aus. Alle folgenden Bilder und Handlungsabläufe zeigen Versuche, das Verlorene symbolisch zu

---
[12] Vgl. Winnicott (1993): *Vom Spiel zur Kreativität*.
[13] Muschg (1977): *Gottfried Keller*, S. 108.

bewahren. War der mürrische Meister in unserem Text der eigentliche Schöpfer der Muse Maria, so verweist das Buch unter Bertrades Kopfkissen mit seinen zu entziffernden Symbolen auf die literarische Phantasie als Substitution des ursprünglichen Schatzes. Wer im Namen der Muse Maria diesen symbolischen Schatz zu heben weiß, kann an Visionen himmlischer Ganzheit, wie sie uns im Ringen auf der Heide aufleuchtet, partizipieren.

Die folgende Legende um Zendelwald zeigt dann auf einer dritten Ebene nach Gebizo und Luzifer, wie einer, nachdem er aus der mütterlichen Burg herausgedrängt wurde, zwar seufzend (mit kleinen Trauersignalen also) seinen Weg zieht, aber sogleich anfängt, auf der symbolischen Ebene zu spielen, zu repräsentieren, sich Trennungen und Einheitserlebnisse zu phantasieren. Er flüchtet sich gleich zur Maria-Muse, und diese hält denn auch getreu ihre Hand über ihn und läßt ihn ihren anderen Schützling, Bertrade, finden. Beide werden vom Schatz des Buches glücklich leben, auch wenn ihr Glück nur, wie der Erzählduktus zeigt, ein symbolisch märchenhaftes ist. Nur im Kunstwerk, in der Welt der Phantasie, kann die primärnarzißtische Vollkommenheit als Kompensation von sich stets wiederholender Trauer und Verlusterfahrung im Leben der Subjekte wiedererschaffen werden.

Günter Blamberger schreibt in seinem Melancholie-Aufsatz über die Melancholie der Neuzeit: „Das freigesetzte Individuum ist nicht mehr allein auf der Suche nach der verlorenen Totalität, sondern auch auf der verzweifelten Suche nach sich selbst, auf der Suche nach seiner Eigentümlichkeit und ihrer Ordnung."[14] Seine Trauer wird als Klage über die moderne *conditio humana* verstanden. – Gottfried Kellers Hellsichtigkeit besteht für mich darin, daß er dieses Wissen weiter differenziert hat, nämlich zum Wissen darum, daß die *conditio humana* immer auch eine *conditio sexuata* ist, eine *conditio*, die mit Trennung und Verlust zu tun hat. Am Bild des Mannes und männlichen Künstlers kann Keller diese *conditio* veranschaulichen; über Trauer und Melancholie der Frau als Jungfrau, als Mutter, als sich vom Kind trennende Mutter, auf die doch das Marienbild auch verweist, können wir bei Keller nichts erfahren.[15] Der gestürzte Mann ist völlig eingeschlossen in sein Leid und seine narzißtische Kränkung, und er kennt keine ihn wirklich überschreitende Geste der Zuwendung. Noch radikaler als in Schlegels *Lucinde*, die gern als Exempel der eben nur scheinbaren Überschreitung der männlichen Sphäre auf das Weibliche hin zitiert wird, kommt die Frau hier nur als Objekt des Begehrens, als Symbol für Ganzheit, Kunst und Erfüllung des Mannes und letztlich als sein Werk vor. Das Bestreben des Kellerschen Teufels, die Geschlechterdifferenz aufzuheben, Männliches und Weibliches wieder zu vereinen, kann mit Auchter als Grundlage eines „autogamen Prozesses" verstanden werden: „das schöpferische Werk wird zur ungeschlechtlichen Zeugung des Kreativen."[16]

---

[14] Blamberger (1994): Heroische und humane Melancholie, S. 262.
[15] Zum Thema ‚Melancholie der Frau' verweise ich auf Dörthe Binkerts Buch *Die Melancholie ist eine Frau* (1995), das einen kleinen ersten Einstieg in ein wichtiges, noch zu erarbeitendes Thema bietet.
[16] Auchter (1984): Trauer und Kreativität, S. 216.

Bibliographie

Auchter, Thomas: Die Suche nach dem Vorgestern – Trauer und Kreativität. In: *Psychoanalyse, Kunst und Kreativität heute. Die Entwicklung der analytischen Kunstpsychologie seit Freud*, hrsg. von Hartmut Kraft. Köln 1984, S. 206–233.
Binkert, Dörthe: *Die Melancholie ist eine Frau*. Hamburg 1995.
Blamberger, Günter: Heroische und humane Melancholie. In: *Fragmente: Schriftenreihe für Kultur-, Medien- und Psychoanalyse* 1994, H. 44/45: Melancholie und Trauer, S. 257–263.
Fast, Irene: *Von der Einheit zur Differenz*. Berlin, Heidelberg 1991.
Freud, Sigmund: Trauer und Melancholie (1917). In: Ders.: *Studienausgabe*. Bd. III. Frankfurt a. M. 1975, S. 193–212.
Holz, Jürgen: *Im Halbschatten Mephistos. Literarische Teufelsgestalten von 1750–1850*. Frankfurt a. M. u. a. 1989.
Keller, Gottfried: *Gesammelte Briefe in vier Bänden*, hrsg. von Carl Helbig. Bern 1950.
–: *Sämtliche Werke in sieben Bänden*, hrsg. von Thomas Bönig et al. Frankfurt a. M. 1991.
Kosegarten, Ludwig Theobul: *Legenden*. Berlin 1904.
Leitzmann, Albert (Hrsg.): *Die Quellen zu Gottfried Kellers Legenden. Nebst einem kritischen Text der Sieben Legenden und einem Anhang*. Halle a. d. S. 1919.
Lepenies, Wolf: *Melancholie und Gesellschaft*. Frankfurt a. M. 1969.
Mahal, Günther: *Mephistos Metamorphosen. Fausts Partner als Repräsentant literarischer Teufelsgestaltung*. Göppingen 1982.
Mattenklott, Gert: *Melancholie in der Dramatik des Sturm und Drang*. Stuttgart 1968.
Muschg, Adolf: *Gottfried Keller*. München 1977.
Renz, Christine: *Gottfried Kellers „Sieben Legenden". Versuch einer Darstellung seines Erzählens*. Tübingen 1993.
Schmidt, Jochen: Faust als Melancholiker und Melancholie als strukturbildendes Element bis zum Teufelspakt. In: *Jahrbuch der deutschen Schillergesellschaft* XLI, 1997, S. 125–139.
Schmitz, Hans-Günther: Melancholie als falsches Bewußtsein. Wie man weltanschauliche Gegner verteufelt. In: *Neue Rundschau* 84, 1974, S. 27–43.
Winnicott, Donald W.: *Vom Spiel zur Kreativität*. Stuttgart ^{7}1993.

Trauern um Medea?
Müller via Euripides

Andrea Allerkamp

Qui dira que le deuil ‚réussi' est le meilleur deuil: comment le savoir?
BENNINGTON, DERRIDA[1]

Das Gras noch müssen wir ausreissen damit es grün bleibt.
HEINER MÜLLER[2]

Nachruf 1

Die rhetorische Frage nach der ‚besseren Trauer', die nicht unbedingt eine ‚geglückte' sein muß, stellt Geoffrey Bennington in seinem Buch über Jacques Derrida. Sein Versuch, Derridas Werk zu erläutern und dessen Schreiben eine Hommage zu erweisen, enthält unter anderem auch zwei Abbildungen: den Buchdeckel von *La carte postale*, eine Darstellung von Platon und Sokrates und ein Photo von Bennington und Derrida. Platon steht hier wie Bennington hinter Sokrates alias Derrida und richtet den erhobenen Zeigefinger zum Schreibpult, wo die Feder auf dem Papier kratzt oder die Computertasten klappern. Beide Bilder veranschaulichen das Verhältnis von Schreiben und Lesen, Unterzeichnen und Gegenzeichnen, Vorschreiben und Kopieren, ‚Meister' und ‚Schüler'. Wer schreibt hier wem etwas vor, wer sieht beim Schreiben wem über die Schulter, wessen *parole* wird zur *écriture:* die Platons oder die des Sokrates? Wo findet das Vor- und Abschreiben überhaupt statt? Viele Fragen, die weder Derrida in *La carte postale* noch Bennington in seinem Buch beantworten wollen. Vielmehr scheint es um ein anderes Problem zu gehen, das Derrida in seinen *Mémoires pour Paul de Man* anspricht. Nicht erst der Tod ziehe Bestattungsreden und -schriften nach sich: der Nachruf ‚bearbeite' bereits das Leben in dem, was man im allgemeinen Autobiographie nenne, also zwischen „Dichtung und Wahrheit".[3]

Oder, anders gesagt, jede Schrift wäre immer schon Nach-ruf, Nach-denken, Andenken an und Trauern über. Und das, was bei jenem Andenken und Trauern ent-

---

[1] Bennington/Derrida (1991): *Derrida*, S. 139.
[2] Müller (1988): *Mauser*, S. 55.
[3] „La parole et l'écriture funéraires ne viendraient pas après la mort, elles travaillent la vie dans ce qu'on appelle autobiographie. Et cela se passe entre fiction et vérité, *Dichtung und Wahrheit* …" (Derrida, 1988: *Mémoires*, S. 44).

stünde, wäre eine Ahnung von etwas Verlorenem, das vielleicht nie vorhanden gewesen ist. Keine verschütteten Figuren oder untergegangenen Topoi lägen mehr vor, die es auszugraben gälte. In Wahrheit würde das zu Betrauernde also erst im Schreiben geboren. So müßte von einer Trauerarbeit die Rede sein, die sich schreibend vollzieht: als unabgeschlossene, die sich einem ‚Gelingen' widersetzt. Denn abzuschließen und möglich wäre Trauerarbeit nur dann, wenn zwischen Dichtung und Wahrheit unterschieden werden könnte. Dann nämlich würde dem Verlorenen ein Name verliehen. Die Frage nach dem, was verloren ist, erscheint daher zwar wichtig, aber nicht erschöpfend. Denn auch wenn die Trauer niemals grundlos einsetzt, so ist dieser ‚Grund' doch nicht mehr unbedingt als solcher zu erreichen. Die Erkenntnis über den grundlosen Grund weist auf einen Abgrund, der Schwindeln macht und deshalb mit Worten zugeschüttet wird. Denn mittels der Benennung verliert die Trauer ihren Schrecken und kann gebannt werden. So müßte schließlich Dichtung verstummen, da sie durch das Benennen einer Wahrheit immer fernbliebe. Die unmögliche Trauer zum Sprechen zu bringen ist aber gerade das Anliegen einer poetischen Rede, welche etwas sagt, ohne es zu nennen: eben zwischen „Dichtung und Wahrheit".

Indem der Nachruf zwischen Dichtung und Wahrheit zu unterscheiden vorgibt, läuft er wie die ‚schnüffelnde', nach autobiographischen ‚Wahrheiten' suchende Lektüre Gefahr, Verrat zu begehen, Treue zu brechen. Er will im Gedenken an oder in Berufung auf etwas sprechen, was gerade dadurch zum Verschwinden gebracht, sozusagen übermalt wird. Der Weg nach draußen zerrt ans Licht und läßt im Dunkeln, was bei einer Umschrift auf der Strecke bleibt, was also einverleibt und somit erneut getötet wurde. Den leeren Mund nicht mit dem Schrei, aber mit Worten zu füllen, einen Mangel zu übertünchen wäre dann das erste Gegengift, das sich dem Trauernden für den schwindelnden Abgrund anbietet. Maria Torok und Nicolas Abraham sehen in jener *Introjektion* (Verinnerung)[4] einen Prozeß, der durch die Sprache den Schmerz über den Verlust einer einst mütterlichen Anwesenheit lindern will.[5] Es bleiben jedoch Reste zurück, die als Phantasmen überleben, *inkorporiert* werden: „soviele Grabstätten im Leben des Ich".[6] Der Mund, dem einige Worte oder Sätze fehlen, spricht von diesen unsagbaren Dingen durch das ‚stumme Wort'. Je mehr er sich einverleibt, desto hungriger wird er. Diese kannibalische Lust auf mehr erklärt den obszönen Charakter der Trauer. Deshalb die oft bemühte Warnung Ingeborg Bachmanns, auf das Opfer dürfe sich keiner berufen.[7] Durch

---

[4] Zur Übersetzung vgl. Haverkamp (1991): *Laub voll Trauer*, S. 18.
[5] „On comprend qu'elle ne peut s'opérer qu'avec l'assistance constante d'une mère, possédant elle-même le langage. Sa constance – comme celle du Dieu de Descartes – est le garant nécessaire de la signification des mots. Lorsque cette garantie est acquise, mais alors seulement, les mots peuvent remplacer la présence maternelle et donner lieu à de nouvelles introjections." (Abraham/Torok, 1987: *L'écorce et le noyau*, S. 262 f.)
[6] Ebd., S. 238; Übersetzung der Verf.
[7] „Aber die Schwierigkeit, das auszudrücken. Manchmal fühl ich ganz deutlich die eine oder andere Wahrheit aufstehen und fühle, wie sie dann niedergetreten wird in meinem Kopf von anderen Gedanken oder fühle sie verkümmern, weil ich mit ihr nichts anzufangen weiß, weil sie sich nicht mitteilen läßt, ich sie nicht mitzuteilen verstehe oder weil gerade nichts diese

die Beredsamkeit des Nachrufs wird gnadenlos ausgegraben. Dagegen könnte eine ‚Halbtrauer'[8], die sich der Introjektion verweigert, auf eine Arbeit setzen, die sich in der Tiefe entwickelt. Von dort aus könnte versucht werden, vor die Türen der ‚Grabstätten des Ich' oder in das Material der Texte[9] zu gelangen. Die Halbtrauer wäre in diesem Sinne ein Versuch, Geheimnisse als Bausteine der Ich-Konstitution zu wahren, sie auszusparen und aufzubewahren.[10]

Heiner Müllers Texte sind von einem ‚Blick nach unten' gezeichnet, einem Blick, der „den Grund mit den Augen durchbohrt".[11] Seine Trauerarbeit sieht nicht ab von einer ‚Arbeit am Mythos', den es – auch als Mythos des Ich – durchzuarbeiten gilt.[12] Das Durcharbeiten geschieht jedoch ohne ein Versprechen, einmal ‚auf dem Grund' ankommen zu können. Die fragmentarische Struktur seiner Stücke drängt auf eine Dezentrierung von Räumen, die, einer Krypta gleich, hermetisch versiegelt sind. Jene geheimen Keller, von Gespenstern und Vampiren beseelt, versperren sich neugierigen Blicken. Wie blutrünstige Voyeure weisen sie den eifrigen Spurenleser auf sich selbst zurück. Etwas wird verschwiegen in einer unaufhörlichen Anstrengung, ausgelegte Spuren zu Fallstricken werden zu lassen: Figuren, Namen, Mythen, Zitate, Verweise, Schichten, „Überschwemmungen".[13] Durch die „Explosion einer Erinnerung in einer abgestorbenen dramatischen Struktur"[14] entsteht eine Ahnung von verschütteten, unzugänglichen Grabstätten. Sie bergen Geschichten, die vor allem von Schändungen berichten. Müller ermuntert zwar zum „Wühlen und Graben in untoten Texten"[15], ruft aber gleichzeitig zu einer „kryptischen Interpretation" auf. Eine solche „Rücksicht auf Versteckbarkeit"[16] müßte zur Vorsicht mahnen, damit Gräber nicht einfach ausgehoben und dem Licht einer Hermeneutik ausgesetzt würden. Der ‚melancholische Blick', wie ihn Walter Benjamin beschreibt, sieht sich beim Lesen wie in einem Spiegel mit der eigenen Vergänglichkeit konfrontiert. Müllers Trauer zielt dagegen auf das, was er „Befreiung der Toten [...] im Zeitraffer" nennt: „Die Toten schreiben mit auf dem Papier der Zukunft, nach dem von allen Seiten

---

Mitteilung erfordert, ich nirgends einhaken kann und bei niemand." (Bachmann, 1978: [Auf das Opfer darf keiner sich berufen], S. 335)

[8] Vgl. Derrida (1980): *La Carte Postale*, S. 356.
[9] „Mais la paroi ne précède pas, elle est construite dans le matériau même du texte." (Derrida, 1976: Fors, S. 53)
[10] „Im Tod mithin erwiese sich der andere irreduzibel als anderer erst, in der Krypta bliebe er als dieser andere ausgespart und aufbewahrt." (Haverkamp, 1991: *Laub voll Trauer*, S. 26)
[11] „Denn alle Weisheit des Melancholikers ist der Tiefe hörig; sie ist gewonnen aus der Versenkung ins Leben der kreatürlichen Dinge und von dem Laut der Offenbarung dringt nichts zu ihr. [...] Der Blick nach unten kennzeichnet dort [bei Aggripa von Nettesheim] den Saturnmenschen, der den Grund mit den Augen durchbohrt." (Benjamin, 1991: Trauerspiel, S. 330)
[12] „Wenn der exemplarische Ort der Dekonstruktion aber der literarische Text ist, so deshalb, weil in ihm die ‚Arbeit am Mythos' zur Trauerarbeit an der Tradition geworden ist." (Haverkamp, 1991: *Laub voll Trauer*, S. 28)
[13] „Es geht, glaube ich, nur noch mit Überschwemmungen. [...] Man muß eins in das andere reinziehen, damit beides zur Wirkung kommt." (Müller, 1986: *Gesammelte Irrtümer 1*, S. 20)
[14] Vgl. Müller (1985): Bildbeschreibung, S. 14.
[15] Vgl. Schulz (1993): Kein altes Blatt, S. 729.
[16] Vgl. Haverkamp (1991): *Laub voll Trauer*, S. 24.

schon die Flammen greifen."[17] Jene Begegnung mit dem Toten (der Tote[n], dem toten Material) illustriert vor allem die Unmöglichkeit, den eigenen Tod zu denken, ‚da es keinen andern gibt'.[18] Was bleibt, ist der Versuch, ein Scheitern zu beschreiben, und „der Tod als Aufgabe, DISMEMBER REMEMBER, Lektion, die gelernt werden muß, Training der Auferstehung".[19] Diese Lektion könnte erteilt werden am „verkommenen Ufer", einem Ort, der in seiner Verkommenheit auf seine eigene Negation wartet: „Mit dem Horizont vergeht das Gedächtnis der Küste".[20]

Im folgenden wird es also nicht einfach um einen Nachruf gehen können. Auch wird es nicht reichen, *ein* verlorenes Objekt auszumachen. Inge Müllers Name taucht irgendwo hinter Medea „auf dem Grund aber" auf. Als Figuren aus dem Totenreich, als biographisches und mythisches Material geben diese Frauennamen Auskunft über die Verweigerung der abschließbaren Trauer. An ihre Stelle tritt Rache, Zorn. Der wütende Akt als extremes Blühen, der aus dem Stillstand und der Ruhe hervorbricht: „Auf dem Grund aber Medea" (MM 92). Eine Arbeit am Mythos appelliert an irgendein Wissen von Genealogien, die verschüttet liegen. Wie das mythische Material Medea, das sich noch „auf dem Grund" den Bestimmungen entzieht, den „zerstückten Bruder im Arm" (ebd.), so bleibt auch der Grund dem Trauernden entzogen. Trauer kann und soll nicht gelingen, ergreift aber von demjenigen Besitz, der schreibend erinnert, wiederholt, durcharbeitet und vergißt, das heißt verrät oder überlebt. Als vollendete geht die Trauerarbeit von einer Vorgängigkeit aus, die als solche erst im Schreiben konstruiert wird.

Mein Thema *Müller via Euripides* soll nun einen Weg skizzieren, einen Weg, der allerdings nicht zur griechischen Tragödie als ‚naiver' Grund zurückführen wird. Vielmehr werden ‚Umwege' beschritten. Müllers Annäherung an Tintorettos ‚Markuswunder' setzt die erste Wegmarke dieser Abschweifungen, um das „Verlöschen der Erinnerung" ‚bildlich' zu beschreiben. Euripides' und Senecas Medea-Figuren geben Auskunft über die Umschrift der Trauer in Zorn als ‚tragisches' Moment. Schließlich gewährt der Topos des „verkommenen Ufers" als ‚Utopie' Schutz für verschüttetes Material, ein Material, das sich jeder Verortung zu entziehen sucht. Ob die Umwege zu etwas führen, soll am Ende nicht entschieden werden. Deshalb werde ich, aller Unmöglichkeit des Trauerns zum Trotz, am Ende doch noch einen zweiten ‚Nachruf' unternehmen.

---

[17] „Es scheint paradox, in Bezug auf eine Explosion von gedeihen zu reden, aber vielleicht findet die Befreiung der Toten schon lange nicht mehr in der Zeitlupe, sondern im Zeitraffer statt. Was bleibt ist der Versuch, mein Scheitern zu beschreiben […]." (Müller, 1988: Brief an Robert Wilson, S. 70 f.)
[18] „Wachsende Gleichgültigkeit gegen Dasda, mit dem meine Gefühle (Schmerz Trauer Gier) nichts mehr zu tun haben. […] Mein erster Gedanke an den eigenen Tod (es gibt keinen andern) […]." (Müller, 1977: Todesanzeige, S. 32)
[19] Müller (1988/89): Anatomie Titus Fall of Rome, S. 225.
[20] Müller (1983): Verkommenes Ufer Medeamaterial Landschaft mit Argonauten, S. 98. Im folgenden wird im laufenden Text nach dieser Ausgabe mit der Sigle MM zitiert.

Das unterirdische Licht

In einem Brief an Robert Wilson reagiert Müller auf dessen Anliegen, für die Inszenierung von DEATH DESTRUCTION & DETROIT II einen Text zu entwerfen. Statt mit einem Stück für die Bühne adressiert sich der Dramatiker an den Regisseur mit Träumen und Bildern, um ein „Verlöschen der Erinnerung" nicht darzustellen, sondern zu beschreiben.

> Ich konnte den Vorgang, den Zerfall von Denken, das Verlöschen von Erinnerung, nicht darstellen, nur beschreiben, und die Beschreibung verstummt ... Literatur ist geronnene Erfahrung. [...] Nimm den Brief als Ausdruck meines Wunsches, in Deiner Arbeit anwesend zu sein.[21]

Das Material seiner Sendung bilden ein Text von Tschingis Aitmatov über eine mongolische Folter im Namen der Revolution, ein Traum vom Ende der Bibliotheken, „faules Papier, verweste Buchstaben", eine Vision von Zuschauern, gekreuzigt in Leonardo da Vincis geometrischen Mustern, und das Bild von Tintoretto *Die Auffindung des Leichnams des Heiligen Markus*. Dort geht es um die Legende vom Schutzheiligen Markus, dessen Leichnam von Kaufleuten gewaltsam von Alexandrien nach Venedig gebracht worden sein soll. Müllers Beschreibung des Tintoretto-Bildes gewährt uns Einblick in eine Schatzkammer, die in ihrer Vieldeutigkeit die komplizierte Arbeit am Material verdeutlicht und es als lebendiges Totes aufzubewahren sucht.

Links im Bild liegt der Leichnam des Heiligen Markus, beklagt von einer Vaterfigur – es handelt sich um Tommaso Rangone, den Geldgeber des Künstlers –, „der Kunst und der Verwesung" bereits angehörend. Ein zweiter, anonymer und geschlechtsloser Kadaver wird gerade aus der Gräberreihe auf der Balustrade herabgezogen, von einem Helfer theatralisch begrüßt: „wie begrüßt man einen Toten, der die Auferstehung noch vor sich hat." Der Heilige Markus, der neben seinem eigenen, auf dem Boden liegenden Leichnam „die Tafel oder das Buch mit dem Bauplan der Zukunft" hält, dirigiert wie ein Vorarbeiter das Geschehen. Das „Personal der Legende" scheint sich an seinen eigenen Trauergesten zu ergötzen. Es illustriert den infamen Umgang mit den Toten, die auf Kosten des „Bauplans der Zukunft" zur Auferstehung verdammt sind. Neben diesen Szenen interessieren Müller aber vor allem zwei Antipoden des Bildaufbaus: eine aus dem rechten Bildrand fast fallende, durch die Beleuchtung stark hervorgehobene Frauengestalt und eine im Hintergrund erst auf den zweiten Blick sichtbare, sich öffnende Falltür.

Die Frau hält sich eine Hand vor Augen, um nicht geblendet zu werden von der Verheißung eines Lichtes, das den Toten keinen Schutz mehr gewährt. Ihre Gebärde der Abwehr und der Absonderung, des Hinaustretens aus dem Gemälde, leuchtet als Moment des Innehaltens auf, der mitten im Geschehen ein (Denk-)Mal setzt. In ihrer Haltung entzündet sich etwas, was sich als tragischer Konflikt erweist. Denn

---

[21] Müller (1988): Brief an Robert Wilson, S. 70 f. Alle Zitate zur Textpassage „Das Unterirdische Licht" beziehen sich auf diesen Brief.

Abb. 1: Tintoretto: *Die Auffindung des Leichnams des Heiligen Markus*, Gemälde

ihrer Abwehr zum Trotz bleibt sie weiterhin Bestandteil des Bildes. Sie ist Zuschauerin bei einem Spiel, dem sie nicht entrinnen kann. Die Zukunft baut sich auf Kosten der Toten auf, die gewaltsam aus den Gräbern gezogen werden. Zwei schon vom Lichtstrahl getroffene, fallende Männer klammern sich erschrocken an die Frau, die sich schützt – so Müllers Blick – gegen die „herrische Geste des Architekten der Zukunft oder gegen das Licht aus dem Untergrund". Sie scheint einen letzten Halt vor dem Untergang zu versprechen. Während aber der eine, wie vom Teufel Besessene, sein Gesicht noch in den Schoß der Frau gräbt, als könne er wieder zurück in ein Dunkel des Anfangs, fällt der Blick des anderen schon auf die Tafel der Zukunft und das Licht. Die Kluft, die sich zwischen den auseinandertretenden Haltungen der beiden Männerfiguren auftut, könnte das Dilemma beschreiben, das beim Schreiben entsteht, welches zugleich bewahrt und tötet.

Im Hintergrund des Raumes aber birgt eine aufklaffende Falltür das Geheimnis des Bildes. Das daraus aufströmende Licht scheint auch die Gruppe mit der Frau zu beleuchten – so Müller, der die Lichtverhältnisse des Bildes auf seine Weise analysiert. Denn das Gemälde könnte sich genausogut aus mehreren Lichtquellen speisen (einer Lichtquelle hinter der Falltür, die wie Flammen aus einer von tanzenden Teufeln umringten Hölle in das Kirchenschiff flutet, aber außerdem einer weiteren, die den Leichnam des Heiligen Markus seltsam erleuchtet und vielleicht noch einer dritten, die von vorne auf die Frau fällt). Mit dem Hinweis „Das Licht ist ein Wirbelsturm" endet Müller. Was hier dargestellt wird, scheint eine Allegorie der unmöglichen Trauer zu sein. Bedroht durch das aufsteigende Licht und den Wirbelsturm, weigert sich eine Frauengestalt, die Grabschändung mitanzusehen. Die Frau könnte Pate stehen für eine Trauerhaltung, die aus Angst vor dem „Bombardement der Bilder" eine „Sichtblende" benötigt.[22] Sie widersteht einer Trauerarbeit, welche die Toten nur auferstehen läßt, um sich selbst zum Abschluß zu bringen. Sie schützt sich vor der Zukunft und verspricht so Schutz, Bergung vor dem Sturm – eine rettende Engelfigur.

Benjamins Angelus Novus konnte sich des Sturms des Fortschritts nicht erwehren und kehrte ihm deshalb den Rücken zu. Eine andere Zukunft schwebte Benjamin vor. In jener Zukunft war „jede Sekunde die kleine Pforte, durch die der Messias treten konnte".[23] Auch in seinem Trauerspielbuch ist von einem „unterirdische[n] Leuchten" die Rede. In der „Nacht der Traurigkeit" bedrohe dieses Leuchten die schuldbeladene Physis des Christentums, welche gerade in der Trauer durch den rebellischen Tiefblick des Satans und das „Wissen um das Böse" versucht werde.[24] Denn die Trauer – davor war auch Freud zurückgeschreckt, wie ein Briefwechsel mit Karl Abraham bezeugt[25] – ist von äußerst intimer Natur. Sie setzt eine Vitalität frei, die im Widerspruch zum schwarzen Schleier und zur Andacht steht.[26] Wie das

---

[22] „Der Autor ist klüger als die Allegorie, die Metapher klüger als der Autor. [...] Das Tempo des Bedeutungswandels konstituiert das Primat der Metapher, die als Sichtblende gegen das Bombardement der Bilder dient. ‚Der Druck der Erfahrung treibt die Sprache in die Dichtung.' (Eliot) Die Angst vor der Metapher ist die Angst vor der Eigenbewegung des Materials. Die Angst vor der Tragödie ist die Angst vor der Permanenz der Revolution." (Müller, 1990: Fatzer, S. 31) „Die Metapher überführt das Sehen in Nichtsehen und Blindheit, läßt das Auge vornehmlich als bedecktes, geschlossenes, zerstörtes, getäuschtes in Erscheinung treten." (Schulz, 1990: Sehzwang, S. 165)

[23] „Aber ein Sturm weht vom Paradiese her, der sich in seinen Flügeln verfangen hat und so stark ist, daß der Engel sie nicht mehr schließen kann. Der Sturm treibt ihn unaufhaltsam in die Zukunft, der er den Rücken kehrt, während der Trümmerhaufen vor ihm zum Himmel wächst. Das, was wir den Fortschritt nennen, ist *dieser* Sturm." und „Bekanntlich war es den Juden untersagt, der Zukunft nachzuforschen. Die Thora und das Gebet unterweisen sie dagegen im Eingedenken. Dieses entzauberte ihnen die Zukunft, die der verfallen sind, die sich bei den Wahrsagern Auskunft holen. Den Juden wurde die Zukunft aber darum doch nicht zur homogenen und leeren Zeit. Denn in ihr war jede Sekunde die kleine Pforte, durch die der Messias treten konnte." (Benjamin, 1991: *Begriff der Geschichte*, S. 697 f. und S. 704)

[24] Benjamin (1991): Trauerspiel, S. 402 ff.

[25] Auszüge daraus in: Abraham/Torok (1987): *L'écorce et le noyau*, S. 229–231.

[26] Siehe die Aussage einer Patientin auf dem Divan: „J'ai essayé le voile noir en me souriant dans le miroir, comme une fiancée qui se sépare au grand jour [...]." (Ebd., S. 232)

aus der Tiefe der Hölle hineinströmende Licht, dem sich die zwei Männer auf dem Tintoretto-Gemälde vergeblich zu entziehen suchen, überschwemmt die Lust am Leben den Trauernden, der sich schuldig fühlt und das Auflodern der Libido schleunigst verdrängt. Schuld empfindet er vor allem gegenüber sich selbst, weil er sich über die Ursache der Vitalität – nämlich die Trauer und deren Funktion, sich den anderen zu eigen zu machen, hinwegtäuscht: Verrat am anderen und Selbst-Blendung zugleich. Die Allegorie dagegen belasse, so Benjamin, das andere als anderes, indem sie verrätselt und so den Dingen „nach ihrem schlichten Wesen" treu bleibt. Müllers Bildbeschreibung schiebt sich wie eine Sichtblende vor die Versuchung, den Schleier zu lüften und das Rätsel um das unterirdische Licht zu lösen. Mit der Darstellung des Markuswunders wird ein Denkmal gegen das „Verlöschen der Erinnerung" gesetzt. Von diesem Verlöschen durch Verblendung weiß bereits die Tragödie um Medea zu berichten.

Zorn Statt[27] Tränen

Das tragische Moment, inszeniert durch den Widerstreit zwischen Verweigerung und Teilnahme an der Katastrophe, kann von der Malerei im Wechselspiel der Blicke eingefangen werden. Welches ist nun aber der Blick der wütenden Medea? Ein starrer, faszinierter oder stierer Blick, von *furor*, dem Wahnsinn sprechend, aber auch von *amor*, dem fiebernden Blick der Venus, – so beschreibt Pascal Quignard die antike Medea in seinem Buch *Le sexe et l'effroi*.[28] Warum ausgerechnet Medea und nicht Antigone, die doch an der Trauer festhält, den Bruder Polynice mit Erde bestreut und schließlich selbst lebendig begraben wird? Warum Medea, die bei Müller Jasons Frage „Was willst du" mit „Sterben" beantwortet? Medea, die sich selbst nicht wiedererkennt im Spiegel, weil sie einen Verrat begangen hat: „Bring einen Spiegel Das ist nicht Medea" (MM 93). Medea, die Jason beschuldigt, Bilder gemalt zu haben „Auf Leibern Knochen Gräbern meines Volks" (MM 95). Medea, die um ihre Kinder trauert, weil sie sie geboren hat – also bevor sie ihnen den Tod gibt, eine Szene, die eine Freske aus dem Hause Jasons in Pompeji darstellt.[29] Medea, den Kopf in die Hand gestützt, blickt traurig auf ihre beiden Söhne, vor den Augen des Erziehers, der von einem Mauerdurchbruch aus zuschaut. Sie weiß, daß sie sich kopfüber in den Abgrund stürzen wird. Es gibt kein Entrinnen. „Wohl fühl ich, welchen Greuel ich vollbringen will, Doch stärker als mein Denken ist die Leiden-

---

[27] Zur Großschreibung des Wortes „Statt" als Hervorhebung des Topischen (*lieu* – Ort, Platz, Stelle, Stätte, Statt) vgl. die Anmerkung des Übersetzers Hans-Dieter Gondek in Derrida (1989): *Wie nicht sprechen*, S. 113.
[28] „Quel est le regard de *Médée furiosa*? Le regard est fixe, fasciné ou engourdi, les yeux cornus (les yeux de taureau, les yeux torves, les yeux louches sont le signe aussi bien du *furor*, de la folie, que du regard enfiévré de Vénus, de l'*amor*)." (Quignard, 1994: *Sexe*, S. 177. Im folgenden wird im laufenden Text nach dieser Ausgabe mit der Sigle Q zitiert.)
[29] Abbildungen dieses Wandgemäldes, das in Neapel im Museo Archeologico Nazionale hängt, vgl. ebd., S. 75 und S. 174.

schaft", läßt Euripides seine Kindsmörderin sagen – ein Satz, der zu den berühmtesten der Antike gehört.[30] Die symbolische Fähigkeit der Medeafigur, die Ordnung der Welt umzustürzen, streicht Senecas Tragödie hervor. Männliche Frau, Herrscherin über das Chaos, drohend, auf Erden die Hölle zu errichten, läßt sie sogar im tiefsten Winter das Getreide wachsen und die Flüsse zu ihrer Quelle zurückströmen.[31] Eine Mutter, die zum Monster wird: *mater malum monstrum*.[32]

Medea verkörpert als tragische Figur den Ambivalenzkonflikt einer lustvoll einverleibenden Trauer. Liebe wird zu Haß, das Begehren nach dem Geliebten verwandelt sich in mörderische Grausamkeit gegen die Familie und legt die *Omophagie* (das Verschlingen des Opfertieres im Dionysoskult) bloß, einen Kult, auf den sich in der Alten Welt der Eros gründet.[33] Medea lüftet das Geheimnis, mit welchem sich Helden wie der Argonaut Jason als Bezwinger von Abenteuern geschmückt hatten. Seine Illusion beruht auf einer scharfen Trennung zwischen Geist und Körper, zwischen *episteme* und *doxa*, wobei ersteres als Wissen Macht verspricht: Macht auch über den Körper, der den Ideen bekanntlich ein Dorn im Auge ist.[34] Insofern ist der Held – in Medeas Fall Jason – immer schon vom Tod gezeichnet. Er nimmt ihn quasi in Kauf, um seine eigene *physis* zugunsten der *polis* zu vergessen: Staatsgeschäfte gehen eben vor. Medea aber, Zauberin, Giftmischerin, gibt Aufschluß über eine Verblendung. Denn jede Geburt öffnet auch Augen für das Licht der Welt und schaut so dem Tod ins Angesicht.

Die Trauergesten, die Medea zu Anfang bei Euripides vollzieht, sind deshalb die Vorschau auf eine Katastrophe, die sich mit der Untreue Jasons ankündigt und sich im Laufe der Ereignisse herausschälen wird. Sie knüpfen gleichzeitig an vergangene Morde an, die Medea für Jason in ihrer Heimat Kolchis und in Iolkos begangen hatte: den Mord an Absyrtos, dem „zerstückten Bruder", an Pelias, dem Onkel Jasons, den sie in einem Kessel gekocht hatte, weil er ihrem Geliebten den Thron nicht abtreten wollte. Die Tragödie setzt ein mit dem Verrat Jasons, der die Königstochter Glauke ehelichen will, um sich damit Zugang zur Macht des Vaters Kreon zu verschaffen. Kreon, der Medeas Rache fürchtet, verbannt diese und deren Kinder aus Korinth. Medea bittet um Aufschub, schickt die Kinder mit einem vergifteten Brautkleid zu Glauke. In Medeas Gift stirbt die Königstochter gemeinsam mit ihrem herbeieilenden Vater. Schon vor dem Geschichte machenden Infantizid setzt also die Rache alle Gesetze außer Kraft und zieht ihre Kreise:

---
[30] Euripides (1984): *Medea*, Vers 1079. Im folgenden wird im laufenden Text nach dieser Ausgabe mit der Sigle EM (+ Verszahl) zitiert. Quignard übersetzt anders aus dem Griechischen: „Je comprends quels malheurs je vais oser. Mais mon *thymos* (ma vitalité, ma libido) est plus fort que mes *bouleumata* (les choses que je veux)." (Q 176).
[31] Seneca (1993): *Medea*, Vers 750 und 760. Im folgenden wird im laufenden Text nach dieser Ausgabe mit der Sigle SM (+ Verszahl) zitiert.
[32] Vgl. Garelli-François (1996): Médée et les mères en deuil, S. 193.
[33] Vgl. Q 173.
[34] Über die Todessehnsucht der abendländischen Philosophiegeschichte (das Sein zum Tode) und die Trennung zwischen Geist und Körper vgl. Cavarero (1992): *Platon zum Trotz*.

> So wird sie gräßlich enden, und wer sie berührt:
> Mit solchen Giften tränke ich das Brautgeschenk. (EM 788 f.)

Mit der Vermehrung der Opfer tritt zugleich ein *supplément* des Wortes Gift/*gift*, Geschenk/*gift* hinzu.[35] Medeas pharmazeutisches Erbe, ihre Verbannung aus der Polis und ihr Austritt aus dem weiblichen Geschlecht der Trauergesten knüpfen ein giftiges Gewebe. Darin vergehen nicht nur Braut und König, sondern damit feiert Medea vor allem die Auferstehung des *pathós*. Medea wird sich deshalb für keinerlei Ermahnungen empfänglich zeigen, wie es die Amme im Prolog diagnostiziert:

> Das Auge nicht erhebend und vom Boden nie
> Das Anlitz wendend: wie der Fels, wie wogende
> Meerflut, vernimmt sie Freundestrost und Mahnungen. (EM 28 f.)

Wie der Felsen, den keine Brandung erschüttern kann, wie die Meeresflut, die kommt und geht, verschließt sich die Trauernde, die nichts mehr hören will. Doch die Trauer läßt sich nicht umschreiben. Der finstere Blick Medeas verrät, daß sie sich gegen den Verrat nicht anders zu wehren weiß als mit Zorn:

> Schon sah ich's, unmutglühend traf ihr Auge sie
> Als sänn es Unheil; und ihr Zorn, ich weiß gewiß,
> Ruht nicht, bevor er einen niederschmetterte. (EM 92–94)

Die andere, stillende, die stille Mutter/Amme, fragt sich, warum dieser Zorn gerade die Kinder treffen muß. Sie weiß, daß Medea keine Schuld trifft, aber daß sie am Übermut, der *hybris* gleich, leidet. Jener Übermut, ein Exzeß nicht nur des Denkens, führt bei Seneca sogar dazu, daß Medea in ihren Eingeweiden wühlen möchte, um die Geburt eines Ungeborenen zu verhindern:

> Wenn in der Mutter jetzt ein Kind sich noch verbirgt,
> durchwühl ich mit dem Schwert den Bauch, reiß es heraus. (SM 1012 f.)

Ihre Tat beugt schließlich dem Verrat der Kinder an ihr vor, die sich des Vergessens der Mutter schuldig machen werden, nicht um sie zu trauern:

> Was klammert ihr euch noch an die Barbarin
> Die eure Mutter ist und euer Makel
> Schauspieler seid ihr Kinder des Verrats (MM 95)

sagt Müllers Medea in seinem Material, welchem er einen „Naturalismus der Szene" als Didaskalie auf den Weg gibt und das er an den „See bei Straußberg" verlegt, der „ein verschlammter Swimmingpool in Beverly Hills oder die Badeanstalt einer Nervenklinik ist" (MM 101).

Medeas Trauer kann nicht durchgearbeitet werden, weil sie von Anfang an ein Schauspiel vorführt, das die Selbsttäuschung und den Verrat am anderen in das

---

[35] Über den Zusammenhang zwischen Gift, Geschenk, aber auch Mitgift, Gabe und Dosis, *pharmakon* und das Erbe der *pharmacie* in Platons *Phaidros* und Derridas *Dissémination* vgl. Allerkamp (1996): „Auf dem Grund aber Medea".

Rampenlicht der Bühne zerrt. Ihr Zorn weist auf die erste Lüge der Einverleibung, den die *Introjektion*, die Verinnerung, vorgenommen hat und die von der *Inkorporation*, der Einverleibung, weitergeführt wird, indem Worte in der inneren Krypta lebendig begraben werden.[36] Dort entziehen sie sich neugierigen Blicken und lassen den Hunger entstehen, den Medeas heftiger Zorn zum Ausdruck bringt. *Medea nunc sum* (SM 910) läßt Seneca seine Figur sagen, nachdem der Entschluß, mit den eigenen Kindern auch einen Teil ihrer selbst zu töten, gefaßt ist.

> Unschlüssige? Bald so, bald so treibt dich die Glut,
> wie wenn die raschen Winde wehn in wildem Krieg,
> vom Meer beidseits gedrängt die Flut zwiespältig wallt,
> wie wenn die See unstetig siedet, so auch wogt,
> nicht anders, mir das Herz. Die Liebe scheucht der Zorn,
> den Zorn die Liebe ... (SM 939–942)

Mit der Steigerung der Verbrechen steigt das *pathós* und mit ihm schreitet auch die *anaisthesia* – der Verlust der Selbstwahrnehmung – fort.[37] Im wütenden Akt heilt die tragische Figur sich selbst.

Weder Euripides noch Seneca erteilen jedoch eine *leçon de morale*, die den Ausbruch aus den Schranken des Ethos nur darstellen würde, um diese Schranken damit ungefragt neu zu errichten. Euripides' Schlußszene, die den modernen ‚Szenen einer Ehe' in nichts nachsteht, vollendet die ästhetische Struktur des Echos, der Umkehrung und der Symmetrie, die Seneca noch unterstreichen wird.[38] Jasons physisches Verhältnis zu den Körpern seiner Kinder – „Die Toten laß beklagen und bestatten mich" (EM 1377) – weist zum Schluß auf eine Umkehrung der Geschlechterrollen.[39] Die klagenden Mütter oder Schwestern, wie Hekuba (Euripides) oder Antigone (Sophokles), ersetzt ein trauernder Jason, während Medea den männlichen Part übernimmt, Tränenströme zu kanalisieren und Klagen über den Tod der anderen aufzuschieben auf das ‚eigene' Ende:

> Geh in das Haus und bestatte dein Weib!
> [...]
> Noch jammerst du nicht; harre des Alters! (EM 1394/1396)

Medea weiß, wovon sie spricht. Sie hat das Jammertal selbst beschritten, ihre Tränen flossen, bevor sie ihre Kinder tötete. Sie verkörpert das, was Nicole Loraux das ‚Paradigma der Nachtigall' nennt. Die Nachtigall war einst Mutter und besang ihre

---

[36] Abraham/Torok (1987): *L'écorce et le noyau*, S. 256. Vor dem Dilemma zwischen den lebendig begrabenen Worten und der Unmöglichkeit, diese wieder hervorzuheben in der unsagbaren Trauer, steht der Psychoanalytiker genauso wie der Leser eines Textes.
[37] „Traduite en latin la *difficultas* précède l'*anaisthesia* (la perte de la perception de soi-même) que les Romains appellent *furor*." (Q 177)
[38] Vgl. Garelli-François (1996): *Médée et les mères en deuil*.
[39] Vgl. Segal (1996): Euripides' *Medea*: „Medea, like Creon in *Antigone* and in Euripides' *Suppliant Women* or Theseus in Sophocles' *Oedipus at Colonus*, has the more familiar masculine role of controlling and denying the right to lament. Instead of engaging in lamentation herself, she blocks the full emotional expression of grief by a man." (S. 40)

doppelte Trauer, den geliebten Sohn getötet *und* verloren zu haben. Eine emblematische Figur, die schließlich für jede weibliche Verzweiflung stehen könnte, unabhängig von jeder Mutterschaft.[40] So verbannt Euripides' Medea schließlich alles Sprechen mit ihr und über sie in den Wind[41] und findet auch bei Müller am Ende ihres Monologs zu einem Namen – „O ich bin klug ich bin Medea Ich" (MM 98). Jason dagegen wird von ihr nicht mehr erkannt. Nun ist er es, den das Schicksal des Vergessens heimsucht, ein Geschick, das in *Verkommenes Ufer* und *Landschaft mit Argonauten* verhandelt wird. Tod eines (männlichen) Subjektes, dem kein mütterlicher Blick mehr zuteil wird. Ausgebrochen aus dem Gefängnis der „SCHLAMMFOTZE" hat sich das „Ich Auswurf eines Mannes Ich Auswurf einer Frau" (MM 91) durch die verstummten Schreie von Kolchis einen Weg gebahnt. „Der Rest ist Lyrik" (MM 101) heißt es gegen Ende des dritten Tableaus in verschobener Anlehnung an Hamlet. Jenseits von tragischen Figuren, die trauern und um die getrauert wird, geht es nun um Orte des ‚Dazwischen'. Orte, die vom Schreiben als stetiger Trauerarbeit Zeugnis ablegen.

Verkommenes Andenken

Müllers ‚Frauen' haben den Schritt von der Trauer zur Rache längst vollzogen. Ophelia, Elektra, Medea, Alkestis, Woyzecks Marie, Ulrike Meinhof – sie alle sterben, töten, opfern und kündigen ihren sozialen Vertrag, der sie an das *oikos*, das Haus, gebunden hatte. In *Hamletmaschine* nährt Ophelia im Namen Elektras und aller anderen Opfer die Angst, welche jede Geburt und auch Text-Erzeugung immer schon begründet[42]: „Ich stoße allen Samen aus, den ich empfangen habe. Ich verwandle die Milch meiner Brüste in tödliches Gift."[43] Ophelia/Elektra hat das letzte Wort in einer Textmaschine, in der die Auferstehung der Geister als Geschlechtsakt gefeiert und gefürchtet wird. Hamlet, der den Schleier seiner Rolle zerreißt und von der Bühne abtritt, wünscht sich „eine Welt ohne Mütter. Wir könnten einander in Ruhe abschlachten […]" (MH 90). Elektra und Ophelia stehen diesem Wunsch im Weg. Sie sind Inkarnationen der Phantasmen, mit denen sich der Hamlet-Schauspieler-Dramatiker herumschlagen muß. Sie sind es, die das letzte Wort führen, wenn Hamlet an der Küste, „im Rücken die Ruinen von Europa" (MH 89), vom Tod der Mütter träumt. Denn deren Schoß schaufelt wie die Sprache das Grab ihres ‚Autors'.[44] Allen Bestattungen und Totengräbereien zum Trotz muß dieser doch am En-

---

[40] Vgl. Loraux (1990): *Les mères en deuil*, S. 84 und Garelli-François (1996): Médée et les mères en deuil, S. 203.
[41] Vgl. EM 1404: „Niemals! In die Lüfte verscholl dein Wort!"
[42] Zum Zusammenhang von *mater* und *materia* vgl. Schulz (1987): „Bin gar kein oder nur ein Mund".
[43] Müller (1988): Die Hamletmaschine. S. 97. Im folgenden wird im laufenden Text nach dieser Ausgabe mit der Sigle MH zitiert.
[44] „*Fotografie des Autors*. Ich will nicht mehr essen trinken atmen eine Frau lieben einen Mann ein Kind ein Tier. Ich will nicht mehr sterben. Ich will nicht mehr töten. *Zerreißung der Fo-*

de verstummen, ohne mit den Worten zugleich auch die Körper lebendig begraben zu können.

Der Zorn, der Medeas *passage à l'acte* provoziert hatte, steckt bei Müller als revolutionäres Material im Schlamm des ‚verkommenen Ufers': „Auf dem Grund aber Medea den zerstückten / Bruder im Arm Die Kennerin / Der Gifte" (MM 92). Die Ouvertüre folgt einer „Spur" des Argonautenzuges. Jene Spur läßt sich mit der Eroberung des Goldenen Vlieses in Kolchis als Gründungsmythos nicht nur der griechischen Kolonisationen ablesen.[45] Eine Spur, die niemals nur eine einzige Geschichte erzählen wird, sondern versprengte Splitter des zerbrochenen Heldenspiegels „Flachstirniger Argonauten" (MM 91) aufbewahrt. Strausberg bei Berlin, Stationierungsort der Wehrmacht, der Roten Armee und der Nationalen Volksarmee, zieht mit seinem verschärften ‚s' die Blutspur der SS nach sich.[46] „Departed, have left no addresses" schrieb Eliot in *Waste Land*[47], dessen „Totes Geäst" (ebd.) als Müllers *materia* an den Mauern seines Bruch/Stückes weitere Zustellungen verhindert.[48]

Die Kindsmörderin aus Kolchis und die weinenden Mütter in Troja hatte Seneca, treuer Leser von Euripides, durch mehrere Themen miteinander verbunden: Barbarei, Exil, Meer und Feuer.[49] Das Ufer bietet als Insel des Rückzugs die letzte Rettung, trennt aber auch unwiderruflich die Nabelschnur zu Heim und Herd, verstößt ins Exil und hinterläßt klaffende Wunden. Iphigenie, die sich vor dem Opfertod nach Tauris flüchtet, wird von Euripides verglichen mit Medea und mit Philoktet, dessen Schlangenbiß auf Lemnos nicht heilen will.[50] Medea entkommt ihrer Heimatstadt Aia auf dem Weg zum Schwarzen Meer, an dessen Ufer sie sich mit Jason nach Iolkos einschifft, um als Exilierte in Korinth zu stranden. Bei Euripides wägt sie dort als eine Möglichkeit der Rache ab, den Palast in Brand zu setzen, eine Zündschnur, die von Seneca und dann von Pasolini in seinem Film *Medea* mit Maria Callas wieder aufgenommen wird. In Müllers *Landschaft mit Argonauten* stürzen schließlich „die Bilder ineinander", und die Leinwand reißt (MM 100). Während „Im Kassenraum [...] Fritz Lang Boris Karloff" (ebd.) würgt, verzehren die Flammen das alte Rom. Das Imperium, das sich des ehemals griechischen und oskischen Pompejis bemächtigen wollte, muß unter Nero erleben, wie der Vesuv sein Recht auf ein Ter-

---

    tografie des Autors" (MH 96). Vgl. Schulz (1987): „Bin gar kein oder nur ein Mund": „In ‚Herakles 2 oder die Hydra' wurde das Bild des Stumm-Machens an einen ‚mütterlichen Würgegriff' gebunden, aus der ‚er' sich befreien will: ‚Tod den Müttern' (die das, was sie hervorbringen, behalten möchten, nicht abgeben können) – Bild der Urheberschaft/Autorschaft, die den Schoß der Sprache auch als Grab erfährt." (S. 158)

[45] Zum Argonautenzug und der griechischen Kolonisation vgl. Moreau (1994): *Le Mythe de Jason et Médée*, S. 157 ff.
[46] Vgl. Schulz (1988): Waste Land, S. 104.
[47] Eliot (1985): *Waste Land*, S. 34.
[48] Zur Übermalung Eliots in Verkommenes Ufer vgl. ebd.
[49] Vgl. Garelli-François (1996): Médée et les mères en deuil.
[50] „Odysseus: Das ist der Platz, Lemnos. Hier, Sohn Achills, Hab ich den Mann aus Melos ausgesetzt Den Philoktet, in unserm Dienst verwundet Uns nicht mehr dienlich seit dem, Eiter drang Aus seiner Wunde stinkend [...]." (Müller, 1988: Philoktet, S. 8)

rain einfordert, das er einst aus der Mitte des Meeres gehoben hatte: „So stand Nero über Rom im Hochgefühl / Bis der Wagen vorfuhr Sand im Getriebe / Ein Wolf stand auf der Straße als er auseinanderbrach" (MM 100). „Die Trauer fragt nach Rache Blut säuft Blut [...] Rom hörst du meinen Schrei", heißt es in Müllers *Anatomie Titus Fall of Rome*.[51] In seinem *Shakespearekommentar* streiten die Söhne des Kaisers um ihr Erbe, das „grosse Rom die Hure", dessen „billigem Streit" (MT 133) trauernde Mütter und Schwestern beiwohnen. „Verzeiht Madame er stirbt Es ist der Brauch Die Schatten unsrer Toten zu versöhnen Die unten schrein" (MT 128), lautet die Antwort auf die Frage nach der „Blutbahn", die den Mythos der säugenden Wolfsmutter in Geschichte übergehen lassen will. Das Kriegerdenkmal ist auf dem Schmerz der Trauernden erbaut, die durch ihre Tränen für das Andenken im Vergessen Sorge tragen. Der Satz „Alles wird Ufer wartet auf das Meer" (MT 140) faßt schließlich die Explosion der Bilder zusammen, welche sich auf einer versinkenden Insel zusammendrängen. Dort finden sich der Schreibende und sein namenloser Leser wieder, um gemeinsam den Übertritt zu wagen zu einem ‚Grund', der sich nicht festschreiben läßt. Weil Ufer und Insel weder Meer noch Festland zuzuschreiben sind, verharren sie im Warten auf ihren eigenen Untergang, denn einst werden sie überschwemmt und verschüttet sein: Orte, die vom Verschwinden gezeichnet sind, „Todes- und Grenzstreifen"[52], dort, wo der „auf den Grund" gerichtete Blick nie ankommen wird.

Nachdem die Schreie von Kolchis verstummt sind und Medea Jason den erkennenden Blick verweigert – so wie sie bei Euripides das Sprechen in den Wind verworfen hatte –, fragt nun in *Landschaft mit Argonauten* ein Ich nach seinem „Zufallsnamen" (MM 98). Nur noch dunkel als „Flattern zwischen Nichts und Niemand" glimmt eine Ahnung auf von „Seefahrt" und „Landnahme", vom Argonautenzug, einer „glücklose[n] Landung" (MM 99): „Mit dem Horizont vergeht das Gedächtnis der Küste" (MM 98). Hier ist nichts mehr übrig von dem Hölderlin-Vers „Was bleibet aber, stiften die Dichter".[53] Der Vers ist aus seinem Gedicht *Andenken* gerissen und zu einem „Gemeinplatz" (ebd.) verkommen in ein „Was bleibt aber stiften die Bomben" (MM 99) oder parodiert mit Erich Frieds „Was bleibt, geht stiften".[54] Hölderlins O-Ton klingt aus dem Off wie das Echo der sich rächenden Ruinen Pompejis, welche ihrerseits wieder gewaltige Geschichte(n) vom Zwist der Menschen und Götter bergen. In den „vaterländischen Gesängen" brechen die Wellen über das „scharfe Ufer". Das Kommen und Gehen der Fluten, „Es nehmet aber / Und gibt Gedächtnis die See"[55], ermöglicht ein Andenken, das sich als Spur, also als Andenken dieses und gleichzeitig jedes anderen Andenkens, in den Sand eingegraben hat.[56]

---

[51] Müller (1988/89): Anatomie Titus Fall of Rome, S. 128. Im folgenden wird im laufenden Text nach dieser Ausgabe mit der Sigle MT zitiert.
[52] Vgl. Schulz (1988): Waste Land, S. 103.
[53] Hölderlin (1969): Andenken, S. 196.
[54] Zitiert nach Haverkamp (1991): *Laub voll Trauer*, S. 78.
[55] Hölderlin (1969): Andenken, S. 196.
[56] „*Andenken* denkt sein ‚Andenken' als die Unmöglichkeit seines, jeden Andenkens und hin-

Nachruf 2

Das, was Müller in seinem Brief an Wilson nur über den Umweg von Tintorettos Bild der *Auffindung des Leichnams des Heiligen Markus* zu beschreiben vermochte, „das Verlöschen der Erinnerung", hat bereits eingesetzt. Der Nachruf ist nur noch als Echo von etwas Uneinholbarem zu hören, als *Todesanzeige* geht er schon über zu den Formalien der Bestattungsriten, mit denen sich die Überlebenden ihrer eigenen Existenz versichern möchten.

Welches Andenken? Welche Verschüttung? Welche Krypta öffnet sich beim Lesen des verschütteten Medeamaterials und seiner Bilder? Werden Namen hier in fehlende Grabsteine eingeritzt, ohne genannt zu werden?[57] „Geh über mich hinweg" hatte Inge Müller in ihrem Gedicht MOND NEUMOND DEINE SICHEL geschrieben.

> MOND NEUMOND DEINE SICHEL
> Mäht unsre Zeit wie Gras
> Wir stehn aufrecht im Himmel
> Auf dünnem Stundenglas.
> Der Stern geht seine Wege
> Wir suchen unsern Weg
> Wenn ich mich niederlege
> Geh über mich hinweg.[58]

Inge Müller hatte nicht nur ihre toten Eltern 1945 in Berlin aus den Trümmern bergen müssen. Sie lag selbst drei Tage lang in einem Ruinenkeller lebendig begraben. Mitten im Vitalismus der Nachkriegszeit wird Inge Müller ihre „Lektion, die gelernt werden muß" schlucken, das „Training der Auferstehung"[59]: *Geh über mich hinweg* lautet der Schriftzug ihres lyrischen Ich, das sich schon als gestorbenes, zu erinnerndes setzt. Ein Hinweggehen über Leichen und Gräber, ein *hinweg*, das „die vorgezeichnete Bahn als auch das Laufen und Verschwindenmüssen zugleich benennt".[60] Über die Auffindung des Leichnams von Inge Müller gibt ihr dritter Mann Heiner Müller in der *Todesanzeige* Auskunft. Heiner Müller hatte zunächst in einem ‚Entwurf' versucht, die Szene ihres Freitodes aus der Sicht der Sterbenden zu schreiben:

[...] wenn er nach Hause kommt den Kopf im Gasherd warum kommt er nicht [...] wenn er kommt wird er mich aufheben ich werde mich schwermachen wenn er mich ins Schlaf-

---
terläßt in der Spur, der ausgeschlossenen Figur, das Zeichen dieses, jeden Andenkens." (Haverkamp, 1991: *Laub voll Trauer*, S. 92)
[57] Auf Inge Müllers Grab fehlte ein Grabstein. Erst dreißig Jahre nach ihrem Tod, am 4. Juni 1996, wurde eine Steinstele nahe des Eingangs des Pankower Städtischen Friedhofs gesetzt. Ihr Grab ist längst eingeebnet worden.
[58] Müller (1996): *Irgendwo*, S. 214.
[59] Müller (1988/89): Anatomie Titus Fall of Rome, S. 225.
[60] Jirgl (1995): Das verlängerte Echo, S. 306.

zimmer trägt warum kommt er nicht mein Herz eine Faust die schlägt meine Rippen etwas will aus mir heraus das Fenster ein Kreuz für Papa ein Kreuz für Mama die Tür[61]

In der Beschreibung des Aktes einer Selbsttötung drängen sich Vergangenes und Zukünftiges zusammen, um als Projektion auf die Zeit nach dem Tod die Tat selbst zu provozieren und voranzutreiben. Die Frage „warum kommt er nicht" zäsiert im ungeduldigen Warten auf den Zuschauer die Handlungen eines Ich. Es wartet auf den eigenen Tod und sieht in den Fensterrahmen die Grabkreuze seiner Eltern. Die letzte Fassung der *Todesanzeige* wird schließlich die Perspektive ganz verändern, um nun den Blick dieses einen Leichenauffinders aufzunehmen, der zum Zuschauer eines Trauerspiels wird, das von den Übriggebliebenen handelt.

> Sie war tot, als ich nach Hause kam. [...] Ich sah mich, an den Türrahmen gelehnt, halb gelangweilt halb belustigt einem Mann zusehen, der gegen drei Uhr früh in seiner Küche auf dem Steinboden hockte, über seine vielleicht bewußtlose vielleicht tote Frau gebeugt, ihren Kopf mit den Händen hochhielt und mit ihr sprach wie mit einer Puppe für kein andres Publikum als mich.[62]

„ICH HABE DIR GESAGT DU SOLLST NICHT WIEDERKOMMEN TOT IST TOT" heißt es in *Bildbeschreibung*.[63] Ein Du, „der Antipode, der Doppelgänger mit meinem Gesicht aus Schnee"[64], geistert herum in Heiner Müllers Bildern: Pompeji und der Fall of Rome, Medea und der zerstückte Bruder, das tote Kino und das „Gestrüpp der Träume", der scharrende Hund und der wiederkehrende Wolf.[65] Keine „Urszene", die auszumachen wäre, die unter dem Lavagestein läge, und deren Spuren bis ‚auf den Grund' gefolgt werden könnte. Vielmehr scheinen die Texte Müllers von den Geistern heimgesucht zu werden – so wie Friedrich 2, der in *Germania Tod* als Vampir einem Genossen auf den Rücken springt. Sie berichten von den vielen Toden, die beim Überleben und Weiterschreiben, beim Lesen über der Schulter des anderen entstanden sind. „In den Rücken das Schwein" lautet es schließlich gegen Ende der *Landschaft mit Argonauten*.[66] Die Dolchstoßlegende des Textes läßt keinen Zweifel darüber, daß Lesen immer ein – auch obzönes, indezentes – Suchen ist nach Fährten und Vorgängern, ein Graben auf frisch aufgetürmten Erdhügeln, Trauerarbeit, die, da unmöglich, nicht abzuschließen ist, die aber gerade darum zum

---

[61] Manuskript wahrscheinlich von 1967, ein dreiviertel Jahr nach Inge Müllers Tod, zitiert nach Gröschner (1996): DU VOR DU HINTER MIR, S. 321.
[62] Müller (1977): Todesanzeige, S. 31.
[63] Müller (1985): Bildbeschreibung, S. 13.
[64] Müller (1983): Der Auftrag, S. 62.
[65] In Die Wunde Woyzeck (Büchner-Preisrede von 1985, Nelson Mandela gewidmet), entwirft Müller die Utopie des wildgewordenen Hundes: „Woyzeck lebt, wo der Hund begraben liegt, der Hund heißt Woyzeck. Auf seine Auferstehung warten wir mit Furcht und/oder Hoffnung, daß der Hund als Wolf wiederkehrt. Der Wolf kommt aus dem Süden." (S. 263)
[66] Müller betont das jüngste Entstehungsdatum des letzten Tableaus: „Zum Beispiel der erste Teil, VERKOMMENES UFER, ist bis auf ein paar Zeilen 30 Jahre alt. Der Mittelteil, das eigentliche Medea-Stück, ist zur Hälfte vielleicht auch fünfzehn Jahre alt. Wirklich neu ist nur der letzte Teil LANDSCHAFT MIT ARGONAUTEN." (Müller, 1986: *Gesammelte Irrtümer 1*, S. 130) Die Datierung wäre also: Verkommenes Ufer (1952), Medeamaterial (1967) und Landschaft mit Argonauten (1982).

Schreiben drängt: „Der Menschheit Die Adern aufgeschlagen wie ein Buch Im Blutstrom blättern" (MT 125). Lesen verdammt zur Passivität, zum bloßen Zuschauen, zur Totenstille, die sich im Schreiben als Schrei und *explosion of a memory* einen Weg bahnt, ‚hinweggeht'.

Die Angst vor einer Welt, in welche Sprache nicht mehr reicht, spricht von diesem Hinweggehen und schnürt beim Sagen die Kehle zu. „Der Rest ist Lyrik Wer hat bessre Zähne / Das Blut oder der Stein" (MM 101) lauten die letzten Zeilen in Müllers *Landschaft mit Argonauten*. Jenem theatralischen Schweigen Hamlets will eine Lyrik der Ent-Sagung zuvorkommen. Die Wahl zwischen Venus (Medeas *amor*) und Mars (Medeas *furor*), zwischen Geburt und Tod, mütterlichem Schoß und väterlichem Gesetz, stellt sich nur noch dort, wo sich etwas als Andenken dem *lebendig toten* verschreibt und so einer Trennung zwischen Leben und Tod entsagt. Keine Chance also, die Krypta jemals wirklich betreten zu können. Sie bleibt a-topisch, ein „im Inneren des Innen ausgeschlossenes Außen".[67]

Bibliographie

Abraham, Nicolas und Maria Torok: *L'écorce et le noyau* (1978). Paris 1987.
Allerkamp, Andrea: „Auf dem Grund aber Medea" – Apparition et Disparition d'un mythe ou cheminer d'Euripide à Heiner Müller. Vortrag anläßlich der Inszenierung des Théâtre² l'Acte in Toulouse. In: *Le texte et l'idée 1996*, H. 11, S. 179–198.
Bachmann, Ingeborg: [Auf das Opfer darf keiner sich berufen]. In: Dies.: *Werke*. Bd. 4. München, Zürich 1984.
Benjamin, Walter: Ursprung des deutschen Trauerspiels. In: Ders.: *Gesammelte Schriften*. Bd. I, 1. Frankfurt a. M. 1991.
–: Über den Begriff der Geschichte. In: Ders.: *Gesammelte Schriften*. Bd. I, 2. Frankfurt a. M. 1991.
Bennington, Geoffrey und Jacques Derrida: *Jacques Derrida*. Paris 1991.
Cavarero, Adriana: *Platon zum Trotz*. Berlin 1992.
Derrida, Jacques: Fors. In: Nicolas Abraham und Maria Torok: *Cryptonomie. Le Verbier de l'Homme aux Loups*. Paris 1976.
–: *La Carte Postale de Socrate à Freud et au-delà*. Paris 1980.
–: *Mémoires pour Paul de Man*. Paris 1988.
–: *Wie nicht sprechen. Verneinungen*. Wien 1989.
Eliot, T. S.: *The Waste Land and other poems*. London, Boston 1985.
Euripides: Medea. In: Ders.: *Sämtliche Tragödien in zwei Bänden*. Bd. II. Stuttgart 1984, S. 185–233.
Freud, Sigmund: Trauer und Melancholie. In: Ders.: *Studienausgabe*. Bd. III. Frankfurt a. M. 1975, S. 194–212.

---

[67] „A l'intérieur de ce forum, place de libre circulation pour les échanges de discours et d'objets, la crypte construit un autre *for:* clos, donc intérieur à lui-même, intérieur secret à l'intérieur de la grande place, mais du même coup extérieur à elle, extérieur à l'intérieur." (Derrida, 1976: Fors, S. 12.

–: Der Wahn und die Träume in W. Jensens ‚Gradiva'. In: Ders.: *Studienausgabe*. Bd. X. Frankfurt a. M. ⁴1972, S. 10–85.
Garelli-François, Marie-Hélène: Médée et les mères en deuil: échos, renvois, symétries dans le théâtre de Sénèque. In: *Pallas* 1996, H. 45: Médée et la violence. Toulouse 1996, S. 191–204.
Gröschner, Anett: DU VOR DU HINTER MIR. Korrespondenzen zwischen den Arbeiten Inge und Heiner Müllers. In: Inge Müller: *Irgendwo: noch einmal möchte ich sehn*. Berlin 1996, S. 318–324.
Haverkamp, Anselm: *Laub voll Trauer: Hölderlins späte Allegorie*. München 1991.
Hölderlin, Friedrich: Andenken. Die vaterländischen Gesänge. In: Ders.: *Werke und Briefe*. Bd. 1. Frankfurt a. M. 1969, S. 194–196.
Jirgl, Reinhard: Das verlängerte Echo. Der Horizont des Todes in Gedichten von Inge Müller. In: Inge Müller: *Irgendwo; noch einmal möcht ich sehn*. Berlin 1996, S. 300–313.
Loraux, Nicole: *Les mères en deuil*. Paris 1990.
Moreau, Alain: *Le Mythe de Jason et Médée. Le va-nu-pied et la sorcière*. Paris 1994.
Müller, Heiner: Todesanzeige. In: Ders.: *Germania Tod in Berlin*. Berlin 1977, S. 31–34.
–: Die Hamletmaschine. In: Ders.: *Mauser*. Berlin 1988, S. 89–97.
–: Philoktet. In: Ders.: *Mauser*. Berlin 1988, S. 7–42.
–: Verkommenes Ufer Medeamaterial Landschaft mit Argonauten. In: Ders.: *Herzstück*. Berlin 1983, S. 91–101.
–: Der Auftrag. In: Ders.: *Herzstück*. Berlin 1983, S. 43–70.
–: Bildbeschreibung. In: Ders.: *Shakespeare Factory 1*. Berlin 1985, S. 7–14.
–: *Gesammelte Irrtümer 1. Interviews und Gespräche*. Frankfurt a. M. 1986.
–: Brief an Robert Wilson. In: *Explosion of a Memory. Heiner Müller DDR. Ein Arbeitsbuch*, hrsg. von Wolfgang Storch. Berlin 1988, S. 70 f.
–: Anatomie Titus Fall of Rome. In: Ders.: *Shakespeare Factory 2*. Berlin 1988/89, S. 125–226.
–: Die Wunde Woyzeck. In: Ders.: *Shakespeare Factory 2*. Berlin 1988/89, S. 261–263.
–: Fatzer + Keuner. In: *Heiner Müller Material*, hrsg. von Frank Hörnigk. Leipzig 1990, S. 30–36.
Müller, Inge: *Irgendwo; noch einmal möcht ich sehn. Lyrik, Prosa, Tagebücher*, hrsg. von Ines Geipel. Berlin 1996.
Pallucchini, Rodolfo und Paola Rossi: *Tintoretto. Le opere sacre e profane*. Tomo primo e Tomo secondo. Milano 1982.
Quignard, Pascal: *Le sexe et l'effroi*. Paris 1994.
Rand, Nicolas und Maria Torok: Maladie du deuil et renaissance des passions dans la Gradiva, de Jensen: essai de psychanalyse littéraire. In: Dies.: *Questions à Freud. Du devenir de la psychanalyse*. Paris 1995, S. 75–128.
Schulz, Genia: „Bin gar kein oder nur ein Mund" – Zu einem Aspekt des „Weiblichen" in Texten Heiner Müllers. In: *Weiblichkeit und Avantgarde*, hrsg. von Inge Stephan und Sigrid Weigel. Berlin, Hamburg 1987, S. 147–164.
–: Waste Land/Verkommenes Ufer. In: *Explosion of a Memory. Heiner Müller DDR. Ein Arbeitsbuch*, hrsg. von Wolfgang Storch. Berlin 1988, S. 103–104.
–: Sehzwang und Blendung bei Heiner Müller. In: *Heiner Müller Material*, hrsg. von Frank Hörnigk. Leipzig 1990, S. 165–182.
–: Kein altes Blatt. Müllers Graben. In: *Merkur* 1993, H. 8, S. 729–736.
Segal, Charles: Euripides' *Medea*: Vengeance, Reversal, and Closure. In: *Pallas* 1996, H. 45: Médée et la violence. Toulouse 1996, S. 14–44.
Seneca: *Medea*. Lateinisch/Deutsch. Stuttgart 1993.

Abbildungsnachweis

[1]: Milano Pinacoteca di Brera

Den Schleier nehmen

Eva Meyer

„Den Schleier nehmen" heißt sich aus der Welt zurückziehen. Weil sie nicht so ist, wie sie scheint oder wir sie haben wollen. Unsere Trauer darüber ist weder auf eine gute noch auf eine schlechte Eigenschaft bezogen. Eher ist sie auf keine Eigenschaft bezogen oder auf den Stoff der Eigenschaft selbst, die das in seinen Bewußtseinsraum eingeschlossene Subjekt mit einem Schleier umgibt.

„Erkenne dich selbst" war der Spruch, mit dem das Apolloheiligtum in Delphi seine Besucher empfing. Die Philosophie machte daraus das transzendentale Postulat, daß der Mensch sich als Vernunftwesen zu erkennen habe. Auch wenn inzwischen angenommen wird, daß damit nicht nur die theoretische Selbsterkenntnis, sondern auch die Erfahrung der Grenze gemeint ist, an der man erkennt, daß man *nur* ein Mensch ist, so fehlt doch immer noch die Unterscheidung, mit der man erkennt, daß man nur *ein* Mensch ist.

Das ist eine unlösbare Aufgabe und also Lust. Mit ihr strebt man nach dem Vollenden eines Tuns und verfällt darüber dem Leid, daß es nicht so geht, wie man es sich vorgestellt hat. Doch in dem für einen zu großen Leid versammelt man sich zu sich selbst. Die Lust wird selber reflektiert und gibt sich uns als Schleier zurück. In ihm vermischen sich Tatsachen und Metaphorik nach uraltem Brauch und kommen darüber auf einen neuen Gebrauch. Denn in der Spannung zwischen eingeschränkter Wahrnehmung und mitwahrgenommener Totalität sammelt sich der Stoff, der sich zwischen Sehen und Gesehenes schiebt und deutlich macht, daß es zwei die Welt unterschiedlich Ausdrückende gibt.

Es ist das Ausdrückbare aller Ausdrücke, dem Seele und Körper gleich sein wollen und im Schleier zu bewahrheiten suchen. Doch da es gewiß keine Wahrheit des Schleiers gibt, hat er sowohl die Seele als auch den Körper als seinen Stoff ergriffen. Mit ihm ist uns der Extremfall einer Ausdrucksform gegeben, die nichts Eigentliches besagt und deshalb ein Zeichen ist. Wenn sich die individuelle Trauer hinter einem Trauerschleier verbirgt und sie gesellschaftlich tragbar macht, stellt er eine Unterscheidung und eine Verbindung her, die noch in Freude umschlagen wird.

Denn es ist mit dem Schleier wie mit einem Geheimnis, das man nicht lüften will, um zu sehen, was dahinter steckt, sondern das man gebrauchen will, weil es beispielhaft einzigartig und also vielfältig ist. Ein Vehikel des Analogiedenkens, gewiß, doch eines, das in sich selbst genug Unterscheidung hat, um die Bewußtseinsräume der individuellen und der gesellschaftlichen Subjekte aneinanderzuschließen und der Entstehungszustand des Tatsächlichen zwischen Bestimmtem und Unbestimmtem zu sein.

Es gibt eine Erzählung von Katherine Mansfield, die *Den Schleier nehmen* heißt. Etwas war geschehen und es „war – wirklich, es war einfach – oh, das alles –, mit einem Wort, es war wirklich so, daß Edna wußte, von diesem Augenblick an wird das Leben nie wieder so sein wie bisher". Natürlich geht es um Liebe. Und während sie noch darüber nachdenkt, daß jetzt alles vorbei ist, und „weltweise" und „wehmütig" lächelt, liegt plötzlich „die Zukunft enthüllt vor ihr. Edna konnte es alles sehen. Sie war verblüfft; zuerst verschlug es ihr den Atem. Aber, schließlich, was wäre natürlicher? Sie träte in ein Kloster ein". Doch als sie sich den Abschied ausmalt: „Unter den Rosen, in ein weißes Taschentuch gehüllt, Ednas letzte Fotografie und am Rand die Worte: *Die Welt vergessend, von der Welt vergessen*", und schließlich tot und begraben ist, kommt sie darauf, daß sie das Leben liebt, „daß sie jetzt, zum erstenmal in ihrem Leben – nie hatte sie sich vorgestellt, daß man so etwas überhaupt empfinden könnte – wußte, was es hieß, zu lieben, ja wirklich zu – lieben!"

„Sie ist frei, sie ist jung, und niemand kennt ihr Geheimnis." Doch wir, die wir wissen, daß es der Schleier ist, nehmen ihn als das Geheimnis eines Erzählens, das sich dem Erzählten anverwandelt und eben dazu einen Schleier nimmt. Eine Form der Parallelität, die dem Erzählten mehr gleicht, als dieses sich selbst. Und so schafft man es neu und kehrt in die Welt zurück.

Das ist in Wahrheit das Geheimnis des Schleiers: daß er nicht gegenständlich erfaßt, sondern verhüllt. Deshalb wird seine Enthüllung etwas Neues sein. Es ist das, was im ursprünglichen Wortsinn „inter-est", was zwischen den Menschen ist, sie miteinander verbindet und voneinander scheidet. Ein Zwischenraum, von dem Hannah Arendt sagt, daß er für jeden einzelnen ein jeweils anderer ist, so daß das Miteinander-Sprechen eine unwillkürlich-zusätzliche Enthüllung der jeweils Sprechenden ist. Eine Rückverwandlung des Symbolcharakters der Sprache in ihren Zeichencharakter, von dem man nicht mehr annimmt, daß sich dahinter eine ganze Welt verbirgt, jetzt, da er aus sich selbst heraus eine neue Welt bewirkt.

Es ist, als würde „der objektive Zwischenraum in allem Miteinander" von einem „ganz und gar verschiedenen Zwischen durchwachsen und überwuchert" werden, von einem zweiten Zwischen, das aus den Worten selbst entsteht, über die Dinge hinweg, die sie besprechen. Das ist die Ansprache selbst: daß wir eine Welt teilen und einander mitteilen, welche Feststellung wir darin treffen, die für uns selbst Bestand hat. Innerhalb dieser Feststellung können wir ausdrücken, was uns außerhalb dieser Feststellung nicht gegeben ist. Erst das Ausdrückbare aller Ausdrücke schafft diese Verbindung, die allerdings unmittelbar und unvermittelt ist. Doch obwohl dieses zweite Zwischen sich „in keiner Weise verdinglichen und objektivieren" läßt, hält Arendt es trotz „seiner Ungreifbarkeit" für „nicht weniger wirklich als die Dingwelt unserer sichtbaren Umgebung".

Denn es ist „das Bezugsgewebe menschlicher Angelegenheiten" genauso „an eine objektiv-gegenständliche Dingwelt gebunden, wie etwa die Sprache an die physische Existenz eines lebendigen Organismus". Doch nachdem wir der Sprache ihren Zeichencharakter zurückgegeben haben, können wir dies auch mit „dem Bezugsgewebe menschlicher Angelegenheiten" tun. Sein Verhältnis zur „objektiv-gegenständlichen Welt, die es durchdringt, gleicht nicht etwa dem Bezug, der zwischen einer Fassade und einem Gebäude" oder einem Körper und einem Kleid besteht. Es ist ein Bezug, der mehr sich selbst gleicht als dem, was er beziehen soll, weil er weder

„durch Motive noch durch Ziele vorbestimmt" ist, wohl aber die Form einer Sprache hat. Indem sie über das hinausgeht, was sie zu besagen scheint, und doch nicht im Absoluten ankommt, ist sie die unwillkürlich-zusätzliche Enthüllung des Sprechenden selbst, ein „gar nicht anders können, als sich selbst in seiner personalen Einmaligkeit zum Vorschein und mit ins Spiel zu bringen". Für Arendt heißt das einfach, „der Wirklichkeit, so wie sie ist", Rechnung zu tragen.

Wenn Menschen zusammen leben, dann tun sie dies nicht von ungefähr, sondern werden „von Menschen in eine schon bestehende Menschenwelt" hineingeboren. Deshalb werden die Fäden des jeweiligen Neuankömmlings in ein bereits vorgewebtes Muster geschlagen. Und die Frage ist nun: Findet man sich in das vorgewebte Muster ein? Reproduziert man es gewissermaßen? Oder fühlt man sich vollkommen frei davon, einschließlich der damit einhergehenden Gefahr, es gerade dann, wenn man sich am freiesten davon fühlt, am getreusten zu reproduzieren? Zwischen diesen beiden Optionen, die unversehens auf das gleiche hinauslaufen können, wird man gut daran tun, ihr Zwischen als einen Schleier zu nehmen, der noch verändert, was er bedeckt, wenn man darin Fäden schlägt, die „ihrerseits alle Lebensfäden, mit denen sie innerhalb des Gewebes in Berührung kommen, auf einmalige Weise affizieren".

Es ist genau hier, daß die Trauer darüber, daß man so gut wie niemals die Ziele, die einem „ursprünglich vorschwebten, in Reinheit verwirklichen" kann, in die Freude umschlägt, mit der man realisiert, was man sich nie vorgestellt hat. Nur wenn man den eigenen Faden in ein Gewebe schlägt, das man nicht selbst gemacht hat, „kann es mit der gleichen Selbstverständlichkeit Geschichten hervorbringen, mit der das Herstellen Dinge und Gegenstände produziert". Gleich insofern, als diese Geschichten ein so integrierender Bestandteil allen Miteinanders sind, wie es „der objektive Zwischenraum in allem Miteinander" ist, doch unterschiedlich insofern, als sie nicht die „Realisierung vorgefaßter Ziele und Zwecke" sind.

Es sind nämlich gerade die „ursprünglich nicht intendierten Geschichten", die „schließlich in der Welt verbleiben", nicht der Impuls, der jemanden in Bewegung versetzt, sondern die Geschichten, die er verursacht hat. Unsere Freude betrifft also die Tatsache, daß wir eine Geschichte beginnen können, ohne sie ersonnen haben zu müssen, und daß diese Tatsache sogar die Bedingung dafür ist, daß diese Geschichte in der Welt Bestand haben wird. Und so hat sich unsere Trauer darüber, daß uns der Tod aus der Welt führt, in die Freude darüber verwandelt, daß uns der Tod in die Welt führt. Indem er die Bedingung der Erzählbarkeit ist, schafft er sie neu, doch ohne sie mit dem Leben zu verwechseln.

Es ist „die Spanne menschlichen Lebens zwischen Geburt und Tod", die „schließlich sich zu einer erzählbaren Geschichte formiert mit Anfang und Ende". Für Arendt ist dies die „vorpolitische und prähistorische Bedingung dessen, daß es überhaupt so etwas wie Geschichte im Dasein der Menschheit gibt". Wenn wir also „von einer Geschichte der Menschheit oder überhaupt von der Geschichte einer Menschengruppe sprechen, deren Existenz im ganzen nicht notwendigerweise von Geburt und Tod begrenzt ist, so gebrauchen wir eigentlich das Wort ‚Geschichte' im Sinne einer Metapher". Der nachmetaphorische Gebrauch des Wortes Geschichte müßte also ihre Begrenzung von Geburt und Tod wieder einführen, diesmal aber unter der Bedingung von Sprache überhaupt: daß nämlich „jedes Menschenleben eine nur ihm eigene Geschichte zu erzählen hat, und daß Geschichte schließlich zu einem unendlich erweiterbaren Geschichtenbuch der Menschheit" wird, wenn beide gleichermaßen an ein Medium des Erzählbaren gebunden sind, das sich nicht an dieser Spanne bemißt.

Erzählbare Geschichte gesteht Arendt aber nur demjenigen zu, der nicht in sie verstrickt oder direkt von ihr betroffen ist und „schließlich die Geschichte überblickt und sie erzählt". Weil derjenige, der zeigt, wer er eigentlich ist, also sich selbst exponiert, niemals „wissen oder berechnen kann, wen er eigentlich als sich selbst zur Schau stellt". Erst wenn die Fäden zu Ende gesponnen sind, „ergeben sie wieder klar erkennbare Muster, bzw. sind als Lebensgeschichten erzählbar".

Wenn aber nur „ex post facto" begriffen werden kann, was „einer Mitwelt gegenwärtig ist" in „der ungreifbar flüchtigen und doch unverwechselbar einzigartigen Manifestation" einer Person, dann wird wieder nur vom Ende her gedacht: „Was für den Einzelnen der äußerste Einsatz sein mag, über den hinaus es ein Weiter nicht mehr geben kann, wird doch in dem Bezugsgewebe der Menschen nur als ein neuer Einschlag erscheinen, der, wenn es hoch kommt, einen Neuanfang, ein neues Muster entwirft, das, bevor es fertig ist, noch auf tausendfältige Weise seine Physiognomie ändern kann, weil es sich mit den unzähligen Fäden derer kreuzt, die es weiter und zu Ende spinnen." Doch weil es dieses Ende nie geben wird, ist auch der äußerste Einsatz einer, über den hinaus es ein Weiter gibt. Nicht nur ein „neuer Einschlag", sondern auch ein neuer Stoff. Es ist aus der unwillkürlich-zusätzlichen Enthüllung der Person, die von ihr selbst gerade nicht erblickt wird und eben deshalb eines anderen Blicks bedarf, daß es sich ergibt, daß sie weder nur ein Leben noch abstrakte Attribute hat, sondern andere Menschen als Eigenschaft.

Mit ihr ist sie einer Mitwelt gegenwärtig, wie es nicht als Lebensgeschichte zu erzählen ist. Vielmehr handelt es sich um die Personalität eines Verhältnisses, das nicht mehr unter den Bestimmungszwang subjektiver Spiegelungen fällt, sondern ein Prozeß gegenseitiger Anerkennung ist. Das heißt nicht, daß man sich der Selbstinterpretation des anderen darbietet. Wenn man vom Inhalt des Gesprochenen abstrahiert und nur den gegenseitigen Zuspruch von Anerkennung übrig läßt, findet zwar ein personaler Austausch statt, der aber immer noch auf Selbstinterpretation zurückgeführt werden kann. Es ist, wie wenn man Rollen spielen würde, die zwar Realität transzendieren, doch nach den Regeln eines Spiels, bei dem Personalität und Funktionalität ineinandergreifen, damit ich mich den Objektivationen der Macht unterwerfen kann. Wenn sich aber zwischen Personalität und Funktionalität ein Schleier schiebt, wie er nicht mehr für die durch das Begehren eingefärbten Vorstellungen der Selbstreflexion zu gebrauchen ist, dann hat man die Begrifflichkeit des Ichs überschritten und schafft im Akt gegenseitiger Anerkennung eine eigene Welt.

Also ist es Liebe. Sie transzendiert nicht Realität, sondern nimmt sie als einen Schleier, der ihr eine eigene Form zu geben vermag. Es ist in der Unmöglichkeit der Realisierung der Liebe, daß sich das Mehr jeder Gleichung zu zeigen und dem Ungleichen an sich anzugleichen beginnt. Dieses stellt nun aber nicht mehr die Spanne menschlichen Lebens dar, sondern stellt die Spannung zwischen gegenständlicher Sprache und subjektiven Theorien zur Schau.

Und so liegt es nun an der Spannung, daß sie den Gesichtspunkt eines Bewußtseins und den Gesichtspunkt einer Welt so weit auseinander hält, daß es unmöglich wird, den einen aus dem anderen abzuleiten, und man nicht wissen kann, wen sie eigentlich als sich selbst zur Schau stellt. Doch wenn man die Trauer über sich selbst abgeschlossen hat, kommt man darauf, daß man nicht alles selbst verstehen muß, sondern dahingestellt sein läßt, was in gegenseitiger Anerkennung entsteht.

Das sind freudige Affektionen, passive und aktive, die unser Tätigkeitsvermögen vergrößern, zur Personalität in der Liebe, aus der der Schleier seinen Sinn formiert. Und wenn er der Sinnhaftigkeit des menschlichen Treibens mehr gleicht als dieses sich selbst, dann erzählt er es neu und schafft also eine neue Erzählbarkeit.

„Es ist wahr", schreibt Arendt: „Das Geschichtenerzählen enthält den Sinn, ohne den Fehler zu begehen, ihn zu benennen; es führt zu Übereinstimmung und Versöhnung mit den Dingen, wie sie wirklich sind, und vielleicht können wir ihm sogar zutrauen, implizit jenes letzte Wort zu enthalten, das wir vom Tag des Jüngsten Gerichts erwarten." Doch weil es diesen Tag nicht geben wird, müssen wir ihm sogar zutrauen, daß es uns noch ungeahnte personale Möglichkeiten gibt.

„Alles Leid kann ertragen werden, wenn man es in eine Geschichte packt oder eine Geschichte darüber erzählt." Arendt zufolge meint Tania Blixen damit den schweigenden, alles umschließenden „Genius der Ergebung, der auch der Genius des wahren Glaubens" ist und dann einer Geschichte entsteigt, wenn in der Wiederholung der Vorstellung die Ereignisse zu dem werden, was man als Geschick bezeichnet. Mit ihm so eins zu werden, „daß niemand den Tänzer vom Tanz unterscheiden kann, daß die Antwort auf die Frage nach dem ‚Wer bist du?' die des Kardinals [in einer Geschichte Blixens] sein wird: ‚Erlauben Sie mir bitte, daß ich Ihnen […] auf die klassische Manier antworte, indem ich Ihnen eine Geschichte erzähle', ist angesichts der Tatsache, daß uns das Leben verliehen wurde, das einzig Angemessene".

Hier haben wir eine Unterscheidung, die Menschen danach scheidet, ob sie fähig sind, „ihr Schicksal zu lieben", oder ob sie „als Erfolg buchen, was andere […] zum Tageskurs dafür ausgeben. Sie zittern vor ihrem Schicksal und haben guten Grund dazu", weil ihr Leben nicht erzählt werden kann. Doch wenn man nur die Lebensgeschichte desjenigen erzählen kann, über dessen Leben das Nachdenken sich lohnt, folgert man leicht, daß das Leben als Geschichte gelebt werden sollte, „daß man im Leben darauf hinwirken muß, eine Geschichte wahr werden zu lassen". Das aber heißt sich einer Idee bewußt und willens sein, sie zu verwirklichen. Nicht das Schicksal zu lieben, sondern das Geschick seines Lebens vorwegzunehmen, indem man eine alte Geschichte wahr werden läßt.

Diese Idee erreichte Blixen als Erbschaft ihres Vaters. Sie zu verwirklichen war ihre Geste der Trauer über seinen Tod, als sie zehn Jahre alt war, von dem sie später erfuhr, daß es ein Selbstmord war. Also nahm sie sich vor, eine Fortsetzung der Geschichte ihres Vaters zu sein. Zu ihr gehörte eine Märchenfigur, die der Vater vor seiner Heirat geliebt hatte und deren plötzlicher Tod seine unheilbare Trauer und den späteren Selbstmord hätte erklären können. Da dieses Mädchen eine Kusine ihres Vaters war, verliebte sie sich in einen Vetter zweiten Grades, der ein Neffe des toten Mädchens gewesen wäre. „Da jener ihr keine Beachtung schenkte, entschloß sie sich mit siebenundzwanzig Jahren, in einem Alter, in dem sie es besser hätte wissen können, zum Kummer und Erstaunen aller Angehörigen, seinen Zwillingsbruder zu heiraten und kurz vor dem ersten Weltkrieg mit ihm nach Afrika zu fahren. Was folgte, war unbedeutend und schäbig, ganz und gar nicht von jenem Stoff, aus dem man eine Geschichte hätte machen können."

Oder doch? Selbst wenn sie niemals über diese Ehe schrieb, so schrieb sie doch einige Geschichten darüber, wie man eine Geschichte wahr werden läßt, wie man „das Leben nach einem vorgegebenen Muster beeinflussen" will, „anstatt geduldig darauf zu warten, daß die Geschichte dahinter zum Vorschein kommt". Das aber heißt: „eine Fiktion zu schaffen und nach ihr zu leben".

Diese Fiktion ist die Schwelle selbst, die das Tragische vom Komischen trennt, so daß man nicht mehr weiß, was sie eigentlich als sich selbst darstellt: Die Familiengeschichte der Erzählung *Saison in Kopenhagen*, in der Blixen die Liebe des Vaters zur Kusine wieder aufleben läßt, oder der Versuch, das Leben selbst zu gestalten, was einem nur dessen Streiche einbringen wird. Doch beginnen muß man damit. Und so beginnt man, sich sprechend und handelnd in eine Geschichte einzuschalten.

„Weißt du", sagt Adelaide zu Ib, „was ich an deiner Stelle täte? Ich wäre in meine Kusine Adelaide verliebt. Ich wäre so in sie verliebt, daß ich nachts nicht schlafen könnte. Den ganzen Tag über sähe ich ihr Bild vor mir, so daß ich mich vergewissern müßte, ob auch andre Leute sie sehen und sie keine Fata Morgana ist. Zum Schluß, am Ende der Saison, würde ich beschließen zu sterben. Ich würde in die französische Armee eintreten, jetzt, wo da unten der Krieg losgeht."

Ganz „erfreut darüber, daß sie eine so romantische Geschichte erfinden konnte", erzählt sie weiter, wie sie Abschied nehmen und zur Kusine Adelaide „Ich liebe Dich!" sagen würde. „Aber du", sagt sie zu Ib, „wirst das Wort ‚Liebe' nie in den Mund nehmen. Du könntest es nicht einmal richtig auf einem Stück Papier buchstabieren, wenn man dich darum bäte." Und Ib, der seine Kusine Adelaide liebt und gekommen ist, um sich von ihr zu verabschieden und in die französische Armee einzutreten, wenn die Saison vorbei ist, steht auf und wiederholt, was sie ihm vorgesprochen hat.

Nach einem „raschen Blick in den Spiegel" fährt Adelaide fort, an seiner Stelle zu sagen: „Ich sterbe, Adelaide, weil ich nicht ohne dich leben kann. In meinem letzten Augenblick will ich deiner gedenken und zu dir sprechen: Ich danke dir, Adelaide, daß du da warst und so lieblich warst, daß du mit mir getanzt hast, daß du mit mir gesprochen und mich angeschaut hast. Leb wohl für immer, mein teures Herz, mein süßes Herz. Leb wohl!" Da sie im Lauf der Saison viele Scharaden und *Tableaux vivants* mitgemacht hat, kommen ihr die Worte „wie von selbst, wunderschön eins nach dem andern". Sie würde sagen: „Laß mich dir jetzt, wo wir uns trennen, die Hand küssen." Sie würde sogar sagen: „Gib mir einen Kuß, einen einzigen Kuß, denn ich gehe in den Tod." Als Ib aber nach einer Pause sagt: „Ich danke dir, Adelaide, weil du da warst und so lieblich warst. Gib mir einen Kuß, einen einzigen

Den Schleier nehmen

Kuß, denn ich gehe in den Tod", findet sie, daß er ihren Scherz zu weit treibt. Aber ist es nicht gerade das, was sie an ihm liebt, was gefährlich ist und zu dem Vergnügen gehört, das man mit Ib hat? Und so antwortet sie: „Ja, denn du gehst in den Tod."

Übrigens gibt es noch einen Dritten in dieser Szene, Drude, die Freundin Adelaides und Schwester Ibs, die sich jetzt zu ihnen umdreht und zusieht, wie Ib Adelaide küßt – und geht. „Adelaide, die nach dem Kuß wie auf einer dünnen Stange" balanciert, wendet sich also an Drude, deren Gesicht ihr blaß, allmächtig und schließlich „allwissend" erscheint. Endlich fragt sie: „Weswegen ist er dagewesen?" und bekommt zur Antwort: „Jetzt kann ich es dir sagen. Er reist fort, um in die französische Armee einzutreten. Er ist dagewesen, um dich noch einmal zu sehen und von dir Abschied zu nehmen. Er geht weg, weil er dich liebt. Und ich glaube, er möchte sterben."

Was Adelaide jetzt durch den Sinn geht, ist ein Gedanke, der ihr bisher unklar war, daß nämlich für dieses Geschwisterpaar das Leben eine andere Bedeutung hat als für sie, und was sie jetzt merkt, ist die Grausamkeit, mit der sie Ib „im Scherz die Liebeserklärung" hat „nachsprechen lassen, die er ihr, den Tod im Herzen, selber hätte machen wollen". Was sie nun tut, ist folgendes: Sie läßt Drude einen Brief an Ib schreiben, in dem sie ihn um ein Treffen im leeren Haus einer Tante bittet. Als Ib ihr dort öffnet, findet er aber nicht Drude, sondern Kirstine, Adelaides Kammerjungfer. Doch dann sieht er, daß es Adelaide ist, die Kirstines Schleier zurückschlägt und sagt: „Ich bin gekommen, dich um Verzeihung zu bitten."

Das scheint Ib „ein unerwarteter Anfang" und „ungewöhnlich" zu sein, doch muß „sie es am besten wissen". Sie aber bittet um Verzeihung, weil sie ja gerade nicht gewußt hat, daß es wahr war, was sie ihn hat sprechen lassen, und denkt, daß es „das beste" sei, sie würde ihn „alles noch einmal sagen" lassen, jetzt, wo sie weiß, daß es wahr ist.

„Daß ich dich liebe?"

„Ja."

„Ich liebe dich", sagt er also und dann: „Willst du die Worte ein drittes Mal hören? Sie sind hundertmal und tausendmal gesagt worden. Ich frage mich in diesem Augenblick, ob ich je ein anderes Wort gesprochen habe." Und sie will noch mehr davon hören, nicht nur, weil sie weiß, daß er die Wahrheit sagt, sondern auch, weil er dafür „eigene Worte" hat. „Wenn sie nun gewiß wüßte, daß sie geliebt" wird, wie es ihr zukommt, dann „würde sich ihr Leben ändern".

Doch was heißt „eigen" für Ib, dem alle „schönen, süßen Dinge auf der Welt" nur ein Zeichen sind, daß Adelaide kommt, da ist oder vorübergegangen ist? „Einmal", erzählt er, „hattest du ein hellblaues Kleid an. Es war ein Sommertag, ich segelte in der Bucht, es kam ein Windstoß, das Boot kenterte, und ich meinte, ich ginge unter. Das Wasser war hellblau, ich dachte: ‚Nun schließt sich Adelaide über mir.'" Und dann sagt er zum drittenmal, was sie ihn am Tag zuvor hat sagen lassen, wie wenn es der letzte Augenblick seines Lebens wäre. Und tatsächlich ist es im letzten Augenblick eines Lebens, das „alle äußeren Gesetze" verworfen hat, als wären „nur sie beide noch auf der Welt", daß in ihm „das Gesetz seines eigenen Wesens laut" wird, ihm „sein Urteil" spricht und ihn sagen läßt: „Lieber will ich sterben."

„Du", antwortet Adelaide. „Und ich auch!"

Hier haben wir nicht nur einmal mehr den Fall, daß die gesellschaftliche Realität dem Sich-Zeigen der Liebe entgegensteht, denn Adelaide hat die Wiederholung heimlicher Treffen und also – noch einmal unwissend, wie Ib weiß – „Lebenstatsachen" vorgeschlagen. Es ist in diesem Augenblick, daß Ibs „Lage, unvermutet, Sprache" gewinnt und „die überlegte Wahl eines jungen Mannes" ausspricht. Zwar hätte er nicht „die Theorie formulieren können, daß die Tragödie ihren jungen Heldinnen erlaubt, ihrer Liebe die Ehre zu opfern", und „ruhig mit ansieht, wie Gretchen, Ophelia und Héloise zugrunde gehen", und auch nicht jene „andere Theorie, daß die Tragödie dem jungen Helden verbietet, dasselbe zu tun". Ergriffen wie er ist von jenem Paradoxon, daß sie am besten weiß und doch vollkommen unwissend ist, fallen seine Worte schwerer. „Geradewegs aus seinem Herzen und vielleicht weniger vom Willen und von der Vernunft bestimmt als alles, was er bisher gesprochen" hat, sind sie „zu schwer" für Adelaide, „ein Gegenstand", den sie nicht halten kann. Und weil es auch keinen „Platz in ihrer Reichweite" gibt, „worauf sie ihn hätte abstellen können", geht sie auf und davon, bis auch ihre Lage Sprache gewinnt.

Das geht nicht ohne Verlust, des Tragischen oder der Nase. Denn der Geruchssinn ist es, der „am unmittelbarsten die Vergangenheit dem Herzen" vermittelt. Doch da er nicht in Worte zu kleiden ist, weiß man nicht, was man in Wirklichkeit beklagt, wenn man diese Unmittelbarkeit verloren und sich „dem Konversationsstück" überantwortet hat. Aber man weiß, daß Adelaide jetzt nichts so sehr haßt wie Worte und endlich weiß warum: „sie hätte Ib küssen müssen". Nicht „mit diesem Gehabe einer großen französischen Bühnenkünstlerin", sondern als „mystisches Erlebnis", das sich nur als „Wunder" vollzieht.

Doch weil es ums Erzählen geht, ist sie im Begriff, weise zu werden, wie es nur denjenigen zukommt, die zunächst weder weise noch besonnen sind. Sie fühlt nun nicht mehr ihren eigenen Schmerz oder Ibs Schmerz, sondern „die Lebenstrauer selber in allem Lebendigen", die „gegen ihre Lider" drängt: „Wenn sie jetzt nicht weinen konnte, mußte sie sterben." Und die dringlichste Frage ist nun: „Wo, an welchem Ort sollte Adelaide weinen? Wenn sie auf der Straße ihren Tränen Lauf ließe, würden sich die Vorüberkommenden, erschrocken von dem Anblick, umdrehen, würden sie ausfragen, womöglich sie berühren, und der Gedanke, daß Leute sich so zu einem Mädchen benehmen sollten, das den Verlust seines Geruchssinns beklagte, war ihr entsetzlich. Glückte es ihr, die Tränen zurückzuhalten, bis sie sich daheim in ihrem Zimmer befand – was kaum möglich schien, denn sie brannten ihr bis ins Gehirn –, so würde die ohnehin schon schwer beunruhigte Kirstine erschrecken und ihre Mutter verständigen, und die Mutter würde gleichfalls erschrecken und nach dem Hausarzt schicken, und alle würden sie ausfragen und sie schütteln und streicheln."

Nun erkennt sie die Welt, so wie sie ist: „es gab keinen Ort für Leute, die weinen mußten. Wer essen oder trinken wollte, fand überall in der Nähe eine Stelle, wo es zu essen und trinken gab. Wer Lust hatte zu tanzen, fand ebenfalls, das wußte sie gut genug, den dazu passenden Ort. Wer einen neuen Hut kaufen wollte, fand, wenigstens morgen früh, wenn die Läden aufmachten, leicht die Stelle, wo man ihn kaufen konnte. Doch gab es in ganz Kopenhagen keinen einzigen Platz, wo ein menschliches Wesen weinen durfte."

Oder doch? Indem sie so, „von aller Welt verlassen", weitergeht, führt „sie ihr Weg an einem Friedhof vorbei". Adelaide, deren Verwandte in Familiengrüften in der Nähe ihrer Häuser begraben sind, hatte noch nie einen städtischen Friedhof gesehen; und nun empfängt „sie dieser Kopenhagener Friedhof unerwarteterweise mit stillem, mitleidvollem Verständnis im selben Augenblick als sie ihn" betritt. Er nimmt „sie gleichsam in seine Arme. Die Tränen" beginnen „von den Lidern ihrer halb geschlossenen Augen zu tropfen; bald, bald würde sie sie ungehemmt fließen lassen dürfen". Sie findet ein Grab, das „gänzlich vergessen" scheint, und preßt „ihre weiche Wange an den harten Stein". Sie schluchzt „laut und hemmungslos". Einen langen Weg hat „sie eine schwere Sorgenlast getragen – Ib und sein Unglück, ihre eigene freudlose Zukunft, das Elend der Welt –", nun legt „sie alles zu Füßen dieses Steins nieder wie in die Hände eines Freundes". Und weil es das letzte Mal in ihrem Leben ist, bedeutet dieser Tag „eine Scheidelinie in ihrem Leben": Vorbei die Zeit, „in der sie noch geweint" hat.

Wir aber, die wir mit ihr wissen wollen, „an wessen Busen sie geweint" hat, lesen: „Hier ruhen die Überreste von Jonas Andersen Tode, Schiffskapitän, gest. am 31. Dezember 1815, geb. am 25. März 1740", mithin also hundertdreißig Jahre, bevor Adelaide ihre Tränen an seinem Grabstein vergießt.

Nun ist aber dieser Schiffskapitän nicht der „große Unbekannte", der Arendt zufolge auftritt, „wenn man die Geschichte als Ganzes betrachtet und findet, daß ihr ‚Held', die Menschheit, eine Abstraktion ist, die nicht handeln kann, weil man ihr unter keinen Umständen die zum Handeln notwendige Eigenschaft der Personalität zumuten kann", sondern Andersen, der Erzähler überhaupt, und sämtliche Tode, von denen man erzählen kann. Bis der Schiffskapitän selbst zum Medium der Erzählbarkeit dieser Saison geworden ist, in der sich mit der Eroberung der bürgerlichen Stadt durch den Landadel „das Weiberwesen" erhebt und Kopenhagen „wie eine Flutwelle unter Wasser" setzt.

„Du bist so adelaidisch", hatte Ib nämlich bemerkt, als er damals zu ihr und Drude ins Zimmer trat, und erzählt: „Als Drude und ich einmal zusammen mit dem Dampfer von Jütland nach Kopenhagen reisten, suchte der alte Kapitän im verstohlenen von mir zu erfahren, wer das hübsche Mädchen sei. Doch dir", sagte er zu Adelaide, „ist nie jemand vor Augen gekommen, der nicht über dich Bescheid gewußt hätte. Du bist noch in keinem Schiff gefahren, auf dem nicht der Kapitän wie der Koch, ja sogar der kleine Schiffsjunge gewußt hätte: Adelaide ist an Bord gekommen." Darauf hatte sie gemeint, daß Leute, die nicht wüßten, wer sie sei, „schon sehr merkwürdige Menschen sein" müßten, „mit denen nicht viel los" wäre: „Ein alter Schiffskapitän, der nicht wüßte, wer ich bin – was sollte ich mit dem anfangen?"

„Du würdest es ihm bald klarmachen, meinst du?" fragte Ib. „Nein", sagte sie. „Nein. Ich würde mich auch nicht darum kümmern, wer er ist. Meinetwegen könnte er ungestört unter seinesgleichen bleiben."

„Siehst du", entgegnete Ib, „das ist der Unterschied zwischen dir und mir. In der Welt, wo du lebst, wird alles immer ganz hell, weil du im Mittelpunkt stehst. Aber ich

muß jedesmal wieder ein Zündholz anstreichen, damit man Notiz von mir nimmt."
Es ist allein die Möglichkeit, die Adelaide dann ahnt, daß nämlich Ib eine eigene Welt haben könnte, in die er sich von ihr zurückziehen kann, die sie zum Erfinden dessen bringt, was sie an seiner Stelle tun würde. Doch da auch eine eigene Welt nicht selbständig existiert, wird sie immer situativ durch die Realität negiert, bis endlich die Personalität in der Liebe entsteht. Das aber heißt, daß die Liebenden jegliche Bestimmtheit, sei es durch Gewohnheit oder Charakter, von sich abtun und sich in einer Weise erkennen, die sich sprachlich realisiert, in der personal gebrauchten Anrede von „Du. Und ich auch!"

„Ib sollte diese Worte sein Leben lang im Sinn behalten. Doch hatten sie für ihn eine mystische Beschaffenheit: sie entzogen sich jeder Definition, und sah man sie scharf an, so veränderten sie sich und entschwanden. Als er sie in Tante Nathalies Zimmer zum ersten Mal vernahm, waren sie ein Urteilsspruch, der sie beide auf ihren Platz verwies, mit einem unüberbrückbaren Abstand zwischen ihnen. Als er später darüber nachdachte, hatte das Wort ‚du' plötzlich etwas Mitleidvolles, und das Wort ‚ich' hatte einen Beiklang der Wehklage wie bei einem Kind. In Jütland, wenn man in regnerischen Frühlingsnächten den Brachvogel bald von der einen Seite, bald von der andern klagen hört, sagen die Bauern, daß sich da ein totes Liebespaar unterhält, das vor langer Zeit sein Glück verpaßt hat und sich nun schmerzlich seinen Verlust vorhält – es gab Stunden, in denen Adelaides Stimme für Ib wie der Gesang der Brachvögel klang. Zuallerletzt aber, in dem Augenblick, da er ihr dafür danken sollte, daß sie gelebt hatte, bekamen die Worte den Klang einer magischen Formel, die beide für die Ewigkeit band."

Adelaide aber, um die herum immer alles hell war, findet es am Ende gerade noch hell genug, daß sie die Grabesinschrift lesen kann: „Dein Wort ist meines Fußes Leuchte und ein Licht auf meinem Weg." Also gibt es ein Weiter und wird von anderen Worten erhellt. Mit ihnen ist man vielleicht der Sprecher seines Unwissens, doch so, daß man gerade dadurch aus seiner abstrakten Einsamkeit erlöst wird. Und weil Adelaide am Grab des Schiffskapitäns weinen konnte, ist sie nicht gestorben und kehrt in die Welt zurück. Indem sie „aller Welt" eingesteht, daß sie „ein Mensch" ist, der „alles verloren" hat, wird sie einer, der mit anderen etwas anfangen kann.

Es ist am Ende der Erzählung, daß „adelaidisch" zur Leidenschaft wird, die die Menschen einander aussetzt. Wie sie einander brauchen, in dieser besonderen Eigenschaft, die allen zu eigen ist. Das ist nicht das Ende einer Geschichte, die mit einem Kuß besiegelt wird, weil dieser Kuß ein wahrhafter Balanceakt ist. Was für ihn der „eine und einzige" war, ist für sie „nur ganz allgemein", ein „abstrakter Kuß, wie er in Balladen und Romanen vorkommt". Doch „da sie es war, die ihn um einen Kuß gebeten" hat, muß er „auf ihre Idee eingehen", mit allen Folgen, die diese Berührung des Besonderen und des Allgemeinen zeitigen wird: Keine romantische Liebe, die die Welt zwischen den Liebenden verzehrt, und auch nicht die bürgerliche Vermischung von Realität und Illusion, sondern die Personalität der Liebe, die ein unsterbliches Erzählen bewirkt.

Bibliographie

Arendt, Hannah: *Vita activa oder Vom tätigen Leben*. München 1981.
–: Isak Dinesen (d.i. Tania Blixen). In: Dies.: *Menschen in finsteren Zeiten*. München 1989, S. 113–130.
Blixen, Tania: Saison in Kopenhagen. In: Dies.: *Letzte Erzählungen*. Zürich 1985, S. 361–456.
Mansfield, Katherine: Den Schleier nehmen. In: Dies.: *Seligkeit*. Frankfurt a. M. 1988, S. 100–105.

Von *Kaddisch* zu *Testimony*

Trauer im jüdischen Kontext

Gisela Ecker

I. Trauer in der jüdischen Kultur

Freud und die Riten

Jüdische Vorstellungen von Trauer sind weit über die Gruppe der orthodox Praktizierenden hinaus von differenzierten Riten geprägt. Es sind gerade die Riten des Trauerns zusammen mit den offiziellen Tagen des Gedenkens, die gläubige und ‚säkularisierte' Juden im Gedenken an ihre Toten verbinden. Ungeachtet der vielen, in einzelnen Gemeinschaften und religiösen Untergruppen praktizierten Trauerriten treten einige Besonderheiten konstant auf: die Einteilung in *Phasen* und damit die Vorstellung eines besonderen zielgerichteten Ablaufs, die Trennung der Geschlechter in der Ausübung, die Ausrichtung auf eine *Gemeinschaft*[1] und die Orientierung an der Zukunft.[2] Die Phasen[3], die im einzelnen weiter ausdifferenziert werden, sind *Aninut* (Zeit bis zum Begräbnis, Zeit der Klage), *Schiwa* (sieben strenge Trauertage)[4], *Scheloschim* (erster Trauermonat; Zeit der Konzentration, Verzicht auf ablenkende Unterhaltung), *Kaddisch*[5], *Jahrzeit* (wiederkehrender jährlicher Gedenktag am Todestag des/der Verstorbenen). Auch wenn diese nicht in jeder Gruppe vollzogen werden, so ist doch das Bewußtsein eines geregelten, auf die Gemeinschaft be-

---

[1] Vgl. Esther Schors Einleitung zu ihrem Buch *Bearing the Dead* aus dem Jahr 1994, in der sie auf ihre eigene, nicht weit zurückliegende Erfahrung verweist, die als Gemeinschaftserfahrung erlebt wurde. Als Trauernde waren sie und ihre Familie „the recipients of sympathy in the form of visits, cake, fruit, casseroles, old photographs, anecdotes, embraces; the ones obliged to *remember*. People we have never met left their homes to make the quorum necessary for our recital of the mourner's kaddish. For a week my sister-in-law cooked for us, leaving us free to preside, seated barefoot on hard benches, over a house full of mourners. The mirrors were covered, so we could not see ourselves; but wherever we looked were those who had gathered to comfort us" (S. 13).
[2] Vgl. den bezeichnenden Titel eines verbreiteten Handbuchs über das Trauern: Rabinowicz (1964): *A Guide to Life*.
[3] Vgl. unter anderem den Artikel: Trauerriten in: *Neues Lexikon des Judentums*.
[4] So werden zum Beispiel die Spiegel verhängt, die Trauernden sitzen auf niedrigen, ungepolsterten Stühlen, unbeschuht, verzichten auf Körperpflege etc. Nachbarn und Freunde bringen Essen und Geschenke.
[5] Kaddisch hat mindestens drei Bedeutungen: – die vierte Phase des Trauerns, in der elf Monate lang durch den ältesten Sohn bzw. den nächststehenden männlichen Verwandten täglich in der Synagoge Kaddisch gebetet wird; – Gebet am Grab des Verstorbenen; – Bezeichnung für den erstgeborenen Sohn als demjenigen, der später Kaddisch beten wird.

zogenen Ablaufs fest verankert und taucht auch als ‚säkularisierte' Folie in Texten unterschiedlichster Genres auf.

Vor dem Hintergrund der jüdischen Tradition bietet sich eine andere als die geläufige Lesart von Freuds Äußerungen über Trauer an. An seiner Abhandlung über Trauer und Melancholie[6] wird ja häufig die dezidierte Abgrenzung zwischen beidem kritisiert und als übertrieben normative Bestimmung des ‚gesunden' Trauerns gewertet.[7] Stellt man jedoch einen Bezug zwischen Freuds Thesen und den jüdischen Vorstellungen von Trauer über einen verstorbenen Menschen her, verschiebt sich die Perspektive. Man kann Freud mit den jüdischen Trauerriten lesen oder umgekehrt diese mit Freud, sie erhellen sich jeweils gegenseitig in ihren leitenden Vorstellungen. Was beide verbindet, ist die Idee vom spontanen und ‚natürlichen' Ablauf (die von vielen Freud-Interpreten mit Befremden zur Kenntnis genommen wird), ist die Einteilung in Stadien, ist die Betonung der Anstrengung und psychischen Leistung des trauernden Subjekts und ist schließlich die Vorstellung, daß es sich um einen langwierigen Prozeß handelt. Grundlegend dabei ist in beiden Fällen die Sorge um das Fortleben des Subjekts und die Integration des Verlusts ohne Verlust am Ich, eher unter Bereicherung des Ich.[8] An verschiedenen Stellen, verstreut über sein gesamtes Werk und beginnend mit den Studien über Hysterie, macht Freud darauf aufmerksam, daß es sich um ein Durcharbeiten im *einzelnen* und um Prozesse des *Wiederholens* handelt: „Jede einzelne der Erinnerungen und Erwartungen, in denen die Libido an das Objekt geknüpft war, wird eingestellt, überbesetzt und an ihr die Lösung der Libido vollzogen."[9] Mehrfach spricht er von Trauer als „Reproduktionsarbeit", während der wiederholt und gesondert Erinnertes wieder aufgerufen wird.[10] Was im Rahmen einer solchen Ver*arbeitung* geleistet wird, steht in einem Gegensatz zur Verdrängung und ließe sich als ‚Umwandlung' bezeichnen. Diese Umwandlung läßt – wiederum in Abgrenzung zur Melancholie – Subjekt und Objekt getrennt voneinander bestehen[11]; in ihrem Verlauf wird nur die Bindung an das Objekt gelöst.

---

[6] Vgl. Freud (1982): Trauer und Melancholie.
[7] Vgl. zum Beispiel Derrida (1994): Kraft der Trauer: „Man hat leicht reden: Im Zeitalter der Psychoanalyse kann man immer leicht von der ‚gelungenen' Trauerarbeit sprechen – oder, umgekehrt, als ob es genau das Gegenteil wäre, von einer ‚Melancholie', die das Scheitern der sogenannten Arbeit unterschreiben würde." (S. 15)
[8] Vgl. dazu Reguer (1983): Kaddish: „Jewish laws and customs concerning death are infinitely wise. Without knowing the psychological terminology, the laws teach the need of facing the reality of death." (S. 176)
[9] Freud (1982): Trauer und Melancholie, S. 199.
[10] „Die Trauer entsteht unter dem Einfluß der Realitätsprüfung, die kategorisch verlangt, daß man sich von dem Objekt trennen müsse, weil es nicht mehr besteht. Sie hat nun die Arbeit zu leisten, diesen Rückzug vom Objekt in all den Situationen durchzuführen, in denen das Objekt Gegenstand hoher Besetzung war. Der schmerzliche Charakter dieser Trennung fügt sich dann der eben gegebenen Erklärung durch die hohe und unerfüllbare Sehnsuchtsbesetzung des Objekts während der *Reproduktion* der Situationen, in denen die Bindung an das Objekt gelöst werden soll." (Freud, 1972: Hemmung, Symptom und Angst, S. 308; Hervorhebung der Verf.)
[11] Die nicht gelungene Trauerarbeit, die Freud in den Bereich der Melancholie verschiebt, sieht er in der Identifikation mit dem verlorenen Objekt, in deren Vorstufe das Ich „sich dieses

Das Objekt selbst wird in den vielen Akten des Erinnerns in der Vorstellung rekonstruiert, bekommt also eine symbolische Existenz, die sowohl für das Subjekt als auch für andere erkennbar, lesbar sein kann. Wie in den jüdischen Trauerriten wird dem Subjekt in Freuds Theorie viel Zeit[12] und Sonderstatus eingeräumt, um die eigentliche Trennung zu vollziehen.[13]

‚Weibliche' Trauer – die Klage

Durch den Ausschluß der Frauen aus den offiziellen jüdischen Trauerriten werden diese auch partiell aus dem präzise skandierten Zeitschema herausgenommen. An dessen Stelle tritt – offenbar im Sinne der üblichen Arbeitsteilung der Geschlechter in kulturellen Ordnungen, die eine starke Geschlechtertrennung einführen – ein Überschwang in der ersten Phase der Klage, dem literarisch in vielen Formen Ausdruck gegeben wird. Anzia Yezierska hat solche Szenen dieser Phase des „wailing" aus der Perspektive der jüdischen Einwanderer aus Osteuropa in die USA dramatisch ausgemalt, so auch in ihrem Roman *Bread Givers* aus dem Jahr 1925:

> People coming and going. Wailing and screaming. Tumult and confusion. [...] Mrs Feinstein began to howl at the top of her voice, wringing her hands and rocking herself over the coffin. „My best friend! My neighbour! Forgive me if I talked evil of you. I take it all back. I didn't mean nothing." [...] Other neighbours came in screaming, tearing their hair, and beating their breasts. Falling on the coffin and begging the dead body to forgive their evil talk during her lifetime. Begging the corpse to be a messenger in Heaven for them, to beg God to spare them all ills.
> [...]
> A chorus of wailing neighbours gathered about the body, rocking and swaying and wringing their hands in woe.
> „Such a good mother, such a virtuous wife," wailed a shawled woman with a nursing baby in her arms and two little tots hanging to her skirts. „Never did she allow herself a bite to eat but left-overs, never a dress but the rags her daughters had thrown away."
> „Such a cook! Such a housewife!" groaned a white-haired woman wiping her eyes with a corner of her shawl. „Only two days ago she told me how they cook the fish in her village sweet and sour – and now she is dead." At this, all the women began rocking and swaying in a wailing chorus.[14]

Objekt einverleiben" möchte, „auf dem Wege des Fressens", so Freud (1982): Trauer und Melancholie, S. 203. In der Trauer wird zwar das Objekt „für tot erklärt", nicht aber dem Ich einverleibt. Der „Ambivalenzkampf", der sich in der Melancholie abspielt, „erschlägt" dagegen das Objekt (ebd., S. 211).

[12] Auch Derrida spricht von der Zeit in bezug auf Trauer, von der beanspruchten „Zeit der Lektüre" und der „Zeit der unbeendbaren Trauer", wobei die Unbeendbarkeit nicht ein Merkmal von Trauer darstellt, sondern dem Postulat der Treue zum verstorbenen Freund entspringt. (Vgl. Derrida, 1994: Kraft der Trauer, S. 29.)

[13] Trauer ist meines Erachtens auch derjenige Bereich des Psychischen, zu dem Freud sich am emphatischsten über ‚Normalität' äußert.

[14] Yezierska (1925): *Bread Givers*, S. 252–254.

Was hier zur Sprache kommt, ist die inoffizielle und körperhaft ausgedrückte Klage in der Phase des *Aninut*, die vorwiegend von den Frauen getragen wird. Erst danach setzen die formgebenden[15] Riten ein, die einen zunehmenden Ausschluß der Frauen vollziehen. Es scheint, als ob die Literatur etwas übernehmen würde, was in den codifizierten Texten, den religiösen Handbüchern und offiziellen Beschreibungen ausgelassen wird, denn es finden sich ausgesprochen zahlreiche Szenen der weiblichen Klage in der Literatur jüdischer Autorinnen des zwanzigsten Jahrhunderts. Viele dieser Szenen sind dabei mit einer auktorialen Distanzierung versehen; es werden literarische Signale mitgeliefert, nach denen diese Form des weiblichen Trauerns distanziert, zum Beispiel in den Bereich des Archaischen versetzt werden:

> At midnight the first mourner sprang up – one of the Old Testament women off the stoop in Division Street; and from behind the closed door, when she slid in to join Palestine, her cry went down like a rapier into the heart of the silence.[16]

Sara, die Protagonistin bei Yezierska, wehrt sich als ‚moderne' Frau, an dieser Form von Trauer teilzunehmen. Sie provoziert einen Skandal, indem sie zu Eis erstarrt, während die anderen lautstark trauern, und indem sie sich weigert, ihre Kleider zu zerschneiden, weil sie diese braucht, um ihrem Beruf nachzugehen, der sie gerade aus der für die Frauen vorgesehenen Rolle herausführt, gegen den Willen des Vaters und gegen die Tradition, für die der Vater steht.[17]

Vivian Gornicks *Fierce Attachments*, die Geschichte einer Mutter-Tochter-Beziehung aus dem Jahr 1987, ließe sich gerade als Explikation der Thesen von Nicole Loraux[18] über den weiblichen Exzeß im Trauern lesen: Über die Ausdrucksformen ihrer Trauerklage schafft sich die Mutter eine neue Identität als Witwe, die ihre zukünftige Lebensweise bestimmen wird. Der Text plaziert sie in den Mittelpunkt eines Schauspiels der leidenschaftlichen Trauer, in dem sie ein ganzes Spektrum von demonstrativen und überschwenglichen Gesten vorführen kann. Der Exzeß verwandelt ihren Körper („a remarkable fluidity, sensual and demanding, was now hers"[19]), der „die Trauer aller"[20] repräsentieren muß, in das Gefäß eines universalen Schmerzes. Es ist ein Körper, der erstarrt, in Ohnmacht fällt, der in den Sarg steigen, sich in das offene Grab werfen will. Erzählt wird dies aus der Perspektive

---

[15] Meist wird vom Beginn der ‚eigentlichen' Trauer nach dem Begräbnis gesprochen. Rabinowicz' Handbuch, das minutiös eine Fülle von Regeln, Varianten und Abweichungen codifiziert, erwähnt, wie viele andere vergleichbare Quellen auch, die Formen dieses inoffiziellen Klagens nicht. Schichten- und gruppenspezifisch sind hier viele unterschiedliche Ausprägungen zu finden.
[16] Hurst (1990): Seven Candles, S. 109.
[17] „I don't believe in this. It's my only suit, and I need it for work". (Yezierska, 1925: *Bread Givers*, S. 255)
[18] Vgl. Loraux (1992): *Die Trauer der Mütter*.
[19] Gornick (1989): *Fierce Attachments*, S. 63.
[20] „She was consumed by a sense of loss so primeval she had taken all grief into her. Everyone's grief. That of the wife, the mother, and the daughter. Grief had filled her, and emptied her. She had become a vessel, a conduit, a manifestation." (Gornick, 1989: *Fierce Attachments*, S. 63)

der Tochter, die im Erzählen gleichzeitig dieser alten Trauer der Frauen ein Denkmal in der Schrift setzt und zwischen sich und ihr Distanz schafft.

In Szenen dieser Art wird in typischer Ambivalenz deutlich, daß eine solche Klage etwas für die Ordnung Anstößiges und Bedrohliches darstellt und gleichzeitig ein für die Gemeinschaft wichtiges Geschehen vollzieht.[21] Nur vor dem Hintergrund einer ausschließenden Ordnung erhalten diese weiblichen Trauerklagen ihren spezifischen Sinn und ihre inszenatorische Dimension, nur vor diesem Hintergrund werden ihre Trägerinnen als unzähmbar, an Verrücktheit angrenzend gewertet, wobei sie gleichzeitig ihre eigene Ordnung und ihre eigenen ästhetischen Formen besitzen.[22]

Kaddisch: Die Usurpation der Riten

Die distanzierende narrative Einbettung, die diese Erzählungen der weiblichen Klage erfahren, deutet bereits darauf hin, daß es eher um die nachträgliche Anerkennung einer wenig anerkannten, aber eigentlich nicht mehr aktuellen Arbeitsteilung im Prozeß des Trauerns geht. Im Zentrum der kulturellen Auseinandersetzung jedoch, als deren Teil die Geschichten gelesen werden können, steht der Zugang der Frauen zu den offiziellen jüdischen Trauerriten. Der Anspruch auf volle Teilnahme der Frauen an den Trauerriten konzentriert sich in den Erzählungen auf den Ritus des Kaddisch, dem eine paradigmatische Rolle zukommt.[23]

In „The Four Leaf Clover Story" von Beverly Schneider inszeniert die Ich-Erzählerin den subversiven Akt mit drei nicht religiös praktizierenden Tanten, mit denen sie alljährlich die Friedhöfe besucht, auf denen die Verwandten begraben sind:

> I never told them that this recitation with four women was not proper. [...] Relieved to have a prepared script before me, I read in a rolling, rumbling monotone the practised syllables of generations, until the last cadence was maintained.[24]

Auf dem zweiten, etwas vernachlässigten Friedhof, auf dem die erste Generation von Einwanderern begraben liegt, liest sie noch einmal Kaddisch:

> Slow, mournful, illegitimate, I tried to read as correctly as possible, substituting the Euro-

---

[21] Rabinowicz verweist auf die Unterschiede in der Akzeptanz der Trauerklage; während diese in der Bibel durchaus zugelassen ist, wird sie in späteren Schriften eingedämmt und werden sogar Frauen von Beerdigungen ferngehalten: „For when the women wail in the funeral procession, the Angel of Death descends and places himself among them." (Rabinowicz, 1964: *Guide to Life*, S. 52 Fn. 2)

[22] Dies hat Gail Holst-Warhaft in *Dangerous Voices* (1992) am Beispiel der griechischen Trauerklage deutlich herausgearbeitet. Das, was von der herrschenden Ordnung als strukturlos gewertet wird, besitzt selbst ganz strenge Ordnung.

[23] Vgl. zum Beispiel den Bericht einer Rabbinerin: „I do all my life-cycles in my family. It's just easier to call me for weddings, Bar/Bas Mitzvot, baby namings, whatever. They call me. I'm cheap. I do them. I know what to say, what not to say. It's easy. But when it came to my grandmother's funeral, they wanted a ‚real' rabbi to say Kaddish [...] they hired an orthodox rabbi to come." (Talve, 1989: Sarika, S. 181)

[24] Schneider (1980): The Four Leaf Clover Story, S. 162 f.

pean pronunciation familiar to them for the modern Israeli one I commonly used. I felt the moment transformed. [...] My voice chronicled the death of generations.[25]

Eine Passage aus Esther Dischereits Erzählung *Joëmis Tisch* läßt deutlich erkennen, daß es nicht primär um religiöse Inhalte geht, sondern um die befreiende Wirkung des Ritus: Das Ich, das sich im Nachkriegsdeutschland als Jüdin zu begreifen versucht, erinnert sich daran, wie sie im Judenfriedhof von Fes saß und trauerte:

> Wo gestorben wird, ist auch Geplapper, Kaddisch, Pessach und Beschneidung. In meinem Frankfurt hier, da stirbt man nicht.
> So saß ich in Fes und weinte, weil man in Frankfurt wenig stirbt.[26]

In ihrem 1994 erschienenen Buch *Mornings and Mourning* erzählt Esther Broner die Geschichte ihres Versuchs, in der ihrer New Yorker Wohnung benachbarten Synagoge Kaddisch für ihren verstorbenen Vater zu beten. Es gibt mehrere Erzählstränge, die ineinander montiert sind: die Trauer der Autorin, die einen Prozeß des Erinnerns einleitet, einen fortgeführten Dialog mit dem Vater, in dem er direkt angesprochen wird und die Antwort dann als „Dad would have replied" gegeben wird[27], eine Chronik ihres alltäglichen Lebens und schließlich der tägliche Gang in die Synagoge und der Kampf gegen die Vorschriften der fast ausschließlich sehr alten Männer in der Synagoge, nach deren Normen die Frauen aus dem Kaddisch-Ritus ausgeschlossen sind. Über elf Monate zieht sich diese Auseinandersetzung hin, in deren Verlauf täglich nach dem *Minjan*, dem für das Gebet nötigen Quorum der zehn Männer, gesucht wird. Die Autorin, die nach den orthodoxen Bestimmungen weder gesehen noch gehört werden darf, wird hinter die verschiedensten Vorhänge gesteckt: einen Duschvorhang von der Decke oder einen geblümten Stoff um einen fahrbaren Kleiderständer, und jeweils schneidet sie Löcher hinein, kappt die Schnüre, stellt sich außerhalb, nur um wieder hinter den Vorhang verbannt zu werden. Zärtlichkeit für die gebrechlichen alten Männer und ihre Verschrobenheiten, Lachen über ihre Witze wechseln mit Wut über ihre Unbeugsamkeit. Esther Broner schreibt als Zeitgenossin der neunziger Jahre, die für sich selbst keinen Zweifel am Anspruch der Frauen hat; zu den Riten des Trauergedenkens Zugang zu bekommen, und sie schreibt nicht gegen einzelne Vertreter der Religion, sondern gegen die Regeln an. Auch ihre Strategien sind solche der neunziger Jahre, wenn sie zum Beispiel in grellsten Kleidern auftaucht[28], quasi als ironischer Beleg der orthodoxen Behauptung, sie lenke als Frau vom Gebet ab, ihr Anblick sei grundsätzlich verführerisch.

---

[25] Ebd., S. 165.
[26] Dischereit (1988): *Joëmis Tisch*, S. 11.
[27] Vgl. dazu Freud, der im „Festhalten des Objekts" ein „begreifliches Sträuben" gegen die Realitätsprüfung sieht. „Das Normale ist, daß der Respekt vor der Realität den Sieg behält. Doch kann ihr Auftrag nicht sofort erfüllt werden. Er wird nun im einzelnen unter großem Aufwand von Zeit und Besetzungsenergie durchgeführt und unterdes die Existenz des verlorenen Objekts psychisch fortgesetzt." (Freud, 1982: Trauer und Melancholie, S. 198 f.)
[28] „No wonder Orthodox women often dress smartly. It's one way to fight invisibility." (Broner, 1994: *Mornings*, S. 73)

Was ihr literarisch komplex aufgebautes und witziges und trauriges Buch so interessant macht, ist die Behandlung der Frage nach dem Sinn des Ritus, die uns zu Freud zurückführt. „I am not the only pallbearer"[29] ist eine der Antworten, mit der sie den Gemeinschaftsaspekt anspricht, allerdings nicht ohne ironische Anspielung auf den *Minjan*, der oft genug durch auf der Straße aufgelesene Gestalten[30] aufgestockt werden muß. Der Rückzug aus dem Alltagsleben in den ersten Trauerphasen von *shivah* und *schlosshim*[31], die tägliche Erinnerungstätigkeit, durch den Ritus als Moment der Vergegenwärtigung angeregt, wird in der Schrift verwirklicht. Was Freud so insistierend als Durcharbeiten und Wiederholen bezeichnet, wird hier als Akt der Erfindung beschrieben:

> I am amputated, inconsolable. My father has died.
> Now I must invent him, perhaps fictionalize, mythologize him.
> Most of all, I will have to find a way to mourn him.[32]

Broners Text kann exemplarisch für die Struktur dieses ‚Wiederholens' und wiederholt ‚Durchgehens', das nach Freud so viel Zeit und ‚Arbeit' beansprucht, genommen werden. Das Wiederholen, das wissen wir inzwischen spätestens nach der poststrukturalistischen Lektüre, führt immer eine Differenz ein, und es ist eine Differenz in der Sprache. Genauer noch: diejenige Differenz, die im Akt der trauernden Vergegenwärtigung hergestellt wird, erscheint als symbolische Gestaltgebung, es ist eine Verdichtung, die der verlorenen Person einen Platz in der Psyche des trauernden Subjekts sichert, als Voraussetzung für die äußere Lösung, von der Freud schreibt.[33] Die Akte der Wiederholung werden als Akte der Symbolisierung[34] (bei Broner auch der Erfindung in der wahrheitsgetreuen Rekonstruktion[35]) erkennbar, die Umwandlung, von der die Psychoanalyse spricht, geschieht im Ritus als Akt der Formgebung: „That wildly flailing grief, that accusation when someone's been taken

---

[29] Ebd., S. 53.
[30] Frauen gelten als „not one"; ein männlicher ‚half-wit' gilt mehr als die Frau, die für ihren Vater Kaddisch beten will. Vgl. Broner (1994): *Mornings*, S. 12.
[31] „The time of *shivah* was a week of grace, largely because of the Minyan Men, the group of elderly gentlemen from the Leisure World Temple Judea, who came for kaddish [...]. They put our lives into a context." (ebd., S. 41 f.) „[I]n the month of *schlosshim* entertainment is forbidden the mourner. There are great spaces of silence". (Ebd., S. 50.)
[32] Ebd., S. 1; der Beginn des *Kaddish Journal*.
[33] In der postfreudianischen Psychoanalyse wird dies spezifiziert als „der Übergang von der agierten Wiederholung zum gedachten und gesprochenen Erinnern [...]; der Übergang von der Identifizierung [...] zur Objektivierung, durch die es zu diesem Erleben Distanz gewinnt; der Übergang von der Dissoziation zur Integration". (Laplanche/Pontalis, 1973: *Psychoanalyse*, S. 18)
[34] „Deborah Wolf, an anthropologist, says, ‚Your dad will keep coming to you in flashes, as mine did. You'll *reconstitute* him as you need him, and it will be that way the rest of your life." (Broner, 1994: *Mornings*, S. 48; Hervorhebung der Verf.)
[35] Vgl. die beiden Beispiele für Kaddisch aus der Sicht des Sohns: Allen Ginsberg (1961): *Kaddish* und Philip Roth (1991): *Patrimony*, wo erzählend bzw. in lyrischer Anrufung *rekonstruiert* wird und das Schreiben selbst ein Akt des Trauerns ist.

away, has been contained."³⁶ Der Ritus stellt dabei in abgestuften Phasen erstens die Zeit zur Verfügung³⁷, das heißt die Legitimierung einer Zeit *außerhalb* der alltäglichen Verrichtungen, und zweitens den täglichen *Anlaß* zum Gedenken, dessen Inhalte vom Subjekt selbst gefüllt werden. Auf der Grundlage dieser eingeräumten Zeiten und Orte werden dann Zeichen gesetzt, mit denen das abwesende Objekt in seiner Abwesenheit benannt und damit auch symbolisch errichtet wird. Broners Buch leistet ein Mehrfaches: es demonstriert die Aneignung des Ritus durch die Frauen, die Einschreibung in eine Tradition, die sie ausgeschlossen hatte, und im Akt der Aneignung wird dieser Ritus in seinem Funktionieren vorgeführt, versprachlicht, ausgefüllt.

II. Versperrte Trauer – nach der Shoah

Wenn es in dem Gedicht „Kaddish" (1983) von Melanie Kaye/Kantrowitz heißt, „if I were to mourn properly / I would not be done"³⁸, ist damit nicht etwa die nicht zum Abschluß gekommene und damit zu Melancholie gewordene Trauer nach Freuds Theorie gemeint, sondern eine grundsätzliche Unabschließbarkeit, die aus der Shoah resultiert. Sie hat neben der symbolischen auch eine ganz konkret zeitliche und eine örtliche Dimension. Die Zeit eines Menschenlebens reicht nicht aus – die Ich-Sprecherin in Kaye/Kantrowitz' Gedicht würde nie mit dem Trauern „fertig werden" können – die Zeit wird zur nicht-linearen, achronologischen Zeit. Was an anderer Stelle lakonisch als „the missing grave syndrom"³⁹ bezeichnet wird, finden wir bei Irena Klepfisz, der 1941 im Warschauer Ghetto geborenen Autorin, in ihren Gedichten und Prosastücken ausgeführt. In „Searching for My Father's Body" sucht sie sowohl auf den Friedhöfen als auch auf den Listen der Begrabenen und Ermordeten nach dem Grab ihres von der SS ermordeten Vaters:

>   I begin to read, despite myself,
>   and learn a new name, another event,
>   still another atrocity.⁴⁰

Statt der Suche nach dem einen Grab wird eine rastlose Bewegung eingeleitet, die durch die Akkumulation von Namen und Greueln verursacht wird. Jeder Name

---

[36] Broner (1994): *Mornings*, S. 95. Es folgt eine Art Distanzierung: „This is the seduction of Orthodoxy. And yet I was never easily seduced." (Ebd.)
[37] Vgl. Freud, wenn er die Vergleichspunkte zwischen Melancholie und Trauer herausstellt: „[D]ie Durchführung dieser Libidoabziehung kann nicht ein momentaner Vorgang sein, sondern gewiß wie bei der Trauer ein langwieriger, allmählich fortschreitender Prozeß. Ob er an vielen Stellen gleichzeitig beginnt oder eine irgendwie bestimmte Reihenfolge enthält, läßt sich ja nicht leicht unterscheiden." (Freud, 1982: Trauer und Melancholie, S. 209)
[38] Kaye/Kantrowitz (1982): Kaddish, S. 107.
[39] Vgl. die Einleitung zu Kugelmass/Baker (1993): *From A Ruined Garden*, S. 12.
[40] Klepfisz (1990): Searching for My Father's Body. In: Dies.: *A Few Words*, S. 29–34. Im folgenden wird im laufenden Text nach dieser Ausgabe mit der Sigle K zitiert.

führt zu einem weiteren, und jeder Akt der Unterscheidung und Selektion einer einzelnen Person ist zum Scheitern verurteilt:

> tributes
> from the death of grandparents   aunts   uncles
> anonymous   in a heap   undistinguishable
> from all the others   who die unmourned. (K 209)

Nadine Fresco, die Anfang der achtziger Jahre acht Söhne und Töchter von Überlebenden, die unmittelbar nach Kriegsende geboren wurden, interviewte, bezieht sich als eine der wenigen auf die versperrte Trauer. Auch noch die persönliche Trauer um ein ermordetes Familienmitglied ist beeinträchtigt, indem dessen Tod als einer von sechs Millionen definiert und damit seiner Spezifität beraubt wird. ‚Normale' Trauer wurde zudem verhindert durch die Mauer des Schweigens und dadurch, daß Zeit anders erfahren wurde:

> The time that has passed since the end of the war remains, for whoever is affected by mourning, heavily in thrall to that time, unthinkable, unassimilable, immobilized in death. The paradox is that the undertaking or eradication was of such scope that the absence of those millions of dead is still being lived through, forty years later, whether one recognizes it or not, as a sometimes very burdensome presence. It is a present stemming from an unordinate event, which one does not wish or is not able to confine within one's past and which makes it difficult for time to fulfil its function as the privileged place of mourning.[41]

Um eine ganz andere Absage an das Trauern handelt es sich auf der Seite der Täter, die weder um ihre eigenen Phantasmen noch um die verlorenen Menschen getrauert hatten. In einem Text, den Freud kurze Zeit nach dem Verfassen von „Trauer und Melancholie" und noch während des Ersten Weltkriegs schrieb, wertete er Trauer als Voraussetzung für den Wiederaufbau nach dem Krieg.[42] In der Rhetorik des Wiederaufbaus nach dem Zweiten Weltkrieg fehlt jedoch das Bewußtsein einer notwendigen Trauer. Worüber man allerdings in Deutschland nachhaltig trauern konnte, war um Territorien und um ‚Heimat'.[43]

Texte wie diejenigen von Klepfisz und mit ihnen viele andere belegen eindringlich, daß ein abschließbares Trauern nach der Shoah nicht möglich ist. Das, was bei ‚angemessenem' Trauern erfolgen würde, nämlich die Symbolbildung, die Umwandlung von einer psychischen Quantität in eine psychische Qualität[44], muß notwendig

---

[41] Fresco (1984): Remembering the Unknown, S. 418.
[42] Freud (1969): Vergänglichkeit: „Wir wissen, die Trauer, so schmerzhaft sie sein mag, läuft spontan ab. Wenn sie auf alles Verlorene verzichtet hat, hat sie sich selbst aufgezehrt, und dann wird unsere Libido wiederum frei. [...] es steht zu hoffen daß es mit den Verlusten dieses Krieges nicht anders gehen wird. Wenn erst die Trauer überwunden ist, wird es sich zeigen, daß unsere Hochschätzung der Kulturgüter unter der Erfahrung von ihrer Gebrechlichkeit nicht gelitten hat. Wir werden alles wieder aufbauen, was der Krieg zerstört hat, vielleicht auf festerem Grund und dauerhafter als vorher." (S. 227)
[43] Vgl. Ecker (1997): Heimat.
[44] Laplanche/Pontalis (1973): *Psychoanalyse*, Artikel „psychische Verarbeitung", S. 410.

in einer doppelten Akkumulation und Quantität steckenbleiben: der Quantität der nicht verarbeitbaren traumatischen Gefühle und der Zahl der Ermordeten. Klepfisz deutet in ihrem Gedicht an, was es ist, das durch diese Situation verhindert wird, wenn sie über das einzige Grab schreibt, das sich für sie aus dieser „gaping absence" und gleichzeitig dem Zuviel an Gräbern ohne Trauernde hervorhebt:

> So I cling   to the knowledge of your
> distant grave   for it alone
> reminds me   prods me   to shape that shadow (K 203)

Es wäre die Voraussetzung dafür, dem Schatten *Gestalt* zu verleihen. Doch „[w]ho would say   that I have mourned enough" (K 205), bleibt auch in diesem Gedicht als Frage offen.[45]

Keeper of accounts: Faktizität und Narrativ

In „Bashert", einem langen Gedicht von Klepfisz aus dem Jahr 1982[46], entwirft das sprechende Ich für sich eine Rolle, die andeutet, was an die Stelle der verwehrten Trauer treten könnte. In einem in das Gedicht eingeschobenen Prosakapitel sagt das Ich von sich: „I have become the keeper of accounts." Als Buchhalterin hält sie minutiös fest, listet sie auf.[47] Das Buchführen und Akkumulieren von Fakten wird in seinen negativ konnotierten Dimensionen ausgebreitet:

> I am scrupulously accurate. I keep track of all distinctions. Between past and present. Pain and pleasure. Living and surviving. Resistance and capitulation. Will and circumstance. Between life and death. Yes. I am scrupulously accurate. I have become a keeper of accounts. (K 198)

Im Gegenzug zu idealisierenden Rollenmodellen macht sie sich die Zuschreibung im breiten Feld antijüdischer Stereotypen, wie „herzlose Kaufleute, unmenschliche Wucherer, staubige Pfandleiher" und Shylock, zu eigen, entmetaphorisiert die Metaphern und Stereotypen und tritt offensiv das Erbe der Zerrbilder an:

> Like these, my despised ancestors
> I have become the keeper of accounts. (K 199)

Auch hier nehmen die Auflistung und das Faktische die zentrale Stelle ein, und zwar im Sinne einer Forderung, die von außen, von den historischen Ereignissen kommt.

---

[45] Es gibt einige Texte über das Thema Trauer in der Lyrik nach dem Holocaust, in denen, anders als hier, von einem nicht problematisierten Begriff von Trauer ausgegangen wird; vgl. z. B. Meiners (1991): Mourning for Our Selves and for Poetry oder Castle (1992): Mourning the Six Million.

[46] Klepfisz: „Bashert". In: Dies. (1982): *A Few Words*, S. 183–200. Das jiddische Wort kann man übersetzen mit „unvermeidlich, vorherbestimmt".

[47] Dies wird auch mimetisch in der Struktur der ersten beiden Teile des Gedichts vollzogen: Sie sind überschrieben mit: „These words are dedicated to those who died" und „These words are dedicated to those who survived" und sind streng nach paralleler Satz-/Zeilenkonstruktion unter Verwendung von Anaphern aufgebaut.

Daß hier Geschlechterdifferenz keine besondere Rolle mehr spielt, braucht wohl nicht hervorgehoben zu werden; als Differenz ist sie noch flüchtig greifbar in der Tatsache, daß auch dieser Gestus des Buchführens von Frauen in einem Akt der Aneignung übernommen werden muß. So läßt Klepfisz zum Beispiel auf die männlichen Vorgänger eine Gruppe von weiblichen Figuren, „the keepers of button shops, milliners, seamstresses, peddlers of foul fish, of matches, of rotten apples, laundresses, midwives, floor washers and street cleaners" (K 199) folgen, die den *keepers of account* nicht automatisch angehören. Und Cynthia Ozick fordert in ihrem vielzitierten Text „Notes Toward Finding the Right Question" gerade angesichts der Katastrophe die Aufhebung der Geschlechtertrennung aufgrund der

> legacy and lesson, and its mournful language is as follows: *having lost so much and so many.* [...] The point is not that Jewish women want equality as women with men, but as *Jews with Jews.* The point is the necessity – *having lost so much and so many* – to share Jewish history to the hilt.[48]

Wenn die Liste gemeinhin als ‚Einbruch des Dokumentarischen' und des Realen bezeichnet wird, so könnte man genauer sagen, daß sie nicht (allein) eine Repräsentation des Dokumentarischen ist, sondern die Auswirkung des Realen in seiner Nicht-Symbolisierbarkeit darstellt.

In diesem kurzen und bruchstückhaften Text kann ich nicht auf die breit ausgefächerte Diskussion der Repräsentation des sich der Repräsentation Entziehenden[49] eingehen, und vielleicht ist es auch sinnvoll, sich dieser Frage unter einem Teilaspekt zu nähern, der sicher mit der Problematik der verwehrten Trauer gegeben ist. Über die Konzentration auf Trauer wird meine Aufmerksamkeit konsequenterweise weg von der verallgemeinernden Rede über das Schreiben nach dem Holocaust und hin zum je einzelnen Subjekt und zu Prozessen der psychischen Verarbeitung gelenkt, um sich dann wieder auf kollektive Prozesse beziehen zu können.[50]

Sara Kofmans *Erstickte Worte,* ihr letztes Werk *Rue Ordener, rue Labat,* Primo Levis *Ist das ein Mensch?,* Robert Antelmes *Das Menschengeschlecht* sind solche Texte, in denen Symbolbildung verwehrt ist oder in denen davon Abstand genommen wird. „[I]ch hatte kein Bild vom Grauen. [...] Ich spreche vom Tod, aber ich sehe ihn nicht. Ich mache mir keine Bilder – das hat mich gerettet"[51], schreibt Sarah Kof-

---

[48] Ozick (1983): Notes, S. 135 f.
[49] Vgl. unter anderem die Aufsätze in Friedlander (1992): *Probing the Limits.*
[50] Es geht mir in meinem Text nicht um eine mehr oder weniger kohärente Argumentationslinie, sondern um die Annäherung an das Thema Trauer aus verschiedenen Richtungen und vor allem durchbrochen von Kommentaren. Trauer im engeren Sinn wird in der Forschung nur sehr selten angesprochen; weder die Bibliographien noch die Indices in Monographien noch die Schlagwörter von Bibliothekskatalogen (wie zum Beispiel derjenige der Bibliotheka Judaica in Köln) verzeichnen das Stichwort. ‚Erinnerung', ‚Gedenken', ‚Aufarbeitung' oder gar ‚Vergangenheitsbewältigung' sind, wie man weiß, die ergiebigeren Schlagwörter. Diese Tatsache ist in einem doppelten Sinn lesbar: Zum einen ergibt sich aus der Nichtbehandlung des Themas ganz zutreffend, daß es eben Trauer im herkömmlichen Sinn angesichts der Shoah nicht geben kann, zum anderen ist sie Symptom einer Verdrängung.
[51] Kofman (1988): *Erstickte Worte,* S. 16.

man, doch es ist zu ahnen, daß dies nur eine vorläufige Rettung, ein Aufschub ist. Die *Ereignisse* selbst stellen sich vor die Konstruktionsweisen, mit denen sie zu symbolisch verdichteten und verarbeitbaren *Erlebnissen*[52] werden könnten, als solche ‚gespeichert', für das Subjekt und andere abrufbar. In anderen Worten: es ist immer wieder wichtig, hervorzuheben, daß die Unmöglichkeit der Verarbeitung des Traumas durch Trauer nicht dem Subjekt als Versagen anzulasten ist, sondern daß diese Unmöglichkeit im Prinzip der Massenvernichtung selbst angelegt ist.

Für das, was man ‚geglückte' Trauer nennt (nicht im Sinn einer Leistung, sondern im Sinn eines für die Zukunft des/der Trauernden produktiven Prozesses), ist es offensichtlich wichtig, den Ereignissen in diesem Sinn eine Gestalt zu geben, dem Streben nach einer erzählbaren – das heißt im konventionellen Sinn ‚geschlossenen' und kohärenten – Form nachzukommen[53] wobei die individuelle Psyche sowohl als Teil des Kollektivs als auch als Modell für die Übertragung auf kollektive Verarbeitungsprozesse zu sehen ist. Es geht bei diesem Insistieren auf dem Faktischen nicht nur um das Postulat der Wahrhaftigkeit und der Beweisführung angesichts einer Katastrophe, die keine ausreichende Dokumentation erfahren hat, sondern insgesamt um die Unmöglichkeit grundsätzlicher Strukturen der narrativen Vermittlung. „Die Massenvernichtung der europäischen Juden hat eine *Statistik*, aber kein *Narrativ*", schreibt Dan Diner; dies nimmt „dem Ereignis im nachlebenden Bewußtsein jegliche Erzählstruktur".[54] Trauer jedoch, das zeigen nicht nur die hier zitierten Beispiele, hat einen Bedarf an Erzählungen und verdichtender Bildgebung. Was angesichts einer solchen gestörten Erzählbarkeit für die Trauer bleibt, ist der unendlich vervielfältigte Schmerz ohne die Möglichkeiten der erleichternden rituellen, das heißt auch erzählenden und in Symbole übersetzenden Behandlung, und es bleibt eine immer weiter zu erneuernde Arbeit am Text.[55]

Testimony und „Politik der Lektüre"[56]

Mit ihrem Buch *Testimony* gehen die Literaturwissenschaftlerin Shoshana Felman und Dori Laub, Psychoanalytiker und Mitbegründer des Video Archive for Holocaust Testimonies an der Yale University, einen entscheidenden Schritt über die inzwischen festgefahrenen Topoi der Unsagbarkeit im Zusammenhang mit dem Holocaust hinaus. Vor allem ihre Ausführungen zu Zeugenschaft und die Einführung der Position des Adressaten/der Adressatin bringen neue Gesichtspunkte in die ge-

---

[52] Zu diesem Zusammenhang zwischen Ereignis und Erlebnis in Freuds Theorie und der Kritik daran vgl. vor allem Koch (1992): *Einstellung;* darin das Kapitel: Der Engel des Vergessens und die black box der Faktizität – Zur Gedächtniskonstruktion in der *Shoa*, S. 155–169.
[53] Friedlander spricht von „closure" und „coherence" in bezug auf „memory". Vgl. Friedlander (1992): *Probing the Limits*, S. 41; dies läßt sich meines Erachtens unmittelbar auf die im Prozeß des Trauerns enthaltene Konstruktion von Gedächtnis übertragen.
[54] Diner (1995): „Gestaute Zeit", S. 126.
[55] Zu dieser fortlaufenden Arbeit am Text vgl. Erdle (1994): *Antlitz – Mord – Gesetz*, S. 31.
[56] Der Begriff „Politik der Lektüre" stammt von Menke (1992): Eine Ausrufung, S. 165.

genwärtige Diskussion. Basierend auf der Feststellung des Zusammenbruchs der „frames of reference", der Rahmenbedingungen für Sinngebung angesichts der Katastrophe, bezeichnen Felman und Laub Zeugenschaft als eine übriggebliebene Möglichkeit und Notwendigkeit der Sprachgebung.[57] Zeugenschaft selbst wird von ihnen als „Krise" verstanden und bedeutet zumindest ein Doppeltes, nämlich die unerträgliche Spannung zwischen der Unmöglichkeit, adäquat Zeugnis ablegen zu können, und dem Zwang, dies dennoch zu tun, in Sara Kofmans „erstickten Worten": „Mon père est mort à Auschwitz. Comment ne pas le dire? Et comment le dire?"[58] Darüber hinaus wird Zeugenschaft im eigentlichen Sinn als ‚unmöglich' bezeichnet, erstens weil die eigentlichen Zeugen ermordet worden sind, zweitens weil keine angemessenen Ausdrucksmöglichkeiten zur Verfügung stehen, drittens weil die Situation innerhalb der Ereignisse so war, daß ein Außerhalb, das als Voraussetzung für den Bericht unabdingbar ist, nicht vorstellbar war und viertens weil es nach der Befreiung keine Adressaten für den Ausdruck des Schreckens gegeben hatte.[59]

Das Erinnern, das als eine Voraussetzung für Trauern unumgänglich wäre, ist nach Felman und Laub

> overwhelmed by occurrences that have not settled into understanding or remembrance, acts that cannot be constructed as knowledge nor assimilated into full cognition, events in the excess of our frames of reference.[60]

Was überhaupt erzählt werden kann, ist fragmentarisch und konstituiert sich erst durch den Zuhörer/die Zuhörerin als „testimonial chain" (71).[61] Ohne einen „addressable other"[62] ist das Ereignis nicht erzählbar, und solche habe es in den ersten Jahrzehnten nach der Befreiung kaum gegeben.[63] Dieser *addressable other* ermöglicht, indem er zum Zeugen des Ausdrucks wird, die Zeugenschaft und wird be-

---

[57] Zu Zeugenschaft in Art Spiegelmans *Maus* vgl. Hirsch (1992–93): Family Pictures; Staub (1995): The Shoah Goes On and On.
[58] Kofman (1988): Erstickte Worte, S. 23.
[59] Dazu kommen noch weitere ‚Unmöglichkeiten', die im zeitlichen Abstand und im extrem traumatisierten Zustand liegen. Laub setzt sich leidenschaftlich für die Anerkennung von deren Wahrheit ein, auch in Situationen, in denen von den Historikern andere Daten angeführt werden. Felman bezieht sich dann, in ihren Kapiteln über Camus und de Man, auf weitere, grundsätzliche ‚Unmöglichkeiten', die in der Problematik der Repräsentation und Vermittlung von ‚Wahrheit' liegen.
[60] Felman/Laub (1992): Testimony, S. 5.
[61] „Bearing witness to a trauma is, in fact, a process that includes the listener. For the testimonial process to take place, there needs to be a bonding, the intimate and total presence of an *other* – in the position of one who hears. Testimonies are not monologues; they cannot take place in solitude. The witnesses are talking *to somebody*: to somebody they have been waiting for a long time." (Ebd., S. 70 f.)
[62] „The absence of an emphatic listener, or more radically, the absence of an addressable other, an other who can hear the anguish of one's memories and thus affirm and recognize their realness, annihilates the story." (Ebd., S. 68.)
[63] Die geläufige Ansicht, daß es erst in den letzten Jahren so viele Berichte über die Ereignisse in den Konzentrationslagern gebe, weil aus Altersgründen der Überlebenden ‚in letzter Minute' noch festgehalten werden müsse, wird damit in Frage gestellt und relativiert.

reits vor dem Erzähler zum Zeugen.⁶⁴ Auf ganz verschiedenen Ebenen und jenseits der gängigen Dichotomie von ‚faktisch' versus ‚ästhetisch' ist also die Betonung des Faktischen zu verstehen: als ethische Forderung, als Effekt des Traumas und als Teil des Kontrakts mit dem Adressaten.⁶⁵ Auch Saul Friedlander weist in seinem Text über das „Durcharbeiten" der traumatischen Ereignisse auf die Nicht-Erzählbarkeit des dringend zu Erzählenden hin, die mit den Adressaten zu tun hat, auf „the shame of telling a story that must appear unbelievable and was, in any case entirely out of tune with surrounding society".⁶⁶

Jenseits der differenzierenden Einsicht in die je unterschiedlichen Bedingungen für das Erinnern und die je unterschiedlichen Strukturen und Inhalte des Gedächtnisses, die für die einzelnen Gruppen, die Überlebenden, die Angehörigen der Ermordeten, die verschiedenen Zugehörigkeiten zu den Tätern gelten, zeichnet sich deutlich eine wichtige Aufgabe der Zeugenschaft ab, denn Zuhörer und Leser sind nicht automatisch *addressable others*, sondern müssen erst dorthin gelangen, durch eigene psychische Arbeit, die neben der inhaltlichen und kognitiv zu bestimmenden Arbeit steht. Nach Laub läßt dieses Zuhören für den Adressaten kein Versteck offen („leaves, indeed, no hiding place intact"⁶⁷), womit auch der Rückzug in Bilder und rhetorische Topoi⁶⁸ gemeint ist, denn, so Laub, mit Bezug auf die Shoah ist das Benennen in nicht-metaphorischen Begriffen viel schwieriger als die Benutzung von figurativer Sprache. Solches Lesen muß erst gelernt und ertragen werden. Trauer spielt sich in vielen gebrochenen Formen und unabschließbar an den Rändern einer solchen Arbeit an den Texten ab und verlangt danach, immer weiter vollzogen zu werden.

---

⁶⁴ „[I]t is essential for this narrative that *could not be articulated*, to be *told*, to be *transmitted*, to be *heard*. [...] In fact, the listener (or the interviewer) becomes the Holocaust witness *before* the narrator does." (Ebd., S. 85.)
⁶⁵ In der Komplexität von Art Spiegelmans *Maus* finden sich diese Ebenen zum Beispiel deutlich greifbar wieder. Vgl. Hirsch (1993); Staub (1995).
⁶⁶ Friedlander (1992): Trauma, Transference and „Working Through", S. 48.
⁶⁷ Felman/Laub (1992): *Testimony*, S. 72.
⁶⁸ Damit sind nicht Metaphern gemeint, wie sie in der Dichtung von Paul Celan und Nelly Sachs auftauchen, denn in deren Texten werden die Metaphern ‚überprüft' und stellen immer neue Aufgaben der Lesbarkeit. Gemeint sind jene Rückzugs- und Entlastungstopoi, auf die in den letzten Jahren zum Beispiel in den Debatten um Gedenkstätten und nun aktuell in der Auseinandersetzung um Daniel Goldhagens Buch zurückgegriffen wird. Laub und Felman beziehen sich auf letztere Gruppe von Bildern.

Bibliographie

Antelme, Robert: *Das Menschengeschlecht. Als Deportierter in Deutschland*. München 1990.
Broner, Esther M.: *Mornings and Mourning. A Kaddish Journal*. San Francisco 1994.
Castle, Luanne: Mourning the Six Million: The Holocaust Elegy in North American Literature. In: *Studies in American Jewish Literature* 2, 1, 1992, S. 96–107.
Derrida, Jacques: Kraft der Trauer. In: *Der Entzug der Bilder: Visuelle Realitäten*, hrsg. von Michael Wetzel und Herta Wolf. München 1994, S. 13–35.
Diner, Dan: „Gestaute Zeit". In: Ders.: *Kreisläufe. Nationalsozialismus und Gedächtnis*. Berlin 1995, S. 123–139.
Dischereit, Esther: *Joëmis Tisch. Eine jüdische Geschichte*. Frankfurt a. M. 1988.
Ecker, Gisela: Heimat: Das Elend der unterschlagenen Differenz. In: Dies. (Hrsg.): *Kein Land in Sicht. Heimat – weiblich?* München 1997.
Erdle, Birgit: *Antlitz – Mord – Gesetz. Figuren des Anderen bei Gertrud Kolmar und Emmanuel Lévinas*. Wien 1994.
Felman, Shoshana und Dori Laub: *Testimony. Crises of Witnessing in Literature, Psychoanalysis, and History*. New York, London 1992.
Fresco, Nadine: Remembering the Unknown. In: *International Review of Psychoanalysis* 11, 1984, S. 417–427.
Freud, Sigmund: Vergänglichkeit (1916). In: Ders.: *Studienausgabe*. Bd. X. Frankfurt a. M. 1969, S. 223–227.
–: Trauer und Melancholie (1917). In: Ders.: *Studienausgabe*. Bd. III. Frankfurt a. M. 1982, S. 193–212.
–: Hemmung, Symptom und Angst (1926). In: Ders.: *Studienausgabe*. Bd. VI. Frankfurt a. M. 1972, S. 227–308.
Friedlander, Saul (Hrsg.): *Probing the Limits of Representation. Nazism and the „Final Solution"*. Cambridge, Mass. u. a. 1992.
–: Trauma, Transference and „Working through" in Writing the History of the Shoah. In: *History & Memory* 4, 1, 1992, S. 38–59.
Ginsberg, Allen: *Kaddish and Other Poems. 1958–1960*. San Francisco 1961.
Gornick, Vivian: *Fierce Attachments. A Memoir*. London 1989.
Hirsch, Marianne: Family Pictures: *Maus*, Mourning, and Post-Memory. In: *Discourse* 15, 1, 1992–93, S. 3–29.
Holst-Warhaft, Gail: *Dangerous Voices. Women's Laments and Greek Literature*. London, New York 1992.
Hurst, Fannie: Seven Candles. (1923) In: *America and I. Short Stories by American Jewish Women*, hrsg. von Joyce Antler. Boston 1990, S. 83–110.
Kaye/Kantrowitz, Melanie: Kaddish. In: *Nice Jewish Girls. A Lesbian Anthology*, hrsg. von Evelyn Torton Beck. Boston 1982, S. 107–111.
Klepfisz, Irena: *A Few Words in the Mother Tongue. Poems Selected and New (1971–1990)*. Portland 1990.
Koch, Gertrud: *Die Einstellung ist die Einstellung. Visuelle Konstruktionen des Judentums*. Frankfurt a. M. 1992.
Kofman, Sara: *Paroles suffoquées*. Paris 1987. Deutsch: *Erstickte Worte*. Wien 1988.
–: *Rue Ordener, rue Labat*. Paris 1994.
Kugelmass, Jack und Zachary M. Baker (Hrsg.): *From A Ruined Garden. The Memorial Books of Polish Jewry*. New York 1983.
Laplanche, J. und J.-B. Pontalis: *Das Vokabular der Psychoanalyse*. Frankfurt a. M. 1973.

Levi, Primo: *Ist das ein Mensch? Ein autobiographischer Bericht*. München 1992.
Loraux, Nicole: *Die Trauer der Mütter. Weibliche Leidenschaft und die Gesetze der Politik*. Frankfurt a. M. 1992.
Meiners, R. K.: Mourning for Our Selves and for Poetry: The Lyric after Auschwitz. In: *The Centennial Review* 35, 1, 1991, S. 545–590.
Menke, Christoph: Eine Ausrufung hermeneutischer Normalität. J. E. Youngs Studie über Texte des Holocaust. In: *Babylon* 1992, H. 10/11, S. 165–171.
Ozick, Cynthia: Notes toward Finding the Right Question. In: *On Being a Jewish Feminist*, hrsg. von Susannah Heschel. New York 1983, S. 120–151.
Rabinowicz, Rabbi H.: *A Guide to Life. Jewish Laws and Customs of Mourning*. London 1964.
Roth, Philip: *Patrimony*. New York 1991.
Reguer, Sara: Kaddish from the „Wrong" Side of the *Mehitzah*. In: *On Being a Jewish Feminist*, hrsg. von Susannah Heschel. New York 1983, S. 177–181.
Schneider, Beverly: The Four Leaf Clover Story. In: *The Woman Who Lost Her Names. Selected Writings of American Jewish Women*, hrsg. von Julia Wolf Mazow. San Francisco 1980, S. 159–167.
Schor, Esther: *Bearing the Dead. The British Culture of Mourning from the Enlightenment to Victoria*. Princeton 1994.
Staub, Michael E.: The Shoah Goes On and On: Remembrance and Representation in Art Spiegelman's *Maus*. In: *Melus* 20, 3, 1995, S. 33–46.
Talve, Susan: Sarika. In: *The Tribe of Dina. A Jewish Women's Anthology*, hrsg. von Melanie Kaye/Kantrowitz und Irena Klepfisz. Boston 1989, S. 179–181.
Yezierska, Anzia: *Bread Giver* (1925). New York 1975.

Good Mourning

Beschreibung der Performance

subReal

Die Performance fand am 3. November 1995 anläßlich des Internationalen Symposions „Das Geschlecht der Gebärden – Trauer" an der Universität-Gesamthochschule Paderborn statt.

Materialien

2 Audiocassetten (30 min., 40 min.) 80 Farbdias, 2 Kassettenspieler, ein Diaprojektor, ein Stück schwarzer Stoff (120 × 200 cm), ein weißes Leinenhandtuch (50 × 115 cm), 2 Teller, 18 Kerzen, 18 Brötchen, eine Flasche Wodka „Dracula's Spirit", 2 dicke Scheiben dänischer Käse, ein Päckchen Salz.

Originalbesetzung

DER JUNGE GEIST: Imke Arns
DER ALTE GEIST: Annette Sievert
DIE STIMME: Melissa Perales
MÜCKE 1: Călin Dan
MÜCKE 2: Josif Király

Beschreibung

Ein Tisch wird vor den Zuschauern nach dem Brauch rumänischer Beerdigungsfeiern gedeckt: zuerst der schwarze Stoff über den Tisch, dann das weiße Handtuch darauf und schließlich die Brötchen mit je einer Kerze darin. Die Flasche und das Salz stehen in der Mitte zwischen zwei Tellern mit Käse. Das 40minütige Band spielt „Good Mourning", ein Theaterstück, in dem zwei Geister sich zum Mittagessen in einem Schnellrestaurant treffen und zwei Mücken sich auf einem Friedhof unterhalten. Das 30minütige Band ist eine Aufnahme aus einem Restaurant zur Spitzenzeit. Währenddessen werden Dias von dem alten Bukarester Friedhof Bellu gezeigt. Bei der Beendigung des Dialogs werden Diaprojektoren und Hintergrundgeräusche unterbrochen. Ein altes rumänisches Grablied wird gespielt, während Călin Dan und Josif Király zum Tisch gehen und die Kerzen anzünden.

Zum Fotomaterial

Der Friedhof Bellu ist gleichzeitig Freilichtdenkmal des Nationalerbes, Umfeld für florierende Geschäfte mit Grabstätten und ausgemachtes Zielgebiet für Grabräuber und Skulpturendiebe. Das Photographieren ist seitens der Friedhofsverwaltung, die auf die eine oder andere Weise in all diese Aktivitäten verstrickt scheint, verboten. subREAL mußten mit gefälschten Papieren auftreten, die die Notwendigkeit von Photos für ihren Unterricht in der Kunsthochschule bewiesen, um Zugang zu Bellu zu erhalten. Während des gesamten Phototermins wurden sie von einem Sicherheitsbeamten begleitet. So kamen sie auf die Idee, ihn in die Bilder einzubeziehen, indem sie ihm erklärten, jemand müsse eine Farbskala vor jedes der photographierten Denkmäler halten.

After the body is washed, the water must be disposed off in a place where neither human beings nor animals can step for at least 40 days. The nails and the hair must be cut and preserved in wax.

Good Mourning

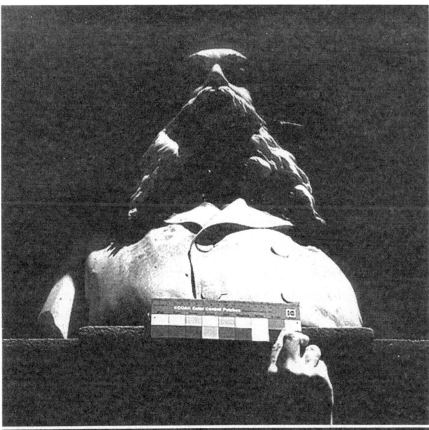

The coffin must contain: bread, salt, a stick and money; also puppets representing children, if the dead person is a young mother. After the funeral all attendants must wash their faces and hands.

A resort for cheap entertainment, expensive only for the dead. The obscene graffiti were in place as early as 1910.

After 7 years the grave is opened, the bones washed in wine and buried again. If the corpse didn't rot properly, special prayers must be said.

Good Mourning

Text der Fotomontage

Good Mourning!

The most famous cemetery of Romania was founded in Bucuresti around 1870. The land came from a donation made by the Bellu, a family who gave to the country an immense fortune, two ministers, and two art freaks. / For 40 days the soul is restless, wandering through the house and the place where death struck. Alms of bread, wine and incense must be distributed in church for 40 days.

After the body is washed, the water must be disposed off in a place where neither human beings nor animals can step for at least 40 days. The nails and the hair must be cut and preserved in wax.

Since Bucuresti was surrounded by vineyards, the import of alcohol was difficult to regulate. The Bellu park, situated at the point where the Vineyards Highway enters town, has been always a favorite area for bootleggers. / Before the coffin is made, the body must be measured with a thread. if the measurements are not good, another death will follow in the family. The thread must be hidden in the house, afterwards.

The coffin must contain: bread, salt a stick and money; also puppets representing children, if the dead person is a young mother. After the funeral all attendants must wash their faces and hands.

The Bellu cemetery (or just „Bellu") remained for a long time a merry neighborhood surrounded by numberless pubs, and a meeting place for lovers, for schoolgirls in class led by their teachers, for women who love to walk and cry. / The widow cannot wash her face or change clothes for a year. Man related to the dead do not shave, cut the hair and cover their heads for half a year.

A resort for cheap entertainment, expensive only for the dead. The obscene graffiti were in place as soon as 1910. / After 7 years the grave is opened, the bones washed in wine and buried again. If the corpse didn't rot properly, special prayers must be said.

The dead who might turn into vampires must be pierced through the heart. Then, the family must take the heart out of the chest and smear themselves with it.

Trauer in Trümmern

Zum Motiv des traurigen kleinen Jungen in zwei Nachkriegsfilmen

Annette Brauerhoch

Trauer, Weiblichkeit und ikonographische Traditionen

Einer klassischen ikonographischen Tradition zufolge wird Trauer im weiblichen Gesicht verortet und ihr Ausdruck dem weiblichen Körper überantwortet. Dies kann selbst an einem Beispiel deutlich gemacht werden, von dem man zunächst keine so eindeutigen Zuweisungen erwarten würde: nämlich dem im Stil des sozialistischen Realismus errichteten Gedenkkomplex in Wolgograd, der auf den Sieg der russischen Armee im Zweiten Weltkrieg Bezug nimmt.[1] Der großangelegte Komplex, der aus sieben Gruppenkonstellationen besteht, weist nur zwei weibliche Figuren auf. Obwohl im sozialistischen Realismus Bilder von kämpfenden und kämpferischen Frauen einen festen Bestandteil dieser ikonographischen Tradition bilden – und viele Soldatinnen am Krieg beteiligt waren –, sind sie im Gedenkkomplex von den Darstellungen des Kampfes und des Sieges ausgenommen. Es gibt nur zwei Frauen: „Mutter Heimat" und „Trauer". Sabine Rosemarie Arnold kommt in ihrer Analyse des Gedenkkomplexes unter anderem zu dem Ergebnis, daß trotz aller typischen sozialistisch-realistischen Bildelemente die Figur der Frau im Fall der Trauer aus dieser ikonographischen Tradition herausgenommen und plötzlich in eine dem Stil des Gedenkkomplexes widersprechende und im Stalinismus tabuisierte, nun ahistorische christliche Pietà-Darstellung überführt wird.[2]

Auch im Film scheint die geschlechtsspezifische Dynamik, die Frauen zu Trägerinnen von Trauer macht, zu gelten. So fielen dem ungarischen Filmtheoretiker Béla Balázs in seiner Stummfilmtheorie von 1924 – *Der sichtbare Mensch* – nur Schauspieler*innen* ein, als es ihm um die Beschreibung des schauspielerischen Ausdrucks von Trauer ging, während ihm im Bereich der Komik bei der Beschreibung ihrer Visualisierung in Gestik und Mimik nur männliche Schauspieler einfielen. Doch beschreibt er hinreißend Trauer und Entsetzen in Asta Nielsens Gesicht:

> Und jetzt kommen über hundert Meter Großaufnahmen von Asta Nielsens Gesicht! Ein bebendes Hoffen, tödlicher Schreck, Augen, die um Hilfe schreien, daß es einem in den Ohren gellt, dann stürzen die Tränen – sichtbar, wirklich – über die mageren Wangen, die jetzt plötzlich, vor unseren Augen, ganz verwelken, und wir sehen eine Seele sterben –

---

[1] Vgl. Arnold (1988): Der Gedenkkomplex Wolgograd, S. 46–51.
[2] Vgl. ebd., S. 50.

premierplan, auf dem Gesicht Asta Nielsens. Wir sehen das nah und deutlich wie der Operateur, der das zuckende Herz in der Hand hält und die letzten Schläge zählt.[3]

Die Emphase, mit der das Schauspiel von Trauer, ihr Ausdruck in Asta Nielsens Gesicht beschrieben wird, steht in vielleicht unbewußtem, doch unmittelbarem Zusammenhang mit der Tatsache, daß es sich um ein weibliches Gesicht handelt.

Eine Ausnahme von den geschlechtsspezifischen Aufteilungen des Ausdrucks von Trauer bilden ethnisch eindeutig als ,das Andere' der westlichen Kultur Definierte: In dem Griffith-Stummfilm *Broken Blossoms* von 1919 darf der friedliebende, aus dem fernen Osten kommende Chinese traurig sein und dies auch ausführlich gestisch und mimisch ausdrücken — doch geht dies mit einer eindeutigen Feminisierung der Figur einher.

Die These von der Stellvertreterfunktion, die Frauen bezüglich des Ausdrucks von Trauer einnehmen, findet, um neuere Beispiele zu nennen, in allen Formen der Kriegsberichterstattung ihre Bestätigung: sei es Bosnien oder Tschetschenien — immer wieder sehen wir Frauen weinen, schluchzen, die Hände vor das Gesicht schlagen und sich verzweifelt aneinanderlehnen. Gerade diese ,hysterischen' Formen des Ausdrucks, die in ihrer ,unbeherrschten' Körperlichkeit männliche Vorstellungen von Selbstbeherrschung bedrohen, binden körperlich sichtbare Trauer semantisch an das Weibliche. Der Versteinerung von Männern steht die Auflösung von Frauen gegenüber, dem Körperpanzer der Kontrollverlust. Angstauslösende und identitätsbedrohende Momente der Trauer finden so zwar ihren Ausdruck, doch werden sie, vom Männlichen abgelenkt, an das Weibliche delegiert. Wenn die Trauer in ihrer Sichtbarkeit am weiblichen Körper exzessive Formen annimmt, dient dies einerseits ihrer deutlichen Inszenierung und andererseits ihrer Eingrenzung durch Ausgrenzung. Der an das Weibliche delegierte Ausdruck von Trauer erhält traditionelle Männlichkeit in unversehrter Form.

Bestimmte historische Situationen jedoch zerstören etablierte (Ausdrucks-)Formen von Männlichkeit ebenso wie ihre Darstellbarkeit — die Niederlage Deutschlands im Zweiten Weltkrieg bildet hier ein besonders deutliches Beispiel. Welches Bild die deutschen Männer nach ihrer moralischen und militärischen Niederlage abgaben, beschreibt eine Berliner Journalistin kurz nach Kriegsende so:

> Manchmal wenn man durch die Straßen geht, glaubt man den Jammer kaum ansehen zu können. Zwischen den smarten amerikanischen Uniformen tauchen zerlumpt und abgezehrt, scheu um sich blickend wie ertappte Sünder, die ersten deutschen Soldaten auf. Kriegsgefangene von irgendwoher, sie schleichen durch die Straßen. Man möchte wegblicken, wenn man sie sieht, weil man sich ihrer Scham so schämt, ihres trostlosen, jämmerlichen Aussehens. Sind das die strahlenden Sieger, die Adolf Hitler wohlausgerüstet vor Jahren in den Krieg schickte? Als wandelnde Ruinen wanken sie dahin. Beinlose, Armlose, Sieche, Kranke, Verlassene und Verlorene.[4]

---

[3] Balázs (1982): *Schriften zum Film*. Bd. 1, S. 142.
[4] Ruth Andreas Friedrich in ihrem Tagebuch *Schauplatz Berlin* (1962), hier die Eintragung vom 30. Juli 1945, S. 208–209.

Den Kriegsverletzungen und -traumata amerikanischer Männer begegnete Hollywood in Filmen zwischen 1944 und 1947 unter anderem mit einem größeren Gewicht und einer größeren erzählerischen Macht der weiblichen Figuren, die in gewisser Weise an die männliche Stelle treten.[5] Im europäischen und deutschen Film hingegen tauchen auf einmal viele Kinder und Jugendliche als Hauptfiguren auf. Bettina Greffrath erklärt dies in einer Studie zu Gesellschaftsbildern der deutschen Nachkriegsfilme damit, daß sich das Erzählen ihrer Geschichte offenbar besonders gut eignet, um neuralgische, belastende und gefährdende Momente des privaten und öffentlichen Alltags in der Nachkriegszeit in ihren Auswirkungen auf die Menschen zu beklagen. Ihre Suche nach Identität ist unter den Lebensbedingungen der unmittelbaren Nachkriegszeit nur schwer herstellbar und stets gefährdet. „Da Kindern und Jugendlichen sowohl höhere Verletzlichkeit als auch eine geringere Verantwortlichkeit zugeschrieben wird, erscheinen ihre moralischen Verfehlungen immer als die Handlungen unschuldiger, bedauernswerter Opfer."[6] Was in diesen Überlegungen nicht weiter mitreflektiert wird, ist die Tatsache, daß es sich in den meisten Fällen, in denen Kinder im Nachkriegsfilm eine Hauptrolle spielen, um kleine Jungen handelt. Der Umstand, daß sie oft in Kombination mit einem Kriegsheimkehrer auftreten, legt im Zusammenhang mit ihrer ausgedrückten Trauer den Verdacht nahe, daß es gar nicht so sehr um die Kinder selbst, sondern in einem Akt der Verschiebung und Projektion um die angeschlagene Seele der geschlagenen deutschen Männer geht: Im Bild des kleinen Jungen findet diese Trauer eine Repräsentanz, die gleichzeitig Ausdruck für die hilflose und im Wunsch nach Vermeidung von Trauer und Verantwortung kindliche Verfaßtheit der (männlichen) Nachkriegspsyche ist.

Deutsche Nachkriegszeit, unterlassene Trauer und traurige Jungen im Film

Noch im Jahre 1950 begann Hannah Arendt ihren Bericht über einen Besuch in Deutschland so:

> Der Anblick, den die zerstörten Städte in Deutschland bieten, und die Tatsache, daß man über die deutschen Konzentrations- und Vernichtungslager Bescheid weiß, haben bewirkt, daß über Europa ein Schatten tiefer Trauer liegt. [...] Doch nirgends wird dieser Alptraum von Zerstörung und Schrecken weniger verspürt und nirgendwo wird weniger darüber gesprochen als in Deutschland. Überall fällt einem auf, daß es keine Reaktion auf das Geschehene gibt, aber es ist schwer zu sagen, ob es sich dabei um eine irgendwie absichtliche Weigerung zu trauern oder um den Ausdruck einer echten Gefühlsunfähigkeit handelt.[7]

Zweifellos standen die Deutschen nach ihrer bedingungslosen Kapitulation im Mai 1945 vor einer katastrophalen und erschreckenden Bilanz. Doch wir wissen alle, daß

---
[5] Vgl. hierzu die Analysen von Kaja Silverman (1992): *Male Subjectivity*, vor allem S. 52–121.
[6] Greffrath (1995): *Gesellschaftsbilder der Nachkriegszeit*, S. 215.
[7] Arendt (1986): Besuch in Deutschland 1950, S. 43 f.

an die Stelle einer Beschäftigung mit dem Phänomen, daß ein ganzes Volk barbarische Entwicklungen unterstützt und mitgemacht oder Realitäten verleugnet hatte, die sofortige Flucht in einen schnellen Wiederaufbau trat: „Der kollektiven Verleugnung der Vergangenheit ist es zuzuschreiben", schrieben Alexander und Margarete Mitscherlich in ihrer Analyse der deutschen „Unfähigkeit zu trauern",

> daß wenig Anzeichen von Melancholie oder auch von Trauer in der großen Masse der Bevölkerung zu bemerken waren. Einzig die Verbissenheit, mit der sofort mit der Beseitigung der Ruinen begonnen wurde und die zu einfach als Zeichen deutscher Tüchtigkeit ausgelegt wird, zeigt einen manischen Einschlag.[8]

Ähnliches gilt auch für die zunächst brachliegende Filmproduktion. Nach einer kurzen Phase der sogenannten „Trümmerfilme", die zumindest den Versuch unternahmen, sich mit der gesellschaftlichen Realität der Nachkriegszeit auseinanderzusetzen, setzte sehr schnell die Produktion ‚aufbauender' Liebes- und Unterhaltungsfilme ein; ganz besonders beliebt wurde der Heimatfilm, der sich bis heute die deutschen Herzen im Fernsehen erobert. Nur zwei westdeutsche Filme der Nachkriegszeit setzten sich mit den Vernichtungslagern auseinander.[9]

Was allerdings bei einer Reihe von Filmen aus der Nachkriegszeit ebenso wie in späteren Filmen über die Nachkriegszeit auffällt, ist, wie schon angedeutet, die Figur des traurigen kleinen Jungen, der in einigen Filmen eine Hauptrolle einnimmt. Die Mütter, denen in familiären Dramen um Verlust, Entfremdung, Abwesenheit und Rückkehr der Männer meistens die Hauptrolle zukommt, treten mit dem Erscheinen dieser Figur in den Hintergrund. Weil der deutsche Nachkriegsfilm neben den unscheinbaren Müttern aber auch Bilder von erstarkten, unabhängig gewordenen und im Überlebenskampf pragmatisch-praktisch orientierten Frauen bereit hält, werden beide Frauenfiguren in diesen Filmen von den ihnen traditionell überantworteten Rollen als verzweifelte Trägerinnen von Trauer entbunden.

An ihre Stelle treten, so scheint es, die kleinen, traurigen Jungen und übernehmen damit auch die normalerweise den Frauen zugeordnete Funktion. Dabei stellt sich jedoch gleichzeitig die Frage nach den Umständen und Vorgängen, die diese Verschiebung bedingen, welche Funktion sie erfüllt und welche ästhetischen Formen sie annimmt – denn Bilder weiblicher Trauer sind kunst- und kulturhistorisch ikonographisch fest verankert und codiert und bilden eine Tradition, auf die das Bild des traurigen kleinen Jungen nicht zurückgreifen kann. Darüber hinaus muß auch gefragt werden, um wessen und welche Trauer es eigentlich geht, für die die kleinen Jungen offenbar eine Repräsentanz darstellen. Denn ich möchte bezweifeln, daß es um ihre eigene Trauer geht; zu wenig können sie von den Grausamkeiten gewußt haben und noch betreffen sie Niederlage und Verlust an Männlichkeit nicht in demselben Maße wie erwachsene Männer. Ganz im Gegenteil geht aus Zeitzeu-

---

[8] Mitscherlich (1977): *Die Unfähigkeit zu trauern*, S. 40.
[9] Jerzy Toeplitz nennt *Lang ist der Weg* (1948) von Herbert B. Fredersdorf und Mark Goldstein sowie *Morituri* (1948) von Eugen York. Vgl. Toeplitz (1991): *Geschichte des Films*. Bd. 5, S. 390.

genberichten hervor, daß von vielen Kindern und Jugendlichen diese Zeit als Abenteuer und Freiheit von elterlicher Autorität und festen Regeln erlebt wurde. So scheint der Junge, der leidet und traurig ist, vielmehr ein filmisches Symbol für erwachsene männliche Trauer darzustellen, die ihren Ausdruck nur in dieser verstellten Form finden kann. Gerade was den filmischen Umgang mit Trauer betrifft, stellt die von Bettina Greffrath vorgenommene Untersuchung deutscher Spielfilme zwischen 1945 und 1949 fest, daß „eine Trauer um die Opfer der Jahre 1933–1945" in der Mehrzahl der Filme „nur als melancholisches Beklagen der eigenen Verletzungen und Verluste" stattfindet[10], und „besonders die männlichen Filmfiguren fast nie Wut, Trauer oder Erschütterung über das Vergangene oder eine emotionale Reaktion auf die sie umgebende Wirklichkeit zeigen".[11] So kommt meiner Meinung nach den kleinen Jungen in den Filmen, in denen sie eine Hauptrolle spielen, die wichtige Funktion zu, in diese Leerstelle nicht geäußerter männlicher Emotionen zu treten. In zweifacher Weise stehen sie in einem Akt der Verschiebung für Verdrängtes und Unausgesprochenes ein: als Opferfiguren für die wirklichen Opfer, von denen nicht die Rede ist, und als männliche Kinder für die am erwachsenen Mann vermiedene Konfrontation mit Scham, Schuld und Verlust: die männliche Niederlage findet in den niedergeschlagenen, heimat- und orientierungslosen, traurigen kleinen Jungen eine ideale Projektions- und Ersatzfigur.

Wenn die Deutschen jener Zeit für Hannah Arendt „lebende Gespenster" sind, „die man mit den Worten, mit Argumenten, mit dem Blick menschlicher Augen und der Trauer menschlicher Herzen nicht mehr rühren kann"[12], dann liegt auf den kleinen Jungen die Last des Ausdrucks, zu dem die erwachsenen Menschen nicht fähig sind. Unter dieser Last zerbrechen sie und entlassen damit den Zuschauer entlastet: an ihnen wurde gesühnt und geopfert, dann darf wieder gelebt werden. Spätestens ab 1950 regiert schon wieder der Liebes- und Heimatfilm:

> edle Gestalten vor dem Hintergrund ländlicher Umgebung [...] erlebten weder Tragödien, noch waren sie in Konfliktsituationen gestellt, ihr Leben verlief gut, glücklich und zufrieden, meistens begleitet von gefälligen Melodien, die ins Ohr gingen [...].[13]

Unter den vielen Sendungen zum 50jährigen Jubiläum des Endes des Zweiten Weltkriegs gab es unter den unzähligen Features und Interviews auch eine für einen Privatsender ungewöhnliche und ungewöhnlich lange Sendung: Vox strahlte bisher ungesehenes 16-mm-Farbmaterial aus, das Kameraleute der amerikanischen *Air Force* in den letzten Kriegstagen und ersten Nachkriegswochen aufgenommen hatten. Dabei überschritt das Kamerateam, affiziert von den Geschehnissen um es herum, sein enggestecktes militärisches Ziel und erstellte ein beeindruckendes Alltags-Porträt der unmittelbaren Nachkriegszeit. Die zweistündige Sendung, die neben vielen Luftaufnahmen und militärischen Einmärschen auch Alltagsszenen in deutschen

---

[10] Greffrath (1995): *Gesellschaftsbilder der Nachkriegszeit*, S. 387.
[11] Ebd., S. 271.
[12] Arendt (1986): Besuch in Deutschland 1950, S. 51.
[13] Toeplitz (1991): *Geschichte des Films*. Bd. 5, S. 392.

Abb. 1: Ein kleiner Junge, aufgenommen unmittelbar nach Kriegsende

Städten und Dörfern dokumentierte, endete mit folgendem Bild: Nach kurzen Einzelbildern von der Ruinenlandschaft einer zerbombten Stadt hält die Kamera bei einem kleinen Jungen und fixiert ihn vor einer Mauer. Zerlumpt, mit einem Bündel auf dem Rücken, scheint er auf ihm gestellte Fragen zu antworten. Dabei wirkt er vielleicht etwas hilflos, desorientiert und ausdruckslos. Dann folgt die Kamera ihm, wie er sich, während er sich noch zweimal umblickt, durch die Ruinen ins Ungewisse entfernt. Ein trauriges Bild?

Es fällt schwer zu entscheiden, ob der kleine Junge wirklich traurig ist oder ob die Situation bzw. das Wissen um die damalige Situation heutige Zuschauer traurig stimmt. Man hat nur den deutlichen Eindruck, daß dieses Bild durchaus für eine Gestimmtheit von Trauer stehen soll, also eine Intentionalität in sich birgt, die sich in einem langen, langsamen Schwenk der Kamera ausdrückt, die dem Jungen folgt, und darin eine „in Gebärde verwandelte Stimmung"[14] darstellt, die man auch als eine filmische Geste der Trauer bezeichnen kann. Man kann auch darüber spekulieren, ob das Abschlußbild der chronologischen Ordnung des Originalmaterials entsprach oder vom Sender als letztes Bild aus sechzig Stunden Film ausgesucht wurde.

---
[14] Vgl. Flusser (1993): *Gesten*, S. 14.

Für die Signifikanz des Bildes scheint mir diese Frage jedoch relativ unerheblich, denn im Zusammenhang mit den Nachkriegsspielfilmen, in denen der traurige kleine Junge eine tragende Rolle spielt, wird auf jeden Fall deutlich, daß ihm Symbolcharakter zugeschrieben wird und daß es in dieser spezifischen historischen Situation von besonderer psychischer Valenz war. Offenbar wird in dieser Figur ein Kondensat deutscher Nachkriegsrealität gesehen und gefunden. Für kurze Zeit übernimmt sie die traditionell weibliche Funktion, Ikone der Trauer zu sein, aber gleichzeitig stellt sie, wie ich noch versuchen werde zu zeigen, auch einen Ausdruck und eine Variante der „Unfähigkeit zu trauern" dar.

Die Verlagerung von Konflikten auf den kleinen Jungen bietet einen Ausweg aus der ‚Nichtdarstellbarkeit' männlicher Trauer und womöglich Schutz vor der Konfrontation mit dem Verlust von Männlichkeit, die mit dem Kriegsende erlebt wurde. Entsprechend wird der deutsche Nachkriegsfilm eben von jenen zwei männlichen Grundfiguren dominiert: dem Jungen und dem körperlich und/oder seelisch beschädigten Mann.[15] Der Schluß liegt nahe, daß der traurige Junge in gewisser Weise ein Gegenstück zum geschlagenen Mann darstellt. Dabei kann man davon ausgehen, daß für eine Figur, die sich nicht nur sexuell noch in einem Zwischenbereich bewegt, sondern als Jugendlicher auch einem Transitbereich zwischen Kindheit und Erwachsensein zugehört, also einen Abschnitt zwischen Vergangenheit und Zukunft verkörpert, daß für diese Figur womöglich jene gesellschaftlichen und kinematographischen Tabus, die es erwachsenen Männer verbieten, in einer bestimmten, expressiven Weise zu leiden oder zu trauern, noch nicht in demselben Maße gelten. So kann am männlichen Kind gezeigt werden, was am erwachsenen Mann unterdrückt ist: Leid, Trauer, Niederlage und Hilflosigkeit. Gleichzeitig bilden sie als Kinder Figuren der Unschuld. Scham und Schuld über begangene oder mitgetragene Verbrechen werden an einer solchen Projektionsfigur entschärft. Als vaterlose Söhne, die den Verlust väterlicher Autorität ebenso erleiden wie den Bankrott bestimmter Heldenideale, werden sie zu psychischen Stellvertretern für den erwachsenen Mann und dessen unterlassene Trauer und Taten.

In ihrer vieldiskutierten Analyse der psychischen Verfaßtheit der Nachkriegsdeutschen in *Die Unfähigkeit zu trauern* behaupten Margarete und Alexander Mitscherlich, daß der Verlust des Führers psychisch und historisch mit einem Verlust des Ich-Ideals gleichzusetzen ist. Statt mit Trauer begegnet das Ich diesem Verlust mit dem Ausweichmanöver der Verdrängung und der Projektion. Vor allem phantasiert es sich in eine hilflose und verantwortungslose Kreatur, die somit Stellvertreterfunktion einnimmt, wie sie gleichzeitiger Ausdruck für die kindliche Organisation der Nachkriegspsyche ist.[16] Laut Mitscherlich geschieht diese „Ersetzung der Trauer durch Identifikation mit dem unschuldigen Opfer"[17] in Deutschland häufig. Die kleinen Jungen der Nachkriegsfilme stehen so für die erfolgreiche Abwehr der eigenen Trauerreaktion und stehen gleichzeitig auf eine kindliche Art und Weise für sie ein.

---

[15] Vgl. Greffrath (1995): *Gesellschaftsbilder der Nachkriegszeit*, S. 198.
[16] Vgl. Mitscherlich (1977): *Die Unfähigkeit zu trauern*, S. 27.
[17] Ebd., S. 60.

Die Filme

Irgendwo in Berlin (Gerhard Lamprecht, 18. Dezember 1946) verfolgt die Geschichte einer Jungenfreundschaft. Der kleine Willi lebt elternlos bei einer Ziehmutter und deren Untermieter. Sein Freund Gustav wartet mit seiner Mutter auf die Rückkehr des Vaters aus der Kriegsgefangenschaft. In ihren Spielen reproduzieren diese vaterlosen Söhne den Krieg, den ihre Väter (und sie) gerade durchlebt haben. Die erste erwachsene männliche Figur, die ins Bild kommt, ist ein schmieriger, unsympathischer Ganove auf der Flucht. Er schleicht sich in Gustavs Gunst und damit in die Wohnung von dessen Mutter ein. Sinnbildlich steht er für das unmoralische, korrupte Nachkriegsdeutschland, den verkommenen Egoismus und Individualismus, der auf Kosten anderer nur ans Überleben und ans Geschäft denkt. Willis ‚Ziehvater' macht als gewissenloser Kleinkrimineller eine ebenso schlechte Figur. Den beiden korrupten Männerfiguren stehen zwei aufrechte gegenüber. Der hilfreiche, platonische Freund von Gustavs Mutter, ein milder, ruhiger Mann, und der alte Kunstmaler, eine liebe, väterliche Figur. Beide bilden sie Gegenmodelle zum nazistischen Männlichkeitsideal. Beide werden aber auch in ihrer asexuellen Häuslichkeit und ohnmächtigen Fürsorglichkeit ‚entmännlicht'. Zu diesen zwei impotenten Varianten kommen zwei Versehrte hinzu: zum einen der unter einem Kriegstrauma

Abb. 2: Mutter und Freund am Krankenbett, Standbild

Abb. 3: Der tote kleine Junge, Standbild

leidende ‚Verrückte', der in Uniform, die Hand zum militärischen Gruß erhoben, auf dem Balkon nach Helden Ausschau hält. Seine Kriegserinnerungen haben ihn in Katatonie verfallen lassen. Dabei stellen sie die einzige konkrete Referenz des Films an Vergangenes dar, werden aber gleichzeitig als Krankheit diskreditiert. Zum anderen der endlich heimgekehrte Gatte von Gustavs Mutter: mutlos, abgezehrt, lumpig, schleicht er ohne jegliche väterliche Autorität und Durchsetzungskraft schwach und resigniert durch die Trümmer der Stadt. Die Behauptungen Gustavs seiner Jungenclique gegenüber, sein Vater würde die Garagen wieder aufbauen, straft dieser durch seine Passivität – „Ach, hat ja alles keinen Sinn mehr" – Lügen. Die visuell vorvollzogene Entwertung der Vaterfigur als ‚Ich-Ideal' wird verbal von den Jungen nachvollzogen, wenn sie hämisch kommentieren: „Mit deinem Vater kannste keinen Staat machen, so'n dreckiger Jammerlappen!"

Aber der kleine blonde Willi macht Staat: um seine Männlichkeit inmitten dieser desolaten Szenerie unter Beweis zu stellen, schwingt er sich zu einer ‚Heldentat' auf, klettert verbissen eine hohe freistehende Brandmauer hinauf. Symptomatisch für die tatsächliche Haltung des deutschen Volkes sehen die Umstehenden tatenlos zu. Nach seinem Sturz wird vor allem der Soldat am Bett des ‚Gefallenen' wachen. Im Jungen, der einem falschen Heldenideal nachhängt, hat er einen gleichgesinnten Kameraden gefunden. Beide Figuren bilden für den Film Außenseiter, mit denen auch

Abb. 4: Edmund in den Trümmern, Standbild

die Werte, die sie vertreten, nach außen verlagert und dort ritualistisch stillgestellt oder ‚begraben' werden. Mit dem blonden kleinen Willi und seinem Drang, hoch hinaus zu wollen, schafft sich der Film eine kindliche Metapher für die maßlose Selbstüberschätzung des deutschen Volkes. Für diese Schuld muß er sterben. Darüber hinaus ersetzt er in gewisser Weise die wirklichen Opfer des Krieges. So tritt an die Stelle der nicht empfundenen Trauer für diese die fiktionale Inszenierung von Trauer für jenen. Seine Opferung erlöst nicht nur den Soldaten, sondern auch die anderen Protagonisten aus ihrer Starre oder Resignation. Nun kann mit dem Wiederaufbau begonnen werden. So dient der Abschied vom elternlosen kleinen Jungen, der falschen Ideen nachgab, der Reinstallierung männlicher Subjektivität und Identität: er löst den Vater aus der Bewegungs-, Hoffnungs- und Handlungslosigkeit. Mit einem Heer von kleinen Jungen macht dieser sich an den Wiederaufbau der Garagen – ein Schlußbild, das insofern ärgert, als man genau weiß, daß die meisten Trümmer in Wirklichkeit von den Frauen weggeräumt wurden.

Germania Anno Zero (11. Juli 1948) wird im Vorspann vom Regisseur Roberto Rossellini seinem 1948 in Spanien umgekommenen Sohn Romano gewidmet. Schon darin liegt eine persönliche Referenz an individuelle Trauer, die im Film verobjektiviert wird. Die zentrale Figur des kleinen Jungen Edmund wird auf einem Friedhof eingeführt, wo er Gräber aushebt – und dann für diese Arbeit als für zu jung befunden

Abb. 5: Edmund vor seinem Sturz, Standbild

wird. Er lebt mit seinem alten, schwerkranken Vater, seinem sich versteckt haltenden (also sich drückenden) Bruder und seiner Schwester in einem Zimmer – auf ihr und ihm liegt die Verantwortung für den Erhalt der Familie. In Abwesenheit oder völliger Unzulänglichkeit der Väter ist an die Stelle einer ödipalen Beziehung eine inzestuöse getreten. Entsprechend oft wird Edmund mit seiner Schwester ins Bild gesetzt, oder er steht zwischen Vater und Bruder, die beide unzulängliche Modelle von Männlichkeit verkörpern.

Sobald Edmund den engen Innenraum familiärer Beziehungen und Bindungen verläßt, findet er sich auf der Straße, in zerstörten Häusern und verlassenen Räumen mit noch unerfreulicheren Varianten von Männlichkeit konfrontiert: korrupten Schwarzhändlern, verständnis- und machtlosen Polizisten und vor allem mit seinem schmierigen, unheimlichen früheren Lehrer. Gerade diese ehemalige Erziehungs- und Leitfigur, die ein extremes Bündel negativer Eigenschaften in sich vereint, vor allem nationalsozialistisches Gedankengut, wird aber zur Fluchtfigur für Edmund. An ihn lehnt er sich in seiner Orientierungslosigkeit an und läßt sich prompt in die falsche Richtung dirigieren. So steht der blonde kleine Junge auch hier in gewissem Sinne für die Verführbarkeit des gesamten deutschen Volkes.

Die Schwäche der innerfamiliären Männerbilder macht ihn anfällig und zugänglich für die Ideen des größeren Systems, verkörpert in den darwinistischen Rasselehren des ehemals staatstragenden Lehrers. Mit dem siechenden Vater liegt das Mitläufertum einer gesamten Nation larmoyant im Krankenbett, der sich verstekkende Bruder steht für die Feigheit einer Soldatengeneration, die sich den begangenen Taten und verteidigten Ideen nicht stellen will. Die vom Lehrer als Ratschlag angepriesene Überzeugung, daß man den Mut haben müsse, die Schwachen verschwinden zu lassen (um den ganzen Organismus gesunden zu lassen), vermittelt dem mit den Ideen des Nationalsozialismus groß gewordenen Jungen die Überzeugung, mit der Vergiftung seines kranken Vaters als tatkräftiger Handlung eine Heldentat zu vollbringen. Unfähig, das Geschehene zu verarbeiten, stürzt er sich in den Tod.

In beiden Filmen sterben zum Schluß die beiden traurigen kleinen Jungen, stürzen aus einer Fallhöhe in die Tiefe. Während der deutsche Film die Trauer im stillgestellten Bild bannt, dann aber nicht stehen lassen kann, sondern einen Epilog des ‚neuen Anfangs' darüberlegt, schließt der italienische Film mit dem Tod des Jungen in den deutschen Ruinen ab. Edmunds Tod erfährt dabei eine ebenso lange Vorbereitung wie der Willis, doch ist sie gänzlich anderer Art: an die Stelle eines pathetischen Kammerspiels tritt der Realismus eines traurigen Verlorenseins. Der freien Beweglichkeit des einen traurigen Jungen steht die Ikonisierung des anderen zur engelshaften Lichtgestalt wie erstarrten Heldenmaske gegenüber.

Die ästhetische Gebärde der Filme

In seinem Versuch einer Phänomenologie der Gesten beschreibt Vilém Flusser die Gebärde als einen codifizierten, ins Ästhetische gehobenen Ausdruck, der im Gegensatz zur unmittelbaren reaktiven Bewegung nicht nur schlichte Äußerung, sondern gleichzeitig Darstellung (einer bestimmten Gestimmtheit) ist. So ästhetisch gewordene Stimmungen werden in der Geste zum Symbol, zur symbolischen Bewegung, der damit Bedeutung verliehen wird. Die Geste stellt also in gewissem Sinne eine Formalisierung von Stimmungen dar und hebt sie damit in den Bereich des Ästhetischen. Und so fordert Flusser: „Wenn wir die Gestimmtheit kritisieren wollen, müssen wir das anhand von ästhetischen Kriterien tun."[18] Dabei ist ihm auch daran gelegen, zwischen Wahrheit/Echtheit und Kitsch zu unterscheiden. Die Wahrheit der Gestimmtheit, der mit den Gebärden symbolischer Ausdruck verliehen wird, ist dabei völlig unabhängig von der ‚Wirklichkeit der Stimmung, die sie ausdrücken' und dem guten Glauben der sie Ausdrückenden an diese Stimmung. Wenn Flusser schreibt: „[...] es kann sehr gut der Fall sein, daß eine gefühlsbetonte Geste epistemologisch und moralisch redlich, jedoch ästhetisch unredlich ist, wie die Geste des schlechten Schauspielers"[19], dann bezeichnet er die Wahrheit als ein ästhetisches Problem. Ich sehe dies in den beiden Filmen so ausgedrückt, daß mir aufgrund der

---
[18] Flusser (1993): *Gesten*, S. 16.
[19] Ebd.

formalen Umsetzung, der filmischen Ästhetik, der eine Film ‚unwahrer' in seinem Ausdruck von Trauer erscheint als der andere, selbst wenn er vielleicht (in seinen eigenen Augen) moralisch redlich ist.

In *Irgendwo in Berlin* findet die Inszenierung von ‚Trauer' vor allem als expressives Schauspiel vor der Kamera statt. Dabei glaubt man regelrecht die Regieanweisungen zu hören, denen die kleinen Jungen, in bewährter Tradition, folgsam gehorchen, indem sie sich um einen Ausdruck von Trauer bemühen. Dieser Bemühung, nicht einem Ausdruck von Trauer, wohnen wir bei. Das Schauspiel bedient sich dabei eines ebenso hoch codifizierten Mienenspiels wie die Inszenierung pathetischer Dramaturgie. Im eigenen Nichtvertrauen an den ‚wahren' Ausdruck der Kinder bemüht der Film melodramatische Mittel, um den gewünschten Effekt zu erreichen, und bestätigt damit die Theorie vom Melodrama als einem in die formale Ästhetik gewanderten Ausdruck von Unaussprechlichem. Die technische Orchestrierung erreicht zum Schluß einen solchen Effekt, daß nur noch das abstrakte Ziel ‚Trauer' im Raum steht und einem der kleine Junge (wie die wahren Opfer?) letztlich egal ist. Wir haben geschwelgt und geweint und können dann, zusammen mit den Protagonisten, dieses düstere Kapitel hinter uns lassen und uns mit ihnen an den Aufbau machen. Es scheint mir von Bedeutung zu sein, daß die Ruinen von *Irgendwo in Berlin* für den Film aufgebaut wurden, anstatt sich des konkret vorhandenen Materials zu bedienen. Ebenso kunstvoll arrangiert wie die Trauer im Innenraum wird so selbst die Außenwelt in gewisser Weise ‚unwahr'.

Ganz anders *Germania Anno Zero*. Die traurige Geste liegt hier im distanzierten statt melodramatischen Inszenierungsstil. An die Stelle des Ausdrucks vor der Kamera, die den Schauspielern das Gewicht der Trauer aufbürdet, tritt eine gewisse Stimmung von Trauer, die mit der Kamera zur Gebärde wird, ohne ihre kulturelle und formale Codifizierung zu sehr bemühen zu müssen: Tränen, Schluchzen, Ausbrüche der Verzweiflung, Betroffenheit und spektakuläres Lichtspiel. Ähnlich der dokumentarischen Sequenz, die am Anfang beschrieben wurde, lenkt Rossellini den Blick nach außen und nimmt den Handlungsort als gleichbedeutenden Handlungsträger wahr. Diese Bilder sind ihm ebenso wichtig wie die Dramatik der Handlung. So entsteht eine Stimmung und Geste der Trauer, in der der kleine Junge nicht die gesamte Last des Ausdrucks zu tragen hat. In der Freiheit seiner Bewegungen scheint er sich viel weniger Regieanweisungen fügen zu müssen als die Kinder in *Irgendwo in Berlin*, und so korrespondiert die Verlorenheit seines Spiels eher mit dem Verlust, den der Film auf der Handlungsebene beklagt. Während es im deutschen Film vor allem um das Angebot von Identifikationsfiguren geht und mittels ihrer um die Verdrängung von Trauer und den Antrieb zum Wiederaufbau, liegt über Rossellinis Film eher jener von Hannah Arendt eingangs beschriebene „Schatten tiefer Trauer", der mehr Wahrheit enthält als die im deutschen Film zur Mechanik verkommene Geste expressiver Trauer, die letztendlich lügt.

Bibliographie

Arendt, Hannah: Besuch in Deutschland 1950. Die Nachwirkungen des Naziregimes. In: Dies.: *Zur Zeit*. Berlin 1986, S. 43–70.

Arnold, Sabine Rosemarie: Der Gedenkkomplex Wolgograd. Gedanken zum sowjetischen Totenkult. In: *Geschichtswerkstatt* 1988, H. 16, S. 46–51.

Balázs, Béla: *Schriften zum Film*. Bd. I: *Der sichtbare Mensch*, hrsg. von Helmut H. Diederichs et al. Budapest 1982.

Flusser, Vilém: *Gesten. Versuch einer Phänomenologie*. Bensheim, Düsseldorf 1993.

Friedrich, Ruth Andreas: *Schauplatz Berlin*. München 1962.

Greffrath, Bettina: *Gesellschaftsbilder der Nachkriegszeit. Deutsche Spielfilme 1945–1949*. Pfaffenweiler 1995.

Mitscherlich, Alexander und Margarete: *Die Unfähigkeit zu trauern*. München, Zürich 1977.

Silverman, Kaja: *Male Subjectivity at the Margins*. New York, London 1992.

Toeplitz, Jerzy: *Geschichte des Films*. Bd. 5: *1945–1953*. Berlin 1991.

Trauer als erotische Ekstase
Zu Giacomo Grossos *Il supremo convegno* von 1895

Sigrid Schade

> Dabei sollte man jedoch nicht außer acht lassen, daß das Tier, der Affe etwa, dessen Sinnlichkeit eine verzweifelte Intensität erreichen kann, von Erotik nichts weiß. Und in eben dem Maße nichts weiß, in dem es vom Tod nichts weiß. Und nur weil wir Menschen sind und weil über unserem ganzen Leben der Schatten des Todes liegt, kennen wir die wilde und verzweifelte Gewalt der Erotik.
> GEORGES BATAILLE[1]

> Indem die Stadt den privaten Bestattungen äußerst strenge Beschränkungen auferlegt, reglementiert sie die Trauer und die Rolle der Frauen im Rahmen der Trauer. Man kann auch vermuten, daß sie die Trauer reglementiert und folglich die Frauen. Und vielleicht: die Frauen und folglich die Trauer ...
> NICOLE LORAUX[2]

Tränen des Eros

Batailles Interpretation der Freudschen Verknüpfung von Eros und Todestrieb in seinem Buch *Die Tränen des Eros* richtet sich vor allem auf den ‚letzten Augenblick' und den Schmerz als Passage zur Auflösung des Individuums[3] und setzt das erotische Erlebnis mit einer vorweggenommenen ‚Erinnerung' an den Tod gleich. Er negiert darin Freuds strukturelle Herleitung, die sowohl Historizität als auch die Geschlechtlichkeit von Subjektivität einschließt[4], zugunsten von Verallgemeinerungen, die sich von Geschlecht, Kultur und Zeit unabhängig geben. Die Erfahrung der Gewaltförmigkeit des Todes und der erotischen Ekstase, als Auslöschung oder Verschmelzung, scheint – als Intensität gedacht – identisch zu sein: der ‚kleine Tod' eine Ankündigung oder Verkündung des großen. Batailles religiöse und magische Bindung an den Opfertod und dessen ‚Lust am Schmerz' führt im Gegensatz zu Freud nicht so sehr zu einer Analyse als zu einer Affirmation.[5]

---

[1] Bataille (1981): *Die Tränen des Eros*, S. 36.
[2] Loraux (1992): *Die Trauer der Mütter*, S. 36.
[3] Duca (1981): Der ferne Bataille, S. 10.
[4] Vgl. vor allem Freud (1982): Jenseits des Lustprinzips.
[5] Einige hellsichtige Bemerkungen zur christlichen Umformulierung des Eros zeugen von einem ‚Wissen', das sich jedoch nicht in Analyse umsetzt: „Es [das Christentum] hatte für den

Der Ausgangspunkt für Batailles These, die er in *Die Tränen des Eros* zu belegen versucht und bezeichnenderweise erst am Schluß preisgibt, ist das Erlebnis der eigenen ekstatischen Reaktion auf eine Photographie, in der eine Szene der chinesischen „Folter der hundert Teile" zu sehen ist.[6] Der in dem Folterritual bei lebendigem Leib Zerstückelte scheint einen ‚ekstatischen' Gesichtsausdruck zu haben, das heißt, Bataille projiziert sein eigenes Erlebnis, das er als sadistisch bezeichnet (nach Freud ließe sich dieses auch als masochistische Identifizierung mit der ‚weiblichen', passiven Position bezeichnen), auf den Bestraften und unterstellt ihm die gleiche Ekstase.[7] Würde man den Gedanken weiterverfolgen, müßte man sich – falls man ein Selbstzeugnis des Gefolterten hätte – mit der masochistischen Spielart dieser Ekstase intensiver auseinandersetzen. Es gibt aber kein Selbstzeugnis des Gefolterten, sondern ‚nur' eine Photographie.

Damit wird die Problematik deutlich, die Batailles Argumentation in *Die Tränen des Eros* durchzieht, nämlich eine Blindheit gegenüber der Tatsache, daß es sich bei dem Material der Untersuchung um bildliche Darstellungen unterschiedlich kontextualisierter, erotischer und/oder gewalttätiger Szenen von der Frühgeschichte bis zur Mitte des zwanzigsten Jahrhunderts, um etwas Zu-Sehen-Gegebenes handelt. Für Bataille sind die Bilder Ausdruck einer ‚ursprünglichen' Leidenschaft, die seit dem Wissen um Sterblichkeit für den Menschen mit der Erotik verknüpft sei. Auch die Differenz zwischen den verschiedenen Medien der Repräsentation, zwischen den historischen Gemälden und der Photographie, wird von ihm nicht wahrgenommen, deshalb bekommen die historischen Bilder für ihn nachträglich einen photographischen, nämlich indexikalischen Status. Die Lektüre von Körperzeichen (in der Photographie) und ihre Übertragung auf eine Lektüre visueller Repräsentationen von Schmerz und Lust kann sich eine Umkehrung nicht vorstellen: setzt eine solche Deutung der Körpersprache vielleicht die Kenntnis der Geschichte der Bildenden Kunst Europas voraus? Würde ein dem westlichen Kulturkreis angehörender Gefolterter die gleiche Körpersprache sprechen wie der photographierte Chinese?

    Genuß des Augenblicks nur noch ein Schuldgefühl übrig, das sich der Sorge um den Enderfolg verdankte. In christlicher Sicht kompromittierte die Erotik den Enderfolg [das ewige Glück im Leben nach dem Tod] oder sie verzögerte sie zumindest. Doch hatte die Tendenz ihr Widerspiel: in seiner Verteufelung der Erotik fing schließlich des Christentum selbst Feuer. So kam es zum Satanskult [...]" (Bataille, 1981: *Die Tränen des Eros*, S. 85).
6 Bataille (1981): *Die Tränen des Eros*, Abb. S. 245, Text S. 246 ff. Die Zerstückelungsfolter erinnert an die Beschreibung einer sich über mehrere Tage erstreckende Hinrichtung, die Foucault in seinem Buch *Überwachen und Strafen* zitiert.
7 Er bezieht sich dabei auf einen Hinweis von Georges Dumas, der ein solches Photo in seiner „Nouveau traité de psychologie" bereits wiedergegeben hatte (Bataille, 1981: *Die Tränen des Eros*, S. 246).

Lektüren des Körper(bilde)s

Die Kritik am Vorgehen Batailles führt direkt zu einer Schnittstelle methodischer Auseinandersetzungen zum Thema der „Beredsamkeit des Leibes", die ich hier nur kurz zusammenfassen kann. Der Begriff „Beredsamkeit des Leibes", der einer ästhetischen Debatte über die Rhetorik des Körpers im achtzehnten Jahrhundert entstammt[8], birgt in seiner Formulierung bereits die immanente Problematik des Themas. Körpersprache wurde in bürgerlich kodifizierter Form spätestens seit Ende des achtzehnten Jahrhunderts als eine ‚natürliche' Sprache (also eigentlich nicht als Sprache) aufgefaßt (so auch von Bataille), und nicht als eine, die – wie alle Sprachen – kulturell kodiert ist, erlernt werden muß sowie keine eindeutigen Zeichen und keine eindeutige Lektüre hervorbringt.[9] Was Bataille in seiner Argumentation völlig übersieht – und dies hat er mit vielen Kunst- und Kulturhistorikern bis heute gemeinsam[10] –, ist die Medialität seines Materials. In der Frage nach der Zuordnung von Form und Affekt trifft sich die kunsthistorische Tradition der ikonologischen Ableitung von Pathosformeln[11] mit der diskurshistorischen Bestimmung des ‚Körpers als Schauplatz der Geschichte'[12] und damit der Historisierung des Körpers selbst[13] und der semiologischen Konzeption einer ‚Lektüre des Körper(bilde)s als Text'.[14]

Die zentralen Fragen dieser Schnittstelle sind einerseits die nach der Vorgängigkeit des Zeichens (oder der symbolischen Ordnung) vor der Affektsprache (oder sogar vor dem Affekt) des einzelnen Individuums, mithin die Nicht-Ursprünglichkeit des Körpers als Ausdrucksträger von Affekten, und andererseits die nach der Darstellbarkeit von Affekten überhaupt, wobei Lust und Schmerz historisch gesehen am häufigsten mit der Frage nach den Grenzen der Repräsentation in Verbindung gebracht wurden.[15] Die Austauschbarkeit von Affektzeichen für Lust und Schmerz

---

[8] Vgl. Kemp (1975): Die Beredsamkeit des Leibes.
[9] Dazu ausführlicher in Schade (in Vorbereitung): *Körperbilder und ihre Lektüren*, Einleitung.
[10] Mir geht es in meiner Kritik nicht darum, Bataille als Nicht-Fachmann (er war kein Kunsthistoriker) zu kompromittieren. Im Gegenteil hat er den meisten Kunsthistorikern seiner Generation voraus, daß er eine kulturhistorische Perspektive einnimmt. Gleichwohl übernimmt er deren Widerspiegelungskategorien.
[11] Für diese Tradition stehen vor allem Warburg, dessen intellektuelle Biographie von Gombrich immer noch die beste Einführung in sein Denken darstellt, sowie Saxl (1979): Die Ausdrucksgebärden der bildenden Kunst. Vgl. auch Schade (1993): Charcot und das Schauspiel des hysterischen Körpers und Barta Fliedl/Geissmar (1992): *Die Beredsamkeit des Leibes*.
[12] Vgl. Stingelin (1989): Der Körper als Schauplatz der Historie. Eine solche Bestimmung ist im übrigen ohne Foucault nicht zu denken.
[13] Der Perspektive einer Historisierung des Körpers, die seiner Naturalisierung entgegengestellt werden kann, hat sich vor allem die Frauen- und Geschlechterforschung angenommen, unter anderen Duden, Laqueur, Jordanova, Schreiner und Schnitzler.
[14] Zum Doppelcharakter des Körpers als Signifikant in allegorischen Verweisungen und als Ort oder Medium einer Semiologie vgl. Schade (voraussichtlich 1998): *Körperbilder und ihre Lektüren*, Einleitung, mit Bezug unter anderem auf Barthes, Gumbrecht und Pfeiffer, Starobinski, und vor allem auf Weigel (1994): Lesbarkeit.
[15] Zuletzt Scarry (1992): *Der Körper im Schmerz*.

hat in der Kunst des westlichen Europas eine lange Tradition, die zudem zutiefst mit den religiösen Konzepten des Christentums und der Kirche in ihrer jeweiligen historischen Verfaßtheit verknüpft ist.[16]

Die kurze Zusammenfassung der methodischen Probleme einer Lektüre von Körper(bilder)n als Affektträger soll darauf aufmerksam machen, daß die Deutung historischer Überlieferungen gleich welcher Art deren Status als Repräsentationen nicht aus den Augen verlieren darf, um die Frage nach der Zuschreibung unter anderem bezogen auf Bestimmungen der Geschlechterdifferenz aufrechterhalten zu können.

Die Trauer der Mütter

Bevor ich im folgenden das Beispiel eines Gemäldes von 1895 und seine ungewöhnliche Rezeptionsgeschichte vorstelle, die von einer für den Kontext spezifischen Unsicherheit im Kampf um seine Deutung zeugt, möchte ich deshalb auf die komplexe Argumentation von Nicole Loraux in ihrem Buch *Die Trauer der Mütter* eingehen, um zu zeigen, wie der Versuch einer historischen Analyse des Umgangs mit einem Affekt in eine Affirmation der darin enthaltenen Zuschreibungen (an die Frauen) mündet, wobei ich unterstelle, daß dies ohne Absicht, also unbewußt geschieht.

Die Reglements, die die griechische Polis in Hinsicht auf Trauerrituale erläßt, zeugen davon – so Nicole Loraux –, daß ein affektiver Exzeß, nämlich die Trauer, und zwar insbesondere die Trauer der Frauen/Mütter, die Polis als „wohlorganisiertes Kollektiv" in Gefahr bringen konnte.[17] Vom Friedhof (*Kerameikos*) und dem öffentlichen Raum des Politischen (der *Agora*) verbannt, wird der „Lust an den Tränen"[18] allenfalls der Raum des Theaters und der Tragödie zugestanden.

Die ökonomische Kanalisierung des Affekts der Trauer – so der Befund – geht einher mit einer Reglementierung der Frauen, die wiederum im Kontext der Gesetzgebung Athens steht. Loraux kann deshalb auch umgekehrt Schlüsse aus dem Umgang mit den (trauernden) Frauen auf die Funktion der Trauer in der Polis ziehen. Die antike Zuschreibung der Trauer an die Frauen, die Beschreibung eines ‚weiblichen' Affekts, die Loraux zu zeigen versucht, hat sich im Lauf der europäischen Kulturgeschichte mit einem so großen Naturalisierungseffekt durchgesetzt, daß auch Loraux ihm stellenweise unterliegt. Obgleich ihre These – belegt mit Texten von Platon und Archilochos –, daß das „Zusammentreffen von Trauer und Frauen kein Zufall" ist, in die Frage mündet, ob die darin für die bürgerliche Ordnung artikulierte Bedrohung „eingedämmt" werden muß, um sie „in Ruhe besser phantasieren zu können"[19], wird die Zuschreibung im Lauf der Argumentation eher affirmiert als analysiert. Aus den Figuren der im Theater auftretenden tragischen Mütter, die wei-

---

[16] Vgl. dazu Schade (1989): Das Fest der Martern und Schade (1995): *Zeichen von Besessenheit*.
[17] Loraux (1992): *Die Trauer der Mütter*, S. 28.
[18] Ebd.
[19] Ebd., S. 29.

nen, wenngleich sie aus staatsbürgerlicher Pflicht ihre Söhne ins Feld schicken (müssen), schließt sie: „Daraus folgt, daß die Tränen der Mütter nicht nur ein *topos* sind, sondern die Realität selbst, noch vor jeder ideologischen Erklärung, gleichsam von Natur."[20] In verschiedenen Formulierungen manifestiert sich die Affirmation des Befundes, so auch in der bereits zitierten Argumentation, daß die Stadt die Trauer reglementiere und *folglich* die Frauen und umgekehrt, die Frauen und *folglich* die Trauer.[21]

Wenn die Bestattungsgesetzgebung die Totenklage und das Schreien außerhalb des Hauses verbietet, die Teilnahme nur weniger Frauen, der engsten Angehörigen, am Leichenzug zuläßt und Kleidervorschriften für Frauen erstellt, dann schließt Loraux daraus vor allem nur den Zwang zur Eindämmung des *(per definitionem)* weiblichen Exzesses, dem um Aufrechterhaltung der politischen Ordnung willen nachgegeben werden muß. Daß die Gesetzgebung dabei auch eine detaillierte, *produktive* Beschreibung von Zeichen der Trauer, Repräsentationen der Trauer herstellt, die Verhaltensweisen generiert und eine Zuschreibung im Rahmen der Geschlechterdifferenz vornimmt, die ja auch die entsprechenden Effekte erzeugt (nämlich eine Geschlechtertrennung und eine komplementäre Trauer-Arbeitsteilung), gerät immer wieder aus dem Blickfeld der Lorauxschen Argumentationslogik. Auch die Reglements der römischen *civitas* und deren Aufspaltung des Trauerns in den Exzeß der Tränen einerseits und die stumme (heroische) Trauer der Matronen andererseits, der in der Stadt Rom eine öffentliche Performanz und damit eine Gleichheit auf der Zeichenebene mit der Wunde des Soldaten zugestanden wird, wird ebenfalls nur im Sinne einer Kanalisierung gelesen.[22] Die Rede vom Umgang oder auch von verschiedenen Umgangsstilen mit der ‚weiblichen Trauer' setzt die Trauer als weibliche eigentlich voraus.[23] Das heißt, nicht die Trauer, sondern nur die Umgangsstile können verschiedene Form annehmen. Die Trauer wird jenseits der Repräsentationen situiert, „vor jeder ideologischen Erklärung", was aber bei Loraux nicht mit der Frage nach Darstellbarkeit von Trauer oder Schmerz überhaupt verknüpft ist. Der Affekt steht offenbar vor jeder kulturellen Kodierung, ist für sie Natursprache. Da er zudem eine natürliche Sprache der Frauen sei, wird Weiblichkeit selbst naturalisiert.

Obgleich das Projektive der Zuschreibung immer wieder markiert wird, gerät sie gleichwohl in manchen Schlußfolgerungen zu einer Essenz weiblicher Natur. Die Analyse, die auf historische Varianten in den Umgangsstilen mit dem Affekt einzugehen vermag, bleibt in dieser Zuschreibung ahistorisch und unterschlägt die Effek-

---

[20] Ebd., S. 32.
[21] Ebd., S. 36.
[22] Ebd., S. 46–50.
[23] Ich stimme deshalb auch nicht mit der Einschätzung von Käthe Trettin überein, die in ihrer Einführung zu Loraux' *Die Tränen der Mütter* meint, daß diese sich die unterschiedlichen symbolischen Quellen klarmache, „also deren Darstellungsarten und Überlieferungsschichten, um das Moment der Fabrikation, der Erfindung, des Imaginären an den Quellen selbst zu bemerken und auf Sinn und Funktion hin befragen zu können" (Trettin, 1992: Einführung, S. 11).

te der Repräsentation selbst. Deshalb möchte ich nach der Sichtung der Widersprüche in Loraux' Argumentation vorschlagen, den Ansatz weiterzuverfolgen, in dem das Interesse bestimmter Institutionen an der Zuschreibung von Trauer und Weiblichkeit im Vordergrund der Analyse steht.

Das letzte Stelldichein

Im folgenden soll eine künstlerische Bearbeitung des Themas ‚Trauer und Erotik' auf ihre spezifischen Darstellungsmodi und -effekte hin bestimmt werden, um zu zeigen, wie in einer konkreten historischen Situation neue Kombinationen traditioneller (Körper-)Zeichen im Bild zu einem Kampf um ihre Deutung führen, in dem das Geschmacksurteil einer zum ‚Publikum' werdenden Bevölkerung mit einer sich für Ende des neunzehnten Jahrhunderts in Italien neu situierenden katholischen Bewegung in Konflikt gerät. In diesem Kampf geht es um die Verknüpfung der Vorstellungen von Trauer, Mütterlichkeit und Erotik, deren Unvereinbarkeit von den Vertretern der Kirche erneut konstatiert und dogmatisch verteidigt wurde.

Das für die erste Biennale in Venedig 1895 von dem symbolistischen Maler Giacomo Grosso geschaffene Gemälde *Il supremo convegno* (Abb. 1) löste im Vorfeld der Ausstellung einen Skandal aus, der zu einer Verschiebung der Eröffnung um acht Tage führte, und wurde am Ende sogar durch den Publikumspreis der Biennale ausgezeichnet.[24] Das Gemälde zeigt im Vordergrund fünf etwa lebensgroße nackte Frauenfiguren in verschiedenen Positionen und Haltungen auf oder neben dem Katafalk ihres Liebhabers Don Juan. Im Hintergrund treten drei weitere weibliche Gestalten durch eine Tür in den sakristeiähnlichen, holzgetäfelten Raum eines Palazzos. Der Tote ist kaum erkennbar und wird fast vollständig verdeckt durch die drei mehr oder weniger auf ihm liegenden Frauen. Das blasse, schnurrbärtige Gesicht ist – hart angeschnitten durch den Rahmen des ‚Sarges' – gerade noch zu sehen. Die ganze Szene erinnert eher an ein Bacchanal als an eine Totenklage. Das Bild ist nur in Photographien überliefert, weil es später auf einer Ausstellungstour in Chicago durch ein Feuer zerstört wurde.[25] So ist heute insbesondere die Malweise nicht genauer beschreibbar. Manche Details verschwinden im Malgrund, was auf eine impressionistische *A-la-Prima*-Malerei hinweist, sicher aber auch auf eine für den Maler ungewöhnliche Schlampigkeit in der Eile der Fertigstellung für die Biennale.[26]

Der narrative Kontext des Gemäldes (der Tod Don Juans) kann kaum darüber hinwegtäuschen, daß Grosso mit verschiedenen Ansichten weiblicher Körper (seitlich, frontal, Rücken) weniger auf die Belesenheit als auf die Schaulust eines männlichen Salon-Publikums spekulierte. Die fehlende Mythologisierung der Maitressen, deren Posen sich allerdings traditionellen Flora- und Venusgestalten verdanken, führte zu einem ähnlichen Effekt wie der Eklat, den Manets *Déjeuner sur l'herbe* im

---

[24] Ich folge hier der Darstellung von Brusatin (1995): Il Supremo Convegno.
[25] Vgl. ebd., S. 79.
[26] Vgl. ebd., S. 75.

Abb. 1: Giacomo Grosso: *Il supremo convegno*, Gemälde 1895

Pariser Salon auslöste. Im Gegensatz dazu nahm aber in Venedig nicht das Publikum, sondern es nahmen Fachleute und Vertreter der Kirche Anstoß. Dreißig Jahre nach Manets Affront hatte sich das Publikum an die voranschreitende Entmythologisierung der Salonmalerei gewöhnt, zumal damit breitere Bevölkerungsschichten ohne die Voraussetzung literarischer Kenntnisse die ‚hohe' Kunst genießen konnten. Der Betrachter wird auch in Grossos Gemälde zumindest von der mittleren der drei auf dem Katafalk-Bett liegenden Frauen direkt aus dem Bild heraus als Adressat angeblickt und kenntlich gemacht. Gleichwohl wird Don Juan nicht als männliche Identifikationsfigur im Bild inszeniert, was zu einem unangenehmen Vergleich auffordern würde.

Der Streit fand auf zwei Ebenen statt: Auf der einen ging es um die Begründung des ‚schlechten Geschmacks' als eine Form der Entsublimierung (das Bild wird als zu leicht und oberflächlich konsumierbar betrachtet, als schamlos und ohne Gehalt). Die andere Ebene ist die der Auseinandersetzung um die Moralität des Bildes, die die Kirchenvertreter auf den Plan rief.

Das Gemälde setzt sich aus ambiguen Elementen zusammen, die keine eindeutige Beurteilung ermöglichen. In einem zwischen ‚profan' und ‚heilig' (Sakristei, Sarg) schwankenden Ambiente ist eine Szene zu sehen gegeben, in der die Geliebten Don Juans, freiwillige oder unfreiwillige Liebes-Sklavinnen, um sein Sterbebett herum und auf ihm liegend versammelt sind. Hatte der Sterbende nach ihrer Anwesenheit verlangt, um ein letztes Rendezvous gebeten, sich ein Sterben in der Ekstase gewünscht? Sind die Geliebten der eigentliche Grund des frühen Todes, hat der Liebes-Exzeß Don Juan geschwächt, oder handelt es sich um einen Exzeß der Frauen, die sich an ihm rächen? Die Dominanz der auf ihm schlangengleich liegenden drei

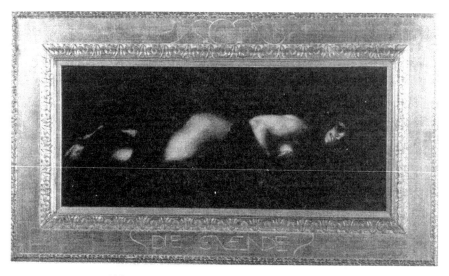

Abb. 2: Franz von Stuck: *Die Sünde*, Gemälde 1894

Frauen und die merkwürdige Inszenierung seines Kopfes lassen eine ganze Phalanx an Assoziationen aus dem Topos der *Femme Fatale* zu, die sich etwa zu Franz von Stucks *Die Sünde* von 1894 (Abb. 2)[27] über Gustave Moreaus *Oedipus der Wanderer oder Die Gleichheit vor dem Tod* von 1888 (Abb. 3)[28] bis zu verschiedenen *Salome*-Darstellungen, zum Beispiel Victor Müllers von 1870 (Abb. 4)[29] oder Franz von Lenbachs von 1880[30], herstellen lassen. Grosso bedient sich der im Symbolismus im Überfluß produzierten, an den männlichen Betrachter adressierten Muster der Verknüpfung von weiblicher Verführung und Todes- (oder Kastrations-)drohung, Muster, deren Kenntnis für einen bereits arrivierten Künstler, der an der Turiner Accademia Albertina lehrte, vorausgesetzt werden kann.[31] Es gibt auch Formulierungen einer Todesdrohung für weibliche Betrachter, auf die ich am Beispiel des Gemäldes *Die bösen Mütter* von Segantini (Abb. 5) zurückkomme.

Gleichzeitig scheint es, als wären sich die Frauen des Todes ihres Geliebten gar nicht bewußt. Während die drei auf ihm Liegenden dem Toten am nächsten sind, mit ernsten Gesichtern aufblicken und wohl Anzeichen von beginnender Trauer tragen, lächelt die am Rand des Bettes sitzende, mit erhobenem Arm Blumen verstreuende Frau ohne erkennbares Bewußtsein des Todes. Ihr sich aufrichtender, nach hinten streckender Körper weist sie als Musterbild erotischer Ekstase aus, wie sie in verschiedenen Bildmotiven der Malerei am Ende des neunzehnten Jahrhun-

---

[27] Vgl. Eschenburg (1995): *Der Kampf der Geschlechter*, S. 128.
[28] Vgl. ebd., S. 64 f.
[29] Vgl. ebd., S. 144 f.
[30] Vgl. ebd., S. 146 f.
[31] Vgl. dazu vor allem Dijkstra (1986): *Idols of Perversity*.

Abb. 3: Gustave Moreau: *Oedipus der Wanderer oder Die Gleichheit vor dem Tod*, Gemälde 1888

derts dargestellt wurde.³² Die Miene des links am Rande hockenden Mädchens wurde als Enttäuschung gedeutet, deshalb gewann diese Figur eine besondere Funktion im Streit der Interpretationen. Gegen diese zeitliche Bestimmung des Sterbemoments (als gerade erst geschehen) spricht die Reihe der weiteren im Hintergrund eintretenden Frauen, die, schwarz verhüllt, offensichtlich vom Ereignis des Todes angelockt wurden.

Der Skandal um das Bild wurde ausgelöst durch den Sekretär der Biennale, den Kunstexperten Antonio Fradeletto, der nach dem Auspacken des Gemäldes durch die bei der Biennale beschäftigten Arbeiter auf dessen ‚Obszönität' aufmerksam machte. Der Patriarch Venedigs, Guiseppe Sarto, der spätere Papst Pius X., forderte den Laienpolitiker, Bürgermeister und Schriftsteller Riccardo Selvatico auf, das

---

³² Vgl. Hammer-Tugendhat (1985): Segantinis *Die bösen Mütter*.

Abb. 4: Victor Müller: *Salome mit dem Haupt des Johannes*, Gemälde 1870

Bild nicht zur Biennale zuzulassen, und er verbot den Gläubigen, es zu betrachten, mit der Begründung, es habe einen schlechten Einfluß auf die Moral.[33] Grossos ästhetische Nobilitierung der Liebes-Sklavinnen und der Sünde wurde als Affront gegen die Kirche dargestellt.

Die Jury, die Selvatico einberief, kam unter dem Vorsitz von Antonio Fogazzaro, einem liberalen Katholiken, zu dem Schluß, daß das Bild die öffentliche Moral nicht untergrabe, weil es die gewalttätige und schreckliche Verknüpfung von Zügellosigkeit und Tod zeige, die um so klarer werde, als die Sünde nackt dargestellt sei.[34] Damit bediente sich die Jury altbekannter Legitimationsmuster für erotische Darstellungen – auch im Kontext der Kirche –, daß die Aussage des Bildes eine Warnung sei, ungeachtet der Weise der Darstellung und der Effekte, die sie auf die Betrachter haben könnte, nämlich ein Genießen erotischer Sinnlichkeit auf dem Wege der Schaulust. Diesem Urteil folgte das Publikum mit Vergnügen und gab dem Gemälde schließlich sogar den Publikumspreis. Während gleichartige Szenen in der damali-

---

[33] Vgl. Brusatin (1995): Il Supremo Convegno. S. 75.
[34] Vgl. ebd., S. 77.

gen Photographie unter dem Verdikt der Pornographie zirkulierten, konnte das Gemälde nun ohne schlechtes Gewissen als Kunst konsumiert werden. Die Ambivalenz der Darstellung führte dazu, daß während der Preisverleihung der Titel des Bildes *Il supremo convegno* versehentlich abgeändert wurde in *Il sacro convegno*, heiliges Stelldichein, ein symptomatischer Fehler, auf den ich weiter unten nochmals eingehen werde.

Der von Manlio Brusatin zitierte zeitgenössische Autor des Tagebuchs „Un imbecille all' esposizione internationale", Ottolenghi, stellte den Streit um die Moralität des Gemäldes als Heuchelei dar und äußerte den Verdacht, daß Grosso es auf den Skandal geradezu abgesehen habe, um Aufmerksamkeit auf sich zu ziehen, was ihm ja auch geglückt sei.[35] Sein Argument, das Gemälde abzulehnen, gründete sich darauf, daß es schlecht gemalt sei und daß die dargestellten Frauen ohne Scham und Grazie selbst wie Kadaver aussähen.

Was also zunächst wie ein Sieg eines liberalen, aufgeklärten Publikums – wenn auch vielleicht mit schlechtem Geschmack – und der es unterstützenden Verwaltungsautoritäten aussah, mündete in eine massive katholische Reaktion auf diesen Ungehorsam. Auf Betreiben des Patriarchen wurde Selvatico noch im gleichen Jahr abgewählt, und Fogazzaros Veröffentlichung *Il Santo* wurde von ihm als späterem Papst Pius auf den Index gesetzt. In einem Vortrag um 1900 über *Dolore nell' Arte* hatte Fogazzaro nachträglich Grossos Gemälde gerechtfertigt und interpretierte vor allem das links am Bett hockende Mädchen als tragische Gestalt, die angesichts der Liebes-Versprechen des Lebens zunächst einmal mit dem Tod konfrontiert werde.[36]

Manlio Brusatin vertritt die These, daß die Kirche den Skandal um Grossos Gemälde zum Anlaß einer Aktivierung der Gläubigen benutzte, ein Skandal, der so als erste Mobilisierung der katholischen Bewegung nach der Einigung Italiens gelesen werden kann. In dem sich anschließenden Kreuzzug gegen Liberalismus und Freimaurerei wird zudem ein neues Mütterlichkeitskonzept der Kirche wirksam, das sich auf popularisierte Formen der Frömmigkeit stützt. Nicht zuletzt deshalb wirkte Grossos Bild als Affront, als es im Gegensatz zu den meisten anderen auf der Biennale ausgestellten Bildern einen auffälligen Mangel an ‚Mütterlichkeit' aufweist.

Das Bildthema kann weder in die Tradition von Darstellungen des Herrscher- oder Heldentods eingereiht werden[37], in denen der Exzeß der Trauer ebenfalls von weiblichen Figuren repräsentiert wird, noch in die Tradition der Pietà-Bilder. Gleichwohl spielt das Pietà-Motiv oder das der Beweinung Christi eine assoziative Rolle, und so ist die versehentliche Titelverschiebung von *supremo* zu *sacro* auch kein Zufall. In diesem Zusammenhang werden die sogenannten Nirwana-Bilder von Giovanni Segantini interessant. Daniela Hammer-Tugendhat beschreibt die Ambivalenz der Bedeutungen in dessen Bild *Die bösen Mütter* von 1894 (Abb. 5), in der das Thema sexuelle Leidenschaft mit dem Thema der ungewollten Mutterschaft verknüpft ist. In der Hingabe und der gleichzeitigen Verwerfung des toten (weil abgetriebe-

---

[35] Ottolenghi, zitiert nach ebd., S. 74.
[36] Vgl. ebd., S. 79.
[37] Vgl. dazu Hoffmann-Curtius (1997): Orientalisierung der Gewalt.

Abb. 5: Giovanni Segantini: *Die bösen Mütter*, Gemälde 1894, Detail

nen) Kindes wird ein Konflikt weiblicher Existenz als biologisches Schicksal auf eine Weise dramatisiert, die nicht eindeutig als Verurteilung bezeichnet werden kann. Zudem wird die Szene der Bestrafung der Mütter mit dem Tod so dargestellt, daß der männliche Betrachter mit dem Blick auf die erotische Ekstase der Frau zu eigenen erotischen Reaktionen geradezu aufgefordert wird.[38] Er wird damit zumindest als Beteiligter des Dramas angesprochen.

Eine solch explizit erotische Konnotation ist in anderen Mutterbildern der Zeit und auch bei Segantini kaum zu finden. Gleichwohl partizipiert die – auch von der katholischen Bewegung favorisierte – Konzeption des Mütterlichen, in der die Kirche selbst oder der einzelne Priester sich die Funktion des Mütterlichen zusprechen[39], an einer zunehmenden Erotisierung. Diese darf allerdings nicht explizit werden.

---

[38] Vgl. Hammer-Tugendhat (1985): Segantinis *Die bösen Mütter*.
[39] Vgl. Brusatin (1995): Il Supremo convegno, S. 75.

Der Streit um Giacomo Grossos Gemälde verweist auf eine Schnittstelle, an der sich die verschiedenen Interessen der um Macht rivalisierenden Institutionen anheften. Die bildende Kunst als Institution – die erste Biennale ist gewissermaßen so etwas wie ein Gründungsakt einer Institutionalisierung – und die katholische Kirche ringen um die Schaulust und die Aufmerksamkeit ihrer Anhänger. Die Verknüpfung von Trauer, Ekstase und Tod stellt – bis heute – eine Mischung dar, die die Neugier der Betrachter garantieren kann. Die spezifische Verwendung traditioneller Topoi unter der Voraussetzung ihrer Entmythologisierung kann nur effektiv werden in der spezifischen Kombination und der Uneindeutigkeit von Weiblichkeitskonzeptionen um 1900. Die Verknüpfung von Leidenschaft und Trauer als Teil eines solchen Weiblichkeitskonzeptes verweist auf ihre Entwerfer, die, wie wir gesehen haben, je besonders in den diskursiven Strukturen zeitgenössischer Institutionen verankert sind. Repräsentationen von Frauen, die trauern, zeugen jedenfalls nicht von deren Natur.

Bibliographie

Barta Fliedl, Ilsebill und Christoph Geissmar (Hrsg.): *Die Beredsamkeit des Leibes. Zur Körpersprache in der Kunst*. Salzburg, Wien 1992.
Bataille, Georges: *Die Tränen des Eros*. München 1981.
Brusatin, Manlio: Il Supremo Convegno. Body and Soul. In: *Identity and Alterity. Figures of the Body 1895–1995*, hrsg. von dems. und Jean Clair. Venedig 1995, S. 73–79.
Dijkstra, Bram: *Idols of Perversity. Fantasies of Feminine Evil in Fin-de-Siècle-Culture*. New York, London 1986.
Duca, J. M. Lo: Der ferne Bataille. In: Georges Bataille: *Die Tränen des Eros*. München 1981, S. 7–13.
Duden, Barbara: *Geschichte unter der Haut. Ein Eisenacher Arzt und seine Patientinnen um 1730*. Stuttgart 1987.
Eschenburg, Barbara (Hrsg.): *Der Kampf der Geschlechter. Der neue Mythos in der Kunst 1850–1930*. München, Köln 1995.
Freud, Sigmund: Jenseits des Lustprinzips (1920). In: Ders.: *Studienausgabe*. Bd. III. Frankfurt a. M. 1982, S. 213–272.
Foucault, Michel: *Überwachen und Strafen. Die Geburt des Gefängnisses*. Frankfurt a. M. 1976.
Gombrich, Ernst H.: *Aby Warburg. Eine intellektuelle Biographie*. Frankfurt a. M. 1984.
Hammer-Tugendhat, Daniela: Zur Ambivalenz von Thematik und Darstellungsweise am Beispiel von Segantinis Die bösen Mütter. In: *kritische berichte* 1985, H. 3, S. 16–28.
Hoffmann-Curtius, Kathrin: Orientalisierung von Gewalt: Delacroix' „Tod des Sardanapal". In: *Projektionen. Rassismus und Sexismus in der visuellen Kultur*, hrsg. von Annegret Friedrich et al. Marburg 1997, S. 61–78.
Jordanova, Ludmilla: *Sexual Visions. Images of Gender in Science and Medicine between the Eighteenth and Twentieth Centuries*. New York u. a. 1989.
Kemp, Wolfgang: Die Beredsamkeit des Leibes. Körpersprache als künstlerisches und gesellschaftliches Problem der bürgerlichen Emanzipation. In: *Städel Jahrbuch* 5, 1975, S. 118–134.

Laqueur, Thomas: *Auf den Leib geschrieben. Die Inszenierung der Geschlechter von der Antike bis Freud.* Frankfurt a. M. 1992.
Loraux, Nicole: *Die Trauer der Mütter. Weibliche Leidenschaft und die Gesetze der Politik.* Frankfurt a. M., New York 1992.
Saxl, Fritz: Die Ausdrucksgebärden der bildenden Kunst. In: *Aby Warburg. Ausgewählte Schriften und Würdigungen*, hrsg. von Dieter Wuttke. Baden-Baden 1979, S. 419–431.
Scarry, Elaine: *Der Körper im Schmerz. Die Chiffren der Verletzlichkeit und die Erfindung der Kultur.* Frankfurt a. M. 1992.
Schade, Sigrid: Das Fest der Martern. Zur Ikonographie von Pornographie in der bildenden Kunst. In: *Frauen-Gewalt-Pornographie*, hrsg. von Karin Rick und Sylvia Treudl. Wien 1989, S. 10–29.
–: Charcot und das Schauspiel des hysterischen Körpers. Die „Pathosformel" als Inszenierung des psychiatrischen Diskurses – ein blinder Fleck in der Warburg-Rezeption. In: *Denkräume zwischen Kunst und Wissenschaft*, hrsg. von Silvia Baumgart et al. Berlin 1993, S. 461–484.
–: *Körperbilder und ihre Lektüren. Studien zu Körpersprachen in Bildender Kunst und Fotografie des 16. bis 20. Jahrhunderts.* In Vorbereitung.
–: Zeichen von Besessenheit. Zur Ambivalenz von Pathosformeln in den Darstellungen von Besessenen vom 15.–19. Jahrhundert. Unveröffentlichtes Manuskript 1995.
Schreiner, Klaus und Norbert Schnitzler: Historisierung des Körpers. In: *Gepeinigt, begehrt, vergessen. Symbolik und Sozialbezug des Körpers im späten Mittelalter und der frühen Neuzeit*, hrsg. von dens. München 1992.
Stingelin, Martin: Der Körper als Schauplatz der Historie. Albert Hermann Post, Friedrich Nietzsche, Michel Foucault. In: *Fragmente* 31, 1989, S. 119–131.
Trettin, Käthe: Einführung. In: Nicole Loraux: *Die Tränen der Mütter.* Frankfurt a. M. 1990, S. 9–19.
Weigel, Sigrid: Lesbarkeit. Zum Bild- und Körpergedächtnis in der Theorie. In: Dies.: *Bilder des kulturellen Gedächtnisses.* Dülmen-Hiddingsel 1994, S. 39–57.

Abbildungsnachweis

[1]: Katalog *Identity and Alterity. Figures of the Body*, 1895–1995, Biennale Venedig 1995, S. 82; [2]: Köln: Wallraf-Richartz-Museum. In: *Der Kampf der Geschlechter. Der neue Mythos in der Kunst 1850–1930*, hrsg. von Barbara Eschenburg. München, Köln 1995, S. 128, Abb. Nr. 43; [3]: Metz: Musée de Metz. In: *Der Kampf der Geschlechter. Der neue Mythos in der Kunst 1850–1930*, hrsg. von Barbara Eschenburg. München, Köln 1995, S. 64, Abb. Nr. 11; [4]: Berlin: Staatliche Museen zu Berlin. In: *Der Kampf der Geschlechter. Der neue Mythos in der Kunst 1850–1930*, hrsg. von Barbara Eschenburg. München, Köln 1995, S. 145, Abb. Nr. 53; [5]: Wien: Kunsthistorisches Museum. In: *kritische berichte* 4, 1984, Cover.

On Iconicity and Mourning: After Tito – Tito!

Bojana Pejić

> It is the "portrait effect", the mimetic effect, the effect of representation, that makes the king.
> Louis Marin[1]

> There is no ruler in the world who would choose the collage to represent him.
> Jochen Gerz[2]

All those in Yugoslavia who believed in socialism as ruled by Tito, those who administrated and bureaucratized it, and those who – overtly or covertly – opposed it, understood that Tito's death in 1980 marks the end of an era. We should be aware of the fact that we deal here with the concept 'Tito' which, precisely because it was a concept, could live on after he died. As in the case of every leader, particularly those considered 'charismatic', 'Tito' used to be an empty screen onto which an idea or an image of Tito was (and still is) projected, for better or worse. To put it very simply, when I try to speak of 'Tito', I am necessarily forced to deal only with the representation, visual, oral or otherwise, which bears the name 'Tito'.

Josip Broz Tito was born in 1892 in Kumrovec, a village in Croatia, which then belonged to the Austro-Hungarian Monarchy. A metal worker, he became a member of the Yugoslav Communist Party in 1920, the same year as it was established. During the existence of the Kingdom of Serbs, Croats and Slovenians, founded in 1918 (later renamed the Kingdom of Yugoslavia) the Party was forbidden many times, and its members, Broz included, spent several years as political prisoners. The Communist Party, having Josip Broz as General Secretary since 1937, organized the national uprising against German occupation in July 1941. During the Second World War – since then he was known as Tito – Broz became a legendary partisan leader. After 1945 he was a head of the socialist government, and in 1952 became the first – and the only – President of the Socialist Federative Republic of Yugoslavia; he was also the Supreme Commander of the Yugoslav Army Forces and Army Marshall; he was General Secretary of the Yugoslav CP for over 43 years. Together with the presidents Nasser (Egypt) and Nehru (India), Tito was founder of the nonalignment movement in 1961, involving a big part of the post-colonial Third World. He died at the age of 88, but the question as to who would succeed the paramount leader was already resolved during Tito's life, and the 'solution' of collective leadership was

---

[1] Marin (1993): Le portait-du-roi en naufrage, p. 267.
[2] Pejić (1991): Interview with Jochen Gerz.

found. Thus, in contrast to the verses Mayakovski wrote after Lenin's death in 1924, "Lenin lived, Lenin lives, Lenin will live," the slogan concerning the future of Yugoslavia without our local Marxist-Leninist 'classic', was formulated, as it were, even before the Big Father's death: After Tito – Tito!

President Tito passed away on the 4th May 1980 at 3.05 p.m. He died in the Medical Centre in Ljubljana where he was hospitalized in January 1980 because of problems with blood circulation (which also caused the amputation of his left leg). The country was kept waiting for the following four months, carefully prepared for the mourning to come: brief information bulletins about the President's health, and temporary recoveries, were issued by the Medical Consilium daily, and finally, on Sunday evening of the 4th May (hours after the death occurred) the mournful news was nationally broadcasted on TV. From the 5th to the 8th May the SFR of Yugoslavia was officially in mourning. In the press and media this period – when the country that had endured 'immense' bereavement could (or had to) publically express its sorrow – was headlined with the poetical phrase, "The Days of Grief and Pride." For a decade, every year on the 4th May at 3.05 p.m. sirens wailed and Yugoslavia was supposed to observe a minute's silence.

Tito Travels to Meet the Classics (Marx & Co.)

> Tito was a father and mother to me.
> SAŠA PETROVSKI, A PUPIL FROM KAVADARCI (MACEDONIA)

> I wish it was me, so he is alive, and I don't need to live.
> A WOMAN TOBACCONIST FROM BELGRADE[3]

What preceded the major official commemorative activities held in Belgrade, was the transportation of Tito's dead body from Ljubljana to the capital of the SFR of Yugoslavia, where a military funeral was scheduled. In the course of official mourning, a remarkable turn about took place: in order to attribute 'immortality' to the dead Father, Yugoslav officials made quite an effort to ensure that Tito-in-death was treated as Tito-in-life was. Thus, during Tito's last voyage through 'his' Yugoslavia, in his "Blue Train" (exclusively used by the President), his dead body had the same treatment his person had had during his life-time. This journey was repleted with ceremonies similar to those which were 'spontaneously' arranged during the President's life.

Although Yugoslavia was a country officially developing a "socialism of the third way", the society was no less based on spectacle than other 'brother' socialist states.

---

[3] Quoted in Matić (1995): *Dani bola i ponosa* (The Days of Grief and Pride), no pag. Besides the photographs in this photo album are also compiled the statements given on the ocassion of Tito's death.

The ritualization of Yugoslav political life scarcely ever lost its socialist-realist touch: the state celebration and army parades for May Day, the Day of the Uprising, the Day of the Republic, stadium rallies for "The Day of Youth" (Tito's birthday celebrated during his life and after his death till 1987), visits of leading foreign guests, particularly carefully designed when a head of a nonaligned country came, agitated our daily routine fairly often. An additional celebration implying an extra public gathering took place each time Tito returned from a trip abroad, or when he visited a city in the country. And, since he was a President who travelled a lot, welcome festivities were rather frequent.

Ceremony, particularly a 'situationally specific' ceremony such as a funeral, is a social event (in this case also socialist) in which the conduct of its participants is highly charged with norms and rules that need to be respected. Thus, the official proceedings during "The Days of Grief and Pride" had the characteristics Alain Arnaud finds characteristic for ceremony:

> Le cérémonial requiet une totale passivité qui ne tolère pas d'exeption. Le sujet qui y participe est voué à un anonymat qui le confond jusqu'à son inexistence, jusqu'à l'effacement de tout vouloir singulier, avec le rôle qui lui est dévolu et dont il sait en avance le contenu et les limites. [...] Passivité obligée mais surtout passivité consentie, jubilatoire, extatique. On n'agit pas dans les cérémonies; on n'y est même pas. On y assiste, on y entre.[4]

One should also bear in mind that Tito was the head of a communist country. As other political celebrations organized in Yugoslavia after World War II which manipulated the aesthetical possibilities of the spectacle, the ceremonies of Tito's mourning had the utmost aim: "In affirming ideology or the political project, they standardize the behaviour and the beliefs of the masses."[5] In Yugoslav official ceremonies, like Soviet collective rituals, social cohesion (which characterizes Western ritual events) was sacrificed to social control.[6] This was an aspect present in ceremonies commemorating the disappearance of the long-term Yugoslav leader. His death could have become a destabilizing factor in a social texture; all the ceremonies during mourning, and the funeral itself (which could be seen by the common people only on TV screens) had to be meticulously orchestrated. They had to lead, as the funeral of a President (whether he was like John F. Kennedy assassinated or he had been, like Josip Broz, ill for a long time) usually does, to a "progressive integration and symbolical union of a group"[7], in this case to the integration of the multinational 'nation' the SFR of Yugoslavia used to be. Although, or rather because it was con-

---

[4] Arnaud (1982): Ceremoniale amoroso, p. 47. "The ceremony requires total passivity which does not tolerate the exception. The subject taking part in it is vowed to the anonymity which confounds him to the point of non-existence and effacement of any individual will. The role is attributed to him, and he knows in advance its content and limits [...]. This compulsory passivity is however free-willed, jubilatory, ecstatic. One does not act in the ceremonies; one is not in the ceremony either. One attends the ceremony: one enters into it."
[5] Djordjević (1986): Mnoštva lica svetkovine, p. 24.
[6] See Lane (1986): Ritual i ceremonija u savremenom sovjetskom društvu, pp. 181–204.
[7] W. Lloyd Warner quoted in Lukes (1975): Political Ritual and Social Integration, p. 297.

Pl. 1: The arrival of the "Blue Train" with the deceased President Tito to Zagreb and commemoration held at the railway station in Zagreb on May 5, 1980

ceived on the principle of multinationality, 'Tito's' Yugoslavia was, to borrow Benedict Anderson's terms, an "imagined community": it was constructed on the idea of 'Bratstvo i jedinstvo' (Brotherhood and Unity), and even though not a nation in the strict sense, it was also imagined as a "horizontal comradeship".[8]

So, on the 5th May 1980 in Ljubljana a solemn send-off of the deceased 'comrade' was organized; the "Blue Train" then stopped in Zagreb where, on the square in front of the railway station (with a large-sized photo of Tito installed on the façade) the second commemorative gathering of citizens-in-mourning was arranged. Then the coffin with the dead body – together with the amputated leg which had been "accordingly preserved" as a member of Tito's medical consilium later stated[9] – came to the capital. Here again the commemoration started on the railway station, but without Tito's picture.

However, the mourning ceremonies did not cease after the short intermezzo when the train stopped. The mourning took other unauthorized forms which were expressed over eight hours, during which Tito's "Blue Train" crossed some 600 km, and 'united' – apparently for the very last time – Yugoslavia in mourning. For, this railway line connected the capital cities of three 'brother' Yugoslav republics, Slovenia, Croatia and Serbia. People living in villages and smaller towns came, in small

---

[8] Anderson (1991): *Imagined Communities*, p. 7.
[9] Dr. Lalević, Predrag. Quoted in Ćirić (1994): *Punjeni komunisti*, p. 43.

Pl. 2:
The coffin with Josip Broz Tito in the National Parliament in Belgrade, May 8, 1980

groups or alone, close to the railways tracks, stood in solemn silence facing the passing train, or even paid their last respects by placing flowers on the ground in front of the railtracks.

When the train finally reached Belgrade, the organized commemorative stagings proceeded with the "operational efficency" that is usually required when a head of state dies.[10] The coffin covered with the Yugoslav flag was brought to the National Assembly building, which, for over three days and nights, was attended by the funeral cortège of Yugoslav citizens, Party and state officials, as well as 202 leading guests or delegations from abroad. (The cortège was nationally televised around the clock). Tito's funeral on the 8th May was performed with full military honours, and broadcasted live both in Yugoslavia and abroad. The coffin was then brought to the "House of Flowers", a shrine built near his residence, where Tito was buried. His tomb is made of white marble, shaped as a sarcophagus of straight geometrical lines, and sitting on the ground. The tomb bears neither an iconic (the picture of the deceased) nor a symbolic sign (red star): on the simple and plain 'minimalist' sculpture

---

[10] See Moor (1977): *Secular Rituals*.

Pl. 3:
The view of Tito's grave in Belgrade

is written (however in golden letters) – "Josip Broz Tito 1892–1980". In ten years over 14 million people filed by his tomb, which became a site of pilgrimage.

Although Tito's funeral, including other memorial services, was staged so as to confirm the 'true' leftist 'nature' of Yugoslav power – for in Yugoslavia God 'died' sometime between 1941 and 1945 – structural similarities between a religious and this civic, if not 'atheist' funeral, cannot be overlooked. Not only in Christianity, but in non-European countries (communist ones included) the image, today usually a photograph of the deceased, is a supreme iconic sign used in the work of mourning: a painted or photographic re-presentation of the absent person confirms that he or she is still present 'for us' *in absentia*. A photograph which has a capacity to 'freeze' a life and 'transport' it to atemporality, also suggests that the deceased person is, as Christian Metz has put it, "one who can be loved as dead."[11] Tito's picture, though, played a minor part in the officially regulated mourning programme.

However, during "The Days of Grief and Pride" many people – mainly peasants – in the funeral cortège in Belgrade could be seen carrying Tito's photograph, in a frame and with the mourning crêpe.

---

[11] Metz (1985): Photography and Fetish, p. 83.

Face, Icon(icity) and Power

> If the image is supressed, not only Christ disappears, but the entire universe as well.
> PATRIARCH NICEPHORUS, ANTIRRHETIC, ca. 820.[12]

> Le portrait du roi, c'est le roi.
> PASCAL[13]

A representational portrait is an iconic sign in which the 'original' (the referent) and the 'copy' (the representation) are bound by the ties of semblance or likeness. Contemporary theory of the photographic sign relies on the definitions of signs as outlined in Charles S. Peirce's semiological theory. In contrast to symbols, defined as the "transformation of the real", and indexes, considered to be "traces of the real", icons are signs which are interpreted as "mirrors of the real".[14] The iconic signs keep their resemblance to a recognizable and visible reality, to which they relate in a mimetic way or otherwise (by 'quoting' it, for instance).

Iconicity is the notion central to every discourse relating to the (un)happy liaison between image and power. Although held in different places and times of European history, all those discourses bring us back to the tradition of Christianity, whether Eastern or Western.

Long before Martin Luther undertook his iconoclastic attack on the Roman-Catholic Church, (also) because its images were imposed as *opera naturalia*[15], a war over sacred images had taken place in Byzantium. Likeness was the key term in the 'doctrine of the icon' formulated during the iconoclastic debate *(Bilderstreit)* which deeply disturbed the Byzantine world for more than a century (720–843). In Byzantium and the lands that later inherited Eastern-Orthodox Christianity, the image of a sacred personage is called an icon, also defined as 'likeness'. The iconodules, the Patriarchs of the Byzantine Church, considered the icon to be the inevitable as well as the privileged mediator of any ontological relation. The Church's view had its origin in the doctrine of the Incarnation: Christ is an image and an emanation of God. The icon participates in the sacred nature of its referent (prototype), and since it is based on the principle of similitude, it partakes of His 'likeness'. Consequently, a refusal of the image of Christ was equal to the rejection of all images, for Christ is the cause of every image. Byzantine iconoclastic emperors who banned icons with Christ's face, intended in fact only to replace His face with their own. Byzantologist Marie-Jose Boudinet elucidates the most significant aspect of the image-crises, and comes to an important conclusion which surpasses the Byzantine context she discusses: "At stake in the iconoclastic debate is a face, that far from being a false pre-

---

[12] Quoted in Boudinet (1984): Similitude et economie dans l'icone byzantine durant la crise de l'iconoclasma, p. 51.
[13] Quoted in Marin (1993): Le portait-du-roi en naufrage, p. 187.
[14] Weiss (1990): Lucid Intervals: Postmodernism and Photography, p. 164.
[15] See Hofmann (1984): *Luther und die Folgen für die Kunst*, pp. 23–71.

text or mere cavil, is of capital interest to the relationship between power and vision."[16]

In his icono-semiological theory, Louis Marin refers to the practice of Western Christianity, from which he generates his reflexions on royal representation, and takes his departure from the notion of kingship as described by Ernst H. Kantorowicz, in his *The King's Two Bodies*. This study in medieval political theology discusses the mystic fiction of the king having two, or being divided into, two bodies: a "Body natural" or a "Body mortal" and a "Body politic" consisting of "Policy and Government."[17] Marin develops his own discourse circulating around the visual representation of Louis XIV, which he names "the Body-of-Power". He insists on the caesura in the King's Body "The king (with a small k, the real individual with knees swollen by gout – the organic body) is changed entirely into his 'image' and becomes 'representation' – the King (capital K, dignity, Majesty, and the political body)."[18] The power of the King lies in, and is fully dependent on, the very portrait of the King. Ergo, the "body-of-power" is only available and effective as the "figure", as the 'likeness'.

Analysing the ubiquity of the imperial representational statues, David Summers points out that these images are 'site-specific', but he also stresses their 'time-specific' condition. Summers contends that an emperor's image, which is multiplied and distributed all around 'his' territory is a "real metaphor" which is active in what he calls a "subjunctive space":

> Because an image is 'of' the emperor, that is, both from his likeness and by virtue of his power, it is ultimately authored by the emperor and states his authority. In such a case the subjunctive space sustaining the image is enforced and asserted.[19]

This is a space in which effigies of the emperor are real, in which they can find their full meaning and, importantly, in which their removal also has a special impact. Pictures or statues of a Roman emperor, absolutist monarch, or communist totalitarian leader that are installed all over a particular country are for Summers "specific constructions of human spatiality" which are "*ipso facto* realisations of power, not expressions of power, but actual forms taken by power in one or another place and time."[20] Therefore, image-making and image-breaking, whether promoted in secularized or in communist 'atheist' circumstances share the same economy: they are all based on a belief in the power of images. Or rather, the power of certain images, those representing certain faces.

---

[16] Boudinet (1989): The Face of the Christ, The Form of the Church, p. 149.
[17] Kantorowicz (1957): *The King's Two Bodies*, p. 7.
[18] Marin (1989): The Body-of-Power and Incarnation at Port Royal and in Pascal or Of the Figurability of the Political Absolute, p. 422.
[19] Summers (1991): Real Metaphor, p. 247.
[20] Ibid., p. 249.

The Genre of the Leftist Leader, A (Gendered) Flash Back

> Plutarch says that Cassander, one of the generals of Alexander, trembled through all his body because he saw a portrait of his King.
> LEON BATTISTA ALBERTI[21]

The portrait of the leader plays a key role in the construction of the semantic and iconic landscape of communism. As other aspects of this system's visual machine, like monuments to Revolution, the political portraits imposed themselves as *opera naturalia*. The picture of the Big Father, varied as the Father of the Nation, the Big Founder and Liberator, or the Supreme Commander never ceased to occupy a privileged status in a "scenic apparatus" staged by a power[22], whether the 'nature' of this power be religious, absolutist, authoritarian, totalitarian or even democratic.[23]

Regardless of the 'local' difference or national specifics, all socialist countries had two other basic traits in common. Firstly, the public sphere in the Second World was invested with masculinity since it was based on a politics of fraternity established immediately after the October Revolution, and, in Yugoslavia after 1945, despite the evident involvement of women in both historical projects. The invisibility of female comrades was evident in socialist political life, where there were hardly any women involved in 'higher' positions of power, let alone the presidential one. Throughout the entire existence of Yugoslavia political life was orientated towards the liturgy of the Revolution and the Liberation War as male ventures. Taking the example of the French Revolution, Nicholas Mirzoeff offers an observation which does not lose validity when applied to socialist revolution: "Just as fraternity gendered equality as masculine, so did war and the identity of the state become masculine."[24]

And secondly, at least in Yugoslavia, the narration of these events in the monuments followed – and also actively constructed – the same male rhetoric. When our Great Revolution (1941–1945) was monumentalized in public art, there was hardly a monument which represented a women partisan or a warrior alone, unless the female figure functioned as an allegory of Victory (though Nike soon disappeared together with Yugoslav Socialist Realism). This does not mean that Communism was not sensitive to 'femininity': a lot of (nameless) female nudes were installed in the parks, foyers, and squares, but also in the interiors, such as the Club of the Yugoslav Army in Belgrade (sic!). The figure of the nude mother (with the nude child) was the second favorite representation of 'femininity', with 'maternity' being usually situated in front of hospitals and medical centres.

---

[21] Alberti (1966): *On Painting*, p. 63.
[22] See Waldstein (1994): Adolf Hitler, vervielfältigt: Die Massenproduktion der Führerbildnisse, pp. 560–580; Sadiraka (1994): Lenin schreibt, Lenin spricht, Lenin hört zu, pp. 784–789; and Taylor (1996): Photo-Power, pp. 249–251.
[23] See Barthes (1972): *Mythologies*, chapter: Photography and Electoral Appeal.
[24] Mirzoeff (1995): *Bodyscape*, p. 62.

A supreme masculinization of the public sphere was, of course, propagated by the sacrosanct image of a Big Leader: the deification and iconization of 'Red saints' from the revolutionary past and of a now-holy person in whom power was centralized was an omnipresent sign of power.

A sudden shift from communist iconodulia into postcommunist iconomachia, occurred all around the 'East' after November 1989, when organized or spontaneous removal of the visual corpus of communism(s), including monuments of the once-holy leaders, induced Albert Boime to contend:

> Political representation has a double signification, first in projecting the physical persona of the revered leader, and secondly in constructing an ideological community of shared interests. This entails finding a form that mediates between the corporeal person and transcendental icon.[25]

This second, and final, 'big cleansing' of the East from politically incorrect images only seemed to prove the iconoclastic formula of the Soviet avant-garde: "There are still corpses to be killed." The first radical disappearance of 'Red icons' happened at the end of the 1950s, when Stalin died for the 'second time', that is, when his effigies were effaced from the Marxist-Leninist world. During the destalinization, Khrushchev in turn launched anew the cult of Lenin (established by Stalin himself in the late 1920s.) In 1961, Lenin's statue was produced in mass quantities for distribution throughout the East. By contrast to the rituals occurring after his death, when a film about Lenin, as Annette Michelson demonstrated, was conceived as a work of mourning[26], Lenin's final disappearance from 'his' world after 1989, did not provoke any *Trauerarbeit*. Neither did the 'second death' of Tito, around 1991.

The politics of disappearance practised in socialist Yugoslavia (1945–1991), had a somewhat different dynamics. After 1945, Stalin's image had a privileged status, it was very often accompanied by the 'classics' – Marx, Engels and Lenin. Far more often, Stalin was in the company of Josip Broz Tito, who was (or was considered to be) the Great Liberator and Founder of the new Yugoslavia. After the summer of 1948, Tito and the Yugoslav CP broke with Stalin's line and stepped out from the Eastern 'fraternity', abandoning Socialist Realism as the governing aesthetic doctrine. In consequence, Stalin disappeared from Yugoslavia. The expression of loyalty to his ideas or the use of his picture, could (and did) cause a 'stay behind bars'. Since then, the portrait of 'comrade Tito' remained alone with the pictures of the 'classics of Marxism-Leninism', of whom Lenin, as in the countries of 'real socialism', was privileged.[27]

The representation that theatricalized public space and the public interiors of socialist Yugoslavia was Tito's portrait. More than any other memorial, it "performed the function of simultaneously marking out and policing the public

---

[25] Boime (1993): Perestroika and the Destabilisation of the Soviet Monuments, p. 218.
[26] Michelson (1990): The Kinetic Icon in the Work of Mourning, pp. 16–39.
[27] See Klotz (1996): Führerfiguren und Vorbilder – Personenkult in der Ära Ulbricht, pp. 322–336.

sphere."[28] Even though Tito was claimed to be the 'dearest subject' of Yugoslav artists, he never became the 'aesthetic phenomenon' Stalin used to be, and his picture never underwent the deconstruction to which Stalin or Lenin were exposed in the Soviet Sots Art.[29] The reason for this could partly lie in the fact that in 1977 the Yugoslav parliament passed a bill "The law concerning the use of the name and likeness of the President of the Republic Josip Broz Tito" sanctioning the use of his picture, which, as it were, remained supressed as the "visual unconscious". The statues representing him never gained monumental size and, surprisingly enough, life-sized sculptures of him did not occupy the main squares of many Yugoslav cities. But the time itself was different. Socialist Yugoslavia was built after the Second World War, and tried hard to construct an image of itself as a 'different' socialist country. Since the early 1960s Yugoslav 'official art' (monuments and public sculpture) was in fact modernist in form, but nevertheless these abstract forms were (or rather had to be) 'revolutionary' in content.

The traffic of Tito's image in the public sphere was rather accelerated since he was represented through various media, like documentary and occasionally feature film, painting, less sculpture (except for the bust), the daily press, and particularly television. Tito-as-a-painting (in most of the cases done after a photographic representation since he sat for artists only twice, in 1947 and 1974) was present in the higher military and state institutions and Tito-as-a-bust usually occupied the main or entrance halls of the republic or city councils. Nevertheless I can almost without hesitation claim that Tito's medium was photography. That is, he functioned best as a photograph. His pictures were the visible coordinates of the regime's power. Reproduced by a democratic medium of photography, he was then 'democratized': Tito-as-photograph had a *sine qua non* presence in every public room in the country, although the law from 1977 predicts that his portrait "may be" installed in the rooms of the governmental offices in the country. A new bill issued in 1984, four years after Tito's death, predicts however the compulsory presence of his portrait: "The law protecting the name and the likeness of Josip Broz Tito" states that his picture "must be" present in every public room of post-Titoist Yugoslavia.

---

[28] Lewis (1991): What is to be done, p. 2.
[29] „Von Stalin kann man sich nicht befreien, ohne ihn zumindest ästhetisch zu wiederholen, und so begreift die neue russische Kunst Stalin als ästhetisches Phänomen, um ihn zu kopieren und auf diese Weise loszuwerden." (Groys, 1988: *Gesamtkunstwerk Stalin*, pp. 130)

The Days of Grief and Pride

> It is this [the absence of the founding body] that will constantly require throughout the ages that the body be covered over, buried, and in a way monumentalized by and in its representations. Such would be the first effect of representation in general.
> Louis Marin[30]

During these days Belgrade was at the focus of both Yugoslav or foreign photographers who shot thousands of pictures testifying to the expressions of individualized grief, shown regardless of the gender of the mourner: women in cortèges or in the streets were crying, male citizens were crying, generals were crying, and also foreign presidents were leaving Tito's coffin in tears.

Between the 5th and the 8th May 1980, Goranka Matić, a woman artist from Belgrade, produced a series of photographs entitled, borrowing the slogan of the day, "The Days of Grief and Pride." Her intention was to record peculiar and 'democratized' forms of commemoration taking place outside the official ones. This truly ver-

Plates 4–13:
Goranka Matić: *The Days of Grief and Pride*, photo-series realized in Belgrade, between 5th and 8th May 1980

Pl. 4

---

[30] Louis Marin quoted in Derrida (1996): By Force of Mourning, p. 181.

Pl. 5

Pl. 6

Pl. 7

Pl. 8

On Iconicity and Mourning: After Tito – Tito!

Pl. 9

Pl. 10

Pl. 11

Pl. 12

Pl. 13

nacular work of mourning was neither authorised (i.e., the decision for this initiative did not come, as usual, from 'above'), nor censored. In contrast to the state-organized ritual, in the course of this particular visualisation of mourning, Tito's photographic portrait played the central role.

Goranka Matić – who before turning to photography at the end of the 1970s, had graduated in art history – had only targeted one aspect of Belgrade-in-mourning. She took only pictures of the store-windows which were specially designed for this occasion, since they were, according to her own words, venues where a "combination of paganism and urban folklore took place."[31] What these photographs tell is that by contrast to the state-organized ritual which implied passive participation and in which the aesthetical possibilities were submitted to the choreography-of-order, this work of mourning implicated an active and individualized participation. Here iconic chaos rather than order was the organizing 'aesthetic' principle. The windows of big state-owned department stores, small private retail shops, windows of the hairdresser's, state-run fruit and vegetable shops, privately run baker's shops and fashion

---

[31] Pejić (1995): An interview with Goranka Matić.

boutiques, had one thing in common. It was a cult object so well known to every citizen of Yugoslavia: a photograph of Josip Broz Tito.

Tito as an icon was a picture invested with sameness as well as difference: Tito in photographs was always the same person, that is, he kept his 'essence', but changed his appearance. He was always represented differently, and, importantly, by official photographers who nevertheless remained mainly anonymous. In the shop-window Tito thus appears in a photograph taken in the 1940s by Žorž Skrigin (a partisan himself, who was Tito's official photographer during and few years after the war), Tito in the black-and-white photo in his Marshall uniform from the 1950s, Tito in colour in his Admiral uniform from the 1970s, many variations of the sub-genre "leader at work" (Tito writing in his study, Tito reading), and finally, many half-profile versions both in black-and-white and colour (the latter proving that in his old age his hair was died a reddish tone).

The amazing fact about these window installations, which Branko Vučičević identifies as "the art of the masses"[32], is that the cult object used in the work of mourning is very rarely displayed alone. Only three private and three state-owned stores made a 'puristic' visual arrangement with Tito's photo, the draped Yugoslav or Communist Party flags, and red carnations, flowers that are a symbol of the proletariat. No other commercial locale did resign its own 'identity' which was, as usual in Belgrade, mainly guided by a *horror vacui* principle. There was basically no difference in 'style' between a window dressed by a professional window trimmer employed in the state shops, and the imaginative private owner who displayed his or her 'Tito' following the 'inner necessity' and the collage/montage 'artistic' procedure. Ideological kitsch was not reserved either for the state or for independent image-makers.

The commercial venue of a shop window was thus transformed into a shrine, in which two 'entities' met that are hardly ever well matched: bland ideology and pure commodity. 'Tito' was installed among the merchandises, such as vegetables, school supplies, fresh meat, bras, bottles of Gin and chocolate, or juxtaposed with the hats and the pictures from (Western) fashion magazines advertizing a new hair-do, home made bread, shirts "made in Yugoslavia" and imported liquors. What happened in the shop window was in fact an intersection of two types of fetishism upon which Yugoslav society leaned: an ideological icon, invested with supreme power (and masculinity) and a fetish of the merchandise which conquered Yugoslavia at galopping speed during the 1970s when life became fairly consumerized and took on a close-to-capitalist look (but preserved its socialist 'essence').

Several questions seem to be clustered here. Would it be possible to read Matić's photographs showing a demonstration of Communism-cum-Consumerism as a work of mourning? Was the usage of Tito's picture here the end of a personality cult? Or a continuation of a cult which only re-emerged because Tito died? Are these forms of mourning in fact acts of obedience? Or were they acts of collective subversion? And finally, how was a picture that had to be compulsorily present as an iconic

---

[32] Vučičević (1995): Women with a Camera, no pag.

sign of Tito's power, on the occasion of his death, turned into an object used in the work of mourning. I would not be so prompt as to read these home-made installations as signs of liberation from, but quite the opposite, as acts of propitiation. All possible answers somehow lead towards Michel Foucault's discourse on the "microphysics of power": power is not a one-way relation, one imposed from a centre from 'above' onto a basis 'below': it is always a two-way exchange between the two.[33]

It seems important to take into consideration the act of displacement occurring here. Before it was displayed in a shop-window Tito-in-picture occupied – 'naturally' – a privileged place in a store's interior, always very high on the wall. Jacques Derrida analyses the activity of the representational portrait, and, following the work of Louis Marin, stresses the impact of both painting and photography as mimetic (or iconic) media:

> The presidential portraits that can be seen today in all places of public authority (government agencies, town halls, departmental and municipal buildings, police stations) express the origin, identity, and place of the capital gathering of legitimate power insofar as it holds us in its gaze and looks at us looking at it by recalling us to what looks at and regards us, that is to our responsibility before it and its eyes. It is also true that photography at the same time goes against the very vocation it fulfils or continues since it makes the portrait available to everyone [...] the photograph, like the portrait, having the virtue of making appear the one who has disappeared, of making them re-appear with greater clarity or *energeia*."[34]

The high position the 'Red icon' occupied on the wall (as any presidential portrait for that matter) implied a distance between the actual body of the citizen and the body represented in the photograph. As any public monument, which is always surrounded by a 'sacred' or 'protecting zone', this memorial is also installed for admiration, contemplation and worship. The status of the portrait as an icon of power is generated by its "field of inaccessibility."[35] Or rather, it is this very field which constitutes it as an icon. During the operation of displacement the icon of Tito was 'appropriated' by the common man or woman, and became an object exposed to touching, like processional icons in (Christian-orthodox) religious cortèges. Without the previous 'public distance' the picture of the now deceased Tito became closer to 'us' in his mortality.

---

[33] Foucault (1994): *Überwachen und Strafen*, p. 40.
[34] Derrida (1996): By Force of Mourning, p. 185.
[35] Yampolsky (1993): Notes About Iconoclasm and Time, p. 157.

Epilogue: Sarajevo, January 1996.

> He is one of the rare leaders who left without fear of what would happen after him.
> BULENT ECEVIT[36]

The Berlin edition of *die tageszeitung* from 23rd January 1996 published the photo-reportage "Sarajevo nach dem Krieg". One of these photographs shows a corner of a deserted room in the building of the Faculty of Philosophy at the University of Sarajevo.

Pl. 14: *Tagesspiegel* January 24, 1996

---

[36] Matić (1995): *Dani bola i ponosa*, no pag.

Next to the open window from which one can see the territory of Grbavica, controlled by Serbs, there is a chair on which one familiar object has been casually put: it is the photograph of Josip Broz Tito, one of his offical pictures that, almost without exception, disappeared from all the former republics of the SFR of Yugoslavia, which are now independent states. Despite the four year war which devasted Sarajevo and Bosnia and Herzegovina, this black-and-white picture survived untouched, with unbroken glass and intact wooden frame. Under the photograph, taken by Yorck Maecke in Sarajevo, *die tageszeitung* comments: "Das Bild des jugoslawischen Staatsgründers Josip Broz Tito ist noch in allen öffentlichen Gebäuden präsent. Sein Vermächtnis aber liegt in Schutt und Asche."

In reading this photograph from Sarajevo, one is faced with a dilemma: is the presence of Tito's picture in Sarajevo a work of mourning, or, rather, does its presence suggest that it has been left and forgotten here exactly because it has lost the meaning it had in the former Yugoslavia; it is a picture without power for it lost its 'space of use'.

Bibliography

Alberti, Leon Battista: *On Painting*. New Haven, Conn. 1966.
Anderson, Benedict: *Imagined Communities*. (1983) London, New York 1991.
Arnaud, Alain: Ceremoniale amoroso. In: *Traverses* 21–22, May 1982, pp. 43–48.
Barthes, Roland: *Mythologies*. London 1972.
Boime, Albert: Perestroika and the Destabilization of the Soviet Monuments. In: *Ars 2–3*, 1993, pp. 211–226. (Special issue dedicated to "Totalitarism and Traditions")
Boudinet, Marie-José: Similitude et économie dans l'icône byzantine durant la crise de l'icônoclasma. In: *Revue d'esthétique* 7, 1984, pp. 51–59.
–: The Face of the Christ, the Form of the Church. In: *Fragments for a History of the Human Body*, ed. by Michel Feher et al. Part One. New York 1989, pp. 149–155.
Ciric, Aleksandar: Punjeni komunisti. In: *Vreme* Beograd, 8. August 1994, pp. 42–43.
Derrida Jacques: By Force of Mourning (A talk given 28. january 1993 in Paris during a conference honouring Louis Marin, 1931–1992). In: *Critical Inquiry* 22,2, 1996, pp. 171–192.
Djordjević, Jelena: Mnoštva lica svetkovine. In: *Kultura* 73–75, 1986, pp. 9–31.
Foucault, Michel: *Überwachen und Strafen. Die Geburt des Gefängnisses*. Frankfurt a. M. 1994.
Groys, Boris: *Gesamtkunstwerk Stalin*. München 1988.
Hofmann, Werner (Hrsg.): *Luther und die Folgen für die Kunst*. Hamburg, München 1984. [exhibition catalogue]
Kantorowicz, Ernst H.: *The King's Two Bodies*. Princeton, New Jersey 1957.
Klotz, Katharina: Führerfiguren und Vorbilder – Personenkult in der Ära Ulbricht. In: *Parteiauftrag: ein neues Deutschland*, hrsg. von Dieter Vorsteher. Berlin 1996, pp. 322–336. [exhibition catalogue]
Lane, Christel: Ritual i ceremonija u savremenom sovjetskom društvu. In: *Kultura* 73–75, 1986, pp. 181–204. First published under the title "Ritual and Ceremony in Contemporary Soviet Society." In: *Sociological Reviews* 1, 1979.

Lewis, Mark: What is to be done? In: *Ideology and Power in the Age of Lenin in Ruins*, ed. by Arthur and Marielouise Kroker. New York 1991, pp. 1–18.

Lukes, Steven: Political Ritual and Social Integration. In: *Sociology* 2, 1975, pp. 289–308.

Marin, Louis: The Body-of-Power and Incarnation at Port Royal and in Pascal or the Figurability of the Political Absolute. In: *Fragments for a History of the Human Body*, ed. by Michel Feher et al. Part Three. New York 1989, pp. 421–447.

–: Le portrait-du-roi en naufrage. In: Idem: *Des pouvoirs de l'image*. Paris 1993, pp. 186–195.

Matić, Goranka: *Dani bola i ponosa* (The Days of Grief and Pride). Belgrade 1995.

Metz, Christian: Photography and Fetish. In: *October* 34, Fall 1985.

Michelson, Annette: The Kinetic Icon in the Work of Mourning. In: *October* 52, 1990, pp. 16–39.

Mirzoeff, Nicholas: *Bodyscape*. New York, London 1995.

Moor, Sally F. et al. (eds.): *Secular Rituals*. Assen 1977.

Pejić, Bojana: Interview with Jochen Gerz. March 1991. [unpublished manuscript]

–: Interview with Goranka Matić. Belgrade July 1995. [unpublished manuscript]

Sadiraka, Eduard: Lenin schreibt, Lenin spricht, Lenin hört zu. In: *Kunst und Diktatur*, hrsg. von Jan Tabor. Bd. 2. Wien, Baden-Baden 1994, pp. 784–789. [exhibition catalogue]

Summers, David: Real Metaphor: Towards a Re-definition of the 'Conceptual' Image. In: *Visual Theory – Painting and Interpretation*, ed. by Norman Bryson et al. New York 1991, pp. 231–259.

Taylor, Brandon: Photo-Power. In: *Art and Power*. London 1996, pp. 249–251. [exhibition catalogue]

Vučičević, Branko: Women with a Camera. In: Goranka Matić: *The Days of Grief and Pride*. Belgrade 1995, no pag.

Waldstein, Mella: Adolf Hitler, vervielfältigt: Die Massenproduktion der Führerbildnisse. In: *Kunst und Diktatur*, hrsg. von Jan Tabor. Bd. 2. Wien, Baden-Baden 1994, pp. 560–580. [exhibition catalogue]

Weiss, Allen S.: Lucid Intervals: Postmodernism and Photography. In: *Postmodernism and the Arts*, ed. by Hugh J. Silverman. New York, London 1990, pp. 155–172.

Yampolsky, Mikhail: Notes About Iconoclasm and Time. In: *The Aesthetic Arsenal – Socialist Realism Under Stalin*, ed. by Miranda Banks. New York 1993, pp. 157–172. [exhibition catalogue]

Sources

[1], [2], [3]: Josip Broz Tito – ilustrovana biografija, Beograd: Jugoslovenska revija, 1980; [4], [5], [6], [7], [8], [9], [10], [11], [12], [13]: Photos: Goranka Matić in *Dani bola i ponosa* (The Days of Grief and Pride). Belgrade 1995; [14]: Photo: Yorck Maecke

Sieg ohne Trauer – Trauer ohne Sieg
Totenklage auf Kriegerdenkmälern des Ersten Weltkrieges

Kathrin Hoffmann-Curtius

Als im späten achtzehnten Jahrhundert „die Friedhöfe zum bedeutendsten Schauplatz bürgerlicher Emotionen angesichts des Todes"[1] wurden, repräsentierten dort Trauer nahezu ausschließlich weibliche Figuren. Sei es, daß sie sich sinnend über eine Urne beugten, sich im Melancholiegestus an den Sarkophag des Verstorbenen lehnten, den Kopf verschleierten und nur eine Rückenansicht mit oder ohne Gewand boten, sei es, daß sie knieten oder als Sitzende den Kopf in den Schoß beugten, oder sei es, daß sie in erotischer Ekstase unbekleidet auf dem Grabmal lagen.[2] Alle sollten hier den kunsttheoretischen Forderungen der Zeit entsprechend ‚natürliche' Zeichen der Trauer, des Abschiedes und des Schmerzes darstellen. Eine Einheit von (plastischen) Bildern diverser weiblicher Körpergestik und der Trauer war vorgegeben. Die vermeintlich ‚natürliche' Übereinstimmung des Signifikanten – dem weiblichen Körper – mit dem Signifikat – der Totenklage – im Bildzeichen der Trauer sollte einerseits die unmittelbare Ansprache der FriedhofsbesucherInnen gewährleisten.[3] Andererseits konnte die hier verwendete Gestik die Betrachterinnen der Grabskulptur in ihrer Rolle und Körpersprache reglementieren. Diese ‚natürliche' Verbindung von Weiblichkeit und Trauer, die als kulturelle (Ineins-)Setzung ‚entnannt' wurde und wird[4], gibt nur unausgesprochen die allegorische Funktion der weiblichen Gestalten zu erkennen. Meist stehen sie ‚für etwas anderes' als für ein Abbild der trauernden weiblichen Hinterbliebenen. Die weiblichen Gestalten repräsentieren vielmehr ganz allgemein Trauer, Schmerz, Abschied oder auch Tod und sind mit den Allegorien der Tugenden oder denen des Staates verbindbar.[5] Zwar können sie auch als Vorbilder für (trauernde) Frauen dienen, aber als Bildzeichen abstrakter Begriffe von (Staat, Sieg,) Trauer und Tod meinen sie sie nicht. Die hier beschriebenen Bilder trauernder Weiblichkeit stellen vielmehr Allegorien für Trauer dar und haben als solche bis auf den heutigen Tag in unserer Gesellschaft

---

[1] Fischer (1996): *Die Trauernde*, S. 26.
[2] Robinson (1995): *Saving Graces* bietet eine neuere anschauliche Auswahl. Siehe auch Chabot (1989): *Erotique du cimetière* sowie Kämpf-Jansen (1987): *Alltagsdinge*, S. 50–97.
[3] Siehe hierzu die ausführliche Analyse des Disputes über Symbol versus Allegorie bei Wenk (1996): *Versteinerte Weiblichkeit*, S. 15–46.
[4] Unter „der Operation der Ent-Nennung" versteht Barthes den Vorgang, ein historisch entstandenes Phänomen als ein natürliches, immer schon existierendes anzusprechen (vgl. Barthes, 1964: *Mythen*, S. 124 ff.). Für die Analyse der Allegorie wurde das Entnennen herangezogen von Wenk (1996): *Versteinerte Weiblichkeit*, S. 37.
[5] Vgl. Wenk (1996): *Versteinerte Weiblichkeit*, besonders S. 75–127.

Abb. 1: Denkmal für die Opfer des Grubenunglücks Radbod, 1911

eine prägende Funktion beibehalten – ich erwähne hier nur die stereotypen Einblendungen weinender Frauen bei großen Unglücksfällen in den Fernsehnachrichten.

Um so auffälliger ist die Tatsache, daß trauernde weibliche Figuren an Kriegerdenkmälern in Deutschland bis 1918 so gut wie nicht dargestellt wurden, obwohl sie für ein gleichzeitiges öffentliches Denkmal für die Toten eines Grubenunglücks des Bergwerkes Radbrod von 1911 (Abb. 1) Verwendung fanden.[6] Dieses Phänomen fand bis zu den jüngsten Studien zum politischen Totenkult von Koselleck und Jeismann keine Beachtung, ebenso wenig widmeten die Autoren sich einer genaueren Analyse des hiermit eng verbundenen Opferdiskurses. In dem vorliegenden Artikel soll nun der Frage nachgegangen werden, warum weibliche Traueralegorien auf Kriegerdenkmälern bis 1918 keinen Platz hatten, wie sich Trauer auf Kriegerdenk-

---

[6] Auch für ein Denkmal ziviler Kriegstoter durch feindliche Flieger in Karlsruhe z. B. wurde wie selbstverständlich eine weibliche Figur einer Trauernden ausgewählt. „Der mit dem ersten Preis gekrönte Entwurf [...] hat sich an das nächstliegende Motiv gehalten, den Schmerz der Mütter." (Vgl. Gischler, 1921: Denkmäler, S. 57 f.)

mälern für den Ersten Weltkrieg artikulierte[7] und welche Risiken für die staatliche Ordnung und deren Verpflichtung zum ‚Opfer' am ‚Altar des Vaterlandes' dabei manifest wurden.

Sieg ohne Trauer: Das heroische Opfer

Seit der Einrichtung des Bürgerheeres in der Französischen Revolution und der damit einhergehenden Entstehung des Nationalstaates wurde der Tod des Soldaten im Krieg als ein ehrenvolles ‚Opfer' für das Fortbestehen des jeweiligen Staates propagiert.[8] Die Kriegerdenkmäler, die erst seit 1790 auf öffentlichen Plätzen, fern von den Toten auf dem Schlachtfeld, errichtet wurden, trugen wesentlich dazu bei, den ‚gefallenen' Bürgersoldaten als Lohn Unsterblichkeit, Heldentum und Vorbildlichkeit für nächste Kriege zuzusprechen. „Der König dem Volke, das auf seinen Ruf hochherzig Gut und Blut dem Vaterlande darbrachte, den Gefallenen zum Gedächtnis, den Lebenden zur Anerkennung, den künftigen Geschlechtern zur Nacheiferung" lautet die Inschrift auf dem Kreuzbergdenkmal, dem Berliner Denkmal für die Befreiungskriege von 1819, die der Altphilologe Wilhelm Böckh unter dem Preußenkönig Friedrich Wilhelm III. verfaßt hatte und die die Kriegsrhetorik und die Todesbereitschaft der kommenden Soldatengenerationen bis 1945 prägen sollte. Die Frauen nahmen teil an der ‚vaterländischen Darbringung', indem sie zu lebenden Bildern von Altardienerinnen stilisiert wurden, die Haare, Schmuck und noch häufiger Ehemänner und Söhne zu opfern hatten und nicht über den Verlust klagten: Während die Männer ihr Leben opferten, opferten die Frauen ihre Gefühle: „On doit à sa patrie le sacrifice de ses plus chères affections" lautet die Unterschrift auf einer französischen Graphik von 1795 (Abb. 2), die die Männer zu den Waffen rief und zugleich die Frauen auf ihre staatsbürgerlichen Pflichten einzustimmen suchte.[9] Die Weiblichkeitsbilder der Kriegerdenkmäler in Deutschland wiederum sollten dasjenige darstellen, für welches es sich aus Sicht der Männer lohnte, zu töten und getötet zu werden: Für Deutschland und den Sieg, beziehungsweise Germania mit Krone, den Friedensengel mit Palme und Victoria mit Kranz.[10]

Außer durch die trauernde Allegorie der Germania, wie in Kissingen 1866, oder die trauernde Francofurtia, so am Sockel der den toten Krieger krönenden Viktoria[11], wurde der Klage über den Verlust der Kriegstoten kein Ausdruck verliehen.

---

[7] Die bei Koselleck/Jeismann (1994): *Der politische Totenkult*, S. 30, Anm. 19 zitierte Magister-Arbeit von M. Barghorn: *Auch ein Kriegsdienst: Frauendarstellungen auf Kriegerdenkmälern des Ersten Weltkrieges* (Bielefeld 1987) habe ich nicht eingesehen.
[8] Vgl. Hoffmann-Curtius (1989): Altäre des Vaterlandes.
[9] Siehe auch Hoffmann-Curtius (1991): Opfermodelle, S. 74 ff. zu Abb. 10. Zu den pathetischen Darstellungen trauernder Witwen auf den Historienbildern großer Helden bis zu Jacques Louis David vgl. Spickernagel (1989): Groß in der Trauer.
[10] Vgl. hierzu Abshoff (1904): *Deutschlands Ruhm und Stolz* mit vielen Bildbeispielen. Zu „Mütter und Bräute – der Stoff, aus dem die Allegorien sind" s. Wenk (1996): *Versteinerte Weiblichkeit*, S. 110–123.
[11] Vgl. Abshoff (1904): *Deutschlands Ruhm und Stolz*, S. 109 und 125. Um 1800 erhält Germania

Abb. 2: Pierre Charles Coqueret nach Dutailly: „On doit à sa Patrie le sacrifice de ses plus chères affections", Aquatinta, Farbdruck, 1795

Für dieses Phänomen bietet sich eine verwandte Erklärung zu derjenigen an, die Nicole Loraux 1992 für das antike Athen entwickelte. Sie konstatiert, daß die öffentliche Trauerklage der Frauen damals als Exzeß begriffen wurde, der die staatliche Ordnung der griechischen Männergesellschaft zu gefährden drohte.[12] Für den Nationalstaat des neunzehnten Jahrhunderts nun liegt die Vermutung nahe, daß die Darstellung der Trauer weiblicher Figuren an Kriegerdenkmälern analog zu den Monumenten ziviler Toter die staatliche Kriegsführung nicht nur hätte be-, sondern auch anklagen können. Eine derartige Problematisierung dieser ‚Fortsetzung der Politik mit anderen Mitteln' stand in Deutschland und besonders in Preußen nicht

---

bei Weinbrenner und bei von Kügelgen einen Witwenschleier als Zeichen der Trauer (vgl. Spickernagel, 1996: Witwen und Bräute, S. 112 und Abb. 11 und 13).

[12] Vgl. Loraux (1992): *Die Trauer der Mütter*.

Sieg ohne Trauer – Trauer ohne Sieg 263

Abb. 3: Philipp Otto Runge: *Fall des Vaterlandes*,
Vorzeichnung zur Vorderseite des Umschlages
zum *Vaterländischen Museum*, 1809

zur Debatte, sollte doch über den Krieg gegen Napoleon die ‚vaterländische Einheit' erst erkämpft werden und der Feldzug gegen Frankreich von 1871 erst die Gründung des Zweiten Deutschen Kaiserreiches bewirken.

Wie selbstverständlich sprach noch 1916 der damalige Bischof von Speyer, der spätere Münchner Kardinal Michael von Faulhaber, in seiner Predigt „Auch im Kriege Gehilfin des Mannes" über die Frauen und zu ihnen:

> Ein hohes Lied auf die stillen Dulder, die mit starker Seele dem Vaterland ihr Liebstes geopfert und ihr Herzeleid dem Leid des Volksganzen eingeordnet haben. [...] Eine rechte Gehilfin [des Mannes] wird vor allem nicht unter die Klageweiber gehen und ihrem Manne nicht Klagelieder vorjammern [...] Dann aber rief die Arbeit. Dann galt das biblische Wort: Stelle eine Wache an deinen Mund! „Weibisches Zagen, ängstliches Klagen wendet kein Elend."[13]

---

[13] Faulhaber (1916): Auch im Kriege Gehilfin des Mannes, S. 59.

Vielmehr stimmte er ein „hohes Lied" an „auf die tapferen Bürgers- und Bauersfrauen, die ohne Hausvater die Last des Haushaltes und der Kinderzucht tragen, im geschäftlichen und landwirtschaftlichen Betrieb herzhaft anpacken, sogar die Hand an den Pflug legen".[14] Der Bischof sprach hier eine Forderung aus, der Philipp Otto Runge schon 1809 in einer Vorzeichnung des vorderen Zeitschriftenumschlags zum *Vaterländischen Museum* (Abb. 3) bildlichen Ausdruck verliehen hatte.[15]

Über den Acker, in dem der tote Mann begraben liegt, „treibt", laut zeitgenössischer Beschreibung, „die Witwe den Pflug, den der Amor, welcher sie verbunden hatte, zieht".[16] Amor symbolisiert hier Gatten- und Vaterlandsliebe und bindet die Frau über die vaterländische Pflicht sowohl an die staatserhaltende Arbeit der Landwirtschaft als auch an die der Kinderaufzucht. Das revolutionäre Pathos des Opfers der „plus chères affections" der Frauen für das Vaterland wird bei Runge wie hundert Jahre später bei Faulhaber staatserhaltend pragmatisch für das Weiterleben der Gesellschaft in der Heimat ausgelegt. Die Gefühle des Abschiedsschmerzes der Frauen beim Wiedereinzug ihrer Ehemänner ‚an die Front' wurden zum Beispiel in einer Tübinger Zeitschrift der studentischen Verbindung Luginsland 1915 zwar wiederum wie 1795 in der Verflechtung mit dem Opferdiskurs angesprochen, jedoch als Schwachheit abgewehrt und nur in der verborgenen, nicht mitteilbaren Privatsphäre zugelassen. Dort wird einer Soldatenfrau auf den Wunsch hin, daß ihr Mann hoffentlich nicht so bald wieder „felddienstfähig" würde, die Antwort in den Mund gelegt:

> Sehen Sie, das Schicksal erfordert von meinem Mann das Opfer, sein Leben einzusetzen, fordert von uns Frauen das Opfer, unser Liebstes einzusetzen: Sollen wir dieses Opfer durch Schwachheit unserer Gesinnung abschwächen? [...] Ich brauch's Ihnen ja wohl nicht zu sagen, wie mir zu Mute ist, wenn mein Mann wieder fort ist. Das ist auch meine Sache, die niemand etwas angeht.[17]

Weitere Beispiele zum ‚Verhaltensideal einer harten Frau' finden sich bei Probst und Binder.[18] Auf die bildlichen Formulierungen dieser Affektmodellierung lebender Frauen in der Öffentlichkeit gehe ich weiter unten näher ein. Im Zusammenhang mit der verbreiteten Stimmungslage im damaligen Deutschland ist sowohl der vielbeachtete Konflikt von Käthe Kollwitz um die Mitverantwortung für den Tod ihres Sohnes Peter genauer zu analysieren[19] als auch über Kontinuität und Unterschiede

---

[14] Ebd.
[15] Hofmann (1977): *Runge*, S. 130.
[16] Ebd.
[17] Spädler (1915): Etwas von einer Soldatenfrau, Sp. 114 f. Vgl. auch Hoffmann-Curtius (1992): Symbole nationaler Gemeinschaft, S. 30 f.
[18] Probst (1986): *Bilder vom Tode*, S. 34 f. und 80 f.; Binder (1997): Zum Opfern bereit, S. 122 (ohne Quellenangabe). Binder hat viel aufschlußreiche Kriegsliteratur von Frauen zusammengetragen, die er aber ohne die Nutzung feministischer Fragestellungen und Methodenkritik nur sehr kursorisch und unvollkommen auswertet; vor allem hindert ihn dabei das von ihm nicht hinterfragte Klischee der Passivität der Frau. Vgl. außerdem Berkenbusch (1985): *Zum Heulen*, S. 174 ff.
[19] Vgl. Regina Schulte (1996): Käthe Kollwitz' Opfer.

Abb. 4: Sela Hasse: *Der Brief*, Holzschnitt, ca. 1917

im Opferdiskurs bei der Gestaltung der Neuen Wache zur „Zentralen Gedenkstätte der Bundesrepublik Deutschland für die Toten des Zweiten Weltkrieges" in Berlin mit der dortigen Bronze der *Mutter mit totem Sohn* zu reflektieren.[20] Eine einzige Veröffentlichung eines Bildes von ‚privater' Totenklage, der Darstellung des Entsetzensschreies einer Frau beim Erblicken der Todesnachricht, fand ich in Form eines Holzschnittes von Sella Hasse, einer Künstlerin des linken Realismus von circa 1917[21], der den weit geöffneten Mund einer schräg nach hinten fallenden Figur zeigt, die sich mit ihrer rechten Hand an die Stirne greift und mit ihrer linken den Brief zu erfassen sucht (Abb. 4). Hasse verleiht dem Schrecken, der Angst und dem Klageruf Ausdruck, Gemütsverfassungen und Schreie, die Faulhaber unter Verdikt gestellt hatte und die damals offenbar als (untersagter) Exzeß galten.

Verankert in der Tradition der Opferbereitschaft ohne Klage ist das Kriegerdenkmal für den Ersten Weltkrieg in Eisenach von 1922. Die weiblichen Figuren sind in

---

[20] Vgl. Wenk (1997): Die Mutter in der Mitte Berlins.
[21] Vgl. Rose (1978): *Die Kunst den Massen*, S. 5.

Abb. 5: Hermann Hosäus: Kriegerdenkmal am Turm
der Georgenkirche in Eisenach, 1922

gefaßter, aufrechter Körperhaltung, ohne ausfahrende Gestik und ohne Andeutungen von Klagelauten zur Schau gestellt (Abb. 5).[22] Dort ist der meines Wissens einzigen Darstellung zweier Mütter, deren eine einen Säugling im Arm hält, ein Ausspruch von Walter Flex als Inschrift beigegeben, der die vaterländische Kinderfürsorge der Frauen noch einmal bestätigen soll: „Ihr habt sie dem Volke erzogen – Sie haben euch nicht betrogen". Der beschwörende Ton in der Negation des Betruges – gemeint ist die militärische Niederlage – kennzeichnet jedoch schon die politische Situation nach dem Ersten Weltkrieg. Es sei hier daran erinnert, daß schon 1918 durch Hindenburg die Parole „Im Felde unbesiegt" über das Militär verbreitet wurde.[23] In der expliziten Versicherung, daß das Menschenopfer der Söhne für den ver-

---

[22] Siehe auch Bergmann (1931): *Deutscher Ehrenhain*, S. 226 sowie Seeger (1930): *Das Denkmal des Weltkrieges*, S. 209. Am 9. 12. 1922 wurde das von den Kriegervereinen gestiftete Denkmal für die 1400 Gefallenen der Stadt durch den Oberbürgermeister Friedrich Janson (DVP) eingeweiht. Für freundliche Auskünfte danke ich Heidrun Pönitz vom Stadtarchiv Eisenach.

[23] Probst (1986): *Bilder vom Tode*, S. 86.

lorenen Krieg kein Betrug gewesen sei, gibt sich die öffentliche Beschwichtigung der Frage nach Sinn und Zweck des ‚vaterländischen Opfertodes' zu erkennen. Die auf der Inschrift ablesbare offizielle Reaktion war mit der weitverbreiteten Verleugnung des verlorenen Angriffskrieges in der Weimarer Republik verknüpft. Das Stichwort war die ‚Dolchstoßlegende'.

Gegen die tiefe Verunsicherung der Untertanentreue aus wilhelminischer Zeit sollte unter anderem jetzt mit der revanchistischen Parole „sie sind nicht umsonst gefallen" gegen den Versailler Vertrag, gegen die neue Republik angegangen und für eine Remilitarisierung geworben werden.[24] Ich sehe hierin eine nationale Trost-Parole, die mit der staatspolitischen Perspektive eines erneuten Krieges für die Wiederherstellung des wilhelminischen Reiches den persönlichen Verlust der Mütter aufzufangen suchte. Durch die Propagierung des ‚sinnvollen' Weltkrieges als eines Verteidigungskrieges und mehr noch als einer vaterländischen Opferpflicht im Sinne einer kontinuierlich fortzusetzenden Wiederholung in der Zukunft sollten die Frauen nach altbewährtem Schema in ihre Pflicht genommen werden. Die Trauer der Mütter sollte weiterhin durch die sakralisierte Rechtfertigung des männlichen Kriegshandwerkes als sich perpetuierendes Opfer gestillt und getilgt werden. Als heroisch dargestellte Trauer, einer aufrecht-starren Haltung weiblicher Figuren, die auf jegliche weitere Gebärdensprache als Zeichen von Gefühlsäußerungen, von Tränen oder Schreien verzichten, konnten die Trauerallegorien sogar die revanchistische Parole des ‚nicht umsonst' unterstützen und daher für einen weiteren Krieg einstehen.

Die beiden Mutterfiguren in Eisenach zeigen diesen Vorgang beispielhaft als einen prozessualen Verlauf – einem modernen Bildstreifen, einem Comic oder einer Werbung im Sinne von ‚vorher und nachher' vergleichbar. Während die linke Mutter mit dem Kind im Arm ihren Kopf im Profil mit heruntergezogenen Mundwinkeln beugt, schaut die rechte, die statt eines Sohnes die gefalteten Hände im Schoß hält, erhobenen Hauptes in die Ferne. Ihre Darstellung durch den Bildhauer Hermann Hosäus, der sich durch die Verfertigung aggressivster Kriegerdenkmäler damaliger Zeit hervortat[25], läßt sich vergleichen mit der Schilderung der Soldatenfrau in den *Luginsländer Blättern* von 1915.[26]

---

[24] Vgl. ebd., S. 80 sowie Hoffmann-Curtius (1992): Symbole nationaler Gemeinschaft, S. 30 f., und das Wahlplakat der NSDAP von 1928 und 1930 mit diesem Spruch (ebd., S. 31). Siehe auch Bergmann (1931): *Deutscher Ehrenhain:* „Diese Toten sind nicht umsonst gefallen! [...] Wir haben es in der Hand, aus dem ‚Umsonst' ein ‚Deshalb' zu machen. Darum trauert nicht auf eine feige und schwächliche Art! Trocknet vielmehr Eure Tränen, wenn Ihr durch diesen Ehrenhain wandert, geht aufrecht und erhebt Euer Haupt, wenn Ihr den Gruß der Toten empfangt! Eure Trauer sei die Tat, die Tat im Geiste der Toten!" (Vorwort, S. 8)

[25] So z. B. mit dem Handgranatenwerfer auf dem „Ehrenmal für die gefallenen Studenten der Technischen Hochschule zu Charlottenburg (vgl. ebd., S. 67).

[26] Luginsland ist eine der Studentischen Verbindungen der evangelischen Theologen, der dort sogenannten Stiftler, die sich bei der Propagierung des Nationalsozialismus in der Tübinger Universität später besonders hervortat. Für ihr Kriegerdenkmal auf ihrem Verbindungshaus wählten sie einen Metallguß der bekannten antiken Skulptur des *Sterbenden Galliers* mit der Inschrift „Wir sind die Helden gefallen im Streit" (vgl. *Luginsländer Blätter* 30, 3, 25. August 1922, Sp. 1).

Trauer ohne Sieg: Öffentliches Mitleiden

Wie ist es nun zu verstehen, daß auf den Kriegerdenkmälern nach dem Ersten Weltkrieg neben trauernden Soldaten auch vermehrt trauernde weibliche Figuren dargestellt werden? Lassen sich die Bilder trauernder Weiblichkeit vereinbaren mit dem seit der Französischen Revolution geforderten Stillstellen der Gefühle der Frauen bei Abschied und Tod der Soldaten? Konnte die Propagierung weiterer Kriegsführung als ein sich wiederholender Opferdienst in den Bildern trauernder Weiblichkeit aufrechterhalten bleiben?

Bei der kaum zu überschauenden Anzahl von Kriegerdenkmälern der Zeit nach dem Ersten Weltkrieg fällt in den illustrierten zeitgenössischen Sammelbänden von Bergmann und von Seeger zumindest auf, daß vermehrt weibliche Gestalten auf Kriegerdenkmälern erscheinen, die nicht mehr offensichtlich den Allegorien der Viktoria oder Germania zuzuordnen sind. Vornehmlich sind dies Darstellungen einer sitzenden weiblichen Gestalt, die einen Toten vor oder in ihrem Schoß hält. Gemeinhin werden diese Skulpturengruppen als Varianten der oder explizit als Pietà angesprochen.[27] So verfährt auch Probst 1986, der alle Kriegerdenkmäler mit diesem Bildtyp der Weimarer Zeit – und seien es auch ausschließlich männliche Figuren – zu erfassen sucht. Unberücksichtigt bleibt, inwiefern sich nicht schon spätestens seit der Französischen Revolution eine Bildersprache für das Opfer am Altar der Vaterlandes der *religion civile*[28] entwickelt, die sich zwar in Anlehnung, aber auch in bewußter Differenz zur christlichen Pietà artikuliert.

Meines Erachtens ist dieser Vorgang schon in Charles Coquerets Aquatinta-Farbdruck von 1795 zu beobachten (dem Pendant zu Abb. 2), hier wird die Rückkehr in den weiblichen Schoß in Analogie zur christlichen Pietà versprochen, jedoch keineswegs identisch mit ihr ins Bild gesetzt.[29] In einigen Skulpturengruppen auf den Kriegerdenkmälern von 1871 und auf der Berliner Schloßbrücke scheint die (Engel-)Pietà eine Verbindung mit der klassizistischen Kranzverleihung an den Sieger durch Genien, Pax, Viktoria oder Germania und der damit geregelten Affektmodellierung in ein außerkirchliches, jedoch nicht weniger sakralisierendes ‚Andachtsbild' eingegangen zu sein.[30] Auch die Skulptur der *Mutter Heimat*, entstanden 1932–1954 (!), jetzt auf dem Waldfriedhof in Stuttgart, des im Nationalsozialismus erfolgreichen Künstlers Fritz von Graevenitz repräsentiert eine profane Variante des Andachtsbildes Pietà. 1943 interpretierte der Künstler sie als ewige Gebärerin: „Sie

---

[27] Siehe das selbst verfaßte Gedicht von Seeger unter der Abbildung des Kriegerdenkmals in Viersen (Seeger, 1930: *Das Denkmal des Weltkrieges*, S. 205).
[28] Zur Propagierung des Soldatentodes als Bestandteil des vaterländischen Altardienstes der *religion civile* in der Französischen Revolution vgl. Hoffmann-Curtius (1989): Altäre des Vaterlandes, S. 288 f.
[29] Hoffmann-Curtius (1991): Opfermodelle, S. 75, Abb. 11.
[30] Probst (1986): *Bilder vom Tode*, S. 28; Wenk (1997): Die Mutter in der Mitte Berlins, S. 121 ff. Vgl. hierzu auch Dorren (1992): Das Motiv der Trauer in der Plastik sowie Struchtemeier (1989): Schrei laut zum Herrn.

aber, die Urmutter Heimat, die kampfumlohte, dankt ihren Söhnen mit dem Geschenk ewiger Wiedergeburt".[31]

Die Mehrheit der bei Probst aufgeführten Varianten von weiblichen (Sitz-)Statuen mit totem Soldaten der Weimarer Zeit weist eine deutliche Annäherung an christlich-kirchliche Pietàdarstellungen auf. Sie geben Mütterbilder mit scheinbar emotionslos starrem Gesichtsausdruck aufrecht in die Ferne blickend zu erkennen (vgl. Abb. 13) und lassen sich aufgrund dessen mit der oben erläuterten Aufforderung, keine Wehklagen anzustimmen, in Verbindung bringen. Der appellative Charakter dieser sogenannten ‚heroischen' weiblichen Gestalten[32] eignete schon den Allegorien der Monumente von 1871 und ist vergleichbar mit der rechten Figur im Eisenacher Kriegerdenkmal.

Neu ist jedoch, daß in den Darstellungen nach dem Ersten Weltkrieg eine Beweinung des Opfers beziehungsweise Weinen während des Opferns zugelassen wird.[33] Die gebeugten Trauergestalten, die durch den Gesichtsausdruck auch auf Klagelaute verweisen, bleiben in ihrer Gebärdensprache mit dem gemeinhin verbreiteten Bildschema der Pietà verbunden. Sie sind dadurch auch bildgeschichtlich verzahnt mit dem Opferdiskurs sowohl des vaterländischen Altardienstes als auch mit dem beider christlicher Konfessionen, die den Kriegsdienst der Soldaten als Nachfolge Christi verstanden. Die Klage über den Verlust der Söhne bleibt in der Opferkonfiguration an eine Akzeptanz der Wiederholung „Den künftigen Generationen zur Nacheiferung" gebunden und trägt in der politischen Konstellation der Denkmalsetzungen durch die republikfeindlichen Kriegervereine[34] zu einer Politik der Revanche bei: „Diese Toten sind nicht umsonst gefallen!"[35], ja verstärkt sie in der Veröffentlichung einer Compassio[36], eines Mitleidens mit dem toten Helden im Schoß.

Weinende Gesichter und gebeugte Körperhaltung fanden als weibliche Trauergestik auf den Kriegerdenkmälern in Deutschland zu einem Zeitpunkt eine bildliche Artikulation, als die Erinnerung an die gemeinsame, mit großen Emotionen besetzte Vergangenheit das einzig einende Band im Umbruch vom preußischen Militarismus zur Weimarer Republik darstellte. Die trauernden Mutterfiguren können als ein klassenübergreifendes Wiedererkennungszeichen für das Leid der großen Masse der Hinterbliebenen gelesen werden. Mit den weiblichen Gestalten, die die Trauer

---

[31] Graevenitz (1943): *Höchenschwander Tagebuch*, S. 59, Abb. S. 58; Weizsäcker (1980): Graevenitz, Abb. S. 66.
[32] So z. B. in Freudenstadt die entblößte Mutter, aufrecht und starr in die Ferne blickend, mit nacktem, aber behelmtem Soldaten vor ihrem Schoß (vgl. Seeger, 1930: *Das Denkmal des Weltkrieges*, S. 206).
[33] So in Viersen (vgl. ebd., S. 205).
[34] Sie und nicht die Gemeinden waren in Deutschland die hauptsächlichen Initiatoren für die Errichtung von Kriegerdenkmälern (vgl. Koselleck/Jeismann, 1994: *Der politische Totenkult*, S. 35 f.).
[35] Bergmann (1931): *Deutscher Ehrenhain*, S. 8.
[36] Vgl. Büttner (1983): *Imitatio Pietatis*, der diesen Vorgang des Mitleidens besonders in der Körpersprache der Heiligen, die sich sowohl Christus als auch Maria anzugleichen sucht, für die frühe Neuzeit aufzeigt.

kniend oder gebeugt, weinend und die Hände gefaltet deutlich vortrugen, ließ sich darüber hinaus auch um so ‚plastischer' für die Beschützung der lebenden Witwen und für eine Rechtfertigung ihrer Verluste werben, für ein weiteres nationales Opfer also.

Von der Totenklage zur Anklage des Krieges: Wien 1925

Wie verhält es sich nun mit jenen Kriegerdenkmälern, auf denen ausschließlich trauernde – kniende oder stehende – weibliche Figuren angebracht wurden, die sich nicht explizit in ein Pietàschema und damit in das Schema der stummen oder leidvollen Darbringung eines Opfers einfügten? Ich meine, daß sich hier eine indirekte Bestätigung für die Brisanz der Darstellung weiblicher Trauerallegorien anläßlich öffentlicher Kriegserinnerung insgesamt findet, da zwischen der Trauer um das akzeptierte Opfer und der exzessiven (An-)Klage nicht grundsätzlich zu trennen ist. Konnte hier die Übersetzung von lauter Klage und Entsetzen in eine ungewohnt ausfahrende Gestik weiblicher Figuren als Unterminierung staatlicher Kriegsbereitschaft fungieren?

In Österreich wurde eine solche Bilderpolitik auf dem Denkmal des Wiener Zentralfriedhofes für kurze Zeit realisiert.[37] Der Bildhauer Anton Hanak hatte von der sozialdemokratisch regierten Stadt Wien im März 1925 den Auftrag erhalten, „eine überlebensgroße allegorische Figur (Hochrelief), darstellend die schmerzerfüllte Stadt Wien"[38], anzufertigen (Abb. 6).

Im Sinne der Friedensdemonstrationen der dortigen Kriegsinvaliden von 1922 und der Antikriegsdemonstrationen der Sozialdemokraten sollte das Denkmal die Botschaft „Nie wieder Krieg!" vermitteln.[39] Die kniende weibliche Figur, die mit ihren erhobenen Händen[40] die Form eines X bildet[41], wurde und wird nicht nur als weibliche Allegorie der Stadt Wien interpretiert, sie erhielt auch die Bezeichnung „Schmerzensmutter" und von Hanak selbst auch die der „Idealgestalt, die Allmacht der Menschheit"[42]. Hanaks Entwurf für eine Inschrift an dem Denkmal lautet:

> Die Gemeinde Wien baute das schlichte Denkmal über den Gräbern der Krieger, welche an den Folgen des Weltkrieges hier am Zentralfriedhof der Stadt Wien zur letzten Ruhe bestattet wurden. Nie wieder Krieg! soll der Ausdruck dieses Bauwerkes und der weiblichen Gestalt sein, die ihre Arme klagend erhebt und über den Verlust der Söhne weint; die zusammensinkt unter dem unermeßlichen Schmerz, der die gesamte Menschheit einer schweren Wolke gleich zur Erde zwingt.[43]

---

[37] Abgebildet bei Seeger (1930): *Das Denkmal des Weltkrieges*, S. 202; Grassegger/Krug (1997): *Anton Hanak*, S. 284 und 334–342.
[38] Ebd., S. 334.
[39] Vgl. ebd.
[40] Vgl. Demisch (1984): *Erhobene Hände*, S. 267.
[41] Inwieweit das X als Kosmos- oder sogar als Paxzeichen gelesen wurde, konnte ich nicht in Erfahrung bringen.
[42] Grassegger/Krug (1997): *Anton Hanak*, S. 339.
[43] Ebd., S. 339.

Abb. 6: Anton Hanak: *Klagende Mutter*, Kriegerdenkmal Wien 11, Zentralfriedhof, 1925

Abb. 7: *Totenklage*, Relief, Bursa, Kleinasien, 4. Jh. v. Chr.

Die Verwandtschaft der trauernden Mutterfigur mit der kinderreichen, der *Magna Mater* Hanaks, die er zur gleichen Zeit auf dem „Stadtratbrunnen"[44] für die Kinderübernahmestelle der Gemeinde Wien in der Lustkandlgasse konzipierte und ausführte, ist offensichtlich und bezeugt einmal mehr den Rekurs auf tellurische Muttermythen der Sozial(demokratischen)politik der zwanziger Jahre.[45] In der Aufnahme des seit der Antike[46] gebräuchlichen Klagegestus der erhobenen Hände der verzweifelt weinenden Frau am Grabe (Abb. 7) wählte Hanak eine Körpersprache, die zwar als Ausdruck des ‚Schmerzes' weiter verstanden werden konnte, die aber das weibliche Erdulden des zugefügten Leides zu einer lauten, einer aktiven politischen Anklage gegen den gewaltsamen Tod im Kriege umdeutete.

Auf der portalähnlichen Eingangsfront des Denkmals, der „Pforte des Todes"[47], dessen Rückseite das Relief der Schmerzensmutter zeigt, war bis in die dreißiger Jahre die Aufschrift „Nie wieder Krieg"[48] zu lesen. Bezeichnenderweise hatte Hanak die ursprünglich davor geplante Gruppe „bronzener männlicher Gestalten, die den ‚übermenschlichen Kampf', die ‚Treue' und die ‚Aufopferung' darstellen"[49] sollten, nicht ausgeführt, obwohl ein Protest der Bevölkerung zu erwarten war.[50] Auf seiten der Opposition wurde die Gestaltung des Denkmales als „Hohn" gegenüber den Toten und gegenüber dem Leid der „Wiener Mütter" empfunden, und die christlich-soziale Partei „hätte lieber ein schlichtes Kreuz gesehen"[51], was ja nicht mehr und nicht weniger als ein ‚schlichtes' Einordnen in den (revanchistischen) Opferdiskurs kirchlicher und staatlicher Kriegspolitik jener Zeit bedeutet hätte. Nach dem Ende der österreichischen Demokratie war es dann soweit, ein ‚schlichtes' Kreuz krönte jetzt das Denkmal, und die Inschrift „Nie wieder Krieg!" änderte man ab in „Herr, gib uns den Frieden".[52] Damit wurde die aktive Anklage der ‚Schmerzensmutter Wien' rückübersetzt in den passiven Gestus der Orantin, das heißt in den weiblicher Fürbitte im männlich bestimmten Führerstaat.

Eine *Heldenklage* für den Pazifismus: Frankfurt am Main 1920

Die knienden wie die stehenden weiblichen Figuren auf den Denkmälern der Weimarer Republik für die toten Soldaten des Ersten Weltkrieges sind bislang nicht systematisch erfaßt worden und bis auf wenige Ausnahmen[53] auch nicht in einzelnen

---

[44] Vgl. ebd., S. 324, Abb. S. 332 f.
[45] „Die *Magna mater* wurde zu einer Art Signet des Wiener Fürsorgewesens" (ebd., S. 334), vgl. auch Matuszak (1989): Neue Madonna – ewige Eva.
[46] Vgl. Barasch (1976): *Gestures of Despair*, S. 23 ff.
[47] Hanak, zitiert nach Grassegger/Krug (1997): *Anton Hanak*, S. 284.
[48] Ebd., Abb. 432.
[49] Ebd., S. 284.
[50] Vgl. ebd., S. 431, Anm. 85 und S. 432.
[51] Ebd.
[52] Grassegger/Krug (1997): *Anton Hanak*, S. 342.
[53] So z. B. Graevenitz' trauernde Viktoria von 1932 in Eningen Achalm (vgl. Hesse, 1984: Kriegerdenkmal, S. 333).

Monographien dokumentiert. Mißt man dem Bildmaterial der beiden zeitgenössischen Kompendien exemplarischen Wert bei, dann sind diese Bilder trauernder Weiblichkeit nicht häufig anzutreffen.[54] Mindestens ebenso viele Denkmäler zeigen trauernde Soldaten, auch das ist neu. Während letztere jedoch als äußerstes Merkmal ihrer Trauer einen mitfühlenden Blick auf den toten Kameraden in ihrem Arm zeigen oder (niederkniend) den Helm abgenommen haben[55], werden den weiblichen Figuren sehr viel expressivere Gesten, wie das Sich-zur-Erde-Beugen, das Bedecken des Gesichtes[56] und Zeichen für akustische Äußerungen der Klage, zugebilligt. Karl von Seeger spricht von „urweiblichem Mitgefühl" und stellt fest: „Das furchtbare Entsetzen, der namenlose Schmerz, der uns alle durchzuckt, kann nur in der unter dem Kummer fast zusammenbrechenden Gestalt des *Weibes* dargestellt werden (Frankfurt/M, Kiel)."[57] Solche Darstellungen auf Kriegerdenkmälern verändern im Vergleich zu den Denkmalsetzungen nach dem siegreichen Krieg von 1871 die tradierte Norm. Das bei Seeger zitierte und abgebildete Beispiel „urweiblichen Mitgefühls" aus Frankfurt am Main[58] soll hier genauer auf die Wirkung seiner unüblichen Körpersprache hin analysiert werden.[59]

Die Skulptur unterscheidet sich von anderen knienden weiblichen Figuren durch ihre ungewöhnlich betonte Körperlichkeit und Gestik. Sie ist nicht als trauernde Viktorie identifizierbar wie in Eningen und stand außerhalb eines christlich-kirchlichen Opferkontextes. Sie wurde vom Frankfurter Stadtrat dazu ausersehen, als bildliches Zeichen Trauer über die getöteten Soldaten und die kriegsverneinende Haltung der Lebenden zu artikulieren. Wie 1925 auf dem Heldenfriedhof in Wien konnten auch 1920 in Frankfurt mit der betont expressiven Repräsentation weibli-

---

[54] Vgl. Bergmann (1931): *Deutscher Ehrenhain:* Gutach (S. 25), Stuhm/Westpr. (S. 36), Pulsnitz i. S. (S. 69), Universität Freiburg i. Br. (S. 85), Freiburg i. Schles. (S. 88), Zentralfriedhof Karlsruhe (S. 212).

[55] Vgl. ebd.: Steinpleis b. Werdau (S. 23), Rössel (S. 31), Berlinchen (Neumarkt) (S. 44), Duisburg-Hamborn, Heldenfriedhof (S. 88), hier ausnahmsweise der nackte Trauernde mit gesenktem Kopf von Wilhelm Lehmbruck.

[56] So z. B. die Gedenktafel der Württembergischen Metallwarenfabrik Geislingen für das Justizgebäude in Stuttgart (vgl. Seeger, 1930: *Das Denkmal des Weltkrieges*, Abb. 211).

[57] Ebd., S. 38.

[58] Bei dem zweiten Beispiel (ebd., Abb. 204) handelt es sich um die Barlachsche Gedenktafel in der Nikolaikirche in Kiel. Sie zeigt eine auf einem Wolkenkranz kniende weibliche Figur mit gefalteten Händen vor dem Gesicht, umgeben von einem Strahlenkranz aus sieben Schwertern in Analogie zu der Ikonographie der sieben Schmerzen Mariä Passion.

[59] Vgl. auch Lohne (1969): *Mit offenen Augen durch Frankfurt*, S. 139 f.; Menzel-Severing (1980): *Benno Elkan*, S. 28, Wk-Nr. 25, S. 152; Lurz (1985): *Kriegerdenkmäler in Deutschland*, S. 217; Vogt (1993): *Den Lebenden zur Mahnung*, S. 134 ff. Jüngste mir bekannt gewordene Verwendung eines Photos dieses Denkmals findet sich in der *Frankfurter Allgemeinen Zeitung* vom 25. 7. 1997 in einer Stellungnahme Christian Meiers in der Diskussion um das Berliner *Denkmal für die ermordeten Juden Europas*. Der Vorschlag von Markus Lüpertz für dieses Denkmal wirkt wie eine Artikulation der patriarchalen, jüdischen Tradition weiblicher Totenklage – ungeachtet der bundesrepublikanischen Situation der Gegenwart. Wie aus der jüngsten ‚Kommission-Jurysitzung' bekannt wurde, möchte Lüpertz dem Denkmal „die Gestalt einer unbekleideten Frau geben". „Die Figur trägt den Namen der Rahel, einer der biblischen Urmütter des Volkes Israel." (FAZ vom 6. 11. 1997).

Abb. 8: Benno Elkan: Kriegerdenkmal, Frankfurt a. M. 1920, Postkarte

cher Totenklage Hoffnungen auf eine Destabilisierung militärischer Ordnung der männlichen Gesellschaft in der Republik verbunden werden. Die Skulptur des damals als modern geltenden Bildhauers Benno Elkan[60] ist nicht bei dem rechtsnationalen Bergmann abgebildet (!) und gab zu einigen Kommentaren in Tageszeitungen[61] und Kunstzeitschriften[62] Anlaß, so daß wir hier Kenntnis erhalten von veröffentlichten zeitgenössischen Einschätzungen.

---

[60] Radenberg (1912): *Moderne Plastik*, S. 41.
[61] Kenntnis habe ich von den *Frankfurter Nachrichten und Intelligenzblatt* (der DVP) vom 22. 9., 30. 9., 4. 10. 1920, von allen Notizen zum Denkmal der *Frankfurter Zeitung* (abgekürzt *FZ*) von Oktober bis November 1920, der *Volksstimme. Sozialdemokratisches Organ für Südwestdeutschland* vom 29. 10. 1920 und der hier wieder abgedruckten Kopie eines nicht datierten Artikels aus dem Berliner *Tag*. Herrn Elmar Stracke vom Institut für Stadtgeschichte in Frankfurt sei für seine freundliche und erfolgreiche Hilfe bei den historischen Recherchen zu dem Denkmal an dieser Stelle besonders gedankt. Zugang zu dem Nachlaß Elkan, in dem sich der Redetext der Ansprache des Bildhauers zur Einweihung befinden soll (vgl. Menzel-Severing, 1980: *Benno Elkan*, S. 28, Anm. 125) hatte ich nicht.
[62] Vgl. ebd.

Abb. 9: Otto Greiner: *Gäa*, Kupferstich, 1911

Am 3. Oktober 1920 wurde Elkans Skulptur eines weiblichen Aktes auf dem Kriegerdenkmal in der Gallusanlage im Zentrum der Stadt Frankfurt am Main enthüllt (Abb. 8). Die muskulöse Gestalt aus dunkelgrünem norwegischem Granit hält auf ihrem linken aufgestellten Knie den zur Seite gesunkenen Kopf in der Hand, während sie über ihrem auf der Erde aufruhenden rechten Knie mit ihrer rechten Hand an ihre rechte Brust faßt.[63] Auf dem Sockel stehen die Worte „Den Opfern". Die Skulptur hatte die Stadt Frankfurt bei dem Bildhauer Benno Elkan für das Krie-

---

[63] Die *FZ* vom 6. 10. 1920 beschrieb die aufgestellte Skulptur, das Denkmal „der kauernden Frau", aus den Augen eines Bürgers und nicht wie „die Männer der Kunst", die das Denkmal auf seinen rein künstlerischen Wert hin prüfen, wie folgt: „Der Schmerz hat den gewaltigen Körper niedergezwungen; [...] in weiter Gebärde mit der Rechten die Brust haltend, kauert sie und jammert. [...] die kubisch gedrungene Silhouette des graugranitnen Weibes zeichnet einen Rhythmus umschlossener Trauer, das Leid redet aus dem Zusammenschluß der Linien dieser gebogenen Gestalt. [...] Man denkt, sieht man die Kauernde, an die ‚Frauenklage' von Ina Seidel: [...] Mit nackter Brust gefegt ins leere Grau'n [...] Ich treibe leer und schaffe keinen Segen, / Ich sinke unfruchtbar wie Winterregen."

gerdenkmal ausgewählt als Dank für seine im Künstlerrat für den Magistrat geleistete Arbeit.[64] Der damals zeitweise dem Spartakus angehörende Bildhauer jüdischer Herkunft hatte den Frankfurter Stadtvätern ein monumentales Denkmalprojekt einer gefesselten Jünglingsfigur von vierzig bis fünfzig Metern Höhe vorgeschlagen, Elkan nannte sie „Hungerstein"[65], in die Inschriften mit der Gegenüberstellung von Daten wirtschaftlicher und sozialer Veränderungen durch den Krieg eingehauen werden sollten. Mit der Begründung, daß man diesen Entwurf zunächst „innerlich verarbeiten"[66] müsse, zog man Elkans Aktskulptur aus Granit vor, die von 1913/14 datiert und seit ihrer Präsentation in der Friedhofsabteilung (!) auf der Werkbundausstellung von 1914[67] unter der Bezeichnung *Heldenklage* bekannt geworden war.[68]

Auch wenn Phillidor Leven 1907 über den vierzigjährigen Bildhauer schrieb, er „teilt die Eigenschaft fast aller jüdischen Künstler auf dem Gebiete der bildenden Künste: er arbeitet – wenn wir für alle vom Technischen absehen – fast ganz ohne Tradition"[69], läßt sich für die *Heldenklage* Elkans Auswahl aus spezifischen Strömungen der Zeit um 1900 ziemlich genau fassen. Sie war in ihrer kontrapostischen Gestik eines knienden Aktes geprägt durch die bekannte, von Graf Kessler bei Maillol in Auftrag gegebene Aktskulptur *Femme* später als *Méditerrannée* bezeichnet.[70] Die voluminösen weiblichen Körper des Franzosen wurden damals in Deutschland als ‚Ausdrucks-Plastik' apostrophiert und als Sinnbilder bodenständiger Natur und des Lebens begriffen.[71] Die Beinhaltung läßt sowohl Niedersinken als auch Wiederaufstehen assoziieren und weist aufgrund dessen auch Analogien mit den meines Erachtens bewußt politisch doppeldeutig interpretierbaren Haltungen vieler Soldatenfiguren auf Kriegerdenkmälern dieser Zeit auf.[72] Wie Elkan selbst aus dieser Figur wenig später eine ‚sich erhebende' entwickelte, wird noch weiter unten zu zeigen sein.

Der ungewöhnliche Händegriff des Elkanschen Aktes zur Brust kann in diesem Kontext von Muttermythen in einem Vergleich mit einer gleichzeitigen Radierung Otto Greiners der Erdgöttin Gäa von 1911 (Abb. 9), die Elkan höchstwahrscheinlich

---

[64] Vgl. Menzel-Severing (1980): *Benno Elkan*, S. 23–30 und 152 f.
[65] Ebd., S. 154 f. WK-Nr. 29.
[66] Ebd., S. 155.
[67] Nach Gischler (1921): Denkmäler, Abb. 9. Im Katalog werden die ausgestellten Arbeiten der Friedhofsabteilung nicht nach Autorennamen differenziert. Lediglich Elkans Marmorstatue der Persephone (Menzel-Severing, 1980: *Benno Elkan*, WK-Nr. 115) mit farbigen Einlegearbeiten ist für die Farbenschau dokumentiert (vgl. Herzogenrath, 1984: *Der westdeutsche Impuls*, S. 207).
[68] Vgl. Gischler (1921): Denkmäler, S. 59 ff. Abb. 9 und 10.
[69] Leven (1907): Benno Elkan, S. 366.
[70] Vgl. Berger/Zutter (1996): *Aristide Maillol*, Kat.-Nr. 47.
[71] Vgl. zur Rezeption Maillols und der Mannheimer Ausstellung „Ausdrucks-Plastik" von 1912 ebd., S. 181–189.
[72] Vgl. das Kriegerdenkmal der Berliner Universität Hugo Lederers von 1926 und die politische Interpretation der Niederlage zu einer erneuten Auferstehung durch die antike Bildformel des sogenannten Knielaufschemas des sterbenden Galliers, das zumindest seit dem fünfzehnten Jahrhundert mit der christlichen Auferstehung verknüpft wurde (siehe Hoffmann-Curtius, 1986: Der Doryphorus als Kommilitone, S. 82 f.).

Abb. 10: Benno Elkan: *Der Stein der Klage*, Rückansicht des Grabmals der Familie Wettendorf-Spier, jüdischer Friedhof Wickrath/Rheinland 1911/12

kannte[73], seine Erklärung finden: Während bei Greiner die kleinen Kinder für die am oberen Bildrand auf dem Erdboden sich abspielenden Kämpfe durch ‚Mutter Erde' darunter genährt werden, beklagt Elkans ebenfalls Kauernde den Tod der Helden durch den Griff an ihre Brust[74] als das Versiegen ihrer Milch oder ihr vergebliches Nähren. Ferner wußte Elkan die damals nicht unumstrittene moderne Stilrichtung des Franzosen und die eigene ‚Erdverbundenheit' mit dem angeblich germanisch-nordischen Heldenpathos kolossaler Statuen zu vereinen. Vergleichbare Figuren stellten der Wiener Bildhauer Franz Metzner mit der *Volkskraft* im Völkerschlachtdenkmal von 1913[75] und der Darmstädter Maler Karl Schmoll von Eisenwerth mit der Darstellung Brünhildes in der Szene *Brünhilde und Hagen brüten Rache* seines Nibelungenzyklus von 1913–1914 in Worms zur Schau.[76]

---

[73] Ganzseitig abgebildet bei Dresdner (1912): Otto Greiner, S. 395 (anläßlich einer großen „Kollektivausstellung des Lebenswerkes" Greiners in der Münchner Secession im Frühjahr); in demselben Band der Kunstzeitschrift von 1912 findet sich eine Abbildung von Benno Elkans Persephone (S. 491), die in der dortigen Sommerausstellung 1912 zu sehen war.

[74] Fritz Klimsch arbeitete 1917 eine „Trauernde" aus Stein in derselben Körpersprache, die ebenfalls ihre rechte Hand an ihre Brust hält (vgl. *Die Kunst*, Bd. 49: Freie Kunst der „Kunst für Alle", 39, 1924, S. 342).

[75] Vgl. Hutter (1990): „Die feinste Barbarei", S. 156–172.

[76] Vgl. Schack von Wittenau (1995): *Karl Schmoll von Eisenwerth*, Abb. S. 82 WB 9.

Elkans *Heldenklage* ist in der nicht spezifisch christlichen, aber dennoch weiblichen Allegoriedarstellung der Trauer verknüpft mit seinen Grabmalskulpturen für jüdische Auftraggeber, mit denen er um diese Zeit reüssiert hatte – so der *Stein der Klage* von 1911/12 in Wickrath/Rheinland (Abb. 10).[77] Seine Arbeit stand in der großen Tradition der Trauer und Klage der jüdischen Kulturgeschichte[78] und zeigte Anklänge an die pathetische Heldenrhetorik während der aggressiven Außenpolitik Deutschlands vor dem Ausbruch des Ersten Weltkrieges. Dafür, daß Elkan seine Skulptur der *Heldenklage* schon in der kriselnden Vorkriegszeit als eine pazifistische Mahnung verstanden wissen wollte, gibt es keine Hinweise, und es ist nach der Diktion des preisenden Artikels von Ernst Blass in der konservativen *Die Kunst* aus dem Jahre 1915 auch unwahrscheinlich.

1920 jedoch sollte die weibliche Aktskulptur der *Heldenklage* den Friedenswillen der Stadt Frankfurt repräsentieren.[79] Und obgleich Gischler 1921 das Gefühl „dieser vorweg empfundenen Trauer" beanstandete, da „die reiche Stadt Frankfurt" eine „vor dem Krieg entstandene" „Friedhofsfigur" aufstellte[80], äußerte sich Sascha Schwabacher in der liberalen Kunstzeitschrift *Cicerone* im Sinne damaliger Antikriegseinstellung, wie sie die Frankfurter Bürger vertraten[81]:

> Wir sehen die kauernde, sich vor Herzeleid die Brust haltende, trauernde Frauengestalt. Als Kriegerdenkmal bricht dieses Monument mit gutem Erfolg mit der alten Auffassung der Verherrlichung von Schlacht, Heldentum, Ruhm und Ehre. Es ist eine Klage um die Toten, wenn man will, eine Anklage gegen das furchtbare Erlebnis des Krieges.[82]

Mit der Frankfurter Skulptur des deutschen und jüdischen Bildhauers Elkan wurde ein besonderer Neuansatz eines Kriegergedenkens politisch linker Ausrichtung zu Beginn der Weimarer Republik verquickt. Die klagende weibliche Aktfigur aus der Friedhofskultur[83] wurde 1920 zur Stadt- und Nationalallegorie[84] und zur „Mutter

---

[77] Vgl. Menzel-Severing (1980): *Benno Elkan*, S. 181 Wk-Nr. 125.
[78] Vgl. hier speziell die rechte kniende, trauernde Frau in Eduard Bendemanns Bild *Die trauernden Juden im Exil* von 1831/32 (Wille, 1995: „Die trauernden Juden im Exil", Abb. 8–10); die trauernde Mutter auf dem Plakat des Reichsbundes jüdischer Frontsoldaten e.V. von 1924 *12000 Juden fielen im Kampf!* (Keim, 1988: *Als die letzten Hoffnungen verbrannten*, Abb. S. 29) und Lüpertz' jüngste ‚Assimilationspolitik' an diese jüdische, patriarchale Kulturtradition (*FAZ* vom 6. 11. 1997).
[79] Auch nach der Räteregierung blieb Frankfurt unter Bürgermeister Voigt (DDP) zumindest linksliberal (vgl. Rebentisch, 1991: *Frankfurt am Main*, S. 434–438). Und die *FZ* kommentierte am 6. 10. 1920: „Elkans Denkmal ist Klage und Mahnung. Es ist elegisch und pazifistisch, Opfergedächtnis und Warnung."
[80] Gischler (1921): Denkmäler, S. 59.
[81] Laut *Frankfurter Nachrichten* vom 22. 9. 1920: „Die ganze Anlage aus Mitteln Frankfurter Bürger unter Beihilfe des Kunstfonds ermöglicht."
[82] Schwabacher (1920): Frankfurter Kunstschau, S. 794.
[83] *FZ* vom 4. 10. 1920: „In einer Ansprache erwähnte Oberbürgermeister Voigt, daß Bildhauer Elkan die das Leid versinnbildlichende Frauenfigur schon in Friedenszeiten geschaffen habe, der die traurigen Geschehnisse der jüngsten Vergangenheit und das Elend der Gegenwart Aktualität verliehen."
[84] „Elkans Kauernde ist ein Denkmal der Klage, der Trauer, ein Monument den Toten und Leidenden, *Schmerz der Allmutter über die Verirrung ihrer Kinder.*" (*FZ* vom 6. 10. 1920).

Sieg ohne Trauer – Trauer ohne Sieg

Abb. 11: Benno Elkan: Denkmal für die Stadt Völklingen, 1925, zerstört 1935

Erde"[85] und als solche nicht nur außerordentliches und öffentliches Monument der Anerkennung gemeinsamer Trauer und Schmerzen über den Verlust der Toten[86],

---

[85] Wieder abgedruckt bei Ludwig Sternaux in der *Volksstimme* vom 29. 10. 1920 anläßlich der „Trauerfeier der Frauen am Allerheiligentage", ebenso wie ein Zitat aus dem ‚konservativen' Berliner *Tag* von 1920: „*eine Mater dolorosa unserer Tage, Deutschland, das um seine Toten trauert.* [...] Nichts von Stolz, der unter Trauer noch die Würde wahrt, nichts von Kraft, die sich zu neuem Leben aufreckt, *nur stumme Ergebenheit und Klage*: ein steingewordener Schmerz. Nicht Trost zu geben und die Gebeugten aufzurichten, scheint dieses Denkmal da, sondern nur alte Wunden aufzureißen, frische Tränen zu wecken. [...] Drüben zur anderen Seite der Straße [...] ein anderes Denkmal, das Denkmal Bismarcks von Rudolf Siemering ‚erhebt' sich in den Tag, es duckt sich nicht wie das der Opfer des Krieges schüchtern auf der Erde: hochaufgerichtet schreitet des Deutschen Reiches erster Kanzler [...]" (Alle Hervorhebungen im Original).

[85] „Sie heißt nicht Germania und nicht Mutter Deutschland, sie heißt *Mutter Erde*. [...] Mutter Erde weint um ihre Kinder, die sich mordeten." (*FZ* vom 6. 10. 1920)

[86] „Durch die verwirrende Vielfältigkeit der Zeit aber geht ein Sehnen nach Einheit, Versöhnung der Gegensätze, Erlösung im demütigen Dienste einer mächtigen Idee. Und dieses Werk [...] – erscheinen in ihm die Probleme gleichsam aufgelöst, Geist der gestaltenden Kunst und unmittelbares Gefühl des Volkes zu einheitlicher Formung zusammengeschweißt." (Zimmermann, 1921/22: Das Denkmal der Opfer in Frankfurt am Main, S. 232).

sondern sie wurde sogar auch als Mahnung gegen den Krieg verstanden.[87] Ihre Aufstellung wandte sich gegen die herkömmliche staatliche Kriegsbereitschaft und kam für die Frankfurter Arbeiterschaft einer Ablehnung der Opferwiederholung gleich.[88] Am 1. November 1920, am Allerheiligentag, fand sogar eine „Trauerfeier für die Kriegsopfer" am „Opferdenkmal" statt. Drei Frauenverbände – die Internationale Liga für Frieden und Freiheit, der Frauenausschuß der demokratischen Partei und die Frauengruppe der sozialdemokratischen Partei – und der Arbeitergesangsverein „Union" hatten dazu aufgerufen. Zuerst forderte ein Mann „zum Kampfe gegen den Krieg" auf, dann „nahmen Frauen das Wort" und „gedachten der Opfer und riefen auf zum Gelöbnis, für Völkerversöhnung und Frieden zu wirken".[89]

Durch die hier abgehaltenen Reden und die Inschrift am Denkmal jedoch war auch eine offensichtliche Beziehung zum vaterländischen Opferdiskurs hergestellt, der in den folgenden schriftlichen Erwähnungen nicht mehr hinterfragt wurde. Statt dessen pries man am Skulpturenblock „die Gestalt eines Weibes – zu Boden gebeugt in wortloser Klage: Verkörperung des großen Leidens und unserer großen Trauer" und empfand es „als ein glückliches Schicksal", „daß dieses Werk heute und hier den Platz seiner inneren Bestimmung gefunden hat".[90]

Auch Elkan selbst scheint mit einem weiteren Kriegerdenkmal in Völklingen von 1925[91] (Abb. 11) zur Konzentration auf die Opferthematik in der Bildersprache beigetragen zu haben, nähert sich doch dort die Gestalt der klagenden weiblichen Figur selbst in ihren Bewegungen einer undefiniert mythischen Opferdarstellung im Sinne eines *victime* an[92] mit der Unterschrift auf dem Sockel „Allen Opfern".[93]

---

[87] „Ein Denkmal der Klage um die Toten, die der Weltkrieg verschlungen, eine steinerne Mahnung in ausdrucksvoller künstlerischer Sprache an die Gegenwart, die immer noch von dem Alp entfesselter und ungezügelter politischer Leidenschaften bedroht ist." (*Frankfurter Nachrichten* vom 4. 10. 1920)

[88] „Als Vertreter der Frankfurter Arbeiterschaft sprach Redakteur Quint dem Künstler den Dank für das Werk aus, das zum Gedächtnis vergangenen Leides, erschütterndes Zeugnis gegen Gewalt, Kriegsgreuel und Terror ablegen sollte." (Ebd.)

[89] FZ vom 31. 10. 1920. Der Artikel schließt: „Kein Wort des Widerspruchs war gegen die Ankläger des Krieges lautgeworden, auch gegen die vom Glauben der Partei erfüllten nicht, denn in dieser Stunde einte alle der Gedanke an die Opfer und der Glaube an die Menschheit, die der Waffen nicht mehr bedarf. Die pazifistische Idee ist auf dem Vormarsch."

[90] Zimmermann (1921/22): Das Denkmal der Opfer in Frankfurt am Main, S. 230.

[91] Vgl. Menzel-Severing (1980): *Benno Elkan*, S. 157 Wk-Nr. 35.

[92] So zum Beispiel Caspar Ritters Ölbild von 1903 *Das Opfer* (vgl. Heer, 1909: Caspar Ritter, Abb. zwischen S. 168/169).

[93] In Toeplitz (1929): Benno Elkan, S. 453 ist eine Abbildung der Skulptur der deutschen Übersetzung einer Totenklage aus dem Hebräischen gegenübergestellt. Toeplitz schreibt anschließend: „Es ist eine Genugtuung für den Juden der Gegenwart, daß auch auf dem Gebiete der Plastik Juden zu den führenden Künstlern gehören, und unter diesen hat sich Benno Elkan unbestritten in unserer Zeit einen Platz erworben."

Auferstehung statt Trauer: das Ende der Weimarer Republik

Die weibliche Allegorie der Trauer, die sich in Völklingen einem Bildzeichen für Opfer anglich, verwandelte der Bildhauer Elkan 1930 in dem Denkmal der Befreiung der Rheinlande in Mainz zu einer ‚aus dem Schlaf erwachenden', einer von der Trauer sich erhebenden Nationalallegorie ab (Abb. 12).[94] Zur gleichen Zeit beanstandete

Abb. 12: Benno Elkan: Denkmal zur Befreiung der Rheinlande, Mainz, 1930, zerstört

---

[94] „Die Mainzer Figur ist eine Schwester der trauernden Frauen in Frankfurt und Völklingen. Nur mühsam ringt sie sich los von der Last der Leidensjahre. Sie ist das Erwachen aus einem schweren, albbelasteten Schlaf" (Schürmeyer, 1931: Benno Elkan, S. 390). Zur Bedeutung der „Erhebung" für das Nationalgefühl der Konservativen schon 1920 vgl. den Artikel im Berliner *Tag* zu Elkans Klagender, der als positives Denkmal die Figur Bismarcks in Frankfurt als sich erhebende Statue gegenübergestellt wurde. – Drei Jahre nach der Einweihung dieses Denkmals zur freudigen Feier der Befreiung aus der nationalen Trauer in Mainz wurden diese Aktplastik und die der beiden anderen Kriegerdenkmäler in antisemitischen Hetzkampagnen abgenommen oder zerschlagen, Elkan selbst mußte aus Deutschland emigrieren.

Abb. 13: Ruth Schaumann: *Pietà*, Frauenfriedenskirche,
Frankfurt a. M. 1929, Postkarte

eine „Laienkritik" an Elkans Frankfurter Kriegerdenkmal die Darstellung des Schmerzes. Statt dessen sollte mit der Widmung „Den Opfern" die Größe des Kriegserlebnisses hervorgehoben werden, die „Größe, die keine andere Kulturerscheinung zeigen kann: denn es heißt, sich für das Vaterland, die Heimat, den Bruder opfern. [...] Das ist, menschlich betrachtet, das erhabenste Opfer, und das liegt nicht in diesem Monument."[95] Jetzt wurde in der Kunstkritik an der ‚modernen' Form des Blockes der ehemaligen *Heldenklage* ausgerechnet das Fehlen des Heldischen, des „erhabenen Opfers" moniert, die dramatische Körpergestik der Trauer als „Zusammenbruch" abgewertet und nur für einen kleinen Soldatenfriedhof oder „vielleicht für einen Privatfriedhof, auf dem eine Witwe ihren einzigen beklagen

---

[95] Jaspert (1930): Benno Elkan, S. 179.

kann"⁹⁶, für würdig befunden. Trauer und Klage über die toten Soldaten drohten wieder in den verschwiegenen privaten Andachtsbereich der Frauen abgedrängt und zugunsten preußisch-militärischer Ordnung und Gehorsamspflicht in der männlich bestimmten Öffentlichkeit tabuisiert zu werden.

Jetzt stellte der katholische Frauenverein in der Krypta der Frankfurter Frauenfriedenskirche eine Pietà auf, die „besonders dem Gedächtnis der Gefallenen geweiht ist" und die eine starr geradeaus schauende Maria zeigt (analog zu Eisenach), die kniend den Leichnam Christi präsentiert (Abb. 13).⁹⁷ Ferner war 1930 ein ‚Ehrenmal' der Stadt Frankfurt entstanden, das in einer pantheonähnlichen Rotunde die Skulptur eines liegenden und doch aufrechten (!) Kriegers darstellte.⁹⁸ Auf höchster staatlicher Ebene zeichneten sich ebenfalls wieder Vorbehalte gegenüber der Darstellung weiblicher Trauerallegorien auf Kriegerdenkmälern ab. Die Jury für das Reichsehrenmal in Bad Berka entschied im Januar 1933 unterschiedlich über das gemeinsame Projekt des Architekten Wilhelm Kreis und des Bildhauers Gerhard Marcks, der eine trauernde weibliche Sitzstatue mit enthülltem Oberkörper und verhülltem Gesicht ohne Leichnam entworfen hatte. Kreis erhielt für die architektonische Gestaltung den dritten Preis, Marcks' ‚Trauernde Mutter Deutschland' lehnte die Jury jedoch mit der Begründung ab, daß das „auf tiefe Trauer gestellte Bildwerk" nicht dem „hier zu erwartenden Motiv" entspräche.⁹⁹

Alle hier erwähnten Vorkommnisse deuten auf eine wieder erstarkte Kulturpolitik ‚heroischer' Opferpropaganda¹⁰⁰, die im Jahre 1934 zur staatlichen Umwidmung des Volkstrauertages in den ‚Heldengedenktag' und zur feierlichen Wiedereinführung der allgemeinen Wehrpflicht durch die Nationalsozialisten führte.¹⁰¹

Ich fasse zusammen: Die Bilder trauernder Frauen auf Kriegerdenkmälern für den Ersten Weltkrieg sollten als klassenübergreifendes Bildzeichen des Leidens die Bevölkerung einen. Hierbei konnten sehr unterschiedliche Verluste wie der des Sohnes und des Ehemannes, aber auch der ‚verlorene Sieg' und das untergegangene Wilhelminische Reich beklagt werden. Die Repräsentationen trauernder Weiblichkeit ließen sich nicht immer eindeutig im Sinne der Hinnahme des vaterländischen Opfers und damit für eine Stabilisierung der staatlich militärischen Ordnung eingrenzen. In Einzelfällen (Wien, Frankfurt am Main) sollte die Darstellung des Exzesses, des ‚lauten Klagens' sogar dazu beitragen, die Opfer- beziehungsweise Kriegsbereitschaft der Gesellschaft zu widersprechen. Sobald aber der Revanchismus mit einem neuen militärischen Siegesversprechen die Mehrheit der Bevölkerung verein-

---

⁹⁶ Ebd., S. 180.
⁹⁷ Vgl. Probst (1986): *Bilder vom Tode*, S. 158 f. Ruth Schaumann war die Künstlerin.
⁹⁸ Vgl. Bergmann (1931): *Deutscher Ehrenhain*, S. 234; *Deutsche Bauzeitung* 1930, 2. Hälfte S. 645–648. Architekt Hermann Senf, Bildhauer Paul Seiler.
⁹⁹ Zitiert nach Bushart (1993): Ein Bildhauer zwischen den Stilen, S. 106, Abb. 4: „Mutter Deutschland, Entwurfszeichnung zu der Figur für das Reichsehrenmal in Bad Berka 1932".
¹⁰⁰ In diesen Kontext gehört die theologische Untersuchung über das „freudvolle Vesperbild" von 1939 (vgl. Reiners-Ernst, 1939: Das freudvolle Vesperbild).
¹⁰¹ Vgl. Hansen (1997): Day of National Mourning, S. 138.

te, sollte die Ausrichtung auf das ‚heroische' Opfer die Repräsentantinnen der Trauer wieder insgesamt verdrängen.

Bibliographie

Abshoff, Fritz (Hrsg.): *Deutschlands Ruhm und Stolz, unsere hervorragendsten Denkmäler in Wort und Bild*. Berlin o. J. [1904].
Barthes, Roland: *Mythen des Alltags*. Frankfurt a. M. 1964.
Barasch, Mosche: *Gestures of Despair in Medieval and Renaissance Art*. New York 1976.
Berger, Ursel und Jörg Zutter (Hrsg.): *Aristide Maillol*. München, New York 1996. Ausstellungs-Katalog.
Bergmann, Ernst: *Deutscher Ehrenhain für die Helden von 1914*. Leipzig 1931.
Berkenbusch, Gisela: *Zum Heulen. Kulturgeschichte unserer Tränen*. Berlin 1985.
Binder, Hans-Otto: Zum Opfern bereit: Kriegsliteratur von Frauen. In: *Kriegserfahrungen. Studien zur Sozial- und Mentalitätsgeschichte des Ersten Weltkrieges*, hrsg. von Gerhard Hirschfeld et al. Essen 1997, S. 107–128.
Blass, Ernst: Benno Elkan. In: *Die Kunst* 31, 1915, S. 254–269.
Büttner, Frank O.: *Imitatio Pietatis. Motive christlicher Ikonographie als Modelle der Verähnlichung*. Berlin 1983.
Bushart, Magdalena: Ein Bildhauer zwischen den Stilen. Gerhard Marcks in den dreißiger Jahren. In: *Bauhaus Moderne im Nationalsozialismus zwischen Anbiederung und Verfolgung*, hrsg. von Winfried Nerdinger. München 1993, S. 103–112.
Chabot, André: *Erotique du cimetière*. Paris 1989.
Demisch, Heinz: *Erhobene Hände. Geschichte einer Gebärde in der bildenden Kunst*. Stuttgart 1984.
Deutsche Werkbundausstellung. Köln 1914. Ausstellungs-Katalog.
Dorren, Maurice: Das Motiv der Trauer in der Plastik (1850–1950). Neue Typen, Formen und Varianten der Pietà. In: *Deutsche Bildhauer 1900–1945, entartet*, hrsg. von Christian Tümpel. Zwolle 1992, S. 57–70.
Dresdner, Albert: Otto Greiner. In: *Die Kunst*, Bd. 25: Freie Kunst der „Kunst für alle" 27, 1912, S. 389–409.
Faulhaber, M. von: Auch im Kriege Gehilfin des Mannes! In: *Bayerischer Heimatschutz* 14, Nr. 4–12, 1916, Sonderheft, S. 59–61.
Fischer, Norbert: Die Trauernde. Zur geschlechtsspezifischen Materialisierung von Gefühlen im bürgerlichen Tod. In: *metis* 5, 1996, H. 10, S. 25–31.
Gischler, W.: Denkmäler. In: *Die Rheinlande* 21, 1921, Heft I, S. 57–63.
Graevenitz, Fritz von: *Höchenschwander Tagebuch*. Stuttgart 1943.
Grassegger, Friedrich und Wolfgang Krug (Hrsg.): *Anton Hanak*. Wien u. a. 1997.
Hansen, Karin: The 'Day of National Mourning' in Germany. In: *Between History and Histories. The Making of Silences and Commemorations*, hrsg. von Gerald Sider und Gavin Smith. Toronto, Buffalo, London 1997, S. 127–146.
Heer, J. C.: Caspar Ritter. In: *Die Kunst* 24, 19 München 1909, S. 152–176.
Hesse, Wolfgang: Das Kriegerdenkmal in Eningen Achalm. In: *Schwäbische Heimat* 35, 1984, S. 329–335.
Herzogenrath, Wulf et al. (Hrsg.): *Der westdeutsche Impuls 1900–1914. Die deutsche Werkbund-Ausstellung Cöln 1914*. Köln 1984.

Hoffmann-Curtius, Kathrin: Der Doryphoros als Kommilitone. Antikenrezeption in München nach der Räterepublik. In: *Arthur Rosenberg zwischen Alter Geschichte und Zeitgeschichte, Politik und politischer Bildung*, hrsg. von Rudolf Müller und Wolfgang und Gert Schäfer. Göttingen, Zürich 1986, S. 59–90.

–: Symbole nationaler Gemeinschaft in der Weimarer Republik. In: *Nationalsozialismus in Tübingen, vorbei und vergessen*, hrsg. von Benigna Schönhagen. Tübingen 1992, S. 23–33.

–: Altäre des Vaterlandes. Kultstätten nationaler Gemeinschaft in Deutschland seit der Französischen Revolution. In: *Anzeiger des Germanischen Nationalmuseums* 1989, S. 283–308.

–: Opfermodelle am Altar des Vaterlandes seit der Französischen Revolution. In: *Schrift der Flammen. Opfermythen und Weiblichkeitsentwürfe im 20. Jahrhundert*, hrsg. von Gudrun Kohn-Waechter. Berlin 1991, S. 57–92.

Hofmann, Werner (Hrsg.): *Runge in seiner Zeit*. Hamburg 1977. Ausstellungs-Katalog.

Hutter, Peter: „Die feinste Barbarei". *Das Völkerschlachtdenkmal bei Leipzig*. Mainz 1990.

Kämpf-Jansen, Helga: *Alltagsdinge und Trivialobjekte als Gegenstand aesthetischer Erziehung*. Diss. phil. Hamburg 1987.

Koselleck, Reinhart und Michael Jeismann (Hrsg.): *Der politische Totenkult. Kriegerdenkmäler in der Moderne*. München 1994.

Jaspert, August: Benno Elkan: Den Opfern. In: *Das Kunstblatt* XIV, 1930, S. 178–180.

Latzel, Klaus: *Vom Sterben im Krieg*. Diss. phil. Warendorf 1988.

Keim, Anton Maria (Hrsg.): *Als die letzten Hoffnungen verbrannten. 9./10. November 1938. Mainzer Juden zwischen Integration und Vernichtung*. Mainz 1988.

Leven, Philidor: Benno Elkan. In: *Ost und West. Illustrierte Monatsschrift für das gesamte Judentum* 7, 1907, S. 364–376.

Lohne, Hans: *Mit offenen Augen durch Frankfurt. Handbuch der Frankfurter Brunnen, Denkmäler und Kunst am Bau*. Frankfurt a. M. 1969.

Loraux, Nicole: *Die Trauer der Mütter. Weibliche Leidenschaft und die Gesetze der Politik*. Frankfurt a. M. 1992.

Lurz, Meinhold: *Kriegerdenkmäler in Deutschland*. Bd. 4: Weimarer Republik. Heidelberg 1985.

Matuszak, Stephanie: Neue Madonna – ewige Eva. Bauplastiken am Wiener Gemeindewohnhaus der I. Republik. In: *Blick-Wechsel. Konstruktionen von Männlichkeit und Weiblichkeit in Kunst und Kunstgeschichte*, hrsg. von Ines Lindner et al. Berlin 1989, S. 261–269.

Menzel-Severing, Hans: *Der Bildhauer Benno Elkan*. Dortmund 1980.

Probst, Volker G.: *Bilder vom Tode*. Diss. phil. Hamburg 1986.

Radenberg, Wilhelm: *Moderne Plastik*. Düsseldorf, Leipzig 1912.

Reiners-Ernst, Elisabeth: *Das freudvolle Vesperbild und die Anfänge der Pietà-Vorstellung*. Bd. 2. Abhandlungen der Bayrischen Benediktiner-Akademie. München 1939.

Rebentisch, Dieter: *Frankfurt am Main. Die Geschichte der Stadt in neun Beiträgen*. Sigmaringen 1991.

Robinson, David: *Saving Graces: Images of Women in European Cemeteries*. New York, London 1995.

Rose, Dirk (Hrsg.): *Die Kunst den Massen. Verbreitung von Kunst 1919–1933*. Berlin ²1978. Ausstellungs-Katalog.

Schack von Wittenau, Clementine: *Karl Schmoll von Eisenwerth*. Stuttgart 1995.

Schiebelhuth, Hans: Das Befreiungs-Denkmal in Mainz. In: *Deutsche Kunst und Dekoration* 67, 1930/31, S. 37.

Schulte, Regina: Käthe Kollwitz' Opfer. In: *Von der Aufgabe der Freiheit. Politische Verantwortung und bürgerliche Gesellschaft im 19. und 20. Jahrhundert*. Festschrift für Hans Mommsen, hrsg. von Christian Jansen et al. Berlin 1996, S. 647–672.
Schürmeyer, W.: Benno Elkan. In: *Die Kunst* 63, 1931, S. 384–391.
Schwabacher, Sascha: Frankfurter Kunstschau. In: *Der Cicerone* XII., 1920, S. 794 f.
Seeger, Karl von: *Das Denkmal des Weltkrieges*. Stuttgart 1930.
Spädler, Ferdinand: Etwas von einer Soldatenfrau. In: *Luginsländer Blätter* 23, Nr. 4/5, 1. Mai 1915, Sp. 114 f.
Spickernagel, Ellen: Groß in der Trauer, die weibliche Klage um tote Helden in Historienbildern des 18. Jahrhunderts. In: *Sklavin oder Bürgerin? Französische Revolution und neue Weiblichkeit*, hrsg. von Viktoria Schmidt-Linsenhoff. Historisches Museum Frankfurt a. M. 1989, S. 308–324.
–: Laß Witwen und Bräute die Toten klagen ... Rollenteilung und Tod in der Kunst um 1800. In: *Das Opfer des Lebens. Bildliche Erinnerungen an Märtyrer*, hrsg. von Detlef Hoffmann. Loccumer Protokolle 12/95, Loccum 1996, S. 91–116.
Struchtemeier, Thea A.: „Schrei laut zum Herrn, stöhne Tochter Zion! Wie ein Bach lass fließen die Tränen ..." Die Pietà im Fossar de la Pedrera in Barcelona. In: *Blick-Wechsel. Konstruktionen von Männlichkeit und Weiblichkeit in Kunst und Kunstgeschichte*, hrsg. von Ines Lindner et al. Berlin 1989, S. 281–296.
Toeplitz, Erich: Benno Elkan. In: *Menorah. Jüdisches Familienblatt für Wissenschaft, Kunst und Literatur* 7, 1929, S. 453–560.
Vogt, Arnold: *Den Lebenden zur Mahnung*. Hannover 1993.
Weizsäcker, Carl Friedrich von: *Fritz von Graevenitz. Plastik, Malerei, Graphik*. Stuttgart ²1980.
Wenk, Silke: *Versteinerte Weiblichkeit. Allegorien in der Skulptur der Moderne*. Köln 1996.
–: Die Mutter in der Mitte Berlins: Strategien der Rekonstruktion eines Hauptstadtzentrums. In: *Kein Land in Sicht. Heimat – weiblich?* Hrsg. von Gisela Ecker. München 1997, S. 33–55.
Wille, Hans: „Die trauernden Juden im Exil" von Eduard Bendemann. In: *Wallraf-Richartz-Jahrbuch* LVI, 1995, S. 307–316.
Zimmermann, H. K.: Das Denkmal der Opfer in Frankfurt A.M. In: *Deutsche Kunst und Dekoration* 47, 1921/22, S. 230–232.

Abbildungsnachweis

[1]: Foto Ullstein; [2]: Bibliothèque Nationale, Paris; [3]: Hamburger Kunsthalle; [5], [8], [13]: Postkarte; [9]: in *Die Kunst* 1912; [2–13]: Fotos Eva Parth, Fotostelle der Universitätsbibliothek Tübingen

Kurzbiographien

ANDREA ALLERKAMP, Dr. phil., Literaturwissenschaftlerin, lehrt seit 1989 an französischen Universitäten (Montpellier, Toulouse). 1995 Zusammenarbeit mit dem Théâtre² l'Acte für eine Inszenierung von VERKOMMENES UFER MEDEAMATERIAL LANDSCHAFT MIT ARGONAUTEN. Aktuelles Forschungsthema: Anruf, Adresse, Appell.
Veröffentlichungen u. a.: *Die innere Kolonisierung*. Köln, Weimar, Wien 1991; „Buchstaben. Stäbe aus Buchen ... aus Buchenholz". Kubische Klangräume und mimetische Prozesse. In: *Medium und Maske. Die Literatur Hubert Fichtes zwischen den Kulturen*, hrsg. von H. Böhme und N. Tiling. Stuttgart 1995, S. 121–142; Über die Ars Memoriae als Spiel zwischen Bild und Text in Schnitzlers „Fräulein Else". In: *Ecritures de la mémoire*, hrsg. von I. Haag und M. Vanoosthuyse. Cahiers d'Etudes Germaniques 29, 1995, S. 95–108.

ANNETTE BRAUERHOCH, Dr. rer. soc., Studium der Amerikanistik, Anglistik, Soziologie, Theater-, Film- und Fernsehwissenschaften in München und Frankfurt. Promotion über *Die gute und die böse Mutter – Kino zwischen Melodram und Horror* (Marburg: Schüren 1996).
Lehrveranstaltungen an verschiedenen Universitäten zu feministischer Filmtheorie und -geschichte. Langjährige Mitherausgeberin der Zeitschrift *Frauen und Film*. Zahlreiche Veröffentlichungen in Büchern und Zeitschriften u. a. zu feministischer Filmproduktion, Hollywoodgenres, Startheorien. Seit 1995 Habilitations-Stipendiatin der Lise-Meitner-Stiftung zum Thema: Film als Geschichte – Geschichte im Film. Deutsch-amerikanische Geschlechterbeziehungen in den Nachkriegsfilmen beider Nationen von 1945–1961.

ELISABETH BRONFEN, Dr. phil., Lehrstuhlinhaberin am Englischen Seminar der Universität Zürich. Ihr Spezialgebiet ist die Anglo-Amerikanische Literatur des 19. und 20. Jahrhunderts. Sie hat zahlreiche wissenschaftliche Aufsätze in den Bereichen *gender studies*, Psychoanalyse, Film- und Kulturwissenschaften wie auch Beiträge für Ausstellungskataloge geschrieben.
Zu ihren Veröffentlichungen zählen u. a. *Der literarische Raum. Eine Untersuchung am Beispiel von Dorothy M. Richardsons Pilgrimage* (Niemeyer 1986), *Over Her Dead Body. Death, Femininity and the Aesthetic* (Manchester University Press 1992). Mit Sarah W. Goodwin hat sie den Sammelband *Death and Representation* (Johns Hopkins University Press 1993) herausgegeben. Zur Zeit gibt sie für den S. Fischer Verlag die erste deutschsprachige Gesamtausgabe der Gedichte und Briefe von Anne Sexton heraus. Ihr neuestes Buch *Das verknotete Subjekt. Unbehagen in der Hysterie* erscheint 1998 bei Volk und Welt. Weitere Publikationen in Vorbereitung sind eine Monographie über Sylvia Plath für die vom British Council geförderte Reihe *Writers and Their Work*, ein Buch zum Thema Psychoanalyse und Film und eine Studie über die kulturelle Konfiguration der Nacht.

GISELA ECKER, Dr. phil., Professorin für Allgemeine Literaturwissenschaft an der Universität-GH Paderborn. Davor Lehre an den Universitäten München, Köln, Frankfurt a. M., Sussex (GB), Gastprofessorin in Cincinnati (1989), Berkely (1990) und Atlanta (1993); Fellow am Kulturwissenschaftlichen Institut Essen.
Publikationen zur Literatur der Renaissance und der Moderne, zur zeitgenössischen Literatur von Frauen, zur Literaturtheorie, zu Cultural und *Gender Studies*. Zuletzt: *Differenzen. Essays zu Weiblichkeit und Kultur*. Dülmen: tende 1994; Herausgabe von *Kein Land in Sicht. Heimat – weiblich?* München: Fink 1997.

ESTHER FISCHER-HOMBERGER, Dr. med. Studium der Medizin, psychiatrische Assistenz an der Zürcher Universitätsklinik ‚Burghölzli', dann Medizingeschichte. Professorin für Medizingeschichte an der Universität Bern.

Publikationen zur Geschichte der Neurose (Hypochondrie, Hysterie, traumatische Neurose), zur Medizingeschichte der Frau, Geschichte der Gerichtsmedizin. 1984 Aufgabe der Professur zugunsten vorwiegend psychotherapeutischer Tätigkeit. Interesse für Körpergeschichte, für die Historizität der ‚Psyche' und den psychischen Gebrauch von Geschichte.

KATHRIN HOFFMANN-CURTIUS, Dr. phil., Promotion 1965. Freiberufliche Kunsthistorikerin in Tübingen und Berlin, zwei erwachsene Söhne, hauptberufliche Familienarbeit bis 1980, danach Lehraufträge an verschiedenen Universitäten, einjährige Vertretungsprofessur an der Universität Hamburg.
Landeslehrpreis Baden-Württemberg 1997, Stipendium des Landes Baden-Württemberg zum Thema Frauenmord in der Kunst von Delacroix und George Grosz, Gastkuratorin in Tübingen, Trier und Hamburg.
Schwerpunkte: Denkmalpolitik, Kunst in der Weimarer Republik und im Nationalsozialismus. Mitherausgeberin der Zeitschrift metis, gemeinsam mit Silke Wenk Herausgabe des Bandes *Mythen von Autorschaft und Weiblichkeit im 20. Jahrhundert*. Marburg 1997.

EVA HORN, Dr. phil., lehrt deutsche Literatur an der Universität Konstanz. Ihre Dissertation *Trauer schreiben. Die Toten im Text der Goethezeit* München 1998 untersucht Formen literarischer Trauer vom Barock bis ins neunzehnte Jahrhundert.
Unter dem Titel *Geschlecht und Moderne* hat sie Texte der französischen Philosophin Geneviève Fraisse zur Geschichtlichkeit der Geschlechterdifferenz herausgegeben (Fischer 1995). Im Rahmen des Konstanzer Sonderforschungsbereichs *Literatur und Anthropologie* arbeitet sie an einer Habilitation zur Anthropologie des Krieges zwischen 1914 und 1933. Sie hat u. a. Aufsätze zur Geschichte des Französischen Feminismus, zu Goethe, Döblin, zur Theorie der Lyrik, zur kulturellen Konstruktion des Kriegers und zum Kriegstrauma des Ersten Weltkriegs veröffentlicht.

MARIA KUBLITZ-KRAMER, Dr. phil., bis 1996 wissenschaftliche Mitarbeiterin in der literaturwissenschaftlichen Frauenforschung an der Universität-GH Paderborn, jetzt Akademische Direktorin am Oberstufen-Kolleg der Universität Bielefeld.
Sie wirkte bei der Planung und Durchführung mehrerer Kongresse der *Frauen in der Literaturwissenschaft* mit. Zuletzt leitete sie zusammen mit Margret Brügmann das deutsch-niederländische Symposion *Textdifferenzen und Engagement* (veröffentlicht Pfaffenweiler 1993). Sie ist Mitherausgeberin verschiedener Sammelwerke und Kongreßberichte zur feministischen Literaturwissenschaft. Ihre bisherigen Veröffentlichungen beschäftigen sich mit der Literaturdidaktik, der Literaturgeschichte, den geschlechtsspezifischen Schreibweisen und der feministischen Literaturtheorie. Buchpublikation: *„Frauen und Straßen". Stadtläuferinnen in Erzähltexten von Gegenwartsautorinnen*. München: Fink 1995.

HELGA MEISE, Dr. phil. habil., Literaturwissenschaftlerin. Lehrbeauftragte an den Universitäten Marburg an der Lahn, Gießen und Frankfurt am Main, Gastprofessorin in Lublin (Polen) und Marburg an der Lahn.
Forschungsschwerpunkte: Pragmatische Schriftlichkeit, Enzyklopädik und Autobiographik in der Frühen Neuzeit, Wechselbeziehungen der Künste in der höfischen Gesellschaft, Romanliteratur des achtzehnten Jahrhunderts, Frauenliteratur.
Veröffentlichungen u. a.: *Die Unschuld und die Schrift. Deutsche Frauenromane im 18. Jahrhundert* (^{2}1992); *Das archivierte Ich. Der Schreibkalender am Darmstädter Hof 1624–1790* (im Druck).

EVA MEYER, Dr. phil., lebt in Berlin und Brüssel. Studium der Philosophie, Kunstgeschichte, Archäologie und Literaturwissenschaft in Freiburg und Berlin.
Ausbildung zur Puppenspielerin an der Figurentheaterschule in Bochum. Mitgründung des Lilith Frauenbuchladen und Verlag Berlin. Internationale Lehrtätigkeit.
Bücher: *Zählen und Erzählen. Für eine Semiotik des Weiblichen*. Wien, Berlin 1983; *versprechen. Ein Versuch ins Unreine*. Basel, Frankfurt 1984; *Architexturen*. Basel, Frankfurt a. M. 1986; *Die Autobiographie der Schrift*. Basel, Frankfurt a. M. 1989; *Der Unterschied, der seine Umgebung schafft. Kybernetik – Psychoanalyse – Feminismus*. Wien, Berlin 1990; *Trieb und Feder*. Basel,

Frankfurt a. M. 1993; *Tischgesellschaft*. Basel, Frankfurt a. M. 1995; *Faltsache*. Basel, Frankfurt a. M. 1996.

BOJANA PEJIĆ, geb. in Belgrad (SFR Jugoslawien), studierte 1968–1974 Kunstgeschichte an der Philosophischen Fakultät der Universität Belgrad, B.A. 1975.
Sie schreibt seit 1971 über zeitgenössische und moderne Kunst. Kuratorin am „Studenten-Kulturzentrum" an der Universität Belgrad (1977–1991). Stipendien des Seminars für American Studies (Salzburg 1978), der französischen Regierung (L'institut de l'art et archéologie, Paris 1981) und des Australian Arts Council (1985). Sie war eine der Redakteure der theoretischen Zeitschrift für visuelle Medien *Moment* (1984–1991); seit 1989 Mitherausgeberin von *Artforum* (New York); publiziert in *Artpress* (Paris), *Vreme* und *New Moment* (Belgrad) und *new bildende kunst* (Berlin). Seit 1991 lebt sie als freie Kunstkritikerin und Kuratorin in Berlin. Sie organisierte das internationale Symposium „Körper im Kommunismus" (Literaturhaus Berlin). Zur Zeit Fertigstellung der Dissertation „Der kommunistische Körper: Zur Archäologie eines Bildes".
Publikationen u. a. mit Doris von Drathen *Marina Abramovic*. Stuttgart: Edition Cantz 1993; *Sissel Tolaas*. Stuttgart: Edition Cantz 1994; *The Body at Work – Die Politik der Körperdarstellung und die Darstellung der Politik im öffentlichen Raum der SFR Jugoslawien (1945–1991)*, erscheint 1998; Die postkommunistische Körperpolitik. In: *Kunst des Öffentlichen*, hrsg. von Marius Babias. Hamburg, im Druck.

MARCIA POINTON, Dr. phil., Pilkington-Professorin für Kunstgeschichte an der Universität von Manchester. Herausgeberin der Zeitschrift *Art History*. Ihre Arbeiten über die visuelle Kultur in Europa im achtzehnten und neunzehnten Jahrhundert sind in eine Vielzahl von Veröffentlichungen eingegangen. Ihr gegenwärtiges Forschungsprojekt beschäftigt sich mit der Kultur des Zurschaustellens von Edelsteinen und Schmuck in der frühen Neuzeit und der Vormoderne.
Jüngste Veröffentlichungen: *Pre-Raphaelian Re-viewed* (Hrsg. und Beitrag) Manchester 1989; *Naked Authority: The Body in Western Painting 1830–1906*. 1990; mit K. Adler *The Body Imaged*. Cambridge 1993; *Hanging the Head: Portraiture and Social Formation in Eighteenth-Century England*. London 1993; *Strategies for Showing: Women, Possession and Representation in English Visual Culture 1650–1800*. Oxford voraussichtlich 1998.

SILKE RADENHAUSEN, organisierte 1979 mit anderen Künstlerinnen die Ausstellung „Umrisse" in der Kunsthalle zu Kiel. Sie engagierte sich bei der Konzeption und Umsetzung weiterer Ausstellungen in den achtziger Jahren, publiziert Texte, schreibt Reden zu Arbeiten von Künstlerinnen und mischt sich aktiv in die Kulturpolitik ein. 1990 initiierte sie mit anderen Künstlerinnen und Wissenschaftlerinnen das Projekt „Dialoge – ästhetische Praxis in Kunst und Wissenschaft von Frauen", Kiel. (Veröffentlichung: *Ich bin nicht ich wenn ich sehe. Dialoge, ästhetische Praxis in Kunst und Wissenschaft von Frauen*, hrsg. von Theresa Georgen, Ines Lindner, Silke Radenhausen. Berlin 1991.)
Seit 1984 entwickelt sie ihre „topologischen Tücher" und Leinwandobjekte. Einzel- und Gruppenausstellungen im In- und Ausland.

IRMGARD ROEBLING, Dr. phil., Professorin für Neuere Deutsche Literatur an der Albert-Ludwigs-Universität Freiburg i.Br. Studium in Hamburg, Paris, Münster und Konstanz. Promotion in Konstanz, Habilitation in Osnabrück.
Forschungsgebiete: Literatur des neunzenten und zwanzigsten Jahrhunderts, Literatur von Frauen und über Frauen, Literaturpsychologische Analysen.
Veröffentlichungen: Monographien über Georg Heym und Wilhelm Raabe; Herausgaben über Frauenbilder, Wasserfrauen, über das Mütterliche, über autobiographische Texte. Aufsätze über Rahel Levin Varnhagen von Ense, E. T. A. Hoffmann, Annette von Droste-Hülshoff, Raabe, Keller, Storm, Fontane, Wilhelm Busch, Isolde Kurz, Lou Andreas-Salomé, Grete Meisel-Hess, Arnold Schmidt, Marlen Haushofer, Christa Wolf, Jutta Heinrich.

SIGRID SCHADE, Dr. phil., seit 1994 Professorin für Kunstwissenschaft und Ästhetische Theorie an der Universität Bremen. Dissertation über „Hexendarstellungen der Frühen Neuzeit" an der

Universität Tübingen (Worms 1983). 1986–1991 Wissenschaftliche Mitarbeiterin an der TU Berlin, 1991–1993 am Kulturwissenschaftlichen Institut Essen, anschließend Gastprofessorin an der Universität Tübingen und der Humboldt-Universität Berlin. 1994 Habilitation zum Thema „Körperbilder und ihre Lektüren" an der Universität Oldenburg (Veröffentlichung in Vorbereitung). Forschungsschwerpunkte: Kulturgeschichte des Bildes, *Gender Studies*, Wechselwirkungen zwischen Kunst und Neuen Medien, Körperkonzepte in der zeitgenössischen Kunst, Wahrnehmungstheorie.
Veröffentlichungen u. a.: *Andere Körper – Different Bodies*. Katalog der Ausstellung Offenes Kulturhaus Linz, Wien 1994; mit M. Wagner und S. Weigel (Hrsg.): *Allegorien und Geschlechterdifferenz*. Wien, Köln, Weimar 1995; mit Silke Wenk: Inszenierungen des Sehens. Kunst, Geschichte und Geschlechterdifferenz. In: *Genus*, hrsg. von H. Bussmann und R. Hof. Stuttgart 1995; mit C. Tholen (Hrsg.): *Konfigurationen. Zwischen Kunst und Medien*, voraussichtlich 1998; *Kunst als Beute. Zur Zirkulation von Kunst und Kulturobjekten*, voraussichtlich 1998.

SUSANNE SCHOLZ, Dr. phil., Studium der Anglistik, Geschichte, Germanistik und Skandinavistik in Frankfurt, Strathclyde University in Glasgow und Birkbeck College, London. 1991–1996 wissenschaftliche Mitarbeiterin am Institut für England- und Amerikastudien der Universität Frankfurt. Promotion zum Thema: *Representing the Renaissance Body: National Identity, Subjectivity, and the Image of the Human Body in the Writings of Edmund Spenser and his Contemporaries* (erscheint 1998 bei Macmillan).
April bis August 1996 wissenschaftliche Mitarbeiterin am FB 3/Anglistik der Universität-GH Siegen. Seit September 1996 wissenschaftliche Assistentin im Fach Allgemeine Literaturwissenschaft, Schwerpunkt Literaturwissenschaftliche Frauenforschung und feministische Theorie, der Universität-GH Paderborn.
Arbeitsschwerpunkte: Literatur und Kultur der englischen Renaissance, feministische Theorie.

SUBREAL, 1990 in Bukarest gegründete Künstlergruppe, die Mittel der Installation und des Environments mit Formen der Aktionskunst und des Happenings kombiniert. Heute besteht die Gruppe nur noch aus dem Kunsttheoretiker Călin Dan und dem Photographen Josif Király.
Ausgewählte Arbeiten: *East-West Avenue*, 1990 (Einzelausstellung in Bukarest); *Alimentara*, 1991 (Installation anläßlich einer Ausstellung in Bukarest); *Eurasia*, 1992 (Ausstellung in Istanbul); *Draculaland*, 1993/94 (Einzelausstellung präsentiert in verschiedenen Versionen in vielen Ländern Europas und den USA); 1995 Artists in residence im Künstlerhaus Bethanien, Berlin; 1996 Stipendium der Philip Morris Kunstförderung.

Personenregister

Abraham, Karl 124
Abraham, Nicolas 38, 150
Abshoff, Fritz 261
Agamben, Giorgio 18
Aitmatov, Tschingis 153
Alberti, Leon Battista 245
Allen, Woody 52
Allerkamp, Andrea 158
Anderson, Benedict 240
Angelus Silesius 144
Antelme, Robert 191
Apel, Friedmar 116
Archilochos 226
Arendt, Hannah 170, 211
Ariès, Philippe 65, 125
Arnaud, Alain 239
Arnim, Bettine von 123, 125
Arnold, Sabine Rosemarie 209
Aschner, Bernhard 62
Aston, Thomas 73
Auchter, Thomas 139
Aulus Gellius 83

Bachmann, Ingeborg 9, 150
Baker, Zachary 188
Balázs, Béla 209
Barasch, Moshe 97, 272
Barlach, Ernst 273
Barnes, Djuna 17
Barnet, Dene 18
Barta Fliedl, Ilsebill 17, 225
Barthes, Roland 69, 225, 245, 259
Bataille, Georges 223
Bell, Charles 59
Bendemann, Eduard 278
Benjamin, Walter 17, 116, 151
Bennington, Geoffrey 149
Bepler, Jill 88
Berger, Ursel 276
Bergmann, Ernst 266
Bevington, David 100

Binder, Hans Otto 264
Binkert, Dörthe 146
Bismarck, Otto von 279
Blamberger, Günter 146
Bland, Olivia 65
Blass, Ernst 278
Blixen, Tania 173
Bloom, Harald 132
Blumenberg, Hans 128
Boccaccio, Giovanni 86
Böckh, Wilhelm 261
Bohrer, Karl Heinz 17
Boime, Albert 246
Bossinade, Johanna 12
Boudinet, Marie-Jose 243
Bremmer, Jan N. 65, 97
Breuer, Josef 32
Brodersen, Kay 84
Broner, Esther 186
Bronfen, Elisabeth 37
Brontë, Emily 75
Browne, Thomas 73
Bruno, Giordano 16
Brusatin, Manlio 228, 233
Bushart, Magdalena 283
Butler, Judith 35
Büttner, Frank O. 269

Castle, Luanne 190
Cavarero, Adriana 157
Celan, Paul 194
Certeau, Michel de 71
Chabot, André 259
Charcot, Jean-Martin 33
Cicero, Marcus Tullius 83
Coqueret, Pierre Charles 262
Colvin, Howard 65
Curl, James S. 65

Dahlke, Karin 110
Dannecker, Johann Heinrich von 126
Dante Alighieri 16

David, Jacques Louis 261
Demisch, Heinz 270
Derrida, Jacques 21, 123, 149, 182 f., 255
Descartes, René 59
Dickinson, Emily 12
Dijkstra, Bram 230
Diner, Dan 192
Dischereit, Esther 186
Djordjević, Jelena 239
Duca, J. M. Lo 223
Duden, Barbara 63, 98, 225
Dumas, Georges 224
Dünkelsbühler, Ulrike 21

Earle, Peter 65
Eberti, Johann Caspar 93
Ecevit, Bulent 256
Ecker, Gisela 189
Efron, David 18
Ekman, Paul 18
Eliot, T. S. 161
Elkan, Benno 273
Engels, Friedrich 246
Erdheim, Mario 12
Erdle, Birgit 192
Eschenburg, Barbara 230
Euripides 157

Fast, Irene 142
Faulhaber, Michael von 263
Felman, Shoshana 192
Feuerbach, Ludwig 136
Ficino, Marsilio 16
Fietze, Katharina 93
Fischer, Norbert 12, 259
Fischer-Homberger, Esther 59
Flaubert, Gustave 69
Flex, Walter 266
Fließ, Wilhelm 37
Flusser, Vilém 214
Fogazzaro, Antonio 232 f.
Forster, Edgar 16
Foucault, Michel 19, 225, 255
Fradeletto, Antonio 231
Fresco, Nadine 189
Freud, Sigmund 9, 31, 57, 65, 68, 110, 123, 135, 223
Frey, Max von 59
Fried, Erich 162

Friedlander, Saul 191
Friedrich Wilhelm III., König von Preußen 261
Friedrich, Ruth Andreas 210

Gaethgens, Barbara 84
Galenos von Pergamon 59
Galvani, Luigi 59
Garelli-François, Marie-Hélène 157
Geissmar, Christoph 225
Geitner, Ursula 18
Georg II. von Hessen-Darmstadt 88
Gerz, Jochen 237
Gibbons, Thomas 67
Gilman, Sander L. 103
Ginsberg, Allen 187
Gischler, W. 260
Gittings, Clare 65
Gleim, Johann Wilhelm Ludwig 124
Goethe, Johann Wolfgang 16, 123, 125 f.
Goldhagen, Daniel 194
Gombrich, Ernst H. 225
Gönner, Gerhard 116
Gorer, Geoffrey 11
Gornick, Vivian 184
Graevenitz, Fritz von 268
Grassegger, Friedrich 270
Greenblatt, Stephen 20
Greffrath, Bettina 211
Greiner, Otto 275
Grosso, Giacomo 223, 228, 233
Grosvenor, Benjamin 67
Groys, Boris 247
Günderrode, Karoline von 125

Halford, William 77
Haller, Albrecht von 59, 63
Hammer-Tugendhat, Daniela 231, 233 f.
Hanak, Anton 270
Hasse, Sela 265
Haushofer, Marlen 28
Haverkamp, Anselm 12, 150
Hecker, Max 126
Heer, J. C. 280
Heidbrink, Ludger 17
Herder, Johann Gottfried 73
Hesse, Wolfgang 272
Heuser, Magdalene 93
Heyse, Paul 135

Hillman, James 61
Hindenburg, Paul von 266
Hirsch, Alfred 20
Hirsch, Marianne 193
Hoffmann-Curtius, Kathrin 233, 261
Hofmann, Werner 243, 264
Hölderlin, Friedrich 12, 129, 162
Holst-Warhaft, Gail 185
Homer 131
Holz, Jürgen 139
Horn, Eva 125
Horstmann, Ulrich 17
Hosäus, Hermann 266
Humphreys, Sally C. 65
Hurst, Fanny 184
Hutter, Peter 277

Israël, Lucien 34

Jacobus a Voragine 136
Jaspert, August 282
Jeismann, Michael 14, 260
Jirgl, Reinhard 163
Jones, Owen 28
Jordanova, Ludmilla 225

Kämpf-Jansen, Helga 259
Kantorowicz, Ernst H. 99, 244
Kaye/Kantrowitz, Melanie 188
Keele, Kenneth David 59
Keller, Gottfried 135
Kemp, Wolfgang 225
Kennedy, John F. 239
Keselman, Thomas A. 65
Kessler, Harry Graf 276
Khrushchev, Nikita 246
Kittler, Friedrich 131
Kleist, Christian Ewald von 124
Kleist, Heinrich von 109
Klepfisz, Irena 188
Klibansky, Raymond 15
Klimsch, Fritz 277
Klopstock, Friedrich Gottlieb 131
Klotz, Katharina 246
Koch, Gertrud 192
Kofman, Sara 191
Kollwitz, Käthe 264
Konersmann, Ralf 114
Kopytoff, Igor 66

Kosegarten, Gotthart Theobul 136
Koselleck, Reinhart 14, 260
Kreis, Wilhelm 283
Kristeva, Julia 130
Krug, Wolfgang 270
Kügelgen, Gerhard von 262
Kugelmass, Jack 188
Kühn, C. G. 59

La Boétie, Étienne de 124
Lacan, Jacques 111
Lamprecht, Gerhard 216
Lane, Christel 239
Lange, Barbara 91
Laplanche, J. 187
Laqueur, Thomas 98, 225
Laub, Dori 192
Le Moyne, Pierre 84
Lederer, Hugo 276
Lehmbruck, Wilhelm 273
Leitzmann, Albert 137
Lenbach, Franz von 230
Lenin, Vladimir Iljitsch 238
Leonardo da Vinci 153
Lepenies, Wolf 17, 65, 137
Lessing, Gotthold Ephraim 124, 131
Leven, Phillidor 276
Levi, Primo 191
Levi-Strauss, Claude 70
Lewis, Mark 247
Litten, Julian 65
Llewellyn, Nigel 65
Lloyd Warner, W. 239
Lohne, Hans 273
Loraux, Nicole 12, 100, 159, 184, 224, 262
Lubtchansky, Jacqueline 35
Ludwig VI. von Hessen-Darmstadt 90
Lüpertz, Markus 273
Luther, Martin 243

Maecke, York 257
Magendie, François 59
Mahal, Günther 139
Maillol, Aristide 276
Majakovskij, Vladimir 238
Manet, Edouard 228
Mansfield, Katherine 169
Marcks, Gerhard 283
Marin, Louis 237

Martin, William 74
Marx, Karl 78, 246
Matić, Goranka 238
Mattenklott, Gert 137
Matuszak, Stephanie 272
Mausolus 83
Meier, Christian 273
Meiners, R. K. 190
Menke, Christoph 192
Menzel-Severing, Hans 273
Metken, Sigrid 11
Metz, Christian 242
Metzner, Franz 277
Meuschen, Johann Gerhard 93
Michelson, Annette 246
Millais, John Everett 76
Mirrer, Louise 11
Mirzoeff, Nicholas 245
Mitscherlich, Alexander 212
Mitscherlich, Margarete 212
Montaigne, Michel de 97, 124
Montrose, Louis 99
Moreau, Alain 161
Moor, Sally 241
Moreau, Gustave 230
Morris, David B. 61
Moser, Christian 115
Müller, Heiner 149
Müller, Inge 152
Müller, Victor 230, 232
Münch, Paul 90
Muschg, Adolf 145

Napoleon Bonaparte 263
Nasser, Gamal Abd el 237
Nehru, Jawaharlal 237
Neumann, Gerhard 113
Nicephorus, Patriarch 243
Nielsen, Asta 209

Oehlke, Waldemar 129
O'Neill, Eugene 12
Ossian 131
Ozick, Cynthia 191

Pascal, Blaise 243
Pasolini, Pier Paolo 161
Pavis, Patrice 18
Peirce, Charles S. 243

Pejić, Bojana 237
Petrarca, Francesco 16
Pietz, William 78
Pius X., Papst 231
Pizan, Christine de 86
Platon 149, 226
Plessner, Helmut 113
Pointon, Marcia 75
Pontalis, J.-B. 187
Probst, Volker G. 264
Putscher, Marielene 60

Quignard, Pascal 156

Rabinowicz, Rabbi 181
Radenberg, Wilhelm 274
Radenhausen, Silke 27
Rebentisch, Dieter 278
Reguer, Sara 182
Reiners-Ernst, Elisabeth 283
Renz, Christine 144
Reyher, Samuel 91
Rickels, Laurence 21
Ritter, Caspar 280
Robinson, David 12, 259
Roodenburg, Herman 97
Rose, Dirk 265
Rossellini, Roberto 218
Roth, Philip 17, 187
Rothschuh, Karl E. 63
Runge, Philipp Otto 263

Sachs, Nelly 12, 194
Sadiraka, Edward 245
Santner, Eric 17
Sarto, Guiseppe 231
Saxl, Fritz 225
Scarry, Elaine 225
Schack von Wittenau 277
Schade, Sigrid 225 f.
Schaumann, Ruth 282
Schiesari, Juliana 16, 68
Schiller, Friedrich 125 f.
Schindler, Regula 35
Schlegel, Friedrich 146
Schleiermacher, Friedrich Daniel 131
Schliemann, Heinrich 65
Schmidt, Jochen 139
Schmitt, Jean-Claude 18, 98

Schmitz, Hans-Günther 137
Schmoll von Eisenwerth, Karl 277
Schneider, Beverly 185
Schnitzler, Norbert 225
Schor, Esther 12, 181
Schor, Naomi 78
Schreiner, Klaus 225
Schuller, Marianne 109
Schulte, Regina 264
Schulz, Genia 151
Schürmeyer, W. 281
Schwabacher, Sascha 278
Schweitzer, Johann 89
Seeger, Karl von 266
Segal, Charles 159
Segantini, Giovanni 234
Seidel, Ina 275
Seiler, Paul 283
Selvatico, Riccardo 231–233
Seneca 152
Senf, Hermann 283
Shakespeare, William 13, 99
Siegel, Rudolph E. 59
Siemering, Rudolf 279
Silverman, Kaja 211
Sinclair, Isaak von 129
Skrigin, Žorž 254
Sokrates 149
Sophia Eleonora von Hessen-Darmstadt 88
Sophokles 159
Sørensen, Bengt Algot 128
Souch, John 73
Spädler, Ferdinand 264
Speight, Alexanna 78
Spenser, Edmund 97
Spickernagel, Ellen 12, 261
Springthorpe Annie Constance 70
Springthorpe, J. W. 70
Stalin, Josef 246
Starobinski, Jean 124, 225
Staub, Michael 193
Sternaux, Ludwig 279
Stevenson, Robert Louis 62
Stieglitz, Ann 15
Stingelin, Martin 225
Storm, Theodor 143
Strieder, Friedrich Wilhelm 88
Strocchia, Sharen 11

Stuck, Franz von 230
Summers, David 244
Szondi, Peter 115

Tacke, Johann 88
Talve, Susan 185
Tanner, Jakob 61
Tasso, Torquato 16
Taylor, Brandon 245
Tetzeli von Rosador, Kurt 65
Thomas, Nicholas 66
Tintoretto 152
Tito, Josip Broz 237
Toellner, Richard 60
Toeplitz, Erich 280
Toeplitz, Jerzy 212
Tolman, Ruel Pardee 75
Torok, Maria 150
Trettin, Käthe 227

van den Bosch, Lourens 65
Vergil 67
Vickers, Nancy 16
Vučičević, Branko 254

Wagner-Engelhaaf, Martina 17
Waldstein, Mella 245
Warburg, Aby 18
Weber, Elisabeth 113
Wegmann, Nikolaus 113
Weigel, Sigrid 19, 114
Weinbrenner, Friedrich 262
Weiss, Allen S. 243
Weizsäcker, Carl Friedrich von 269
Wellershoff, Dieter 17
Wenk, Silke 14, 259
Wilson, Robert 153
Winnicott, Donald W. 145
Wolf, Christa 117
Woodward, Kathleen 21
Woolf, Virginia 12

Yampolsky, Mikhail 255
Yezierska, Anzia 183
Young, Charles 77

Zimmermann, K. 279
Žižek, Slavoj 34, 112
Zutter, Jörg 276